国家级新区发展报告
2016

国家发展和改革委员会 编

中国计划出版社

图书在版编目（CIP）数据

国家级新区发展报告.2016 / 国家发展和改革委员会编. — 北京：中国计划出版社，2016.9

ISBN 978-7-5182-0486-1

Ⅰ.①国⋯ Ⅱ.①国⋯ Ⅲ.①经济开发区－区域经济发展－研究报告－中国－2016 Ⅳ.① F127.9

中国版本图书馆 CIP 数据核字（2016）第 195659 号

国家级新区发展报告 2016
国家发展和改革委员会　编

中国计划出版社出版
网址：www.jhpress.com
地址：北京市西城区木樨地北里甲 11 号国宏大厦 C 座 3 层
邮政编码：100038　电话：（010）63906433（发行部）
新华书店北京发行所发行
北京汇瑞嘉合文化发展有限公司印刷

787mm×1092mm　1/16　28.75 印张　398 千字
2016 年 9 月第 1 版　2016 年 9 月第 1 次印刷

ISBN 978-7-5182-0486-1
审图号：GS（2016）2306 号
定价：98.00 元

版权所有　侵权必究
侵权举报电话：（010）63906404
如有印装质量问题，请寄本社出版部调换

目录
CONTENTS

序言

总报告
成绩与展望

贯彻新发展理念、培育发展新动能
——全面总结国家级新区发展经验 努力实现"十三五"新区发展良好开局

一 "十二五"时期国家级新区设立发展的总体情况	3
（一）建设发展成绩	3
（二）主要经验	10
（三）存在的主要问题	14
二 2015年国家级新区经济社会发展的主要进展	17
（一）新区保持良好发展态势，继续发挥经济增长新引擎的重要作用	17
（二）体制机制创新取得新进展，形成一批可推广、可复制的好做法和好经验	35
三 "十三五"时期新区承担着新使命、新任务	39
（一）新区建设发展面临新环境	39
（二）新形势赋予新区建设发展新定位	43
（三）贯彻落实新发展理念指明新区建设发展的新方向	47

i

四 2016年新区建设的重点任务　52
　（一）稳妥有序推进新区建设，切实发挥好引领示范作用　52
　（二）统筹规划、建设、管理三大环节，带动经济结构转型升级　54
　（三）统筹改革、科技、文化三大动力，增强新区创新驱动能力　55
　（四）统筹生产、生活、生态三大布局，促进新型城镇化建设　58
　（五）深化体制机制创新，探索形成新区发展新模式　59

分报告 新区巡礼

建设发展成效篇
——2015年国家级新区建设发展情况和2016年工作展望

一	上海浦东新区	65
二	天津滨海新区	76
三	重庆两江新区	83
四	浙江舟山群岛新区	91
五	兰州新区	100
六	广州南沙新区	108
七	陕西西咸新区	119
八	贵州贵安新区	122
九	青岛西海岸新区	131
十	大连金普新区	142
十一	四川天府新区	150
十二	湖南湘江新区	156
十三	南京江北新区	163
十四	福州新区	172

十五	云南滇中新区	177
十六	哈尔滨新区	182
十七	长春新区	186

体制机制创新篇
——2015年国家级新区体制机制创新具体实践和2016年重点工作

一	上海浦东新区	190
二	天津滨海新区	197
三	重庆两江新区	203
四	浙江舟山群岛新区	209
五	兰州新区	214
六	广州南沙新区	218
七	陕西西咸新区	224
八	贵州贵安新区	231
九	青岛西海岸新区	238
十	大连金普新区	248
十一	四川天府新区	253
十二	湖南湘江新区	258
十三	南京江北新区	264
十四	福州新区	271
十五	云南滇中新区	276
十六	哈尔滨新区	280

亮点特色展示篇
——2015年国家级新区建设发展与改革创新典型案例

一	上海浦东新区	284
二	天津滨海新区	295
三	重庆两江新区	305
四	浙江舟山群岛新区	315
五	兰州新区	320
六	广州南沙新区	326

七	陕西西咸新区	337
八	贵州贵安新区	340
九	青岛西海岸新区	347
十	大连金普新区	364
十一	四川天府新区	368
十二	湖南湘江新区	371
十三	南京江北新区	378
十四	福州新区	385
十五	云南滇中新区	391
十六	哈尔滨新区	400

附录

附表	407
附图	412
相关文件	432

序言
FOREWORD

国家级新区（以下简称新区）是由国务院批准设立，以相关行政区、特殊功能区为基础，承担国家重大发展和改革开放战略任务的综合功能区。自20世纪90年代初国务院批复设立上海浦东新区以来，新区的发展已走过了20多年的历程，截至2015年底，国家级新区数量达到16个[①]，其中东部地区7个，中部地区1个，西部地区6个，东北地区2个，涉及陆域总面积1.94万平方公里，海域总面积2.58万平方公里，总人口2350万人，地区生产总值3.4万亿元。新区数量稳步增长，布局不断优化，功能日趋完善，在带动区域经济发展、推进全面改革开放、引领体制机制创新、促进产城融合和城乡一体发展等方面发挥着重要作用。

为加强对新区发展的指导和体制机制创新的支持，近年来，国家发展改革委会同国土资源部、环境保护部、住房城乡建设部联合印发了《关于促进国家级新区健康发展的指导意见》，制定实施了推动新区深化重点领域体制机制创新、推进开发性金融支持新区发展等改革举措，组织召开了国家级新区工作经验交流会暨工作推动会，加强了新区运行监测预测，构建了专门的沟通交流平台。经过各方面共同努力，初步建立了促进新区建设发展的制度规范和政策框架，形成了以新区为主体，国家、省市有关部门联动，共同推动新区健康有序发展的良好局面。

"十二五"时期，新区创新发展不断取得新进展，开发建设总体取

---

① 2016年2月3日，国务院批复设立长春新区，考虑到本报告为年度报告，重点反映2015年新区发展情况，因此，未将长春新区计入相关现状数据，但在分报告中予以适当体现。

得了显著成效，推进新区建设已成为国家拓展发展新空间、培育发展新动力的重要举措，是促进产城融合发展、扎实推进以人为核心的新型城镇化的重要探索，是探索建立新机制、引领经济发展新常态的重要实践。

2015年，面对实现"五位一体"总体布局、"四个全面"战略部署的新要求和经济发展进入新常态的新形势，各新区勇担使命，锐意改革，大胆创新，从创新体制机制、加强供给侧结构性改革、激发内生动力等方面探索形成了一批体现新区特色、"叫得响、有影响"的新做法新经验，保持了经济又好又快发展势头，向社会传递出积极信号，展现出适应引领经济发展新常态的新面貌，为全国"四大板块"稳增长、调结构、促改革作出了积极贡献。

"十三五"时期是适应和引领经济发展新常态，贯彻落实创新、协调、绿色、开放、共享的发展理念，全面推进落实供给侧结构性改革，推进"五位一体"总体布局和"四个全面"战略布局的关键时期。新区建设发展面临难得的战略机遇，必须适应新形势新要求，增强责任意识、使命意识，努力当好贯彻落实新发展理念、全面推进供给侧结构性改革、引领经济发展新常态的排头兵，积极承担支撑引领经济增长新引擎、体制机制改革新试验田、构建全方位对外开放格局新高地、促进城乡区域协调发展新样板和生态文明建设新示范的重要历史使命，为应对经济下行压力、促进经济迈向中高端水平作出新贡献。

本报告由国家发展改革委地区经济司会同国土开发与地区经济研究所、各新区管委会等编写。在报告撰写过程中，有关省（市）发展改革委、国家测绘地理信息局规划司、国家开发银行规划局等提供了积极支持，在此一并致谢。

编 者

2016 年 6 月

1 总报告

成绩与展望

贯彻新发展理念、培育发展新动能
——全面总结国家级新区发展经验 努力实现"十三五"新区发展良好开局

国家级新区（以下简称新区）是由国务院批准设立，以相关行政区、特殊功能区为基础，承担国家重大发展和改革开放战略任务的综合功能区。"十二五"时期是新区蓬勃发展的重要时期，在"八五"至"十一五"期间国家设立的上海浦东、天津滨海、重庆两江三个新区基础上，2011—2015年，浙江舟山群岛、兰州、广州南沙、陕西西咸、贵州贵安、青岛西海岸、大连金普、四川天府、湖南湘江、南京江北、福州、云南滇中、哈尔滨新区等13个新区相继批复设立。5年间，新区综合实力显著提升、空间布局不断优化、功能定位更趋完善、地位作用进一步突显，对全国经济发展形成了有力的支撑和引领，为深化体制机制创新创造了有益经验。

一、"十二五"时期国家级新区设立发展的总体情况

（一）建设发展成绩

"十二五"时期是我国发展很不平凡的5年。国际金融危机冲击和深层次影响持续发酵，世界经济在深度调整中曲折复苏、增长乏力；国内经济进入新常态，增速换挡、结构调整阵痛、动能转换困难相互交织。面临稳增长、调结构、防风险、惠民生等多重挑战，面对错综复杂的国际环境和艰巨繁重的国内改革发展稳定任务，新区锐意改革，着力创新，保持了经济又好又快的发展势头，体现出强劲的抵御风险能力，成为推动产业转型升级的新引领、带动区域经济发展的新引擎、全面扩大开放的新高地和统筹城乡、绿色发展的新平台，对各区域稳增长、调结构、促改革做出了积极贡献。

1. 经济发展总体实力持续增强

"十二五"之前设立的新区，上海浦东、天津滨海、重庆两江新区继续在经济发展的快车道上运行，综合实力进一步增强，地区生产总值约占新区总量的一半，产业结构不断优化，有力带动了所在地区开发开放，并促进了沿海开放向内陆地区延伸。浦东新区力推二次跨越，经济持续平稳较快增长，地区生产总值年均增长约9.8%，占全市比重比"十一五"期末提高4个百分点；人均生产总值达2万美元以上，一般公共预算收入年均增长12.7%，累计完成全社会固定资产投资8050亿元左右，第三产业增加值占生产总值比重70%左右。天津滨海新区保持了高速发展，地区生产总值年均增长约17.9%，经济总量占天津市总量的55%以上，一般公共预算收入年均增长22%，5年累计完成全社会固定资产投资2.5万亿元，是"十一五"时期的2.6倍，高端高质高新的先进制造业基地初步形成，国家自主创新示范区、创新型城区和863计划伙伴城区试点建设取得明显成效，"双创特区"顺利挂牌运营，服务业发展实现量质齐升，增加值年均增长15.1%，产业结构和质量效益逐步提升，成为京津冀地区重要的增长极。重庆两江新区年均地区生产总值增速20%左右，对重庆全市经济的贡献稳步提升，比重约为15%，内陆现代制造业基地、现代服务业基地、长江上游创新中心、金融中心建设取得重大进展，金融业增加值年均增长35%，成为新区重要支柱产业。

"十二五"开局，新区发展有所拓展，着眼于深化促进区域协调发展、促进海洋经济发展、深化粤港澳合作等重点领域改革探索，国家相继批复设立了浙江舟山群岛新区、兰州新区、广州南沙新区。浙江舟山群岛新区自设立以来，地区生产总值年均增长在10%左右，海洋生产总值年均增长11.8%，占GDP比重达到70%，海洋装备高附加值订单占比提高到30%以上。兰州新区从无到有，地区生产总值自2011年的39.04亿元迈上百亿元台阶，年均增长34%。广州南沙新区地区生产总值总量突破千亿，2014—2015年同比增长13.5%左右，新设企业增长近3倍，新增注册资本总额增长4倍以上。

"十二五"后期，适应经济新常态，着眼于探索新发展模式，搭建新的创新创业平台，培育稳增长、促转型的区域领头羊，2014—2015年两年间共设立新区10个。这些新区批复设立后，均狠抓项目和资金落实、高端产业集聚发展、基础设施和重点功能区建设，经济发展势头良好。陕西西咸新区加快经济转型，2014—2015年固定资产投资增长30%，服务业投资增速70%以上。贵州贵安新区2014—2015年地区生产总值增长20%，大数据、装备制造、智能终端等产业发展迅速，直管区信息产业规模总量增长52.9%。青岛西海岸新区三次产业结构由"十一五"末的3∶63∶34调整为2.4∶48.1∶49.5，海洋特色更加鲜明，航运物流、海工装备、海洋生物等产业增加值年均增长16%以上。大连金普新区经济总量占全市的30%左右。四川天府新区积极构建自身发展体系，吸引200多家创新创业孵化企业入驻。

2. 空间布局更趋优化

从板块分布情况看，国家级新区布局从东部沿海向中西部内陆地区有序扩展，"十二五"期间，东部和西部地区分别增加了5个，中部和东北地区各增加了1个和2个，新区在区域板块中的分布更趋均衡。其中，东部新区更多发挥着引领体制机制创新、带动全国转型发展、构建全面开放窗口等方面的作用，而中西部和东北地区的新区则更多承担着打造新的区域增长极，探索特色化发展模式的重要任务。新区板块布局的进一步平衡，对于丰富完善新区功能，促进区域协调发展有重要的战略意义。

从新区设立区域和范围的选择看，"十二五"时期，新区在具体区域选择上，实现了由以往更注重培育具有发展潜力的区域转向兼顾区块发展潜力、经济基础和功能定位转变，集约节约发展要求明显提升。特别是自2015年起，新批准设立的新区，区域面积大大缩小，区域发展

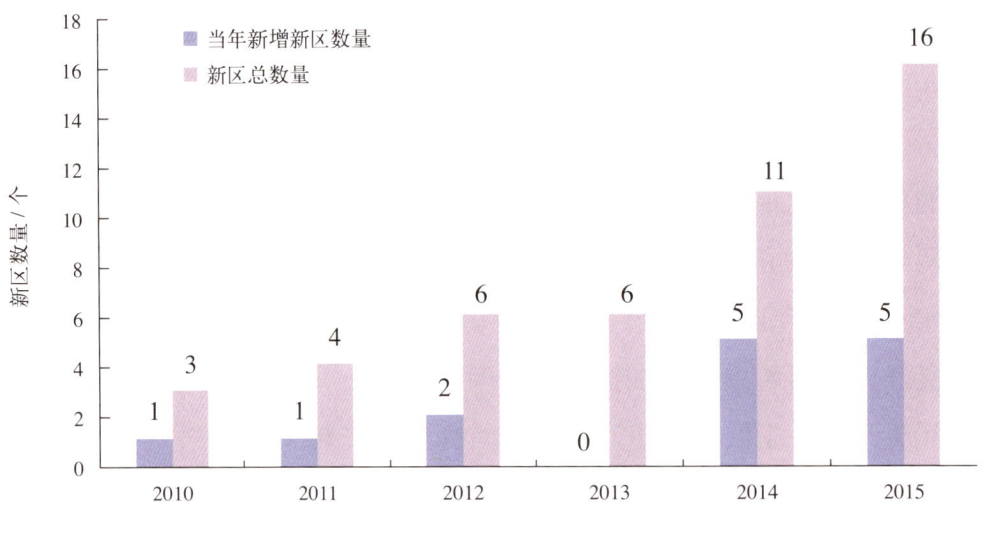

图 1.1 "十二五"时期国家级新区数量及新增新区数量示意图

基础更加完备。

从新区自身发展的布局看,一是更加重视发展格局的科学规划和顶层设计,新区空间布局更加清晰。上海浦东新区基本形成了以"4+3"重点开发区为主的生产力布局。天津滨海新区基本形成"东港口、南重工、西高新、北生态、中服务"五大产业板块。近年设立的一些新区都将推进多规合一,强化规划管控,建立统一的发展目标、规划蓝图和管理机制作为新区建设发展的首要前提。大连金普新区启动了包括空间开发、城市总体规划、新型城镇化规划、自主创新规划及土地利用、生态文明建设等在内的"1+4+N"规划。二是着力打造富有新区特色,体现新老城区联动、城乡统筹的城镇化格局。特别是随着《国家新型城镇化规划》出台以及中央城市工作会议的召开,新区在转变城市发展方式上走到前列。突出表现在,加快建设新型城市和村镇,成为促进城乡协调发展的样板;加强对城市空间立体性、平面协调性、风貌整体性、文脉延续性等方面的规划和精细化管控;努力探索智慧城市、生态城市、海绵城市建设;因地制宜地推进特色小镇建设、村居改造等。浙江舟山群岛新区组团式城市形态初具雏形,主城区市政配套设施和综合商务功能不断完善,旧城有机更新步伐加快。六横、金塘等小城市和一批中心镇加快发展,在全省率先实现美丽乡村创建全域化。重庆两江新区、陕西西咸新区、贵州贵安新区、青岛西海岸新区、湖南湘江新区等都探索走出了特色化的新型城镇化建设路径,城乡面貌得到明显改善。

3. 全方位开放格局加快形成

打造对外开放的重要窗口和功能平台是新区建设发展的重要使命。"十二五"时期,新区主动融入国家重大战略、加强与自由贸易试验区和海关特殊功能区等融合发展,对外开放水平明显提升,成为引领全方位对外开放的新高地。一是积极融入"一带一路"等国家重大发展战略,对外开放空间和广度进一步拓展。重庆两江新区利用地处"一带一路"和长江经济带Y字形联结点的区位优势,加快对外大通道、大通关、大平台建设,打造水港+空港+铁路港的立体对外交通枢纽及保税港区等,造就了开放口岸高地,成为西部内陆融入全球经济一体化重要窗口。广州南沙新区与陕西西咸新区携手合作,按照"一园三地"的模式建设中俄丝路创新园,推动建立联席会议制度,促进丝绸之路经济带和21世纪海上丝绸之路建设优势的融合对接。天津滨海新区依托京津冀协同发展战略,增创对外开放新优势。二是以自由贸易试验区建设等为契机,加快制度创新,营商环境明显改善,对外开放水平显著提高。上海浦东新区第一批122项制度创新举措90%以上落地实施,"十二五"期间服务贸易年均保持两位数增长,截至2015年底,累计吸引跨国公司地区总部245家,认定内地大企业总部和区域性总部153家。以外高桥港和洋山港为主的上海港保持全球第一大港地位,浦东国际机场货邮吞吐量保持全球前三位。天津滨海新区高标准建设自贸试验区,世界500强外资企业中有140家投资新区,5年累计实际利用外资达到555亿美元,利用内资达到3814亿元,年均分别增长12.9%、23.5%。广州南沙新区国内外班轮航线已达88条,其中外贸航线62条。三是积极发挥新区内特殊功能区作用，搭建开放合作平台，拓展发展空间。天津滨海新区开发区主要经济指标在国家级开发区中保持领先地位，保税区由单一功能区向综合开放区域成功转型，滨海高新区生产总值和工业总产值双过千亿，东疆保税港区主要经济指标年均增长接近80%。大连金普新区成立跨境电商综合实验区暨中韩贸易合作区，在跨境电子商务、金融服务、餐饮连锁、影视娱乐、社会教育等现代服务产业探索先行先试，打造对韩服务业合作先行区。广州南沙新区通过南沙港区与内陆合作建设无水港，扩大了对外开放的腹地支撑。陕西西咸新区洽商与韩国等国家的"一园多地"合作，探索跨国园区共建和产业孵化新途径。

4. 生态环境逐步改善

各新区积极统筹生产生活空间与生态建设，不断强化高效集约理念，注重生态环境保护，积极探索绿色生态可持续发展路径，努力打造形成宜居宜业的发展环境。湖南湘江新区充分发挥"两型"社会建设方面的基础和优势，在优化规划顶层设计的基础上，坚守"生态底线"，加强生态环境治理，推进土壤、固废污染防治及生态修复试点示范，结合绿地、山体、水域现状，提升景观品质；全面退出"三高一低"产业，发展绿色产业和绿色能源，以生态修复方式加强遗留用地再利用，为打造人居环境高地提供示范。上海浦东新区生态环境建设力度持续加大，启动实施第六轮环保三年行动计划。天津滨海新区深入实施"美丽滨海·一号工程"，依托中新生态城等项目积极探索宜居城区建设模式，空气、水污染治理，重点污染企业搬迁改造和大港地区异味治理等取得明显成效。青岛西海岸新区实施造林绿化、山体保护和生态修复等工程，开展蓝色海湾整治行动，打造绿色之城、生态之城，国家级生态保护与建设示范区加快推进，森林覆盖率达到46.7%。陕西西咸新区依循自然山川、河流、塬台、林田等地形地貌，重点打造渭河生态景观带、泾河生态景观带和帝陵遗址生态景观带，构筑南、北、中三条绿色生态景观长廊，绿色城市建设初见成效。重庆两江新区先行制定生态两江的绿色规划，严格按照投入率、产值率、税收率和影响力的"三率一力"以及环保标准进行招商引资；在新区建设中，充分考虑地形地貌，保护山城特色面貌，积极开展美丽山水城市规划，建设绿色两江。2014年，在生态文明贵州国际论坛上，当时的9个国家级新区发起成立了国家级新区绿色发展联盟，提出不断推进绿色创新，以生态文明引领绿色发展和区域转型升级。

5. 城乡居民生活水平明显提升

城乡居民收入持续增长，基本公共服务水平和质量不断提高，社会保障体系加快完善，教育、医疗、文化等社会事业全面加强，社会治理进一步规范。上海浦东新区5年累计社会民生财政投入超过1300亿元；教育、卫生等基本公共服务均等化、优质化发展成效显著；新一轮促进就业政策实施，每年新增就业岗位15万个以上；南北片农保养老金差距消除，水平进一步提高；国家公共文化示范区创建工作有力推进，文化影响力逐步提升。天津滨海新区城乡居民人均可支配收入年均分别增长11.4%和11.9%；社会保险覆盖面不断扩大，城乡居民基本医保参保率达到98%；一批优质教育卫生资源落户，生活品质显著提高。浙江舟山群岛新区城乡统筹加快推进，在居民收入平稳增长的基础上，城乡收入比由2010年的1.88∶1缩小到1.73∶1，均衡度处于全省领先水平；就业和社会保障工作扎实推进，在省内率先实现城乡低保标准全面一体化。广州南沙新区编制实施人民群众同步共享开发建设成果三年行动计划，推动社会民生与开发建设同步发展；民生事业投入逐年增加，重点改善教育、医疗，已实现村卫生站、社区卫生服务中心与医院一体化运作管理，实现全区156个村居文化室升级改造，通过"全国基础教育均衡县（区）"和"广东省推进教育现代化先进区"督导验收。青岛西海岸新区每年安排财政资金30余亿元，用于民生实事工程建设，每年新建、改扩建中小学校30所以上，顺利通过全国义务教育发展基本均衡区验收，实现了行政村文化体育设施全覆盖。天津滨海新区修订出台《天津滨海新区条例》。广州南沙新区完善国际仲裁和商事调解机制,组建了广州国际航运仲裁院、自贸试验区法律服务中心、广州国际金融仲裁院自贸试验区分院及广州知识产权仲裁院自贸试验区分院,法律服务国际化水平明显提升。

（二）主要经验

"十二五"以来新区建设发展成效的取得,得益于国家和省、市级层面的大力支持。国家层面,党中央、国务院通过制定出台有关政策文件、设立批复和建设方案等明确了新区发展定位和方向,并给予了针对性的指导和政策支持。国家在推动实施有关重大战略过程中,将新区作为重要功能平台,予以统筹部署和安排。有关部门制定出台了《国家级新区设立审核办法》及细则、《关于促进国家级新区健康发展的指导意见》、《关于推动国家级新区深化重点领域体制机制创新的通知》及年度工作要点、《关于推进开发性金融支持国家级新区健康发展有关工作的通知》等系列文件,新区健康发展的政策体系日益完善。与此同时,国家在推进重点领域改革试验时,特别注重发挥新区的示范带动作用。国务院确定的17个双创区域示范基地中,有6个放在新区;全国4个自由贸易试验区全部位于或涉及新区;全国12个开展构建开放型经济新体制综合试点试验地区中,4个新区被列入;全国服务贸易创新发展试点也对新区予以专门考虑。相关改革试点的深入推进及其政策体制效用的共同发挥,既有利于有关改革任务的融合推进,更为新区体制机制创新注入了强劲动力。省、市级层面,有关省、市将国家级新区作为引领带动区域经济发展的重要引擎,给予了大力支持。为加大对新区改革创新和加快发展的推动协调力度,多数新区建立了省级领导机构,不少新区由省领导兼任新区党工委书记,从更高层次谋划新区发展,协调解决重大问题;不少新区为新区发展开辟绿色通道,赋予市级乃至省级管理权限,大大提高了行政效率。许多省、市在资金分配、项目布局、基础设施建设、土地等资源安排方面根据新区实际给予了积极倾斜和支持，切实增强了新区发展的物质基础。

但从根本上讲，主要还是取决于各新区主动作为、积极努力，以不畏困难、敢为人先的拼搏干事精神全力推动新区建设发展。梳理"十二五"以来新区建设发展的经验，主要可概括为以下6个方面：

1. 坚持主动融入和对接国家重大战略

"十二五"以来，特别是党的十八大以后，着眼实现"两个百年"的奋斗目标，因应新常态下经济发展的现实需要，党中央、国务院提出并推动实施了"一带一路"建设、京津冀协同发展、长江经济带发展、新型城镇化、创新驱动发展、文化强国、海洋强国等系列重大发展战略。新区依托各自区位特点、基础条件和特色资源，主动对接重大发展战略，因地制宜探索发展新路径，寻找适宜的发展突破口，从而拓展了经济发展新空间，保持了经济发展的动力和活力。在每个新区的发展进展中，都能看到贯彻落实国家重大发展战略的特色和闪光点。与此同时，国家级新区正积极打造贯彻落实重大区域发展战略的重要结点和功能平台，也必将磨砺成为国家重大发展战略实施布局中大大小小的璀璨明珠。

2. 坚持创新驱动和转型升级

各新区依托现有基础，着力以创新促转型、以改革促发展，以新产业、新业态为导向，大力发展先进制造业和现代服务业，大力推进大众创业、万众创新，在金融、土地、人力资源等生产要素配置上积极创新，努力推动产业和产品向产业链和价值链的中高端跃升，显著提升了新区对资金、人才、产业等资源要素的集聚能力。在创新驱动方面，各新区把培育和引进高端产业作为着力重点，突出企业创新主体作用，进一步创新招商方式，坚持引资引技引智相结合，加强企业研发体系建设，不断探索差异化的新兴产业发展路径；在培育战略性新兴产业方面，把融合发展作为主攻方向，把改造提升传统优势产业与培育战略性新兴产业更好结合起来，加快实施了一批重大技术提升改造项目，促进产品"有中生新"、"老树新枝"，在技术创新、产品创新中推动传统产业迈向中高端；在优化创新环境方面，通过完善产业园区基础设施和公共服务体系，全面加强了产业链配套、融资保障和政策支持，不断创造了产业持续稳定发展的良好条件。

3. 坚持率先推动重点领域改革创新

新区建设的重要意义就在于以新的体制机制、新的发展思路引领发展新常态、打造新优势。各新区坚持率先推动重点领域改革创新，激发发展活力，增创竞争新优势。通过深入推进"放、管、服"改革，优化行政管理架构，规范权力运行机制，提升了政府管理服务效能；通过推动大部制改革、大幅压缩行政审批事项等做法，加快转变政府职能；通过加快实施区域通关一体化、全面拓宽单一窗口服务领域、不断优化外贸服务环境、深化与港台地区合作等做法，在贸易投资便利化改革方面取得显著成效；通过建立资源要素集聚新机制，推动土地、金融、科技、人才等资源要素在国家级新区高效集聚，实现资源高效利用和有效产出。总体来看，新区在行政管理体制改革、构建市场化营商环境、建立资源要素集聚新机制等方面的工作取得积极进展和良好成效，不少改革举措走在全国前列，有力促进了新区应对经济社会发展。

4. 坚持立足区域比较优势推动特色化发展

各新区立足自身优势，围绕重点领域，推动放大比较优势，积极探索区域特色鲜明、与经济水平相适应、惠及周边毗邻地区的区域发展新模式。一是大力开展精准招商，把招商引资、招商选资工作作为对外开放的重中之重，注重引进有实力、适合本地发展需要的优势企业，与发展新区主导产业、特色产业结合起来，借力借势，优势互补，推动新区经济迅速做大做强。二是优化城市发展空间，突出本地文化、自然风貌特色，因地制宜规划空间布局，探索形成独特的建筑风貌指引，推动形成有特点、有底蕴、有历史的新区风貌。三是结合新区实际探索土地、资金等资源要素多元化筹措和集约节约、高效利用的新区建设模式，在建设用地规模管控、土地利用、新区建设资金募集等方面形成了新区特有的做法和经验，为构建各具特色、充满活力的区域经济发展新格局提供了有力支撑。

5. 坚持开放合作的发展思维

国家级新区牢固树立开放包容、互惠共赢的开发理念，实行更加积极主动的对内对外开放政策，以开放促发展、促改革，积极提升新区对外开放水平。通过加快推进开放型经济建设、加强合作机制平台建设、深化国际国内区域合作，不断优化开放合作格局。比如，在加快推进开放型经济建设方面，着眼于发挥自由贸易试验区特色优势，大力发展外向型经济，促进更多投资贸易便利政策向新区范围辐射延伸，不断累积政策体制优势，促进新区成为国家对外开放的重要战略平台。在加强新区间对接合作方面，探索采取一园多地方式共同建设科技创新园区、产业园、金融港等，积极推进招商互动，支持符合产业导向的企业在各自新区落户，建立互动机制，加强人才交流，推动共同发展。通过对外开放和相互合作并举，共同提升开放合作水平，进一步提升了新区在国家全方位开放格局中的战略平台地位。在区内统筹联动方面，各新区充分利用和依托区域内已有各类开发区、海关特殊监管区、自贸区等功能平台，推动各平台间、平台区所在区域间融合联动、分工合作；既为新区发展提供了强大支撑，也丰富拓展了各类平台功能，增强了辐射带动能力。

6. 坚持不畏困难、主动作为的新区作风

面对经济下行压力加大的新形势，各国家级新区以时不我待的信念，

勇于敢于担当的魄力，主动作为、无私奉献，以更加积极、主动、担当的工作作风，不畏困难的拼搏劲头、热火朝天的工作干劲和以新区为家的责任意识，展现了新区干部良好的精神风貌；以改革创新精神破解发展难题，持续创新和丰富新区经验，努力当好全省转型升级、跨越发展的先行者、排头兵。有的新区把管委会办公场地设在工地附近，就地解决企业发展遇到的各种问题。有的新区建立"给舞台"、"靠边站"制度，干事创业容错免责、慵政懒政严肃追责，营造了担当干事的良好氛围。各新区注重激发工作效能，走出去、跑窗口、跑资源，沉下去、抓项目、抓企业，向内部抓协调促效率，立足于抓早、抓细、抓实，打造高效统筹的工作和服务机制，掌握发展主动权，高标准高效率地完成各项任务，以新形象新作为体现新区效能、新区担当。

（三）存在的主要问题

"十二五"期间，国家级新区建设发展总体处于复杂的国内外环境中，面临着比以往任何时候更加严峻的多重挑战。因应经济社会发展和深化改革、扩大开放客观需要，这一时期国家级新区的数量不断增多。各新区由于发展阶段、基础不同，发展水平也参差不齐，加之受外部环境偏紧压力的影响，不同程度存在集约节约发展不够，同质竞争、缺乏特色等问题。同时，随着新区建设的全面拉开，产业转型压力大、基础配套相对滞后、区域竞争力不强，以及行政管理、财政、土地、投融资等体制机制尚不健全等问题也有所显现，在一定程度上影响了新区健康发展质量和水平。

1. 产业转型任务仍然艰巨

从三次产业结构看，大部分新区仍以第二产业为主，现代服务业发展相对滞后，对产业转型升级、聚集发展具有示范带动作用的重大项目相对不足。从加工制造业内部看，依托产业技术创新加快推动传统产业转型升级和新兴产业培育的任务依然艰巨，一些新区高耗能、中低端技术产业占比较大；高端新兴制造业体量不大，经济新增长点仍处于培育阶段，难以形成强大的竞争力和辐射带动力。部分新区园区功能单一，产业集聚程度不高，特别是前期发展基础相对薄弱的新区，面临着吸引产业落户与科学确定产业定位的双重压力。

2. 新区功能特色彰显不足

从主导产业选择看，不少新区及新区内的园区还没有能力从区域协调发展的高度，立足本地市场、资源优势来确定产业发展方向，往往热衷于发展各类热门项目，缺乏对产业链的系统研究，从而造成新区间、新区内园区间产业结构趋同，优势和特色难以显现。部分新区虽然有较大规模的同类企业群，但产业发展和项目选择仍存在很大程度的随意性和被动性。一些新区在竞相培育新兴产业时，产业定位不明确，特色不明显，存在"一哄而上"的现象。从新区建设情况看，有的新区存在城市建设定位过高，对所依托的主城市或传统城市的历史和现实条件、地域文化和区域特色衔接体现不足，"千城一面"的现象仍然存在。

3. 产城、区域融合发展有待提升

一方面，由于部分新区选址在老城区以外，产业园区、开发区功能配套不足，城市生活服务功能配套建设上相对滞后于产业功能，"职住分离"现象依然存在，产城融合发展水平仍需提升。另一方面，由于新区更大意义上属于功能区和经济区，虽然在新区设立时均尽可能与行政区划相协调，但除上海浦东新区和天津滨海新区外，大多新区与行政区域之间天然存在差异和交叉，这在促进资源突破行政区划界限在更大范围内优化配置的同时，对新区管理带来了较大挑战，特别是有的新区地跨不同地市、有的新区与行政区管理存在一定交叉，一定程度上影响了

新区建设管理效率，增加了有关事项推进难度，即便是已批准为行政区的新区，如天津滨海新区，与天津港的互动融合发展仍是其建设发展需要解决的重要任务。

4."新"字上还有大文章可做

面临适应经济新常态的要求，率先落实党中央提出的新发展理念，率先推进"双创"、"双新"等，新区还需要付出更大努力。比如，部分新区行政管理观念、体制、方式还不到位，对微观经济运行干预过多、重权力轻责任的观念仍然存在，行政管理不够"新"。有的新区社会管理和公共服务职能比较薄弱，重管理轻服务的传统与现实需求极不匹配，服务效能不够"新"。有的新区设立后，仍按原有组织机构管理、区块间相互割裂、各自为政，新区与行政区行政职责界定模糊，管理构架不够"新"。另外，个别新区在开发建设过程中仍采取全面铺开、遍地开花的开发模式，对开发时序和项目布局把握不够合理，土地、水等各类资源利用率不高，开发建设与生态环境保护协调不足、基础设施重复建设等，发展模式不够"新"。

当然，我们也看到，上述问题存在较大的普遍性，并非新区独有的问题，从全国范围看，新区在上述方面存在的问题也并不突出，同时，许多问题涉及深层次的矛盾，不是短时间内就可以解决的，有的仅靠新区自身的力量也难以解决。但与新区承担的历史使命和重要责任相比，上述问题将很大程度上影响新区的功能提升和作用发挥，在下一步新区建设发展过程中，必须予以重视，有所突破。

二、2015年国家级新区经济社会发展的主要进展

2015年是全面完成"十二五"规划的收官之年，也是国际环境极为复杂严峻的一年。2015年世界经济增速为6年来最低，国际贸易增速更低，大宗商品价格深度下跌，国际金融市场震荡加剧，对我国经济造成直接冲击和影响。国内经济社会发展稳中有进、稳中有好，但深层次矛盾凸显、经济下行压力加大、区域经济分化明显。同时，重点领域改革全面铺开，新任务、新业态、新要求不断为新区经济社会发展带来新的影响和冲撞。为积极应对复杂严峻的宏观形势和不断加大的外部压力，各新区坚持稳中求进工作总基调，主动适应经济发展新常态，勇担使命，锐意改革，大胆创新，以新产业、新业态为导向，全面推进改革开放、项目建设和创新发展。各新区经济运行总体稳定，经济增速均高于所在省市的增速，保持了经济又好又快的发展势头，向社会传递出积极信号，展现出适应引领经济发展新常态的新面貌，成为引领带动区域经济发展的新引擎，为全国稳增长、调结构、促改革做出了积极贡献。

（一）新区保持良好发展态势，继续发挥经济增长新引擎的重要作用

1. 工作进展

一是加强统筹指导。有序推进新区优化和功能完善。2015年，国务院先后批复设立了湖南湘江新区、南京江北新区、福州新区、云南滇

中新区以及哈尔滨新区共5个国家级新区，截至年底，新区数量达到16个。中部地区获批了首个新区，体现了对促进中部地区崛起战略实施的进一步支持；着眼于破解东北地区发展困境，东北地区新区数量增加到2个；福州新区、云南滇中新区获批，体现了对深化对台、对东南亚地区区域合作的支持力度；南京江北新区获批，体现了对加快苏南现代化建设，探索全国现代化建设路径的支持。

进一步完善支持政策。国家发展改革委会同有关方面印发了《关于促进国家级新区健康发展的指导意见》及《关于推进开发性金融支持国家级新区健康发展有关工作的通知》等系列文件，加强了新区发展的总体部署与政策支持；出台了《关于推动国家级新区深化重点领域体制机制创新的通知》，首次明确了体制机制创新在国家级新区建设发展中的突出地位。

大力支持新区发挥示范带动作用。国家将自由贸易试验区拓展到上海浦东新区全境和东部更多的新区，进一步深化了重点领域的改革探索。国务院确定开展服务贸易创新发展试点，将新区作为重点区域，把哈尔滨新区、南京江北新区、重庆两江新区、贵州贵安新区、陕西西咸新区等列入其中，支持在完善服务贸易管理体制、扩大服务业双向开放力度、培育服务贸易市场主体、创新服务贸易发展模式、提升服务贸易便利化水平、优化服务贸易支持政策、健全服务贸易统计体系、创新事中事后监管举措等八个方面进行探索试点，构建适应服务贸易创新发展的体制机制和政策措施，着力构建法治化、国际化、便利化营商环境，打造服务贸易制度创新高地。

二是强化发展基础。积极推进重大基础设施建设。2015年，各新区重点推进基础设施建设，加强了道路、铁空水港、水电气讯污、河流整治等重点项目建设，着力提升新区对内对外的互联互通水平。上海浦东新区中环线浦东段东段建成通车，迪士尼外围市政配套、东靖路等大居市政配套项目基本建成。重庆两江新区在基础设施方面投资450亿元，推进了跨区域重大交通项目建设，新区的重大基础设施条件逐渐完善。

青岛西海岸新区设立了总规模600亿元的城市发展和基础设施投资基金，加大港口、对外交通、城市轨道交通等重大基础设施建设，2015年完成各类基础设施投资300多亿元，董家口港建成泊位26个，轨道交通13号线、1号线、2号线开工建设，青连铁路、青岛西站及青岛西站立体交通系统建设加快推进，通过零换乘、多层次立体交通、智能信息化交通系统，不仅实现了中心城市人车分流，更将地铁、长短途客运、公交等带来的海量人流与商业动线紧密结合。四川天府新区成绵乐客专正式运行，成都第二绕城高速实现半幅通车。湖南湘江新区借由便捷的交通通道，大量的人流、物流、信息流、资金流将在此汇聚，并吸引与之相关联的产业聚集，极大地缩短了长沙与"3+5"城市群、长江中游城市群、全国各个大中城市之间的距离。福州新区积极运用多种投融资方式，共完成新区重点交通项目投资179亿元。重大基础设施条件的逐步完善，满足了企业发展和群众生活需求，极大地拓展了新区和周边城市圈的发展空间，激活人才、资本、资源向新区中心城市汇聚融合，推进新区对内辐射、对外开放水平迅速提升。

重点推进核心创新载体建设。2015年，各新区全面贯彻国家创新驱动发展战略，围绕产城融合、功能创新、产业发展、品质提升和众创空间建设，抢抓建设国家自主创新示范区、高端制造研发转化基地和创新创意产业集聚区机遇，大力推进大众创业、万众创新，引导新技术、新产业、新业态加快发展。以孵化器、中小企业总部基地等为主的创新载体为中小企业发展提供了良好的技术和平台支持。如上海浦东新区建设开放式孵化器空间，积极引导科研机构、企业、民间资本、海外人才等共建创新型孵化器，2015年分别获得市、区孵化器和众创空间认定12家和21家。贵州贵安新区成立创客联盟总部基地和创客服务中心，培育大学生创业企业76家，已为大学城各院校和产业园区提供就近就业1万人以上。青岛西海岸新区深入推进创新、创业、创客、创意"四创"，在全省率先建立专业运营平台，国际大学创新联盟落户，新增市级以上科技创新平台45家，科技孵化器累计投入使用89.7万平方米，入驻企业达850家。浙江舟山群岛新区海洋科学城建设取得初步成效，入驻各类科创企业和机构180余家，打造了创客码头、山海云间——智库等众创平台。兰州新区通过积极推进兰白科技创新改革试验区建设，新区产业孵化中心成功获批国家级科技企业孵化器。各具特色的科技创新平台的建设，集聚了创新资源，不断释放了创新活力，吸引了海内外高技术人才创新创业，开创了大众创业、万众创新的发展局面，成功开启了一条人才引领创新、创新驱动发展的新路径。

三是加快产业转型。强化重大项目带动产业转型。各新区准确把握自身特色定位，大力实施主题概念招商、产业链招商和产业集群招商，重大项目引进取得新突破。大连金普新区引进了迄今为止全国单体投资最大的外资项目——英特尔二期非易失性存储器项目，总投资55亿美元。贵州贵安新区签约浪潮、三一、华为、IBM、高通等5个重大引领性项目，引进世界500强企业新增IBM、华为、正威集团，达到9家；2015年签约项目84个，总投资额1315亿元，超额完成年初目标810亿元的162.3%。四川天府新区全年累计完成投资308.89亿元，其中6个重大生态建设及环境保护项目完成投资48.19亿元，17个重大产业项目完成投资55.49亿元。青岛西海岸新区每周举办一次集中签约、集中开工、集中投产"三集中"活动，涉及总投资8000多亿元的产业项目473个，其中签约项目243个、开工144个、竣工投产86个，中铁·青岛世界博览城等过百亿元大项目30个，做到了"天天有项目"。福州新区建立了市、县两级"福州新区重点项目服务窗口"，全面推行"5+X"审批会商等工作机制，实施推进336项福州新区重点项目建设，全年实际完成投资1446亿元，占年度计划115%，超额完成年度投资任务。各新区通过重大项目带动，以增量调结构促转型迈出了坚实步伐，有序推进了产业转型升级，进一步提高了产业竞争力。

推动科技与产业融合发展。各新区自主创新型本土企业发展较好，新型企业设立踊跃，"互联网+"、4G等新兴经济成为发展亮点。兰州新区依托龙头或骨干企业设立了12家国家、省级技术研究中心，形成了一批具有自主知识产权的技术和产品。上海浦东新区发明专利件增长了43%，每万人口发明专利拥有量约35件左右，完成高新技术成果转化项目139项；技术交易合同金额78.3亿元，增长18%。无店铺零售业快速增长，网上销售零售额106亿元，增长20.4%。浙江舟山群岛新区组织实施市级以上科技项目293项，申请和授权专利数分别增长18.2%和42.7%。青岛西海岸新区高新技术产业产值占比达43%。大连金普新区的各项商事制度改革的成功推行，激发了社会创新创业热潮，全年新注册企业4800户，增长62%。新区通过建立"创业服务超市"等新举措，扶持创业带头人424人，带动就业3791人，同时实现专利授权1300件。企业作为创新主体，以科技和经济结合作为切入点，促进了科技创新成果的转化，增强了科技创新对经济发展的驱动力。

四是优化营商环境。深化投资管理改革方面，上海浦东新区在新扩展区域全面实施外商投资和境外投资备案管理制度，推动内资注册"单一窗口"从企业设立向变更环节延伸，拓展外资注册从"五证联办"向"七证联办"。贵州贵安新区实施"先照后证"和"三证合一"工商注册登记制度改革等，大力营造新区良好的政务服务环境。大连金普新区建立了政府权力清单、责任清单，企业设立"单一窗口"走在全国前列。贸易便利化改革方面，上海浦东新区的海关、检验检疫分别推出了"一区注册、四地经营"、"空检海放"等32项便利化举措；广州南沙新区对内外资实施统一的负面清单管理，形成了更加开放透明的投资管理服务新模式。以贸易便利化为导向的大通关体系建设取得重大进展，实施了国际贸易"单一窗口"、海关快速验放、"互联网+易通关"、检验检疫"智检口岸"、跨境电商商品质量溯源等一批标志性改革，显著提升通关便利化水平。重庆两江新区的两路寸滩保税港区是国务院批复开展贸易多元化试点区域之一，海关推行了双账册管理方式。推动通关和口岸监管部门之间实行"信息互换、监管互认、执法互助"大通关改革，推行关检合作"一次申报、一次查验、一次放行"的"三个一"通关模式。

金融制度创新方面，上海浦东新区启动外币服务功能，进一步拓展了自由贸易账户功能。天津滨海新区落实了金融改革创新三年行动计划，开展限额以内资本账户可兑换试点，扩大人民币跨境使用，支持企业开展多种形式的境内外融资。

图1.2 重庆寸滩保税港

打造开发开放平台。各新区准确把握特色定位，着力强化功能平台建设，充分发挥自贸试验区改革创新引领作用，全面深化开放合作，着力营造市场化国际化法治化营商环境。天津滨海新区东疆保税港区的租赁产业规模和业务模式创新领跑全国，建成北方最大的国际邮轮母港，初步形成北方国际商品进口基地、高端航运物流基地、国家租赁业创新示范基地。同时，天津滨海新区保税区实现从单一功能区向综合开放区域转型，建成空港商务园，空客二期成功签约，航空航天产业加速聚集。重庆两江新区策划推动了一批中新（重庆）战略性互联互通示范项目，重点引进打造"高起点、高水平、创新型"的示范性重点项目，成功引进贸易类、物流类、金融类等企业230余家，西部首个对外文化贸易基地项目年内正式挂牌运营，保税物流平台全年保税商品展示交易额高达10亿元。贵安新区加强对港台地区、瑞士、德国、印度等国家和地区实施跨境招商，组团参加面向东盟、港澳台等国家和地区招商推介活动，实现在更高平台的对外开放与合作。青岛西海岸新区前湾保税港区获批国家电子商务示范基地，全国首个汽车口岸电商平台、首个大型B2B跨境电商平台落户。中德生态园以测评第一位次获批首批国家低碳城（镇）试点，同时也成为全国第一家生态标准纳入国家范例的园区，园区生态指标纳入商务部制定的园区工作参考指南。

五是改善城乡面貌。全面提升环境质量。各新区开展了大量生态环境综合整治工程，如上海浦东新区建立了集中统一的城市管理综合执法体制，全年拆除存量超过800万平方米，完成畜禽退养2.4万头标准猪。天津滨海新区实施蓝天工程，完成清新空气项目177个，完成29台燃煤供热锅炉改燃并网或热源替代，削减燃煤22万吨。浙江舟山群岛新区倒逼产业转型，开展"重污染高耗能行业"和"低小散行业"专项整治，关闭了11家电镀行业，铅蓄电池企业全部关闭，对26家印染、造

图1.3　天津滨海新区空客320生产线

纸、化工企业实施关停13家，完成整治13家，淘汰落后产能造纸3.5万吨、印染2720米、粘土砖瓦窑3500万块，整治提升水产企业45家。青岛西海岸新区加快推进国家级生态保护与建设示范区，新建节能建筑600万立方米，完成建筑节能改造60万立方米。城乡污染治理工程取得新进展，全面实施城区河道治理工程，新建改造排水管网3万米，治理污水直排口15处。浙江舟山群岛新区深入开展"五水共治"，全市黑臭河已完成达标治理60条102公里，新增城镇污水配套管网41.7公里，同时加大了渔农村生活环境整治力度。南京江北新区完成清水河道项目113个，完成环境整治项目639个，推进56个村居清洁村庄建设，创建市级环境友好型社区9个。湖南湘江新区加快推进湘江枢纽库区长沙城区段截污工程一期17个项目建设，同时加快推进了龙王港、雷锋湖、靳江河等生态治理以及铬盐厂污染治理。贵州贵安新区成功引进中国第一家以展示、推广绿色技术的"中国贵安·生态文明创新园"，为贵安新区新型城镇化建设中可持续发展、生态文明建设、绿色建筑的理念和最新科技及成果提供展示平台和科研平台。

六是提升民生保障。2015年，新区紧扣保障民生、服务民生、改善民生的工作主线，牢固树立底线思维，围绕安居、就业和提高城乡居民文明素质，推进以人为核心的新型城镇化建设，着眼于精细化管理，全面提升民生保障水平。

深入推进就业和保障工作。各国家级新区通过实施促进就业政策，积极开展了就业援助、扶持创业等系列就业专项活动，出台了大众创业万众创新及支持大学生创新创业、落户系列政策措施等。上海浦东新区全年新增就业岗位超过15万个，开展职业技能培训7.3万人，共帮助1825人成功创业。浙江舟山群岛新区全年新增城镇就业人员约1.2万人，城镇登记失业率为2.9%。青岛西海岸新区实施了总投资24.9亿元的60项民生实事工程，新增城乡就业6.5万余人，扶持创业5000余人，城镇登记失业率为2.5%。同时，新区主要落实了各类社会保障政策，上海浦东新区因地制宜推进"长者照护之家"和农村养老睦邻互助点的建设，新增养老床位1287张，为5.9万多名老人提供居家养老服务，征地养老人员每人每月增加170元，惠及2674人。浙江舟山群岛新区推进社会保险全覆盖，加大扶贫救助救济力度，城乡低保标准分别增加了26.48%和40.38%，成为省内率先实现城乡低保标准全面一体化的地市。此外，新区加快了社会化养老服务体系建设，全市居家养老覆盖率达到82.64%。青岛西海岸新区在全省率先实现城镇职工医疗保险、城镇居民医疗保险、新型农村合作医疗"三险合一"，参保居民80万人。贵州贵安新区深入实施"131118"扶贫攻坚计划，实施生态移民扶贫搬迁2689人，实现马场镇脱贫摘帽，建成20个美丽乡村，完成400多户农家接入天然气，10个村"撤村建社区"工作，解决了10800人的饮水安全问题。各国家级新区通过深入推进"双联行动"和精准扶贫精准脱贫工作，着力抓好就业、就学、就医、住房和社会保障等民生实事，使广大群众共享新区建设发展成果。

全面完善重点社会事业。上海浦东新区积极建设36所公建配套学校，率先在南汇新城镇推行"教育六条"，加强农村教育人才队伍建设，

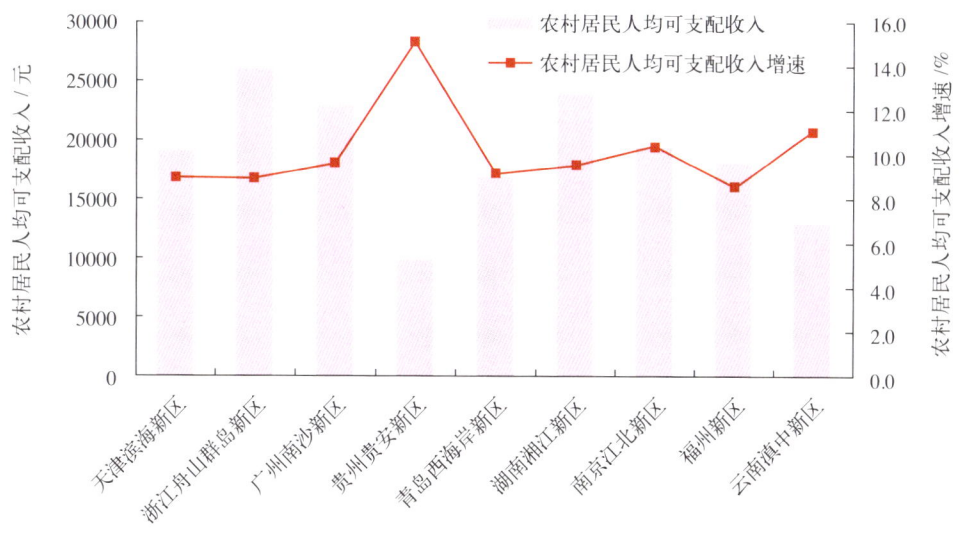

图1.4 各国家级新区农村居民人均可支配收入及增速图

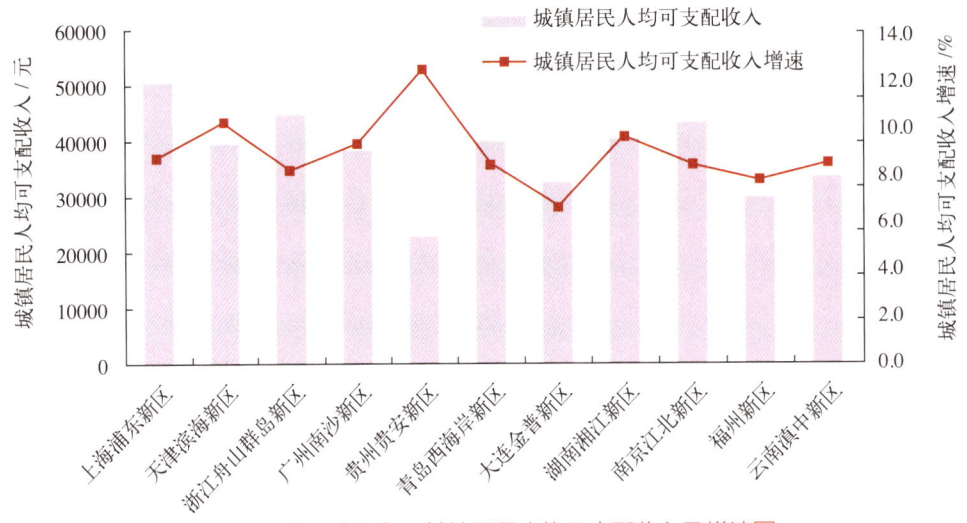

图 1.5　各国家级新区城镇居民人均可支配收入及增速图

大力实施了医院、社区卫生服务中心改建扩建的项目。浙江舟山群岛新区筹建了新区公共服务与监管中心，进一步优化了义务教育资源布局，同时利用"淘文化"平台，推动公共服务标准化均等化发展。青岛西海岸新区组建全市首家精神卫生"医联体"，率先建立了村卫生室和乡村医生综合补偿机制。江北新区新建、改扩建、提升改造中小学、幼儿园95所，积极发展社区服务和社会福利事业，提升改造了107个老旧社区服务站。广州南沙新区民生事业投入逐年增加，2015年达102亿元，占公共财政支出的88.18%，重点改善教育、医疗，总投资15.37亿元的13个教育类重点项目和总投资19亿元的9个医疗卫生类重点项目全面铺开。兰州新区12个大型商贸服务项目建成运营。新区的公共服务设施日趋丰富，城市综合功能不断增强。

逐步提升文化影响力。上海浦东新区积极打造浦东文化品牌，"东方财经·浦东频道"正式开播。大力地推进了区域性公共文化设施的建设，成功开展庆祝浦东开发开放25周年系列文化活动，进一步扩大浦东文化艺术节、简单生活节等品牌活动的影响力，塘桥社区文化活动中心社会化专业化管理经验在全国推广。天津滨海新区实施文化惠民工程，成功举办了第十届滨海艺术节、首届滨海国际观鸟文化节。

2. 发展成效及主要特点

经过各方面的积极努力,国家级新区在创新体制机制、带动区域经济发展、扩大开放合作、优化空间格局、改善民生福祉等方面取得了显著成就,主要表现在以下几个方面:

一是实现了经济发展的新区速度。2015 年,新区地区生产总值增速保持高位,各新区经济增速普遍快于全国及所在省(市)水平。其中,兰州新区同比增长 20%,大幅高于全省 8.1% 的增速;广州南沙新区同比增长 13.5% 左右,连续两年居广州市第 1 位;上海浦东新区、南京江北新区、湖南湘江新区增速均超过所在省(市)2 个百分点以上。贵州贵安新区、重庆两江新区、天津滨海新区同比增长分别达 20%、13% 和 13%。

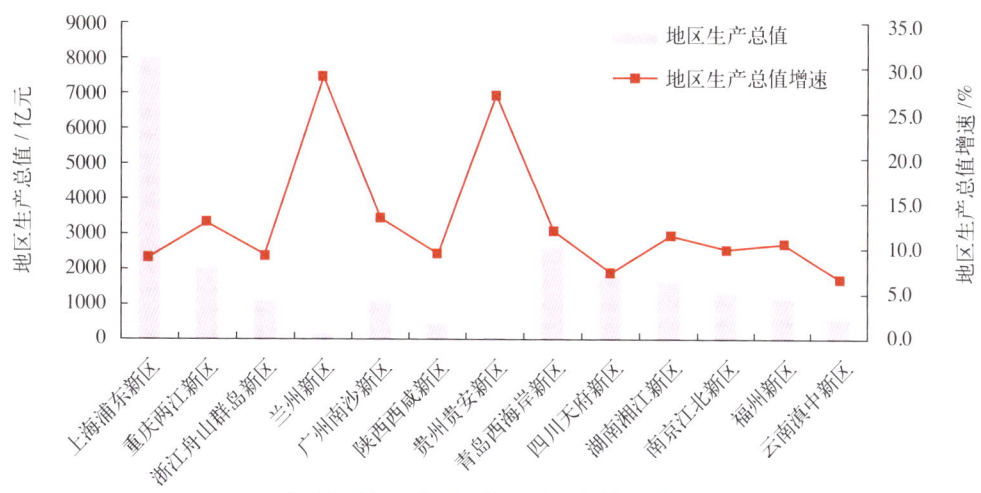

图 1.6 2015 年新区地区生产总值及增速图

固定资产投资较快增长,浙江舟山群岛新区完成 1135 亿元,同比增长 181%;广州南沙新区完成 620 亿元,同比增长 54%;陕西西咸新区完成 1480 亿元,同比增长 30%;贵州贵安新区、湖南湘江新区同比分别增长 31%、22%。外贸外资稳定增长,上海浦东新区进出口总额高达 2700 亿美元,实际到位外资 56 亿美元,同比增长 25%;广州南沙新区进出口总额 248 亿美元，同比增长 18%；贵州贵安新区进出口总额为 1.6 亿美元，同比增长 4113.11%。地方财政收入高速增长，兰州新区同比增长 49%；南京江北新区增幅达 19%，比南京市高出 6 个百分点；重庆两江新区、天津滨海新区、贵州贵安新区同比分别增长 17%、15% 和 15.9%。

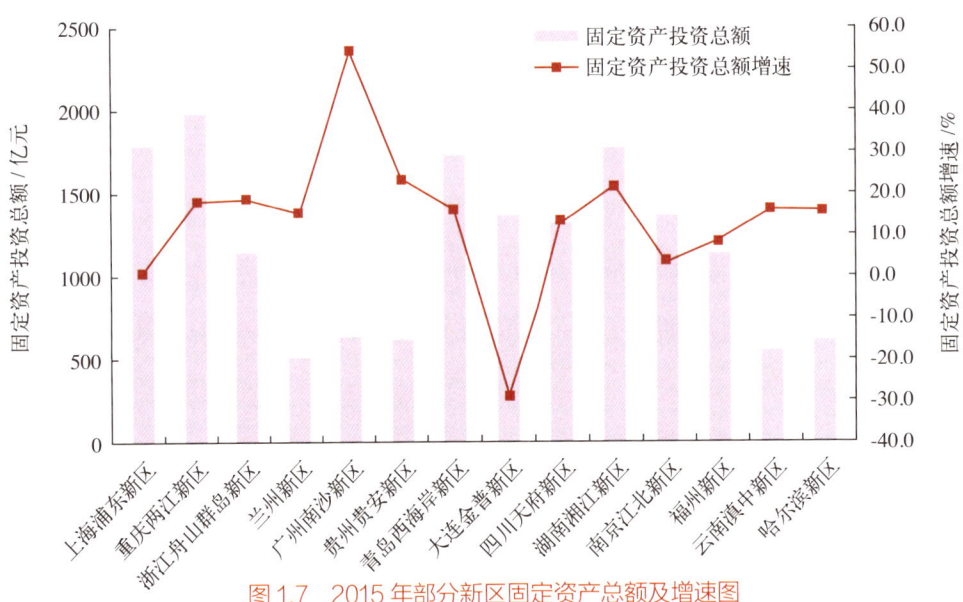

图 1.7　2015 年部分新区固定资产总额及增速图

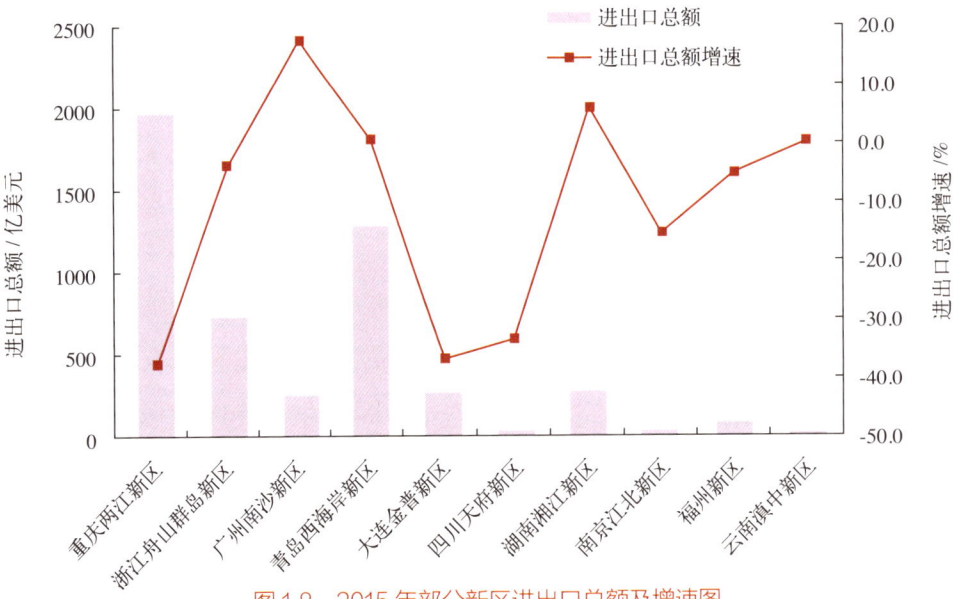

图 1.8　2015 年部分新区进出口总额及增速图

图1.9 2015年部分新区社会消费品零售总额及增速图

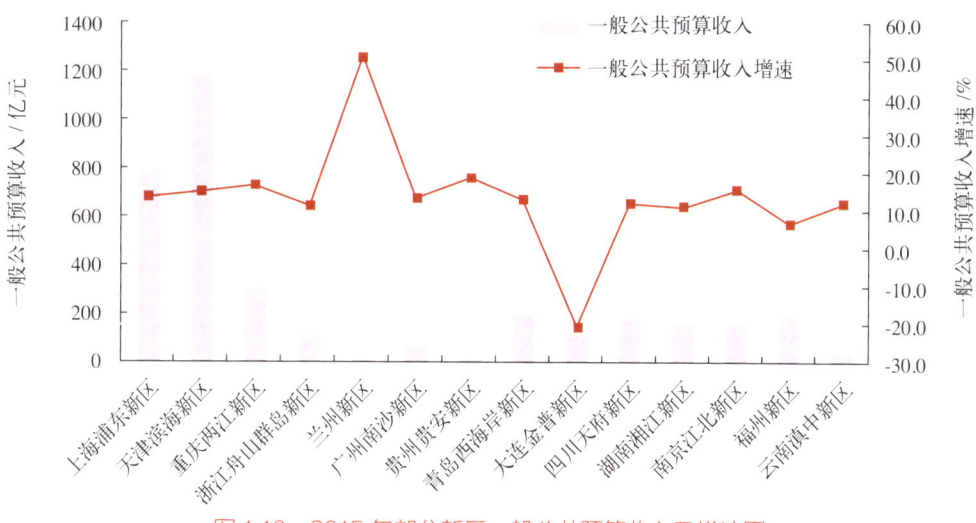

图1.10 2015年部分新区一般公共预算收入及增速图

二是形成了产业转型的新模式。新区产业发展瞄准了集约化、特色化、高端化方向，推进先进制造业和现代服务业双轮驱动、科技创新与绿色发展互为促进，在引领产业转型升级、优化区域开发格局、推动新型城镇化发展等方面成效明显。各地积极调整提升传统产业，使新区发展质量效益不断提升。上海浦东新区积极推行金融贸易先行、高技术产业先行的产业发展方针，大力培育和引进具有国际竞争力的产业和项目，不断优化产业结构，着力形成以服务经济为主体的产业结构和创新驱动为主导的发展模式,第三产业增加值比重由1990年的20.1%提高到2015年的70%左右,对拉动经济增长作用显著。新区产业结构调整成效明显,关停转迁印染、金属压延、传统工艺、危险化学品、低效用地企业合计400多家。滨海新区深入实施万企转型升级行动,帮扶中小企业向高端、绿色加快转型,增强核心竞争力;引导企业研究供给侧需求,积极应用新技术新工艺新材料,开发适应市场需求的新产品,提升产品质量,延伸产业链条,增加服务环节,推动石化、冶金、粮油、轻纺等传统产业向集约化和高附加值转型。广州南沙新区初步构建了现代服务业与先进制造业并重的产业新框架,以打造广州"三中心一体系"核心功能为抓手,规划了"1+12"产业发展平台,着力发展航运物流、高端制造、金融商务、科技创新、旅游健康等五大主导产业,在航运物流、创新金融、融资租赁、跨境电商、总部经济等新领域迅速集聚起一大批具有代表性的企业,有力提升了产业结构,为打造以生产性服务业为主导的现代产业新高地打下良好基础。浙江舟山群岛新区海洋经济实现较快增长,海洋装备高附加值订单占比提高到30%以上。

三是培育了经济增长新动力。新兴产业逐渐成为拉动经济增长的新动力。各新区依托现有基础,以新产业、新业态为导向,大力发展先进制造业和现代服务业,一批重大项目顺利落户新区产业园区。从新区的空间分布情况来看,东部的新区以上海浦东新区、天津滨海新区为代表,重点以发展现代服务业为主,其中上海浦东新区金融业同比增长27%左右,新增持牌金融机构52家,新兴金融机构3072家,增长84%,"三大三新"("三大"指电子信息产品制造业、汽车制造业和成套设备制造业;"三新"指生物医药、航天航空与新能源产业)行业在电子信息产品制造业带动下,实现产值5660亿元,占工业总产值比重达到62%。高技术产业产值增速快于工业总产值增速10.5个百分点。天津滨海新区中心商务区金融业高速发展,"双创特区"建设成效初显。

中西部地区的新区以重庆两江新区、陕西西咸新区、湖南湘江新区、贵州贵安新区为代表,构建了制造业多点支撑的新格局。这类新区发展的智能制造、大数据、航空航天、汽车、生物医药、新材料、新能源与节能环保等新兴产业成为新的产业增长点,中部地区各新区新能源汽车等产业集聚效应凸显。其中,重庆两江新区以价值链、产业链打造主导产业,对汽车、电子、装备三大优势产业实施基地化布局、垂直化整合、集群化发展,三大优势产业本地配套率达80%。贵州贵安新区大数据产业发展尤为迅猛,直管区信息产业规模总量预计达130亿元,同比增长52.9%。湖南湘江新区充分发挥园区和片区的主阵地作用,形成先进制造业与现代服务业双轮驱动的产业发展格局,高新技术产业增加值800亿元,同比增长12%。

服务业新业态不断涌现。航运物流、高端制造、金融商务、科技创新、旅游健康等现代生产性服务业发展势头较为迅猛。广州南沙新区在航运物流、创新金融、融资租赁、跨境电商、总部经济等新领域迅速集聚起一大批具有代表性的企业,初步构建现代服务业与先进制造业并重的产业新框架,为打造以生产性服务业为主导的现代产业新高地打下良好基础。陕西西咸新区服务行业高速增长,住宿和餐饮业、租赁和商务

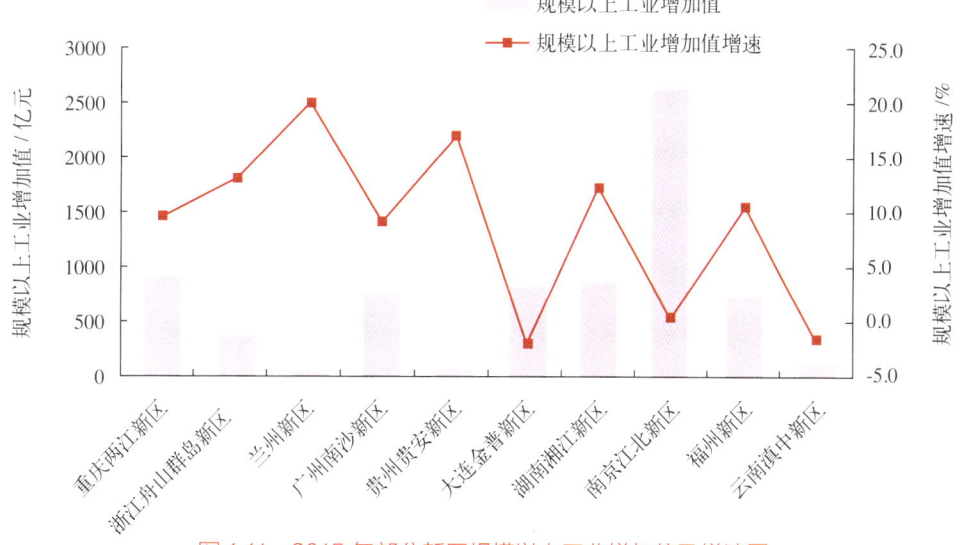

图1.11 2015年部分新区规模以上工业增加值及增速图

服务业、科学研究和技术服务业以及居民服务和其他服务业投资增速均在70%以上，经济转型加快。浙江舟山群岛国际邮轮港开始常态化运营，普陀山机场至嵊泗的水上客运飞机正式通航。

四是取得了开发开放新突破。新区充分发挥自贸试验区改革创新引领作用，围绕促进投资贸易便利化，积极对接国际投资贸易通行规则，着力营造市场化国际化法治化营商环境，在改革开放重点领域和关键环节取得实质性进展，形成了一批可复制推广的新经验。天津滨海新区跨境电商与保税展示交易等新贸易业态启动开展，保税区航空产业增长40%，东疆保税港区租赁产业规模和创新模式保持全国领先。兰州新区主动融入丝绸之路经济带建设，设立了兰州新区综合保税区，并举办了丝绸之路高层论坛、中韩产业论坛等活动，进一步促进了中外产业合作和文化交流，提升了对外开放水平。重庆两江新区牵头组织长江经济带沿线12省、市、区检验检疫相关机构，建立以"出口直放、进口直通"为核心的一体化通关模式。广州南沙新区以贸易便利化为导向的大通关体系建设取得重大进展，在全国率先推行"先办理后监管"、"自主有税申报"、国地税一窗通办等税收管理服务新方式；在广州市率先推行"一口受理"新模式，实现"十一证三章"联办，市场准入联办证件数量和速度创全国之最。大连金普新区口岸联检部门实现了东北三省通关一体化，大窑湾口岸实现"三互"大通关，口岸便利化进一步提升。

五是展现了城乡环境新面貌。各新区开展了生态环境综合整治工作，大力实施了蓝天碧水工程，新区生态文明建设得到了有效提升。上海浦东新区新增林地面积3100亩，全面完成中小燃煤（重油）锅炉、窑炉的清洁能源替代，淘汰黄标车9023辆，同时，实施经营性用地全生命周期管理，推进低效建设用地减量化，全年立项429公顷。天津滨海新区实施节能减排项目后，空气中PM2.5浓度下降15.6%，空气质量综合指数在全市位居前列。青岛西海岸新区加快推进国家级生态保护与建设示范区，万元地区生产总值能耗下降了3.8%，空气PM2.5年均浓度下降15%，主要污染物减排目标完成率连续五年居全市首位，通过国家生态区考核验收。中德生态园被确定为"首批国家低碳城（镇）试点"，相关生态指标成为指导全国生态园区发展标准。浙江舟山群岛新区市区空气质量优良率达到90.8%，单位地区生产总值能耗下降2.5%，节能"双控"年度目标超额完成，成功创建国家级生态示范区，巩固国家卫生城市创建成果。广州南沙新区万元地区生产总值能耗同比下降4.83%，PM2.5年平均浓度比2014年下降17.5%，达到国家二级标准。湖南湘江新区编制了《湘江新区居住建筑节能设计导则》及技术规范，绿色技术推广形成示范。

六是创造了社会治理格局新亮点。各新区着力转变政府单打独斗的传统社会治理方式，努力变"政府独奏"为"社会合唱"。通过加强基层组织建设、创新基层治理结构、健全基层运行机制等措施，建立健全共治自治机制平台，充分发挥社区多元主体参与基层治理的积极性，鼓励、推动各界力量在公共事务共商共治方面进行积极探索，逐步建立起与新区发展相适应的社会治理新格局，实现城市管理高效化精细化。上海浦东新区完成街道体制改革，通过街镇网格化平台建设，实现全区网格化综合管理全覆盖，鼓励街镇通过探索成立社区基金或社区基金会，完善共治自治保障。青岛西海岸新区围绕强化基层社会治理服务能力，不断深化街镇体制改革，整合大数据搭建信息平台，通过加强基层网格治理和综合行政执法改革，变"管理"为"治理"，探索构建符合区域特点的社会治理体系，实现了多方面突破，获评全国社会治理创新最佳案例。

3. 主要困难

回顾2015年，各国家级新区取得的成绩来之不易，但受宏观环境影响，新区承担国家赋予的重要使命，实现自身加快发展的同时还面临一些突出的困难、瓶颈和短板。

一是招商引资压力持续加大。受宏观经济下行、优惠政策清理等原因影响，新区招商引资形势更加严峻。部分新区内部项目存在同质化，企业投资意愿不强，招商引资难度加大，部分行业产能过剩，一些企业生产经营效益依旧不容乐观。一些新设新区的经济增长处于投资拉动阶段，基础设施投资仍然是支撑新区经济增长的主要动力；个别处于发展中期的新区，面临投资增长动力放缓与新的增长点尚未全面形成的双重压力。特别是在东北地区等传统产业比重较大地区的新区和西部地区发展基础相对薄弱的新区，受技术改造、资金链紧张等因素影响，工业投资增速放缓，部分重大项目难以推进，在建项目进展缓慢，项目落地率和资金到位率不高。

二是个别新区开发建设缺口资金较大。受基础条件薄弱和所在地区经济下行压力大等因素影响，西部和东北地区有的新建新区在基础设施、政务服务等软硬环境尚不能满足开发建设需要，基础设施建设等方面相对薄弱，在基础设施、土地收储、产业培育、优惠政策兑现等方面需投入大量资金，加之与行政区相比，新区缺乏有效担保抵押资源，受地方政府债务总量控制等因素影响，传统的土地开发投融资模式日益受限，资金紧缺已成为制约一些新区发展的重要瓶颈。

三是创新驱动、内生增长的动力不足。在全国普遍产能过剩的背景下，部分传统型企业占比过重的新区产业结构性矛盾突出，面临着生产经营扭负为正和转型升级的双重任务。受外部环境偏紧影响，有的新区正处于加快转型、实现突破关键时点，受制于市场、资金等各方面因素制约，对新区发展有战略性影响力、产业升级换代、形成产业聚集发展具有示范带动作用的重大项目上规模难，进一步完善产业链和培育战略性新兴产业的困难在加大。同时，高层次人才不足，现有人才创新能力与科研开发转化能力较弱等也成为部分新区发展的重要制约因素。

（二）体制机制创新取得新进展，形成一批可推广、可复制的好做法和好经验

2015年，各国家级新区在《关于推动国家级新区深化重点领域体制机制创新的通知》（发改地区〔2015〕1573号）指导下，全面推进行政管理体制改革、优化营商环境，并结合各自特色和优势，围绕1—2个重点问题突出开展体制机制创新探索，探索形成了一批可复制、可推广的经验。

1. 深入推进"放、管、服"改革

各国家级新区着力优化行政管理架构，规范权力运行机制，提升管理服务效能，不少改革举措走在全国前列。一是深入推进大部制改革。天津滨海新区成立行政审批局，划转18个部门的216项审批职责，形成单一窗口、全项受理，专业审查、团队支撑，严格把控、终身负责的审批运行模式，该做法已在天津市其余15个区县推广实施。兰州新区推动组建大综合执法局，集中执行城市管理、规划、国土等7大领域1791项行政处罚权。二是大幅压缩行政审批事项。贵州贵安新区行政审批事项从700多项精简到149项。广州南沙新区市场准入前置审批事项由101项压减为12项。福州新区推出"市区同权、多点办理"的政府管理新机制，行政许可事项减少73%。大连金普新区出台行政权力清单动态管理办法，规范行政权力的增加、变更或取消程序。三是持续健全法制服务环境。广州南沙新区建立国际仲裁和商事调解机制，组建了广州国际航运仲裁院。福州新区设立福州仲裁委员会国际商事仲裁院，设立台胞权益保障中心法官工作室。

2. 创新有利于扩大对外开放合作新机制

国家级新区加强与自由贸易试验区的融合发展、联动发展，在贸易投资便利化改革方面取得显著成效。一是加快实施区域通关一体化。两

江新区组织长江经济带沿线各省市检验检疫机构,建立以"出口直放、进口直通"为核心的一体化通关模式。天津滨海新区实施京津冀跨区域检验检疫"通报、通检、通放"。浙江舟山群岛新区建立"沪浙出口直放和无纸化通关"机制。二是全面拓宽单一窗口服务领域。各新区从不同侧面探索单一窗口服务模式,从内资企业到外资企业、从企业注册到企业变更、从地税到国税、从国际贸易到跨境电商,实施"一口受理、一窗统办"。三是不断优化外贸服务环境。上海浦东新区启动自由贸易账户外币服务功能。广州南沙新区在全国率先开展"智检口岸"试点,率先推出跨境电商质量溯源查询平台。浙江舟山群岛新区围绕推进江海联运推出"出口货物海关电子信息放行"举措。四是深化与港台地区合作。广州南沙新区建立粤港陆空跨境联运中心,将香港空运货站货物收发点延伸至南沙。福州新区推出"对台原产地证书核查机制"等5项针对台湾地区的贸易便利化举措。

3.因地制宜探索新型城镇化路径

各国家级新区立足自身优势,探索形成区域特色鲜明、与经济水平相适应、惠及周边群众的新型城镇化发展模式。一是优化城市发展空间。贵州贵安新区构建"组团+群落"的山地特色新型城镇化空间布局,编制建筑风貌导则,形成独特的建筑风貌指引。陕西西咸新区构建"开敞田园、紧凑城市"的现代田园城市格局。二是加强建设用地规模管控。南京江北新区明确城镇建设用地面积为规划面积的1/3。陕西西咸新区在各板块集中建成1平方公里的核心区,在核心区外围依托都市农业、原始村落建设特色小镇。三是采用股权类投资基金统筹城乡发展。贵州贵安新区设立资金募集对象为直管区农民的集合资金信托计划,农民人均纯收入从托管前的4200元增加到8560元。湖南湘江新区以股权投资方式设立城市发展基金,投向棚户区改造、保障房等项目。四是创新征地农民利益保障机制。陕西西咸新区推出"五金"(现金+租金+股金+薪金+保障金）拆迁补偿模式。贵州贵安新区探索留地安置、入股安置、住房安置等多种补偿模式。

4. 积极探索生态文明建设新模式

各国家级新区深入贯彻绿色发展理念，努力走出一条经济社会发展与生态环境保护相协调的新路子。一是探索建立市场化的环境保护机制。贵州贵安新区探索建立主要污染物排放总量初始权有偿分配、排放权交易等制度，成立环境资源交易中心，引进和扶持有环保优势的企业进入环境污染第三方治理市场。二是严格污染企业清退和遗留用地再利用。湖南湘江新区率先实现了环境保护规划与城市规划、土地利用总体规划的"多规合一"，明确所有污染企业加快退出，并以生态修复

图1.12 大王山旅游度假区湘江欢乐城
建设前是水泥厂废弃矿坑

图1.13 大王山旅游度假区湘江欢乐城效果图

方式依托废弃矿坑建设冰雪旅游项目。三是探索建立生态补偿机制。湖南湘江新区出台《湖南湘江新区生态补偿试点方案》，针对相关流域及其支流涉及的 38 个试点行政村，发放生态补偿扶持资金 3000 万元，通过"有奖有罚"的管控措施，充分调动了当地保护生态的积极性。四是实施绿色消费机制。湖南湘江新区建立高效垃圾分类回收利用体系，积极创建低碳社区，通过推广应用有机生活垃圾微生物处理技术，使生活垃圾减量率达 99%。

5. 加快推进资源要素优化配置改革

推动资源要素在国家级新区高效集聚，实现资源高效利用和有效产出。资源方面，四川天府新区引进社会资金投资农村土地综合整治，试点制定集体建设用地指标收购储备暂行办法，从国家重点扶贫区域和灾后重建地区购买建设用地指标支持新区建设；青岛西海岸新区实行"一地多用"综合用地模式，突破传统单一性质用地管理，实现土地功能复合化、集约化，推动海洋产权重点领域改革创新，实现网上对海域使用权进行公开"招拍挂"出让。金融方面，天津滨海新区积极探索保税租赁、单一项目公司租赁、离岸租赁、出口租赁、联合租赁等创新业务模式，截至 2015 年底，已有金融租赁法人机构 5 家，融资租赁法人机构 1310 家，租赁合同余额约占全国的四分之一；湖南湘江新区引进社会资本参与片区一级开发，探索采取未来预期收益分成模式合作开发；与国家开发银行签订了 570 亿元战略合作协议，确定在项目软贷款、存量贷款调整与置换、增量贷款发放等方面加大支持力度。科技方面，青岛西海岸新区采取引进科研院所、促进区域内科研机构转型升级、依托优势企业开展主要技术研究攻关等多种方式，推进海洋科技平台发展；大连金普新区与国际大学创新联盟合作建设"国际创新中心"及"国际大学（大连）众创空间 O2O 孵化加速平台"。人才方面，上海浦东新区建立海外人才离岸创新创业基地，青岛西海岸新区着力打造"国际海洋人才港"。

三、"十三五"时期新区承担着新使命、新任务

"十三五"时期是全面建设小康社会的关键时期，也是新区大有作为、提质增效、加快发展的重要时期。新区应积极顺应和准确把握国内外发展环境发生深刻变化的新形势新要求，全面落实"四个全面"的战略布局，牢固树立和贯彻落实创新、协调、绿色、开放、共享的发展理念，尊重发展规律和区情，主动对接融入和推动国家战略实施，勇担使命，锐意改革，大胆创新，更有作为，积极支撑和引领国家战略发展，成为贯彻落实新发展理念、引领经济发展新常态的重要载体和平台，为引领经济发展新常态、推进供给侧结构性改革、促进经济迈向中高端水平做出新贡献，为确保如期全面建成小康社会，实现第二个百年奋斗目标、实现中华民族伟大复兴的中国梦承担新使命。

（一）新区建设发展面临新环境

"十三五"时期，国内外发展环境更加错综复杂，世界经济深度调整中曲折复苏演化和经济全球化深入发展，我国经济发展进入新常态，贯彻新发展理念，积聚发展新动能，为新区发展拓展了新空间、提供了新机遇，开拓了新境界。

1. 全球经济新变化为新区带来参与全球化的新角色、新可能

从全球经济发展看，国际金融危机冲击和深层次影响在相当长时期

依然存在，世界经济仍处于深度调整期，低增长、低通胀、低需求同高失业、高债务、高泡沫等风险交织，主要经济体走势和政策取向继续分化，经济环境的不确定性依然突出。一方面，国际投资贸易规则体系加快重构，国际贸易保护主义强化，全球贸易持续低迷，针对我国出口产品的各种限制措施明显增加，我国将面临持续低迷的外部需求，稳定出口市场和份额的难度继续加大。另一方面，全球经济调整正孕育着新一轮科技革命和产业变革，各发达经济体正在积极谋划抢占新科技革命的产业链高端，全球产业结构、产业链分工布局正在经历新的调整和重组。

与此同时，经济全球化和区域经济一体化深入发展，国际产业分工不断深化，特别是在互联网等新技术的广泛应用下，全球产业分工更加深化、细化且便捷化。在这一背景下，新区作为我国对外开放重要的战略支撑载体，需要主动应对全球化和世界经济发展的新变化，瞄准新一轮科技革命前沿，积极培育壮大高端产业体系，优化进出口结构，提高核心竞争力和国际影响力，积极代表国家参与全球市场竞争和合作，勇于承担世界新角色，要在全球产业分工中发挥越来越重要且常态化的作用，提升我国产业国际分工的地位。

2. 经济运行新常态为新区加速推动发展动力转换提出更高要求

经济运行新常态是党中央对当前我国经济发展阶段的重大战略判断。新常态下，经济增长速度从高速转向中高速，发展方式从规模速度型转向质量效率型，经济结构调整从增量扩能为主转向调整存量、做优增量并举，经济增长的质量和内涵正发生着根本性变化，经济速度、结构变化依赖于发展动力转换，也即发展动力从主要依靠资源和低成本劳动力等传统要素大规模、粗放式的投入逐步转向依靠人力资本增加以科技创新为核心的综合创新驱动。同时，从需求动力上看，将由长期以来的大规模投资和出口为主逐步转变为依靠国内消费市场培育、全民消费结构的升级，以及尽可能增加国内有效投资和境外战略投资。从产业动力上看，要加快促进由相对低端的传统加工制造为主驱动，升级为依靠新兴产业包括战略性新兴产业和现代服务业为主驱动，新产业、新技术、新业态和新模式为特点的新经济将发挥支撑作用。显然，当前我国经济运行新常态下，以供给侧结构性改革为主线，要积极谋划推动区域发展的新动能。

新区作为支持区域发展的重要经济增长极，在支撑国家推动新一轮调结构稳增长过程中，要深刻认识经济运行新常态的发展阶段特征，顺应和尊重发展的规律，按照适应新常态、把握新常态、引领新常态的总体要求进行战略谋划，特别是要加快促进发展动力转化，形成新的增长动能，寻找新的经济增长点，确保新区经济又快又好发展。

3.国家重大发展战略的提出和实施为新区提供新的发展机遇、条件和空间

"十三五"时期，我国全面实施若干重大战略，新区作为承担国家重大发展和改革任务的综合功能区，将继续发挥实施国家重大战略的引擎作用，积极对接和主动融入国家重大战略将有利于新区形成发展的新条件，并进一步拓展新区的发展空间。

一是创新驱动发展战略实施，将塑造更多依靠创新驱动、更多发挥先发优势的重点地区引领型发展。有利于新区依托科技创新、大众创业万众创新优势，进一步优化创新组织体系，强化科技创新引领作用，提升创新能力，打造区域创新高地。二是实施网络强国和大数据战略，推动信息技术与经济社会发展深度融合，形成产业发展新形态。新区建设的起点高，具有率先构建泛在高效信息网络的能力，从而为培育壮大现代互联网产业体系、促进大数据产业健康发展提供条件。三是区域发展总体战略深入实施，京津冀协同发展、长江经济带建设战略实施步伐加快，海洋强国、新型城镇化等战略进一步推进等，将有利于不同地区新区依托自身优势和特点，形成经济发展新优势，在支撑和推动区域协调发展

上将发挥更大作用。四是国家全面推进"一带一路"建设,加快构建陆海内外联动、东西双向全方位开放的新格局,有利于新区扩大对外开放和深化区域合作,不断提升外向型经济规模和质量,建成对外开放新高地。

4. 生态文明建设全面展开要求推动新区加强空间治理

"十三五"时期,党中央、国务院高度重视生态文明建设,要求把生态文明建设融入经济建设、政治建设、文化建设、社会建设各方面和全过程,协同推进新型工业化、信息化、城镇化、农业现代化和绿色化,以健全生态文明制度体系为重点,优化国土空间开发格局,加快形成人与自然和谐发展的现代化建设新格局,开创社会主义生态文明新时代。全国上下将继续深化推进生态文明建设,坚持绿色发展,加快建设主体功能区,推动低碳循环发展,全面节约和高效利用资源,加强环境治理力度,着力改善环境质量。

新区作为我国国土空间开发和生产力布局的重要板块,是国家空间治理的重要区块单元,在设立之初就充分考虑了资源环境承载力以及经济发展潜力和空间,在推动生态文明建设过程中,各新区应按照各自总体方案的要求,加强空间治理,促进人口、资源环境和经济协调发展,推动形成有序、高效的空间开发格局。

5. 区域合作和竞争的进一步深化倒逼新区加快形成新优势

"十三五"时期,以区域发展总体战略为基础,以"一带一路"建设、京津冀协同发展、长江经济带发展为引领,在我国国土版图上将形成沿海沿江沿线经济带为主的纵向横向经济轴带,在这些轴带上将兴起更多除新区之外的新兴经济增长极,成为区域发展新的支撑板块。与此同时,传统的优势经济区域如长江三角洲、珠江三角洲和京津冀等区域仍将继续发挥经济引擎作用。随着我国市场化环境的日益完善,经济要素在市场机制作用下不断向经济发展高地集聚,在全国范围内各地区势必围绕争夺优势经济要素，展开新一轮日趋激烈的区域竞争和推进更灵活、更深入、更广泛的区域合作。

展望"十三五"时期我国区域竞争合作关系深度演化的新趋势和新区加快发展的新要求，各地新区有必要立足自身的基础条件，充分发挥比较优势，加快破除发展中存在的瓶颈、不足和短板，积极利用各种国家战略机遇，放大政策效应，在不断提升自身发展质量和深化推进区域合作中，积极培育新区区域竞争的新优势。

（二）新形势赋予新区建设发展新定位

国家"十三五"规划明确提出，要牢固树立和贯彻落实创新、协调、绿色、开放、共享的发展理念，以提高发展质量和效益为中心，以供给侧结构性改革为主线，扩大有效供给，满足有效需求，加快形成引领经济发展新常态的体制机制和发展方式。新区必须适应新形势新要求，增强责任意识、使命意识，着力推进供给侧结构性改革，成为贯彻落实新发展理念、引领经济发展新常态的重要载体和平台，在支撑引领经济增长、创新体制机制、促进区域协调发展、构建全方位对外开放格局、推进生态文明建设和新型城镇化等重点领域和方面继续发挥排头兵作用，积极探索新做法新经验新模式，持续展现出贯彻落实新发展理念、引领经济发展新常态的新面貌。

1. 支撑引领经济增长的新引擎

继续保持新区发展的应有速度和经济又好又快的发展势头。在"十二五"时期新区生产总值增速保持高位增长的基础上，继续坚持需求引领和供给创新，激活和释放更多有效需求，积极创造新消费、增加新投资、培育出口新优势，发挥新消费、新投资和新出口对经济增长的拉动作用，不断拓展经济增长新空间，确保新区地区生产总值保持高速增长态势，实现经济总量和质量同步提升。

率先推进产业迈向中高端水平。加减乘除并举加快推进产业结构优化升级，引导增量、主动减量，瞄准国内外科技前沿集聚一批重大创新成果并着力推进产业化，加快发展先进制造业和战略性新兴产业，不断提高现代服务业比重，提升产业档次和市场分工地位，培育壮大特色优势产业集群，推动工业化和信息化深度融合，促进三次产业融合发展，培育壮大以新技术、新产业、新模式、新业态为主要特征的新经济，构建具有国际竞争力的现代产业新体系。

彰显新区发展活力。全面推进创新驱动发展战略，以科技创新为核心，以人才发展为支撑，发挥新区在增强国家自主创新能力方面的支撑引领作用，推动科技创新与大众创业万众创新（简称"双创"）有机结合。持续优化创新创业环境，建立完善"双创"服务体系，建设"双创"平台，吸引集聚高端经济要素和创新资源，积极培育壮大创新创业群体，把"双创"融入各领域各环节，提高全要素生产率，壮大分享经济规模，让新区成为新一轮创新创业和投资的热土。

2. 体制机制创新试验田

按照党中央国务院的部署要求，新区"十三五"时期要坚持在改革创新方面先行先试，进一步解放思想，勇于探索，大胆实践，充分用好国家赋予的改革试验功能，立足新区各自的特点和优势，既要持续巩固体制机制改革创新已有成果，也要继续深化在重点领域的体制机制改革创新，力争在一些改革难点和重点问题上率先取得突破，破除制度障碍，使市场在资源配置中起决定性作用和更好发挥政府作用，进一步释放改革的红利，为国家改革发展探索新途径、积累新经验，积极为全国推进相关领域改革提供可借鉴的模式示范。

持续巩固体制机制改革创新的已有成果。目前，各新区在全面抓好简政放权、行政管理体制改革、构建市场化营商环境等共性改革任务的同时，已经围绕一些重点领域和关键环节开展了体制机制创新探索，初步形成了一些既体现新区特色又具借鉴意义的深化改革和创新发展的举措，"十三五"时期要在前期改革创新成果的基础上，及时总结，查缺补漏，深入推进完善相关领域改革，巩固改革成果，加快形成可复制、可推广的经验，为其他地区提供试验示范。

继续推进在重点领域和关键环节改革的先行先试。国家"十三五"规划明确指出要构建发展新体制，在重点领域和关键环节改革上继续取得突破性进展，形成有利于引领经济发展新常态的体制机制，新区作为国家体制机制改革创新的重要平台，要继续发挥在引领改革发展和创新体制机制等方面的试验示范作用，围绕改革发展的切实需要，立足新区各自基础和特色，贯彻落实新发展理念，以供给侧结构性改革为主线，在新的重点领域和关键环节推进改革先行先试。"十三五"时期，力争形成一些有影响力的重大改革创新示范。

3. 全方位开放格局的新高地

积极融入经济全球化，深刻把握世界经济格局变化的新趋势，坚持开放带动战略，以开放促改革、以开放促发展，充分利用国际国内两个市场和两种资源，率先营造能够积极对接国际规则的营商环境，推进贸易投资便利化，促进国内国际要素有序流动、资源高效配置、市场深度融合，主动融入全球分工体系，承担更多世界角色。

具体地，要以"一带一路"建设为统领，继续发挥新区在国家全方位扩大对外开放合作中的窗口和支点作用，继续加强与自由贸易试验区的融合发展，打造成为高水平的国际贸易投资平台，推进新区站在更高的开放平台上深度融入全球经济、参与国际分工和优化资源配置，提高利用外资和对外投资水平，实现高水平引进来和大规模走出去相结合，构建国际经济合作新优势，提升深度参与全球经济合作竞争的能力，不断扩大对外开放的领域、力度和政策试点范围，着力提升开放型经济水平、开创对外开放的新局面，打造高水平、国际化的开放型经济高地，积极主动代表国家在优势领域参与全球经济治理。

4. 城乡区域协调发展的新样板

加快推进建成宜居宜业、城乡统筹、产城融合的现代化新城区。充分发挥新区的综合平台优势，引领带动区域新型城镇化发展，按照全域空间一体化的理念统筹城乡规划建设，努力缩小城乡差距，引导城乡要素自由流动，率先推进城乡一体化发展。按照现代化标准、产城融合和彰显特色的基本要求，继续高标准、高质量、高水平推进新区的开发建设，不断提高新区产业就业支撑能力，提升完善以基本公共服务为重点的城市综合服务功能，充分彰显地域特色，率先推进智慧城市、海绵城市、绿色城市等示范建设，积极有效防治"城市病"，着力改善新区的发展面貌，提升新区的宜居宜业功能和品位。

以"一带一路"建设、京津冀协同发展和长江经济带发展等重大战略为引领，深入推进实施西部开发、东北振兴、中部崛起和东部率先的区域发展总体战略，创新区域协调协同共同发展模式，积极谋划区域协调发展的大局和新区各自的战略定位，发挥重要节点带动作用，带动新时期我国沿海沿江沿线经济带为主的纵向横向经济轴带的建设发展，为塑造要素有序自由流动、主体功能约束有效、基本公共服务均等、资源环境可承载的区域协调发展新格局发挥支撑作用，努力缩小区域发展差距，助力促进区域协调、协同、共同发展。

5. 生态文明建设的新示范

切实提高新区生态文明建设水平。把生态文明建设融入经济建设、政治建设、文化建设、社会建设各方面和全过程，因地制宜地协同推进新型工业化、信息化、城镇化、农业现代化和绿色化，以健全生态文明制度体系为重点，优化新区空间开发格局，全面促进资源节约利用，加大自然生态系统和环境保护力度，全面推进绿色循环低碳发展，倡导绿色生产生活方式，促进实现生态文明建设与经济社会同步发展，率先形成人与自然和谐发展的现代化建设新格局。

率先构建现代化的生态文明体系。加强生态建设和环境保护，创建各具特色的和谐生态环境体系。坚持集约节约高效开发利用资源，推动新型工业化与绿色化深度融合，推进生产全过程绿色化，构建绿色化产业新体系，构建生态经济体系。坚持培育生态文化，提高全社会生态文明意识，构建生态文明意识体系。积极推进绿色新政，深入生态文明体制改革，建立健全生态文明制度体系。

（三）贯彻落实新发展理念指明新区建设发展的新方向

贯彻落实新发展理念，立足新区发展的新使命和新定位要求，"十三五"时期新区要围绕创新驱动、体制机制改革、培育壮大新经济、提高城镇化质量与水平、构建开放合作新格局、推进绿色发展等重要方面，扎实推进完成各领域的建设发展。

1. 持续增强创新驱动发展的能力

着眼全球创新发展新动向，深入实施国家创新驱动发展战略，切实把发展基点放在创新上，以科技创新为核心，以人才发展为支撑，推动科技创新与大众创业万众创新有机结合，推进和鼓励综合创新，切实提高新区创新能力和创新辐射影响力，率先塑造更多依靠创新驱动、更多发挥先发优势的引领型发展模式。

瞄准国际科技创新的前沿方向，充分发挥新区的创新基础优势和综合条件，不断集聚更多创新资源，围绕主导优势产业发展需要，争取在重点领域凝聚最先进的研发创新能力，积极推动战略前沿领域创新突破。优化创新组织体系，增强创新主体的协同创造性，以科技创新为引领，推动管理创新、政策创新、文化创新等综合创新。

持续优化创新创业环境，积极推进大众创业、万众创新，将新区打造成为区域创新创业的热土，搭建创新创业公共服务平台，积极引导科研机构、企业、民间资本、海外人才等共建创新创业孵化器，鼓励各类创新创业主体开发新技术、新产品、新业态、新模式，让创新创业在新区蔚然成风，持续增强新区的发展活力。

2.深化重点领域的体制机制改革

以全面深化改革为动力，充分利用新区改革动力足、创新活力强的优势，切实发挥好新区在引领改革发展和创新体制机制方面的试验示范作用，"十三五"时期各新区在继续深化推进行政管理体制改革等共性改革任务的同时，结合自身特点和条件，继续围绕重点问题和关键领域推进体制机制创新探索，率先取得进展和突破，为其他地区发展提供示范、借鉴，创造可复制、可推广的制度和体制机制。具体地，就是要各新区在前一轮体制机制改革创新成果的基础上，结合自身战略发展需要和特点，继续深化在产业发展、创新驱动、新经济培育、新型城镇化、开放型经济、产城融合、绿色发展、社会治理、投融资等方面锐意改革和大胆创新，让市场配置资源的决定性作用发挥得更加充分，让政府的服务和监管职能履行得更加到位，让体制机制改革和制度创新释放更多更大的发展红利。

不断优化完善投资营商环境。要继续提升完善投资营商环境，积极打造投资兴业的高地，集聚高端优势经济要素，有力吸引国内外各类优势投资主体到新区投资兴业，促进重大项目落地生根，为新区开发建设提供有力支撑。一是要优化完善市场环境，加快构建国际化、市场化、法治化、便利化的投资营商环境，形成与国际竞争规则衔接的市场竞争环境。二是要激发市场主体活力，加快消除各类市场竞争壁垒，创新投融资模式，尽可能放开市场准入，鼓励探索多元化的新型投资模式，积极引导和深化国有企业改革,培育壮大民营经济、外资经济等非公有制经济和混合所有制经济规模。三是不断提高政府行政效能,加强对创业投资的综合服务,积极推行负面清单管理,减少对市场主体的行政干预。

3. 积极培育壮大新经济

发挥新区在科技创新、要素集聚、制度创新等方面的综合优势,加快培育壮大以新产业、新技术、新产品、新业态、新模式等为主要特征的新经济,着力打造新兴产业集群,形成新的经济增长点,以新经济引领带动传统产业转型升级和战略性新兴产业培育成长,积极培育制造业竞争新优势,提升服务业品质,率先构建创新能力强、品质服务优、协作紧密、环境优化的高端现代产业体系。

切实推动新一代信息技术与经济社会发展深度融合,率先引领推动生产组织、商业模式、消费方式和管理方法等变革,重塑产业链、供应链、价值链,加快形成网络化、智能化、服务化、协同化的产业发展新形态,构建现代产业新体系,加快改造提升传统动能,使之焕发新的生机与活力,不断拓展产业发展空间和网络经济空间,发展分享经济,打造动力强劲的新引擎。

4. 着力提升新型城镇化质量和水平

新区是我国新型城镇化的重要载体,"十三五"时期,按照国家新型城镇化战略总体部署和要求,各新区应因地制宜地加快推进新型城镇化进程,探索形成区域特色鲜明、与经济水平相适应、惠及周边群众的新型城镇化发展模式,切实提高城镇化质量与水平。

一是继续推进新区全域一体化规划建设,优化城镇发展空间,统筹城乡规划建设与经济社会发展,鼓励各新区因地制宜推进建设智慧城市、绿色城市、海绵城市等特色城市建设,配套推进地下综合管廊(网)等现代基础设施网络建设。二是加快完善新区基本公共服务等城市生活服务功能，促进城镇发展与产业支撑、就业转移和人口集聚相统一，推动新型工业化和城镇化良性互动，促进产业发展与城市功能同步提升，形成以产兴城、以城促产，产城有机相融的发展格局。三是加快促进农业转移人口市民化进程，深化推进户籍制度改革，完善配套政策体系，积极吸纳新增城镇化人口，提高城镇化水平。

5. 率先构建对内对外开放合作新格局

积极发挥新区对内对外开放的综合优势和载体功能，积极搭建各类新区对内对外开放合作平台，创新对内对外开放与区域合作模式，激发对内对外开放与区域合作的潜力，建立区域合作新机制和开放型经济新体制，积极拓展对外开放与区域合作的新领域、新空间，切实提升开放合作质量，加快构筑新区对内区域深化合作、对外全面开放、以开放促合作、以合作带开放的全方位开放合作新格局。

对内区域合作方面，继续强化区域合作平台和机制建设，加快推动新区与周边地区融合一体化发展，鼓励各新区之间加强合作对接和协同开放，积极推动新区与其他各类区域主体通过发展"飞地经济"、产业链协作、创新链合作、要素链互补等方式深化区域合作。

对外开放方面，继续在外资管理模式、服务业开放、自贸试验区建设、通关一体化、跨境经济合作区建设等方面发挥示范带动作用，率先推动在商贸流通、产业投资、服务外包、跨境电子商务、合作研发等领域与"一带一路"沿线国家开展全方位务实合作，统筹"引进来"和"走出去"，切实提高新区外向型经济规模和水平，积极推动新区融入全球经济体系，着力推进把新区打造成为我国全面推进"一带一路"建设的重要战略支点和发力点。

6. 全面推进绿色发展

深入贯彻绿色发展理念，以提高环境质量为核心，以解决生态环境领域突出问题为重点,加大生态环境保护力度,提高资源利用效率,努力走出一条经济社会发展与生态环境保护相协调的新路径。

一方面,鼓励各新区在总体方案的基础上,按照生态文明建设的总体要求,优化主体功能分区,积极推进经济社会发展规划、城市规划、土地利用规划和生态环境保护规划等"多规合一",加快构建完善新区空间规划体系,完善新区的空间治理体系,提高空间治理水平,持续提高新区人口、资源环境和经济社会的协调发展水平。

另一方面,在加强生态文明体系建设的框架下,不断创新资源高效开发利用和生态环境保护治理的理念和方式,完善各新区的生态环境基础设施,继续推进资源节约集约利用,大力发展循环经济,倡导绿色化的生产生活方式,加大环境综合治理力度,全面提升生态系统功能,增强生态产品供给,深入开展生态文明建设的跨区域和国别合作,建立健全生态安全保障机制,切实提高生态环境质量。

四、2016 年新区建设的重点任务

2016 年是我国"十三五"规划的开局之年，是全面建成小康社会进入决胜阶段的第一年。国家级新区在稳增长、调结构、促改革方面应该也能够继续发挥更加积极的作用。要按照"五位一体"总体布局和"四个全面"战略部署，将"创新、协调、绿色、开放、共享"的发展理念贯彻到新区建设的全过程和全领域，按照《国家新型城镇化规划》、中央经济工作会议、中央城市工作会议部署，围绕实施区域发展总体战略和推进"三大"战略，积极适应新常态、把握新常态、引领新常态，扎实有效推进国家级新区建设。重点围绕国家级新区管理工作本身以及转型升级、创新驱动、新型城镇化和体制机制改革等重点领域，积极探索新常态下国家级新区发展的新模式，努力使国家级新区经济保持中高速增长，推动产业迈向中高端水平，加快从要素驱动和投资驱动转向创新驱动，走转型升级、提质增效的新路子，实现更高质量、更加有效、更加公平、更可持续的发展，发挥新区在区域发展中的引领和示范作用，形成更多可复制可推广的经验。

（一）稳妥有序推进新区建设，切实发挥好引领示范作用

在认真总结国家级新区建设成功经验的基础上，稳妥推进国家级新区建设，继续发挥新区在引领区域发展、推进新型城镇化建设等方面的示范引领作用。

1. 规范推进新区设立发展

自从 1990 年国务院批复设立上海浦东新区以来，截至 2016 年 6 月份，国务院已经批复设立了 18 个国家级新区，其中仅 2015 年国务院就批复设立了 5 个国家级新区。2016 年，要按照《国家新型城镇化规划》要求和中央城市工作会议的战略部署，规范推进国家级新区批复工作，既要防止城市边界无序蔓延，又要考虑新区建设的实际需求。在国家级新区批复工作过程中，要充分考虑新建国家级新区的人口密度、产出强度和资源环境承载力，并且使国家级新区的空间范围尽可能与行政区划相协调，使其在拓展发展新空间、培育区域发展新动力方面发挥积极的示范引领作用。要科学合理编制国家级新区总体方案和发展规划，严格控制建设用地规模，促进土地集约节约利用，控制建设标准过度超前，促进国家级新区集约高效发展。

2. 进一步发挥示范引领作用

将创新、协调、绿色、开放、共享的发展理念贯彻到国家级新区建设的全过程和全领域，坚持以人为本、科学发展、改革创新，转变新区发展方式，完善新区治理体系，提高新区治理能力，不断提升新区环境质量、人民生活质量和综合竞争力，建设和谐宜居、富有活力、各具特色的新区。继续发挥国家级新区在新型城镇化建设和区域经济发展方面的示范引领作用。在推进国家级新区建设进程中，要按照综合功能相配套的原则统筹生产区、办公区、生活区、商业区等功能区规划建设，推进功能混合和产城融合，在集聚产业的同时集聚人口，防止国家级新区出现空心化，在促进人口集聚、发展服务经济、拓展发展空间等方面提供新示范，在保持经济中高速增长和发展向中高端水平迈进方面发挥引领作用。

（二）统筹规划、建设、管理三大环节，带动经济结构转型升级

国家级新区要发展得更好更快，需要树立系统思维，坚持规划先行与建管并重相结合，统筹推进国家级新区的规划、建设和管理三大环节，从国家级新区的要素禀赋、空间布局、产业发展、功能定位等方面入手，对事关国家级新区发展的重大核心问题进行深入研究和周密部署，系统推进各方面工作，加快推进国家级新区转型升级。

1. 科学规范编制实施新区规划

新区的转型发展首先体现在规划上，要高度重视新区规划工作，对 2016 年国务院批复设立的国家级新区，抓紧推进规划编制工作，在规划理念和方法上不断创新，增强规划的科学性和权威性。要不断增加规划编制的开放性，增加规划编制单位、新区建设方、新区管理方、新区内居民等多元主体的参与度，使新区规划既彰显特色，又能最大限度地体现当地多元主体的合理诉求，使新区规划编制更加科学合理，更具有可操作性。新区规划还要树立权威性，新区规划经批准后要严格执行，一茬接一茬干下去，坚决防止出现换一届领导改一次规划的现象。

2. 注重新区建设的前瞻性

对已经批复设立的新区，要将转型升级的理念体现在新区建设阶段，新区建设是新区转型发展的关键，要用百年大计的思维推进新区建设，贯彻"适用、经济、绿色、美观"的建筑方针，使新区在延续传统特色的基础上增添新元素，拓展新空间。在新区建设进程中，要加强对新区的空间立体性、平面协调性、风貌整体性、文脉延续性等方面的管控，慎砍树、禁挖山、不填湖、少拆房，加强对历史文化古迹的保护，留住

新区传统的地域环境、文化特色、建筑风格等"基因"特色。要按照绿色发展的理念择商选资，使新区在积聚高端要素和发展中高端产业方面发挥示范引领作用。

3. 构建以人为本的管理模式

新区的转型发展还体现在新区的管理上，要按照以人为本的发展理念促进新区共享发展。国家级新区作为新型城镇化建设的重要组成部分，其核心就是要在推进人的城镇化方面发挥示范引领作用，通过不断提高城镇化质量，加快推进农业转移人口市民化进程，实现经济发展与造福百姓相统一。国家级新区要不断完善管理和服务，着力整合区域内各类行政资源，进一步理顺内部行政管理体制，适时推进行政区划调整，彻底改变粗放型管理方式，按照以人为本的理念，不断提高服务质量和服务水平，探索形成协同管理、精简高效、权责一致的管理模式，让新区居民生活得更方便、更舒心、更美好。

（三）统筹改革、科技、文化三大动力，增强新区创新驱动能力

新区发展需要依靠改革、科技、文化三轮驱动，解决制约新区科学发展的突出矛盾和深层次问题，培育新区创新驱动的新动力，开创新区现代化建设新局面，增强新区持续发展能力。

1. 扎实推进供给侧结构性改革

深入贯彻实施十八届三中全会关于全面深化改革的要求，在要素领域扎实探索推进供给侧结构改革，为新区优化要素配置、调整经济结构、提升发展质量探索新路子。在继续推进需求侧改革的基础上，围绕劳动力、土地、资本、创新四大要素，推动新区在供给侧结构性改革方面积

极探索，使新区在化解产能过剩、降低企业成本、消化地产库存、防范金融风险等方面发挥示范带动作用。新区要统筹当地的高等院校、科研院所、职业教育等资源，使其与当地的重点企业相对接。加快推进科技资源与劳动力资源的有机衔接，联合对劳动力开展职业培训，不断提升劳动力素质，变劳动力资本为劳动力"智本"，从供给侧提升新区科技成果质量。围绕新区内的重点企业，鼓励企业通过股权置换、资本合作、产权合作等多种形式开展产业重组优化，同时积极参与国际优势产能合作，有效化解产能过剩问题。不断提升新区服务能力，加快简政放权进度，加强事中事后监管，实现放管结合，有效降低企业成本，帮助企业保持竞争优势。合理规划新区用地结构，化解房地产库存，促进房地产业持续发展。积极对新区金融风险进行评估防范，有效化解新区金融风险。推进规划、建设、管理、户籍等方面的改革，以主体功能区规划为基础统筹各类空间性规划，推进"多规合一"，共绘一张蓝图。

2. 加强创新能力建设

把创新发展放到新区发展的核心位置，强化原始创新、集成创新和引进消化吸收再创新，按照《中华人民共和国促进科技成果转化法》及《实施〈中华人民共和国促进科技成果转化法〉若干规定》的要求，积极推进科研成果产业化进程，发挥科技创新在推进新区发展中的引领作用。加强新区管理数字化平台建设和功能整合，建设综合性新区发展管理数据库，支持新区内云计算、大数据、物联网、电子商务等领域技术创新平台建设，加快突破新一代信息通信、新能源、新材料、航空航天、生物医药、智能制造等领域的核心技术，催生一批具有引领性、带动性的颠覆性技术，加快形成若干战略性技术和战略性产品，培育新兴产业。要在信息、空间、海洋、能源安全等重大创新领域，依托新区的科研院所和高等院校，加快建设以国家实验室为引领的创新基础平台，依靠跨学科、大协作和高强度支持，开展具有重大引领的协同攻关与创新。争取国家"千人计划"、"万人计划"等重大人才工程对新区给予重点支持。人才资源是促进新区更好更快发展的重要要素资源，必须遵循市场经济规律，使市场在人才配置中起决定性作用，依据市场标准评价、使用和激励人才，推动新区人才管理部门简政放权，减少对用人主体和资源配置的直接干预，凡是市场能够发挥作用的，新区人才管理部门要充分放权松绑，提供服务保障。鼓励新区推进人才发展体制改革和政策创新，着眼于最大限度激发人才创新创造创业活力，完善新区的人才发展体制机制，扩大新区用人主体自主权，加快构建管理规范、开放包容、运行高效的新区人才发展治理体系，形成具有国际竞争力的新区人才制度优势。推动新区与高等院校和科研院所加强合作，着力培养既懂科技又懂市场的复合型创业创新人才。加大人才引进力度，引进一批国内外领军型科技创业人才。完善人才支撑服务体系，完善新区的待遇、税收、保险等激励政策，健全有利于人才向新区积聚的政策体系，鼓励专家学者、科研人员、大学生群体创新创业。

3.彰显人文历史和生态特色

重视新区城市设计工作，在新区建设过程中，要注重传承优秀历史文化，突出新区特色风貌。同时结合新区的历史传承、区域文化、时代要求，打造各具特色新区精神，对外树立形象，对内凝聚人心。根据国家"五位一体"的总体战略部署，在新区建设过程中要重点突出生态文化特色，将绿色发展的理念贯穿到新区的文化建设之中。加快生态街道、生态工业园区示范创建，加快建设低碳园区，加快绿色细胞工程创建，积极推动绿色机关、绿色学校、绿色社区、绿色家庭等创建活动，共建共享生态文明成果，增强生态文化活力。建立高效的垃圾分类回收利用体系，倡导绿色出行、推广绿色建筑，鼓励消费者购买节能环保产品，加快推动生活方式向勤俭节约、绿色低碳、文明健康方向转变。

（四）统筹生产、生活、生态三大布局，促进新型城镇化建设

国家级新区作为城市拓展的新空间，要充分体现以人为核心的新型城镇化理念，把创造优良人居环境作为核心目标，努力把国家级新区建设成为经济发达、人与人、人与自然和谐共处的美丽家园。要全面落实新型城镇化的发展理念，遵循城市发展客观规律，合理布局好生产空间、生活空间、生态空间，促进国家级新区生产空间集约高效、生活空间宜居适度、生态空间山清水秀。

1. 大力促进集约发展

落实最严格的耕地保护制度和节约用地制度，严格保护基本农田，优先划定城镇周边永久基本农田。新区各项建设必须符合土地利用总体规划，严格控制新增建设用地占用耕地。允许新区在土地开发整理和利用等方面先行先试，探索推进城镇新增用地指标与农业转移人口落户数量挂钩，探索在省域内统筹解决耕地占补平衡的方法和途径。新区所在省份要优先保障新区重点项目建设用地需求，在年度用地计划安排上给予适当倾斜。实行适应产业转型和新型城镇化建设的差别化供地政策，完善差别化的地价控制标准。健全新区国有土地使用权供应体系，探索租赁、作价入股等土地有偿使用方式。率先在新区建立和实施不动产统一登记制度，探索各类自然生态空间统一确权登记办法。

2. 进一步优化生产生活空间

合理评估新区的资源环境承载能力及今后可能承载的产业和人口规模，进一步完善新区内部空间布局的合理性，不断提升新区的通透性和微循环能力，为新区居民创造宜居便捷的生活空间。新区建设要尊重自然规律、顺应自然规律、注重传承优秀文化，把环境容量和新区综合承

载能力作为确定新区定位和规模的基本依据，把好山好水好风光融入新区建设之中。新区建设要把安全放在第一位，把住安全关、质量关，并把安全工作落实到新区规划建设的各个环节、各个领域。要优化调整新区内的生产空间、生活空间和生态空间布局，减少生产和生活空间混杂布局对生活居住的不良影响。调整生态脆弱地区的生产和生活空间布局，减少生产空间和生态空间叠加布局、生活空间和生态空间叠加布局对生态空间的不利影响。

3.切实加强生态空间保护

要控制新区开发强度，依托主要水体、山体、农田、林地等生态系统，划定水体保护线、绿地系统保护线、基础设施建设控制线、历史文化保护线、永久基本农田和生态保护红线，防止"摊大饼"式扩张，推动形成绿色低碳的生产生活方式和新区建设运营模式。要树立"精明增长"、"紧凑城市"理念，科学划定新区开发边界，推动新区建设由外延扩张式向内涵提升式转变。城市交通、能源、供排水、供热、污水、垃圾处理等基础设施，要按照绿色循环低碳的理念进行规划建设。科学合理地划定新区生态保护红线，构筑绿色生态安全屏障。实施生态功能分区控制，明确禁止开发区域和限制开发区域，加强对自然保护区、风景名胜区、水源涵养区等重点区域的生态环境保护，推进新区建设沿路生态廊道和绿地公园，加大生态环境防治力度。

（五）深化体制机制创新，探索形成新区发展新模式

尊重市场规律，继续加强制度顶层设计，围绕新区建设的关键环节和关键领域，不断推进体制机制创新，积极探索新区发展的新模式，发挥新区在体制机制方面的示范引领作用。

1. 创新管理体制

按照新区设立审核相关要求，严格规范新区设立审核程序。进一步完善以国家相关部委为指导、以国家级新区所在地省级政府为主体、以新区所在地地方政府和新区管委会为直接管理主体、各利益相关主体多元参与的国家级新区综合管理模式。国家层面应根据国际国内宏观经济走势，结合地方经济发展实际，不断加强对新区发展的指导，发挥好新区承担国家重大发展和改革开放战略任务综合功能平台的作用，指导国家级新区严格按照土地利用总体规划、城乡规划和新区总体方案要求，制定新区发展总体规划和相关专项规划，明确新区发展的战略目标、空间布局和重点任务，提出科学合理的开发方向、推进时序和管控措施，辐射带动周边区域加快发展、协同发展。省级政府作为推进国家级新区发展的主体，要加强对新区的具体指导和管理，综合运用法律、经济和行政手段，统筹考虑产业发展、人口集聚与城市建设布局，促进产业与城市融合发展、人口与产业协同集聚。促进新区规范发展。新区所在地地方政府和新区管委会作为新区发展的直接管理主体，要切实履行相关职责，适度控制开发强度，加强公共服务设施建设，不断改善区域环境质量，保持生态功能稳定，推动新区加快建设成为企业创新发展、百姓安居乐业的新城区。

2. 加快政府职能转变

充分利用新区管理机构精简、体制机制新、历史包袱轻等方面优势，以新区管委会为载体，深化行政审批制度改革，进一步简政放权，新区加强事中事后监管，推进政府职能转变。探索推行行政审批事项目录清单、政府行政权力清单和责任清单管理新模式，明确政府权力边界，明确责任主体。规范市场秩序，推行市场准入"负面清单"，清单之外领域，各类市场主体可依法平等进入，充分释放市场活力。按照国家统一的制度框架要求，研究制定政府向社会组织购买服务实施细则，出台政府购买公共服务清单等目录，推进政府公共服务供给方式的市场化、社会化改革。探索行政区与功能区融合发展的体制机制，根据需要赋予新区地市级和部分省级经济社会管理权限，支持新区在改革创新中先行先试。建立高效运转的行政管理机制，构建现代社会治理体系，营造良好营商环境。建立鼓励改革创新的机制，在符合中央全面深化改革部署要求的前提下，鼓励先行先试，创造可复制、可推广的经验，赋予新区更大自主发展权、自主改革权、自主创新权。着力整合区域内各类行政资源，进一步理顺内部行政管理体制，适时实施行政区划调整，努力破解制约发展的体制机制障碍。探索形成协同管理、精简高效、权责一致的管理模式，推进政府治理能力现代化。

3. 推进省部、区省联动与新区各部门间联动

新区是我国全面深化改革的重要平台，也是推进区域治理体系和治理能力现代化的重要平台，要以国家促进新区发展为契机，推进省部联动与部门联动，进一步深化改革，激发新区发展活力。国务院有关部门与新区所在省级政府加强联动，针对制约新区发展的关键问题和关键领域，适时研究出台支持新区发展的政策措施。新区内加强相关部门之间的联动整合，鼓励新区按照大部制、综合性、简政效能的原则，创新整合行政管理职能，加快建立统一高效的综合管理体制机制。建立在线审批监管平台，提高办事效率，对符合国务院批准的新区总体方案和发展规划所涉及的项目，建立健全审批"绿色通道"，实行全程跟踪服务，对重大投资项目优先办理。

4. 创新全方位开放体制机制

要按照将新区打造成为全方位扩大对外开放重要窗口的目标，按照国家扩大对外开放的有关部署，进一步完善新区的对外开放政策，将新

区打造成为对外开放的新平台。支持国家级新区在对外开放政策方面先行先试，国家自由贸易试验区可推广可复制的经验优先在新区推广，支持在新区结合国别产业园建设，按有关规定建设对外大宗商品交易和资源配置平台，加快推进国际产能合作。支持新区开展国际贸易结算中心试点、期货保税交割试点。鼓励跨国公司在新区内建立区域性总部和研发机构，建立整合贸易、物流、结算等功能的营运中心。鼓励世界500强企业和全球行业龙头企业入驻新区，鼓励外资企业与新区内的企业开展资产合作，支持外资企业参与新区企业技术改造。支持新区内符合条件的功能区按现有程序申请设立综合保税区等海关特殊监管区域。

5. 鼓励开展试点试验

要以全面深化改革为动力，鼓励新区积极开展试点试验，不断探索引领经济发展新常态、有利于新区健康发展的体制机制，通过释放制度红利，激发新区发展活力。新区要按照国家全面深化改革的总体要求，结合自身实际和优势，围绕国家确定的2016年体制机制改革工作要点，围绕1—2个重大问题开展试验探索，力争能够取得进展和突破，为其他地区发展提供示范、借鉴，创造可复制、可推广的制度和机制。有关部门要加强工作合力，优先安排在新区开展重大改革试点，整合发挥各类试点、试验区共同作用，提升试点试验效果。建立健全负面清单、权力清单和责任清单制度，放管结合，推动新区成为深化改革、简政放权的先行区。按照中央关于全面深化财税体制改革的统一部署，加快推进新区财税体制改革，为建立现代财税制度探索路子。加快改进新区预算管理制度，强化预算约束、规范政府行为、实现有效监督，鼓励新区加快建立全面规范、公开透明的现代预算制度。

分报告

新区巡礼

2016 国家级新区发展报告

建设发展成效篇
——2015年国家级新区建设发展情况和2016年工作展望

一、上海浦东新区

图 2.1　上海浦东新区

（一）2015 年发展成绩

2015 年，上海浦东新区政府主动适应经济发展新常态，坚持稳中求进工作总基调，坚持创新驱动发展、经济转型升级，全力推进自贸试验区建设和科创中心建设，统筹推进稳增长、促改革、调结构、惠民生、防风险等各项工作，完成了新区五届人大六次会议和"十二五"规划确定的目标任务。

1. 经济社会保持平稳健康发展

积极贯彻落实国家和上海市出台的稳增长、促转型重大举措，充分发挥自贸试验区建设的引领带动作用，推动经济社会持续健康发展。经济运行总体平稳，地区生产总值比上年增长9.1%，过去5年年均增长9.8%。全社会固定资产投资超过1700亿元，过去5年累计超过8000亿元。经济结构、质量和效益明显改善，第三产业增加值占地区生产总值的比重达到72%，比2010年提高近16个百分点，服务经济为主的产业结构进一步巩固。一般公共预算收入比上年增长13.7%，总量是5年前的1.85倍。区属单位增加值综合能耗逐年下降。社会民生不断改善，居民人均可支配收入比上年增长8.6%，其中农民人均可支配收入比上年增长10%以上，两区合并以来增幅连续快于城镇居民。年均新增就业岗位15万个，"十二五"期间累计新建各类保障性住房1890万平方米，改革发展成果更多更公平惠及浦东群众。

2. 自贸试验区建设取得重要阶段性成果

完成自贸试验区扩区管理体制和运行机制调整，各项改革创新工作取得新进展。投资管理制度创新持续深化，在新扩片区全面实施外商投资负面清单管理模式，企业准入"单一窗口"服务功能进一步拓展，率先开展企业住所集中登记和简易注销登记改革试点。贸易便利化程度进一步提高，推出"空检海放"等32项贸易便利化举措，国际贸易"单一窗口"1.0版上线运行，货物状态分类监管扩大到保税区域内所有符合条件的仓储物流企业。金融开放创新有力推进，落实自贸试验区金融开放创新试点方案，启动自由贸易账户境外融资和外币服务功能，跨境人民币结算、本外币双向资金池等业务实现规模化运作。制度创新、扩大开放等先行先试举措，促进了自贸试验区各片区功能进一步拓展延伸。

3. "四个中心"核心功能有新提升

金融市场体系更加完善，金砖国家新开发银行设立，中国保险投资基金落户，黄金、外汇、期货等一批国际金融交易平台正式运行，全年新增各类金融机构超过 3000 家，证券、期货市场成交额比上年增长 1 倍以上。贸易创新步伐加快，跨境电商、融资租赁、平行进口汽车、大宗商品现货交易等新型贸易模式不断涌现，商品销售总额近 3 万亿元，外贸进出口总额达到 16903.7 亿元，跨国公司地区总部新增 16 家。航运枢纽功能进一步增强，洋山港水水中转和国际中转箱量占比分别达到 48.9% 和 9.5%，浦东国际机场旅客吞吐量超过 6000 万人次。双向开放水平进一步提升，引进外资和对外投资保持较快增长。实到外资 64 亿美元、比上年增长 44.3%，对外直接投资中方投资额 240 亿美元、比上年增长 3.5 倍。新增内资注册资本超过 1 万亿元、比上年增长 1.3 倍。

4. 科创中心建设有力推进

全面贯彻国家创新驱动发展战略，率先落实市科创中心建设方案，研究出台新区行动方案。围绕产城融合、功能创新、产业发展、品质提升和众创空间建设，推动张江从科技园区向科技城转型升级。加强自贸试验区和自主创新示范区联动发展，以制度创新促进科技创新，药品上市许可持有人制度试点获得批准。创新创业环境进一步优化，股权托管交易中心科技创新板开盘，新增市级公共技术服务平台 4 家，新认定市、区两级孵化器和众创空间 33 家，推出新区"人才创新创业 14 条"，率先试点永久居留、人才签证、外国留学生直接就业等政策。全社会研发经费支出相当于生产总值的比例预计达到 3.6%，每万人口发明专利拥有量预计达到 35 件。

5. 民生保障进一步加强

多渠道扩大和促进就业，帮助 1.6 万名就业困难人员实现和稳定就业，成功扶持 1825 人创业，城镇登记失业人数控制在市下达指标范围内。社会保障水平进一步提高，城乡居保基础养老金每人每月提高 120 元、惠及 14.5 万人，新农合人均筹资标准比上年提高 500 元、惠及 27.6 万人。

启动实施城乡居民医保统筹，村卫生室全部纳入医保联网。推进养老服务创新，开展老年照护统一需求评估，推进社区嵌入式养老、建成6家长者照护之家，完善农村养老服务网络、建成77家农村养老睦邻互助点，为5.95万名老人提供居家养老服务，新增养老床位1287张。全年累计救助帮困近150万人次、发放各类救助帮困金6.6亿元。全年新开工和筹措各类保障性住房304万平方米、竣工131.87万平方米，完成3029户在外逾期过渡居民回搬。大力推进城中村等旧区改造、受益居民4068户，新增廉租住房受益家庭744户。市、区两级52项实事项目全部完成。

6. 文化和社会事业改革发展取得新进展

推进国家公共文化服务体系示范区建设，公共文化设施数量和服务水平不断提升。上海博物馆东馆、上海图书馆东馆、上海大歌剧院和上海轻音乐团落户浦东。"东方财经·浦东"频道正式开播。推进教育整体综合改革实验区建设，开展学区化、集团化办学试点，深化特色高中创建工作，开展"教育六条"试点，全年新开办中小幼学校22所。获评全国老年远程教育示范区。在全国首届青年运动会等体育赛事中取得优异成绩，圆满完成射箭世界杯、花样滑冰世锦赛等赛事承办和服务保障工作。医药卫生体制改革持续深化，"卫生八条"成效进一步显现，启动新一轮社区卫生服务综合改革，加强国家中医药综合改革试验区建设。

7."三农"工作扎实推进

加大国家现代农业示范区建设力度，全区家庭农场累计达到446家，由家庭农场经营的粮田面积达到40%。全面完成村级集体经济组织产权制度改革，农村承包土地经营权确权登记基本完成，农村承包土地流转率达到73.9%，开展农村土地承包经营权流转公开交易试点。增强农民增收"造血"机制,市、区两级经济薄弱村综合帮扶工作力度加大。在全面完成村庄改造和加强长效管理的基础上,推进美丽乡村示范村建设。

8. 城市建设管理进一步加强

重大基础设施加快推进。中环线浦东段东段建成通车,杨高路改建工程开工,迪士尼外围市政配套、东靖路等大居市政配套项目基本建成。加快轨道交通建设,迪士尼专线建成,9号线东延伸段、10号线二期、13号线二期三期、14号线、18号线加快推进,配合推进周家嘴路隧道等一批越江交通建设。生态环境建设加大力度,新增林地面积3100亩,城市绿化建设养护标准和水平进一步提高。全面完成中小燃煤(重油)锅炉、窑炉的清洁能源替代,淘汰黄标车9023辆。实施经营性用地全生命周期管理,推进低效建设用地减量化,全年立项429公顷。关停转迁印染、金属压延、四大工艺、危险化学品、低效用地企业合计400多家。建立集中统一的城市管理综合执法体制,"多合一"的城市管理行政执法局挂牌。强力推进合庆地区环境综合整治,黎明垃圾填埋场实现封场转场,一批道路、桥梁、河道得到修缮整治。推进社会治理创新,完成街道体制改革,启动镇级体制改革。完成街镇网格化平台建设,实现全区网格化综合管理全覆盖。

(二)2016年工作展望

2016年,浦东新区经济社会发展的主要目标是:经济保持有质量有效益可持续增长,一般公共预算收入与经济保持同步增长,居民人均可支配收入增长与经济发展保持同步,全社会固定资产投资保持高位增长,全社会研发经费支出持续增长,区属单位增加值综合能耗和主要污染物排放量进一步降低。具体地,着力做好以下几方面工作:

1. 以开放度更高、便利化更优为准则,全面深化自贸试验区建设

加强与"四个中心"核心功能区联动,加强与综合配套改革联动,持续推进制度创新,对接国际高标准投资贸易规则,保持扩大开放先发优势。

努力建设高度开放的自贸试验区。深化以准入前国民待遇＋负面清单管理为核心的投资管理制度创新。实行内外资企业统一的市场准入和公平竞争制度,拓展企业准入"单一窗口"功能。深化以贸易便利化为重点的贸易监管制度创新,构建覆盖贸易主要环节和监管部门的国际贸易"单一窗口"2.0版。深化以资本项目可兑换和金融服务业开放为目标的金融制度创新。集聚一批高能级的功能性机构和平台,推进金融业对民营资本和外资金融机构开放。

加快发展更高层次的开放型经济。着力建设总部经济高地和民营经济高地,提升资源配置能力和服务辐射能力。支持国内企业以自贸试验区为平台、以"一带一路"沿线地区为重点走出去,打造国内企业走出去的"桥头堡"。深化国资国企改革,加强中小微企业服务。积极推动跨区域产业合作,帮助对口支援地区实施精准扶贫、精准脱贫。

2. 以建设世界一流科技城为目标,全面推动科创中心建设

高密度集聚全球科技创新资源。以张江综合性国家科学中心为载体,集聚一批国家大科学设施、创新型科研机构和研发公共服务平台,引进一批国际高端研发机构、民营科技企业总部和小微创新企业,推动一批面向国际、具有创新资源配置能力的平台和载体建设。

高效率转化科技创新成果。构建以企业为主体、以市场为导向的技术创新体系,促进科技成果有效转化。聚焦集成电路、生物医药、民用航空、工业机器人等重点领域,提升发展能级、促进集群发展。促进战

略性新兴产业、先进制造业与现代服务业、生产性服务业融合渗透、协同发展。支持大数据、云计算、移动互联网、平台经济等发展，培育壮大"四新"经济。加强智慧城市建设。

高强度夯实人才基础保障。以重点产业、重点园区为载体，加快集聚更多高层次领军人才、高技能人才和高水平创新创业团队。落实全市"人才新政20条"、新区"人才创新创业14条"，积极探索更加开放、更加灵活、更具竞争力和吸引力的人才政策。

优化科技创新综合服务。构建最高效的"双自联动"示范区域。加强科技金融服务，发挥国资创投引导功能，建立以创新为导向的国有企业考评机制，创新财政科技投入方式，鼓励金融机构开展投贷联动试点，用好股权托管交易中心科技创新板等多层次资本市场，支持企业上市融资。加强知识产权运用和保护，建设面向国际的知识产权综合服务平台，建立知识产权侵权查处快速反应机制。

3. 以社会保障和社会事业为重点，织密织牢民生保障网

坚守底线、突出重点、完善制度、引导预期，集中力量办成一批群众关切的民生实事。

以促进创业带动就业。完善创业服务体系，加大对创新创业的支持力度，推广电子商务等新型创业模式。扩大为老服务、重大项目、市容绿化等领域的就业容量，帮助大龄失业、长期失业等困难群体稳定就业。

切实提高养老服务能力。建设老年宜居社区，新增长者照护之家7家，新建老年人日间照料中心5家。加强医养结合，新增养老院内设医疗机构4家，扩大高龄老人医疗护理计划试点。鼓励社会力量兴办养老机构，探索公私合营建设运营模式。全面建立老年照护统一需求评估机制，推动社区居家养老、社区医疗护理、老年养老机构和老年护理机构有序衔接。

不断完善住房保障体系。加强征收安置房、公共租赁房和廉租住房

建设管理。加快大型居住社区配套设施建设，通过代理经租、回购等方式，加强保障性住房售后管理服务。推进城中村、二级旧里以下和郊区城镇危棚简屋改造。

深化教育综合改革。扩大基础教育阶段学区化、集团化办学试点，推动管理、课程、师资和设施设备等资源共享。全年新开办中小幼学校23所。推进体育产业发展，完善体育场馆、体育赛事社会化市场化运作机制。

推进健康浦东建设。深化社区卫生服务综合改革试点，完善家庭医生签约服务机制，建立社区卫生服务中心与公立医院的双向转诊绿色通道，加快社区卫生服务机构和村卫生室新一轮标准化建设。推进祝桥、新场等卫生项目开工。

抓好实事工程。完成10大类区级实事项目，实施旧住房小区综合整新约80万平方米，完成约200万平方米老旧小区二次供水改造工程，完成120台使用15年以上老旧电梯安全检测评估，新建改建标准化菜场20家、中心菜场2家、限时菜场6家、生鲜菜店5家、放映公益电影1万场，建设30公里慢行步道。

4. 以规划为引领，提升城市建设管理品质

优化空间结构和功能布局，提升开发建设品质，构建以人为本、共建共享的城市发展格局。

高品质推进重点区域开发。全力做好国际旅游度假区迪士尼项目高质量交付和开园准备，推进发展功能区城市自然生态公园等项目建设。全面启动临港地区国际智能制造中心建设，打造一批功能性平台，加快极地海洋世界、冰雪世界等重大项目建设。推进世博前滩地区一批功能性项目、公共配套和生态景观工程建设，世博央企总部集聚区实现入驻。依托浦东国际机场、航空产业基地，规划建设高水平航空城。陆家嘴、金桥、张江、外高桥等成熟区域，试点城市更新，强化主导功能、完善

配套功能，增加公共空间、提升文化内涵。

高标准建设综合交通体系。落实公交优先发展战略，提升公交出行的便捷性、舒适感和吸引力，倡导绿色低碳交通出行模式。加密轨道交通网，加快推进9号线东延伸段、10号线二期等90公里左右轨道交通线建设。优化地面公交网，加强与轨道交通、重点区域、机场、港口等之间的无缝衔接。完善快速骨干路网，推动S3高速路建设，东西通道、杨高路改建工程加快推进。畅通越江交通网，推动龙水南路、江浦路等隧道建设。提升综合交通枢纽功能，配合推进浦东机场扩建工程、洋山深水港四期、沪通铁路建设，逐步构建衔接国际国内、辐射周边区域的"公铁海空"一体化综合交通体系。结合滨江滨水开放空间、公共绿地、生态廊道等，推进城市慢行系统建设，启动黄浦江滨江步道和骑行道贯通工程。

高强度推进生态环境建设。加快滨江森林公园二期、南汇生态专项建设，启动三林和张家浜楔形绿地、合庆和老港郊野公园等建设，全年新增林地14500亩。加强大气污染治理，开展工业源挥发性有机物排放专项治理，强化工地、道路、码头的扬尘控制，落实空气质量保障应急办法。加快水环境治理，进一步畅通水网水系、完成367公里河道轮疏整治，推进海滨、临港等污水厂提标改造，城镇污水处理率达到91%以上。强力推进区域环境综合整治，完成合庆镇总体规划编制工作，全力拆除合庆G1501以东区域违法建筑、龙东支路拓宽等工程竣工，加强对合庆延伸地块及曹路相关区域、三林周边城郊结合地区、老港及大治河两岸、国际旅游度假区周边等重点区域综合整治。加大产业结构调整力度，淘汰落后产能400项，印染、金属压延实现全行业退出。

高水平抓好城市综合管理。加强重点领域和薄弱环节的监管执法，提升网格化管理功能，拓展管理区域和服务时间，强化街镇应急管理能力建设。重点整治涉及建设用地减量化、人口调控、公共安全以及基本农田保护区的"三违"问题。创新社会治理，加强专业化社区工作者队伍建设。

5. 增强文化实力，打造魅力新浦东

培育和践行社会主义核心价值观，增强高质量文化产品服务的提供能力，丰富城市文化内涵，提升市民文明素质。

构建"一环一带一面"文化布局。推进上海博物馆东馆、上海图书馆东馆、青少年活动中心、浦东群艺馆等项目建设，打造环世纪公园文化圈；推进上海大歌剧院、浦东美术馆等项目建设，打造浦江东岸文化集聚带；结合重点区域功能定位和产业特色，打造各具特色的文化片区中心。加强新场、横沔、川沙、高桥等古镇保护开发。

增强公共文化服务能力。建设"文化浦东云"，为市民提供一站式、数字化服务，推进全民阅读。持续打造一批重大文化活动品牌，丰富浦东文化内涵。创新公共文化供给机制，引导社会力量参与公共文化建设，让更多市民共享文化发展成果。

激发文创产业活力。推动文化与科技、金融、贸易、体育等跨界融合，提升视频视讯、数字出版、动漫游戏、创意设计等新兴产业能级。做大文化版权交易规模，建成国际艺术品交易中心二期，构建多层次的文化产品和要素市场。

6. 加大统筹力度，推进城乡发展一体化

协同推进新型城镇化和新农村建设，努力建设富裕、文明、宜居的大都市新郊区。

优化城镇结构体系。分类推进镇域发展，加强开发区与周边镇联动发展，增强特色镇综合服务功能，做实撤制镇基本管理单元，做好历史文化名镇规划编制，加强镇管社区管理服务。

建设现代农业示范区。推进孙桥现代农业科创中心建设，大力发展高端、高科技、高附加值的都市现代农业。推进种植业结构调整和适度

规模经营。全面推进畜禽退养，防控和减少农业污染。加大对纯农地区支持力度，大力培养新型职业农民，实施离土农民专项就业计划，鼓励引导农村劳动力跨区域、跨街镇就业，多渠道促进农民增收。

建设美丽宜居乡村。推进书院塘北村、周浦旗杆村等美丽乡村示范村建设。注重保护传统江南乡村特色，鼓励发展乡村旅游和民宿经济。推动公共资源配置向郊区农村倾斜，加强农村养老、医疗、教育等配套设施建设。

深化农村综合改革。探索农村土地承包经营权抵押担保试点，加快承包经营权流转公开市场建设。推进镇级集体经济组织产权制度改革试点，加强农村集体资产租赁交易管理，开展"村资镇管"试点。开展集体建设用地使用权确权登记，建立集体建设用地跨村流转机制。完善农村综合帮扶措施，引入专业化团队开发经营"造血"项目。

二、天津滨海新区

图 2.2 天津滨海新区

（一）2015 年发展成绩

2015 年，天津滨海新区坚持稳中求进工作总基调，主动适应经济发展新常态，积极应对复杂环境、下行压力和突发事件的不利影响，抢抓机遇，攻坚克难，全面推进改革开放、项目建设和创新发展，经济运行总体稳定，社会事业同步发展，"十二五"规划圆满收官。主要特点是：

1. 经济运行总体平稳，发展质量再上新水平

地区生产总值增长13%左右；一般公共预算收入增长15%；全社会固定资产投资增长5%；商品销售总额增长4.7%；社会消费品零售总额增长4.4%；实际利用外资增长12.1%；实际利用内资增长20%；外贸出口下降2%；城乡居民人均可支配收入增长10%左右；新增就业13.9万人；超额完成市下达的节能减排任务。

2. 经济结构调整优化，发展方式出现新转变

工业结构更加优化。完成规模以上工业总产值15500亿元。新兴产业逐渐成为拉动经济增长的新动力，航空航天、环保、汽车、生物医药保持较快增速。新增市级以上研发中心54家、科技型中小企业3650家、小巨人企业170家。服务业比重明显提升，第三产业占经济总量36.9%。营利性服务业快速增长，房地产市场转暖，金融业发展提速，总部经济、楼宇经济加快发展，航运物流平稳运行。成功举办了第12届中国制造业管理国际论坛、国际海工装备和港口机械交易博览会等有影响力的会议会展活动。农业产业化水平得到提升，新建放心菜基地5600亩、设施种植业1000亩。新增中国驰名商标4件，天津市著名商标28件。

3. 区域发展统筹推进，开发开放开创新局面

功能区继续发挥引领作用。开发区保持平稳增长，主要经济指标在国家级开发区中继续保持领先。保税区航空产业增长40%，跨境电商与保税展示交易等新贸易业态启动开展。高新区国家自主创新示范区建设全面启动，新能源汽车等产业集聚效应凸显。东疆保税港区租赁产业规模和创新模式保持全国领先，国家进口贸易促进创新示范区加快发展。中新生态城文化创意产业发展迅猛，起步区建设基本完成。临港经济区

装备制造、现代粮油等产业集群初具规模。中心商务区金融业高速发展，"双创特区"建设成效初显，城市形象全面升级。各街镇发挥优势，特色发展，发展活力不断增强。

4. 重大项目持续攻坚，投资效益得到新提高

投资结构进一步优化，第三产业投资占比69%，比上年提高2.8个百分点。全年累计建设总投资5000万元以上项目885个，国家海洋博物馆、金钒光热等288个项目开工建设，神州通物流、滨海万隆大厦等172个项目竣工投产。基础设施建设加快推进，完成投资620亿元。京津城际延伸线、于家堡高铁站建成通车；中央大道辅道、上海道地道工程完工；北海路地道、二大街跨京山线桥等项目加快推进；轨道交通建设规划获批，环线高速建设全力推进；维修改造乡村公路70公里。

5. 美丽滨海建设加快，城市环境又有新提升

空气质量有所改善。完成清新空气项目177个，PM2.5浓度下降15.6%，空气质量综合指数在全市位居前列。水环境质量有效提升。完成清水河道项目113个，污水处理厂水质达标率94.7%。完成环境整治项目639个。推进56个村居清洁村庄建设。创建市级环境友好型社区9个。园林绿化取得实效。北三河、官港森林公园建设加快，新建提升绿化面积597万平方米，建成区绿化覆盖率达35.4%。

6. 改革开放深入推进，重点领域实现新突破

行政管理体制不断完善。"一份清单管边界"，42个部门完成权责清单的梳理。"一颗印章管审批"，减少30%行政审批事项。"一个部门管市场"，整合成立市场监管局。社会领域改革加快推进，公立医院改革顺利实施。经济体制改革不断深化，自贸区建设全面推进，金融改革创新深入开展，完成九大国有企业集团整合重组。对外开放持续

扩大。新批外商投资企业超过 700 个，实际利用内资突破 1000 亿元。京津冀协同发展拉动作用显效，来自北京的资金约占内资到位额的五成。区域合作取得新进展，内陆无水港达 25 个。自贸区效应释放，三个片区新增市场主体和注册资金分别增长 1 倍和 2 倍以上。

7. 民计民生不断改善，社会事业取得新成绩

"十大民生工程"全力推进。优先发展教育事业，新建、改扩建、提升改造中小学、幼儿园 95 所，天津实验中学滨海学校竣工，天津一中滨海学校、昆明路小学滨海学校开工建设。天津医科大学空港医院、中新生态城医院投入运营，妇女儿童保健中心、公共卫生服务中心竣工，天津医科大学总医院滨海医院等项目加快建设。积极发展社区服务和社会福利事业，提升改造 107 个老旧社区服务站，大港老年大学交付使用。实施文化惠民工程，成功举办第十届滨海艺术节、首届滨海国际观鸟文化节。城镇登记失业率控制在 3.3% 以内，城乡居民人均可支配收入保持较快增长。

（二）2016 年工作展望

2016 年经济社会发展的主要预期目标是：地区生产总值增长 11% 左右；一般公共预算收入增长 13%；全社会固定资产投资增长 12%；社会消费品零售总额增长 11%；实际利用内资增长 15%；实际利用外资增长 12%；外贸出口增长 6%；城乡居民人均可支配收入分别增长 10% 左右；新增就业 12 万人；万元生产总值能耗等节能减排指标完成全市下达任务。

1. 总量与结构双提升，努力推动转型发展

在继续做大经济总量的同时，更加注重发展的质量和效益，调优产业结构，培育新的发展动能。巩固提高优势产业，汽车及装备制造产值

规模保持在 5000 亿元以上，石油化工、电子信息、粮油轻纺保持或达到 2000 亿元以上，通过技术创新、互联网+、高效管理等手段，实现稳产增效。培育壮大新兴产业，进一步加快航空航天、新材料和环保、生物医药、新能源等战略性新兴产业和高端装备制造业发展，加大扶持力度，尽快做大总量，发挥更大的带动作用。继续提高服务业比重，大力发展金融、科技服务、航运服务等生产性服务业，加快发展生活性服务业，推动楼宇经济和总部经济发展。深入挖掘新增长点，推进跨境电子商务和平行进口汽车试点。促进二、三产业深度融合，加快完善上下游衔接的产业链条和配套完备的产业集群。

2. 体制与科技双突破，努力推动创新发展

坚持改革统领，推动一批重点改革项目取得突破。全面深化"十个一"改革，推行权责清单，加强事中事后监管。注重供给侧结构性改革，落实去产能、去库存、去杠杆、降成本、补短板的各项措施，提高投资有效性，增强持续增长动力。深化经济体制改革，拓展金融业务新领域，完善自主创新示范区和"双创特区"创新创业的制度环境，深化国有企业改革，妥善解决中小微企业融资难题。继续推进社会、文化和生态等领域的改革创新。全面推动创新创业，在智能技术、生物制造等领域，集聚创新资源重点攻关，新建一批众创空间和研发转化平台。打造小巨人升级版，扶持壮大 25 家领军科技企业，新增科技型中小企业 3000 家、小巨人企业 150 家。

3. 功能区与街镇双发展，努力推动协调发展

继续发挥功能区引领带动作用。开发区加快转型升级，联动开发南港工业区等一区十园，力促一汽大众华北生产基地、中沙新材料园等龙头项目开工。保税区着力打造特色新兴产业集群，加快航空物流区开发，推动自贸区新贸易业态发展。高新区打造具有"双自"特色的自主创新

示范区，加快未来科技城载体建设。东疆保税港区以自贸区为平台，推动租赁、新型贸易和航运物流等产业发展。中新生态城推进国家绿色发展示范区建设，加快发展文化创意、互联网、科技服务等特色产业。临港经济区着力发展高端装备制造，同步推进粮油、石化等产业转型升级。中心商务区紧抓自贸区和"双创特区"建设，发展以金融创新为主导的现代服务业。深入实施强街强镇战略。城区街道大力发展商务商贸、餐饮娱乐、科技与信息服务等服务业；涉农街镇重点打造农业园区和工业园区，突出发展现代精品农业、特色农业和配套产业。

4. 招商引资与项目建设双推进，努力推动持续发展

围绕新区功能定位和优势产业，积极拓展招商新渠道，着力引进一批大项目好项目。按照"三个一批"的要求，强化项目服务，完善绿色通道，组织实施1300多个总投资5000万元以上的重点项目，重点抓好100个投资额度大、经济效益好、带动作用强的重大项目。狠抓基础设施建设，实施新杨北公路、塘汉路拓宽等路网联通项目，推进津滨高速匝道、津晋高速港塘路口等关键交通节点改造，加快跨铁路、跨河交通设施建设。开工建设轨道交通Z4、B1线，做好Z2线前期工作。

5. 自贸试验区与京津冀协同发展双带动，努力推动开放发展

深化自贸区制度创新，全力落实第一批122项、第二批53项创新清单，落实金融支持自贸区的30条措施，推进人民币跨境使用，打造融资租赁登记流转平台。培育外贸新亮点，扩大平行进口汽车业务，加快国际贸易"单一窗口"建设，着力推动跨境电商发展。深入落实京津冀协同发展战略，积极承接非首都功能，完善承接平台，深化产业、科技、交通、金融、社会、生态等领域的对接合作，推进滨海—中关村科技园建设。拓展自贸区服务京津冀协同发展功能，提升无水港，延伸口岸、保税功能。进一步完善海港、空港及配套设施，推动海空两港联动发展。

6. 环境与安全双注重，努力推动绿色发展

加快推进美丽滨海建设。加强大气污染防治，完成 29 台燃煤锅炉改燃并网，继续加大南部地区空气异味治理力度。加强水污染防治，实施旧城区合流制管网改造、入河排污口治理等 5 大类工程。加强市容环境整治，高标准完成一批道路和老旧小区的整治改造。加强园林绿化建设，新建提升绿化面积 800 万平方米，建设提升 41 个街心公园。全面推进安全滨海建设，完善"安全防控网"，实现 24 小时在线全程监控，巩固危化品安全整治成果，建立安全生产长效机制。

7. 社会事业与居民生活双改善，努力推动共享发展

持续推进"十大民生工程"。新建和改扩建一批幼儿园，建成天津一中滨海学校、昆明路小学滨海学校，加快建设茱莉亚音乐学院。完成天津医科大学总医院滨海医院主体建设，加快推进新区中医医院、肿瘤医院、大港医院二期等工程，引进高端民营医院。高度重视养老事业，第一、第二老年养护院投入使用。提高公共文化服务水平，加快建设文化中心、广电大厦等设施，组织开展特色文化交流活动和群众文化艺术活动。加强公共交通体系建设，新建中途站 60 对、新开公交线 8 条。努力扩大就业，城镇登记失业率控制在 3.5% 以内。积极创建国家卫生城。强化粮食、药品和市场价格监管。

三、重庆两江新区

图 2.3　重庆两江新区

（一）2015 年发展成绩

2015 年，重庆两江新区积极融入国家"一带一路"战略和长江经济带重大部署，深入实施五大功能区域发展战略，以"强投资、壮产业、促开放、见成效"为工作主线，务实推进开发建设各项工作，较好地完成了 2015 年各项目标任务，实现"十二五"顺利收官。

1. 抓住机遇稳中求进，经济社会发展取得新成效

2015 年新区直管区招商引资签约项目 454 个，投资 1886 亿元。总体经济形势呈现出稳中有进、稳中有好的态势。2015 年，地区生产总值达到 2020 亿元，增长 13.0%；固定资产投资达到 1978 亿元，增长 18.1%；

社会消费品零售总额981亿元，增长14.0%；一般公共预算收入303亿元，增长16.8%；实际利用外资41.6亿美元；进出口总额1964亿元。

2. 着力稳固实体经济，产业集群得到新提升

坚持"基地化布局、集群化发展、垂直化整合"模式，创新"整机+配套"、"资本+股权"、"资产+租赁"、"资源+市场"、"资助+政策"等招商方式，加快吸引优质项目聚集，初步形成具有区域影响力和竞争力的"311"产业集群。北京现代重庆工厂顺利开工，带动日立汽车、德国大陆、现代摩比斯等一批关键零部件配套项目入驻。以京东方、奥特斯、莱宝高科等为代表的电子信息产业围绕"芯、屏、器、核"四大领域稳量提质。长客完成扩能改造，顺利启动都市快轨研发测试生产线；GE-机电高低压电气设备制造项目成功投产。

十大战略性新兴产业有实质性进展。新能源汽车，长安、力帆、小康等企业正快速布局，动力电池、电机、电控产业正在兴起；电子核心部件，京东方显示面板已达产，投资65亿元的AOS半导体芯片制造及封装测试生产基地、投资2亿美元的康宁8.5代玻璃基板项目、投资3.5亿美元的奥特斯二期、投资2.14亿元的德国MEMS单晶硅传感器芯片和变送器整机等项目顺利落地；通用航空，航空发动机项目成功签约并开工建设；世界排名前五的机器人企业已有四家（发那科、ABB、库卡、川崎）签约落户两江新区；云计算，新开工或签约中国电信、联通、移动、浪潮、腾讯、斐讯等项目；智能终端、生物医药、能源装备、节能环保、新材料等产业也取得一定成效。

五大现代服务业快速推进。商贸及电子商务引进金科亿达、视听视频基地、国美西部总部、唯品会西南跨境电商运营总部等重点项目；金融业引进投资20亿元的海尔金融保理、投资30亿元的渝富建信基金等项目；信息服务、现代物流快速发展。世界500强企业入驻数量从成立之初的54家增加到129家。

3. 重点突破关键领域，内陆开放畅通新渠道

策划推动了一批中新（重庆）战略性互联互通示范项目，重点引进打造"高起点、高水平、创新型"的示范性重点项目。贸易多元化功能区正式运营初见成效。成功引进贸易类、物流类、金融类等企业230余家。4家融资租赁公司和SPV公司顺利入驻；后谷咖啡豆集散分拨项目预计年转口分拨50万吨，销售额100亿元；西部首个对外文化贸易基地项目年内正式挂牌运营。开放口岸功能不断拓展，与重庆海关、重庆检验检疫局建立协作机制；进口水果航班正由每周1班逐步拓展到每周3—5班；进境食用水生动物指定口岸年底纳入国家质检总局公告目录。

4. 深入推进产城融合，城市建设呈现新面貌

以制造园、研发园、物流园、家园、生态园"五园合一"方式，规划建设了一批功能各异、主题鲜明的城市组团。2015年，两江新区实施基础设施建设136个大项，完成投资461.5亿元，建设道路187.4公里，重点区域骨架路网基本形成。火车北站综合交通枢纽、悦来会议展览馆二期、福宏大道、机场东联络线南线等项目基本完工，一横线东延伸段、复盛高铁站房工程、江东水厂二期扩容等项目开工建设，六纵线（H段）、Z1路南延伸段、水土片区市政设施配套工程等多个项目加速推进。一大批商住地产、城市功能性项目快速推进，城市形象初步展现。悦来生态城形成建设方案框架体系，已有13条道路启动施工，海绵城市试点工作完成整体技术指标体系编制，滨江公园、国博中心、生态城中心广场等改造项目顺利启动。2015年，两江新区直管区房地产市场商品房入市量和成交量大幅增长，成交价格总体平稳。

5. 准确把握特色定位，重点开发平台迈上新台阶

工业开发区平台。鱼复、龙兴、水土三大工业开发区已经具备承载

重大产业项目的能力和条件，可建设用地约193平方公里。

保税物流平台。保税加工多元化发展，保税商品展示交易持续向好。4.7万方保税商品展示交易中心基本完成布局，新增南岸区、观音桥两个延展平台。跨境电商持续放量，地服费用及效率与沿海持平，唯品会、菜鸟网络、网易考拉等跨境电商龙头企业入驻，实现跨境电子商务交易额4亿元。

江北嘴金融平台。江北嘴588万平方米金融楼宇已建成约340万平方米，中新（重庆）战略性互联互通示范项目运营中心、中国保险资产登记交易意向平台落户金融城。已入驻各类金融企业130余家。

铁公水物流平台。稳步推进果园港区铁路、仓储物流、港区后续及配套三大工程建设，全面形成"前港后园"模式和"铁、公、水"多式联运无缝连接。2015年，果园港完成港口吞吐量810万吨，其中件散货吞吐量550万吨（含水路商品车），集装箱吞吐量260万吨。

悦来会展平台。2015年，国博中心举办展会活动270场（次），接待观众300万人次，实现收入1.81亿元；悦来新城新开工面积130万平方米，实现投资约70亿元，国博叠彩山、融创国博城等房地产项目相继开工开售，区域形象进一步提升。

6. 完善总体发展规划，创新引领发展实现新突破

以全市"十三五"规划《建议》为依据、为指导，坚持高标准、高质量编制完成新区"十三五"规划纲要，确保新区规划纲要的方向和目标明确，重大政策措施有的放矢。

全面推进深化改革。明确"1+9"专题改革目标任务，新试行工业产品行政审批与技术审查相分离的"开放式许可"改革，行政许可时限从60天减少至3天。实施企业注册登记"三证合一、一照一码"制度改革，税务登记证和组织机构代码证不再办理和发放。探索新区"四规合一"、规划审批"两证合一"以及规划方案设计分离审查机制，为项

目建设节约大量时间成本。通过持续改善政务环境，两江新区市场活力极大释放，累计拥有市场主体43339户，注册资本5469.49亿元，同比增长了28.47%、23.12%，企业占比达到50%以上，市场主体结构不断优化。有序推进国资国企改革，推动直属企业混合所有制改革，全年推动股权多元化类项目14个。总投资43亿元的果园港件散铁PPP项目顺利完成。

深化体制机制创新。在水土综合执法试点的基础上，分别设立鱼复、龙兴综合执法工作领导小组和综合执法办公室，有效整合两江新区和江北区、渝北区的执法力量，有效解决多头执法和监管缺位，有效提升行政效能和监管水平。

创新人才服务。依托引才平台创新人才服务，部市共建的中国重庆两江新区留学人员创业园正式挂牌，同时成立留学人员创业园服务中心和3个孵化中心，与清华大学、人民大学等7所国内知名高校签订合作协议，目前已引进华鹊手术机器人、网络攻防实验室、MEMS传感器等24个项目。

7. 切实保障改善民生，群众生活质量得到新提高

努力确保征地拆迁农民共享开发成果。继续加快安置房及公租房建设，全年续建安置房项目7个、177.5万平方米，安置农转城人员1.95万人，实现已征地群众全覆盖。完善新建成区公共服务配套，龙兴高完中、育仁中学等建成开学；南开中学、西南大学附属中学等正式签约，江北中学启动扩建。新开通5条公交线路，联诚医院、双江医院、水土敬老院加快建设，水土一级消防站、等一批社会公益项目建成投用。实施了有意愿者全覆盖的"无偿费用+生活补助"技能培训和就业推荐，通过成立物管公司、景观公司、市政环卫公司等解决了2000多名"4050"农转城人员就业；2015年培训农转城人员4910人，推荐就业4520人，其中"4050"人员占62%。

（二）2016 年工作展望

1. 推进创新发展，增添发展动力

深入实施创新驱动发展战略，发挥科技进步和信息化的带动作用，加快构建现代产业体系，推动全方位创新，建设创新型新区。构建"311"产业新体系，优化提升优势支柱产业，培育壮大战略性新兴产业，大力发展现代服务业，加快建成内陆地区重要的先进制造业和现代服务业基地。三大支柱产业，依托现代汽车整车企业，京东方等显示光电产业，重点签约京东方显示芯片驱动项目及大尺寸 OLED 项目、莱宝高科 6 代 LTPS+AMOLED 项目、康宁二期融熔及成型项目、德国大陆研发中心及汽车电子等项目；十大战略性新兴产业，围绕机器人、产业装备、生物医药等战略性新兴产业，重点引进台湾健永生技植物药项目、哈工大机器人、新能源汽车、智能汽车等项目；五大现代服务业，重点洽谈乐视云视频全国总部、全国保险资产交易中心、西部能源（油气）交易中心、中新金融产品交易中心、重庆中医药学院暨附属医院、小米互联网保险公司等项目。

加快科技创新，建设以两江新区为核心的国家自主创新示范区，创建新能源及智能汽车、显示面板、集成电路、通用航空、轨道交通、新材料等国家级企业研发创新中心。构建有利于自主创新的政策体系，全力拓宽服务于创新创业的多元化融资渠道，建成全市科技金融改革示范基地。着力引进和培养具有自主创新能力的高层次人才队伍。构建一批低成本、便利化、全要素、开放化的众创空间。

深化体制机制改革。对 11 家直属企业分类推进国企改革，适度推进直属企业向社会资本开放等试点，争取推动国有企业改制上市。构建多元化投融资模式，切实提高投资的针对性、有效性。强化管委会与各行政区、功能区合作共享，增强协同开发能力，提高行政效能。深化行

政审批制度改革，完善清单管理制度和信用体系，加大投资便利化审批改革力度，进一步激发市场主体创新创业活力。

2. 推进开放发展，培育竞争新优势

着重依托中新（重庆）互联互通示范项目，聚焦金融服务、航空、交通物流和信息通信技术等重点合作领域，切实推进一批中新合作项目落地，推进中意产业园、深化中韩产业园合作。进一步深化贸易多元化试点，大力发展"保税＋展示交易"、"保税＋跨境电商"、"保税＋金融结算"、"保税＋融资租赁"等新型服务贸易业态，促进"加工＋贸易"双轮发展。推动保税商品展示交易快速放量，助推跨境电商产业做大做强，力争网易西南分拨中心项目尽快上线。推进通关服务标准化、流程优化、手续简化等改革，争取启运港退税政策试点，提升果园港外贸功能，加快发展铁水公多式联运。拓展动植物、种苗、木材、粮食等口岸功能，加快发展转口贸易。争取设立大宗商品期货、现货保税交割试点，开展大宗商品国际交易。

3. 推进协调发展，加快产城一体化

优化管委会、行政区、功能区与开发主体协同开发机制，形成开发建设合力。率先推进"多规合一"试点，形成两江新区空间布局"一张图"，建立统一的信息共享管理平台，完善"一张图"的运行机制。重点加快寸滩保税城、江北嘴金融城、悦来会展城等9个重点城市功能区域板块发展，引导人口、产业集聚。推进两江大道、悦复大道景观升级改造，加快推进新区对内对外联系的重大基础设施建设。推动文化事业繁荣发展，促进新区物质文明和精神文明协调发展。

4. 推进绿色发展，建设绿色生态新区

加快推动生产方式绿色化，发展绿色工业和循环经济，推进低碳城

市试点，推广绿色建筑，建设水土可再生能源集中连片示范区。推动"海绵城市"试点建设，推广节水技术和高效节水产品。严格土地管理，盘活存量建设用地，清理闲置用地，推进低丘缓坡试点，促进土地节约集约利用。加快污水、垃圾处理设施全覆盖，提高污水集中处理率和生活垃圾无害化处理率，加快御临河滨水亲水休闲带建设。推进生态城市、智慧城市试点，加大生态环境保护和山水特色塑造，科学规划、规范管理，打造多样化城市环境和景观，高标准塑造新区现代化城市形象。

5. 推进共享发展，加快社会事业建设

优化教育资源布局，加快西南大学附中、南开中学等重点项目建设进度，加快高端医疗资源的引进，推进两江国际医疗城项目的建设，发展健康养生、美容医疗等产业。大力发展体验式文化体育旅游项目。多渠道增加就业岗位，健全政府投资和重大项目建设带动投资机制，落实就业创业扶持政策，建好两江新区小微企业创业园，支持创业带动就业。全面完成安置房建设，确保征地拆迁农民全部按时住进新房。

四、浙江舟山群岛新区

图 2.4　浙江舟山群岛新区

（一）2015 年发展成绩

2015 年，浙江舟山群岛新区地区生产总值 1095 亿元，增长 9.2%；一般公共预算收入增长 11.6%；完成固定资产投资 1135 亿元，增长 18.1%；规模以上工业总产值达到 1681.9 亿元，增长 10%；港口货物吞吐量 3.79 亿吨，增长 9.3%；旅游总收入 552 亿元，增长 15.7%；实现渔农业总产值 222 亿元，增长 5.6%。

1. 加快建设一中心四基地

舟山江海联运服务中心建设边谋边干，编制完成总体方案并上报国务院；江海联运产业投资基金全面运作，浙江石油化工交易中心挂牌成立，公共信息平台上线运行，建立中国船级社舟山研发中心并启动新型江海联运船型设计和标准制定。绿色石化基地项目实质性推进，浙江石油化工有限公司注册落地。国际海事服务基地建设初见成效，成立外轮供应服务中心，保税燃料油供应跃居全国港区第二位。中国（浙江）大宗商品交易中心获国务院批复，现货交易额超过 400 亿元。国际海岛旅游大会影响广泛，舟山成为永久性会址。国家远洋渔业基地获农业部批准，远洋渔业产量达到 46.5 万吨。

2. 扎实推进稳增长调结构

抓好国家船舶与海工装备新型工业化示范基地建设，8 家重点船企的订单和完工量占全市九成以上，规模以上船舶工业产值达到 860 亿元，造船三大指标占全国比重均超过 10%。推进北斗海洋通信产业园等建设，海洋电子产业产值超过 30 亿元。规模以上高新技术产业增加值达到 159.3 亿元，增长 8%。建筑和房地产业稳定发展，建筑业产值达到 226.5 亿元，增长 7.8%。观音文化园正式开工，白沙等精品旅游示范岛建设扎实推进，国际邮轮港和水上飞机投入运营，普陀山朱家尖景区加快提升。获批赴台个人游试点城市。加强企业帮扶解困，为企业减负 41 亿元，龙头骨干企业保持平稳，资金链、担保链风险基本可控。

3. 坚定不移强改革增活力

贯彻实施省海港整合与管理体制调整决策，宁波舟山港一体化实质性推进，省海港集团注册舟山。实施项目中心制，开展县（区）、功能区"比学赶超"活动。推进普陀山朱家尖一体化管理，实施海洋产业集聚区（核心区）共建共享办法。整合市属经营性国有资产，重组商贸集团和国有航运企业，打造四大国有投资公司。成功发行全国首单非上市企业的公司债。实施城镇低效用地再开发 4652 亩，盘活存量建设用地 2748 亩。渔农村集体资产股份合作制改革和户籍制度改革试点基本完成。实行排污权有偿使用和主要污染物总量控制激励制度。

4. 全力以赴促统筹惠民生

为民实事项目全面完成。浙江大学海洋学院即舟山校区、舟山技师学院建成投用，浙江海洋学院更名浙江海洋大学进入公示阶段，新区旅游与健康职业学院正式建校。瑞金医院舟山分院项目进展顺利，舟山群岛网络医院上线启用。在全省率先实现低保标准城乡并轨。举办舟山群岛国际马拉松等精品赛事。加快危房改造，城区 D 级危房全部列入改造计划。深入开展水路货运船舶、油品储运设施等专项整治。建立新区社会公共服务与监管中心。

（二）2016 年工作展望

2016 年舟山群岛新区经济和社会发展的主要预期目标初定为：地区生产总值增长 12% 以上，固定资产投资 1305 亿元，增长 15%，一般公共预算收入增长 10%，城乡居民人均可支配收入分别增长 10% 和 10.5%，节能减排降碳指标完成省定任务。

1. 推进三项战略性举措实施

加快舟山江海联运服务中心建设。争取舟山江海联运服务中心总体方案尽快获国务院批复，加快海进江、江出海公共泊位建设，开工建设鼠浪湖矿砂二阶段、小洋山北侧内支线码头等项目。争取江海联运特定航线目标船型研发取得突破。促进航运业稳定健康发展，培育壮大龙头航运企业，发展国际一程运输和江海联运，推进货物运输本地化。加快江海联运公共信息平台建设，实现港口物流信息全面对接、有效共享。提升国际海事服务，全面突破保税油不同税号下调和，实现跨关区、跨港区直供，推动"一船多能"外轮供应业务常态化，建设外籍船舶修理服务基地。

扎实推进绿色石化基地建设。坚持"国际一流、产业集群、绿色环保、混合经济",认真做好规划环评等支撑性专题,争取基地总体规划尽快获批。加快主体项目报批进度,尽早开工建设。加快围垦造地工程,完善交通、水电等基础设施配套,启动鱼山大桥建设。规划石化配套产业园区。

规划建设自由贸易试验区。加强与国家有关部委的沟通对接,争取舟山进入全国自由贸易试验区行列。深化自由贸易试验区实施路径的细化研究,做好相关人才的招引储备工作。以舟山港综合保税区为载体,开展自由贸易政策的探索实践。

2.着力推进重大项目平台建设

加快重大项目建设。开工建设500千伏联网输变电、神华国华2×66万千瓦机组、大陆引水三期等项目。加快推进富翅门大桥、329国道改造提升、秀山大桥、观音文化园、岱山北部围垦、沈家湾旅游集散中心等建设。完成国家石油储备基地扩建、定马公路改建、蛇移门航道工程等项目。服务推进外钓岛光汇油库、国电海上风电、黄泽山石油储运中转、洋山国际中转物流园区一期、恒安泰海洋柔性管道等重大产业项目建设。

全力推进招商落地。强化精准招商、专业招商、产业链招商,提高招商引资的有效性和针对性。统筹做好对接央企、引进外资、激发民资、浙商回归等工作。全力争取波音飞机装备及交付中心项目落地,力争引进市外资金500亿元,实际利用外资2亿美元,努力在超20亿元重大项目落地上取得突破。加快建立重大项目储备库,深化前期研究,争取金塘澳洲肉牛进境加工等项目提前开工,切实加强项目审批、政策处理和要素保障,形成滚动开发的良好局面。加强对现有企业的全方位优质服务,大力营造亲商、安商、富商的良好投资环境。

强化功能平台建设。海洋产业集聚区、新城、普陀山朱家尖、金塘和六横等五大功能区要发挥主阵地作用,经济增速必须快于全市,更好地支撑新区发展。加快建设海洋科学城、舟山港综合保税区、中国(浙江)大宗商品交易中心。支持县区功能平台建设,强化产业导向和发展特色,统筹项目规划布局。促进定海工业园区、普陀经济技术开发区、岱山经济技术开发区和省级船舶修造产业基地提升发展。推进定海国际粮油园区和普陀浙台经贸合作区、现代商贸流通改革发展试验区、中国舟山国际水产城建设。打造嵊泗国家级列岛风景名胜区和定海国际旅游度假区、普陀国际旅游度假区。加大衢山岛、洋山岛开发力度。

3. 推动新区经济提质增效

优化提升产业结构。扶持船舶和海工龙头企业,加快产业结构性重组,突破船配高端零部件产业发展,发展船用物料专供服务业,打造船配产品采购交易中心。大力推进"四换三名"和质量强市,实施以"机器换人"为核心的重点技改项目 100 项以上,加快提升机械、螺杆、汽配等传统制造业。打造智慧海洋应用示范区,推进海洋大数据全产业链发展。加快建设航空产业园。调整房地产结构,着力化解房地产库存,促进房地产业健康发展。培育发展涉海建筑业。办好 2016 国际海岛旅游大会,打造精品旅游示范岛,大力发展邮轮经济,培育海岛民宿、渔家风情、禅修体验、乡村旅游等消费热点。发展健康服务产业,规划建设健康养生城。促进渔农业转型,发展绿色生态精致农业,完成岑港省级现代生态循环农业示范区创建。建设国家远洋渔业基地,建设水产品精深加工集聚区,培育冷链物流等配套服务业。搭建电商公共服务平台,提升舟山产品的网售规模和知名度。抓好定海远洋渔业小镇、朱家尖禅意小镇、沈家门渔港小镇等省级特色小镇建设,培育一批市级特色小镇。

精准服务企业发展。引导全社会形成尊重、关心企业和企业家的良好氛围,制定实施企业减负三年行动计划,建立涉企收费目录清单,清理各种不合理收费,降低企业生产经营成本。加强政银企合作,做强产业基金，鼓励企业对接多层次资本市场，扩大直接融资，加强对正常经营企业的融资服务保障。实施小微企业三年成长计划，大力推进个转企、小升规、规改股、股上市。建立经济信息预警机制，有效防范和化解资金链、担保链风险。对"僵尸企业"通过兼并重组、债务重组乃至破产清算实现市场出清，严厉打击各类恶意逃废债行为。

大力推动创新创业。开展高新科技企业和科技型中小企业"双倍增"行动，支持技术创新、产品创新、管理创新和商业模式创新，出台鼓励企业加大研发投入的政策措施。发挥好高校、公共研发平台等作用，建设新区国家大学科技园。优化升级"5313行动计划""科创企业助飞计划"，打造山海云间-智库创客总部、科学城创客码头、普陀湾众创码头等众创空间，完善众创服务体系。实施高校毕业生创业引领计划，做大做强市级大学生和青年创业园，建设创业孵化基地。促进创业创新与资本市场的有效对接，吸引市内外人才到舟山创业发展。

促进军民融合创新。规划建设军民融合特色产业园，突出"军转民、民参军"，鼓励企业承接军用产品和参与军品配套科研生产。加快海防基础设施、军地应急应战和动员保障体系建设。支持驻舟部队和武警部队改革与建设，做好国防建设、国防教育、国防动员、人民防空和双拥优抚安置等工作，促进军民融合发展。

4. 加快推进新区体制改革

创新新区管理体制。探索新区管委会实体运作机制，加快县（区）、功能区管理体制和运行机制改革。强化县（区）、功能区核心制和项目中心制。进一步整合部门职能，建立大部门协调制度。完善对县（区）、功能区、部门和项目指挥部的绩效考核办法。深化海洋综合行政执法，探索创新重点旅游区域综合行政执法体制，加强旅游市场秩序管理。

深化审批制度改革。推进审批流程简化与再造，实行中介服务时间与部门承诺时限捆绑，促进综合验收提速增效，实现以投资项目为重点的行政审批体制改革重大突破，打造全省行政审批环节最少、速度最快、效率最高的城市。推进企业投资项目和便民服务网上申报、网上办理，实现政务服务四级联动。建立政府职能向社会组织转移配套制度，推进中介服务市场化改革。建立权责清单动态调整机制，推进部门职责管理精细化。

推进市场化改革。加快县域经济体制综合改革，推进资源要素配置市场化。深入推进 PPP 投融资，充分发挥社会资本在基础设施和公用事业建设中的作用。加大政府购买公共服务力度，鼓励社会力量办学、办医、办文化、办养老机构。深化土地海域市场化配置改革，完善陆海联合招拍挂出让模式。整合国企资源，做强海投等四大国有投资公司，探索建立以管资本为主的国有资产监督管理模式。完成公务用车改革。

5. 积极统筹城乡发展

加强城市规划建设管理。落实中央城市工作会议精神，推进多规合一，加快城市规划管理创新，加强城市设计和详规控制，推进市体育场、新城隧道复线等建设，完善市政基础配套。提升城市功能，加强楼宇招商，加快集聚城市人气。有序推进定海、普陀城区核心区块有机更新，加快岱山、嵊泗县城建设，推进城中村综合改造。抓好"三改一拆"、"四边三化"、"交通治堵"，深化"无违建县（区）"创建工作，确保完成省定"无违建"创建任务。加快地下管线信息系统开发建设，加强地下空间规划、开发和利用。创建国家园林城市和森林城市，加大公园和绿地建设，建成绿道网18公里。推进智慧城市建设，提升城市管理服务精细化、人性化水平。创建全国文明城市，提升城乡文明程度。

提升渔农村建设水平。推进六横、金塘小城市和省级中心镇建设。打造美丽海岛升级版，提升村庄规划设计和农房设计质量，推进撤村建居和新型集聚小区建设。抓好新建社区国家级美丽宜居示范村试点工作，保护利用好定海马岙、嵊泗花鸟两个省级历史文化重点村落，打造美丽乡村景观线4条、美丽村口20个。深化"三权"改革，全面推进农村土地承包经营权确权登记颁证工作，完善渔农民合作经济组织体系，创新宅基地使用管理办法。大力发展村级集体经济，完成33个经济薄弱村脱贫转化。完善渔农村社区管理体制。

强化环境生态保护。创建国家生态文明建设示范区，开展"811"美丽舟山建设行动，落实网格化环境监管机制。推进中街山列岛、马鞍列岛特别保护区和嵊泗国家级海洋公园建设。深化舟山渔场修复振兴暨"一打三整治"行动。重视海岛山林迹地改造。推进闲置土地、闲置围填海专项整治，着力解决批而未供、供而未建等遗留问题，垦造耕地6000亩以上。深化"五水共治"，实施消除劣Ⅴ类水整治工程，全面完成"黑臭河"达标治理；建成运行定海污水处理厂三期、小干污水处理厂二期等工程，加强配套管网建设和城区污水管网检测及修复。推进生活垃圾分类收集与资源化处理。强化大气和土壤污染防治。开展排污许可证"一证式"改革试点。

6.发展民生社会事业

完善就业和社会保障制度。实施劳动者技能素质提升工程，免费培训技能工人6000名以上，新增城镇就业1万人。健全城乡一体的就业援助制度，动态消除城乡"零就业家庭"。全面完成机关事业单位养老保险制度改革，健全职工和城乡居民大病医疗保险制度，完善城乡一体的全民社保体系。加强低收入群体增收帮扶和精准扶贫。稳步提高低保标准，确保全市低保对象户籍占比达到1.5%以上，低保边缘对象实现应保尽保。支持发展慈善事业。促进残疾人按比例就业，推进残疾人共享小康工程。发展智慧养老，实现居家养老服务有形覆盖和有效覆盖。

推进公共服务标准化均等化。加快义务教育优质均衡发展，统筹布局教育资源，基本完成教育基本现代化县（区）创建。推进学前教育就近入园。支持浙江大学海洋学院、浙江海洋学院发展，办好新区旅游与健康职业学院，完善浙江国际海运学院办学设施。完成舟山航海学校迁建改造工程，基本建成舟山绿城国际学校。启动海洋健康城市建设。深化"双下沉、两提升"工作，提高基层医疗服务能力。社区卫生服务中心签约服务开展率达到100%。新建渔农村文化礼堂25家以上，加强基层综合文化服务中心建设。加快舟山传媒创意中心建设进度。做大"淘文化"平台，筹建"数字文化发展中心"。筹办第三届省体育大会。建成运行新区公共服务与监管中心。

全面推进平安舟山建设。围绕"平安金鼎"目标，深化"铁桶固防"，健全海岛立体化社会治安防控体系，严厉打击各类突出违法犯罪，推进反恐工作常态化，探索建设"警务云"大数据平台，全面完成杭州G20峰会"护城河"防护任务。提升城乡社区管理水平，打造社区睦邻中心，深化"网格化管理、组团式服务"，加强重大决策社会风险评估。全面开展"七五"普法，构建公共法律服务体系。健全多元化纠纷解决机制，完善社会管理信息系统平台。全面推进户籍制度改革。加快"三小一市场"和进口食品市场整治提升，推进企业诚信体系和社会信用建设。加快北斗船载终端和自动识别系统更新工作，建成海洋灾害应急指挥平台。加强三防工作，全面排查地质灾害隐患，抓好渔业、船舶、大桥、水陆交通、油品等重点领域的安全生产，完善突发公共事件预警信息发布体系。

五、兰州新区

图 2.5　兰州新区夜景

（一）2015 年发展成绩

2015 年，兰州新区深入实施省委"3341"项目工程，围绕建设"科学发展的新区、改革开放的平台、集聚产业的基地、宜业宜居的家园"，全力加快开发建设，各项工作取得了明显成效。完成生产总值 125.53 亿元，增长 20.04%。其中：第一产业增加值完成 3.83 亿元，增速与去年持平；第二产业增加值完成 94.69 亿元，增长 13.11%，其中：工业增加值完成 33.9 亿元，增长 22.04%，规模以上工业增加值完成 27.9 亿元，增长20%；第三产业增加值完成27亿元，增长53.78%；完成固定资产投资476.1亿元，增长9.49%；社会消费品零售总额完成27.47亿元，增长9%；地方公共财政收入完成9.18亿元，增长50.4%。

1. 基础设施建设快速推进

全面实施了以水、电、路、气等为重点的一大批基础设施建设工程，为企业入驻和产业发展提供了基础保障。道路方面，经二路、纬九路等24条道路已建成通车，经五路、纬十六路东延段等93条道路正在加快建设，兰秦快速路已建成；中川城际铁路投入运营，中川至朱家窑铁路正在加快建设。市政设施方面，第一给水厂二期工程投入使用；中川330kV变电站投入运营；第一污水处理厂建成运营。生态建设方面，完成造林绿化4万亩、城市绿化2940亩，累计完成造林绿化18.5万亩、城市绿化1.3万亩，秦王川国家湿地公园园林景观工程已完成60%的工程量。

2. 招商引资持续加强

研究出台《关于进一步加强招商引资工作的实施意见》，创新招商引资体制机制，重点围绕石油化工、装备制造、电子信息、水性材料、光电制造和生物医药六大产业，着力强化产业链精准招商，加速产业集聚发展。累计引进产业项目281个，总投资3883亿元，已有绿地集团、正威集团、吉利汽车等38家"三个500强"企业落户新区。2015年新引进武汉长飞、中外运等项目34个，总投资532亿元，长城影视文化博览城、奥特莱斯国际广场、陕旅商旅文产业园等一批重点项目已开工。

3. 产业园区加快建设

以石化、职教、"飞地经济"园区建设为重点，全力做好协调服务，加快推进项目建设，兰石高端装备、科天化工等44个项目建成投产，绿地智慧金融城、正威电子信息产业园等164个产业项目正在加快建设。职教园区，省属"三校一区"56栋单体建筑全部开工，42栋主体已封顶，省体育馆同步建设；市属院校已开工建设，兰州市体育学院已交付使用；甘肃政法学院等6所自建院校中外语职业学院已开展地勘，其余正在办理前期手续。石化园区，已编制完成选址报告、产业规划等5项规划，正在按照省市部署有序推进；科天化工已部分投产，甘肃万特、西北之光等9个项目正在建设。"飞地经济"园区，已编制完成各类规划，道路等基础设施正在加快建设；同时，确定了各市州用地范围，临夏州项目人员已进驻，天水元通、路港物流等3个项目已开工。

4. 外向型经济发展步伐加快

全力加快兰州新区综合保税区建设，于2015年8月通过国家十部委联合封关验收，12月正式封关运营。围绕电子信息、外贸物流等重点领域，新引进中国物流、中外运等项目13个，总投资22.64亿元，完成到位资金5.3亿元，同时新引进注册贸易、货运代理、文化产业等企业53家。特别是依托综保区，开通了中亚、中欧国际货运班列，进一步提升了对外开放水平。

5. 兰白科技创新改革试验区建设积极推进

加快兰州新区产业孵化中心建设，制定了入孵企业管理办法和配套政策，已对接洽谈企业100余家，入驻企业和服务机构46家；举办创新创业看新区大学生一日游和创客论坛等活动，努力营造创新创业良好氛围。着力提高企业自主创新能力，依托骨干企业引进和建设国家、省级工程技术研究中心15家，市级以上各类研发中心29家。着力促进科技与金融深度融合，设立4亿元的兰白试验区兰州新区科技创新子基金正在顺利推进，同时组织新区14家企业积极申报兰白试验区驱动基金。

6. 融资工作实现突破

加强与金融机构对接，新引进甘肃省知识产权评估事务所、甘肃银行科技支行等金融机构4家，累计引进49家。积极设立投资引导基金，规模为100亿元的锦绣丝路产业基金管理公司和规模为2.5亿元的新材料产业基金管理公司已注册，目前正在进行募投项目的入库筛选工作。着力破解企业融资难题，组织召开了银企政对接会，甘肃银行、浦发银行等分别与兰新投控、科天化工等企业签订105亿元的授信协议，完成融资到位资金115.84亿元，累计融资到位资金541.5亿元。深化投融资体制改革，兰州新区朱家窑至中川铁路项目列入国家第二批PPP示范项目。

7. 社会民生不断改善

全力加快学校、医院建设，兰炼一小、兰州十一中新区分校及综合性实践基地已建成，兰州一中绿地实验学校、兰州六十一中新区分校已开工；省人民医院新区分院、残疾人综合康复基地、急救中心正在加快建设。将精准扶贫和双联行动深度融合，以特色产业培育和基础设施建设为抓手，整合项目、资金和人力等资源，精准施策、同向发力、同步推进，争取完成4个村、1.5万贫困人口的脱贫任务。全力做好就业和社会保障等工作，实现城镇新增就业405人，被征地农民新增参保登记3783人，城镇职工新增参保1951人。

8. 各项改革工作深入推进

制定了《兰州新区2015年改革工作要点》，重点推进"四单一网"建设、执法管理体制、户籍制度改革、投融资体制改革等10项工作。目前，"四单一网"建设工作已完成，权力清单、责任清单、财政资金专项清单已向社会公布，行政审批和商事制度改革取得阶段性成果；加快推进综合执法改革，《兰州新区综合行政执法改革工作方案》已获省政府批复，新区城市管理、规划、国土等 7 大领域、35 个方面、1791 项行政处罚权梳理已完成，正在加快机构设置、职能划转等相关工作。招商引资机制、户籍制度、投融资体制、干部人事制度等其他改革事项也在积极推进。

（二）2016 年工作展望

2016 年，新区经济社会发展的主要预期目标是：生产总值达到 150 亿元，增长 15%；全社会固定资产投资达到 550 亿元，增长 15%；招商引资到位资金达到 415.13 亿元，增长 15%；社会消费品零售总额完成 32 亿元，增长 13%；一般公共预算收入达到 11.84 亿元，增长 29%；完成生态绿化 3.4 万亩。按照上述总体要求和目标任务，重点抓好以下工作：

1. 突出抓好产业链招商

紧紧围绕石化、高端装备制造、电子信息、生物医药、水性材料、蓝宝石生产加工等 6 大产业链和大数据、食品加工、现代物流和文化旅游等 4 个专项产业链，细化、量化招商引资企业入驻标准，加快引进平湖国际商贸城、中国化工、普洛斯等 40 多个大项目、好项目，以及与之配套的上下游中小型项目，不断拓展和延伸产业链条，促进产业集聚发展。同时，坚持二、三产业"双轮驱动"，加大现代物流、文化旅游等第三产业招商引资力度，积极引进和培育电商平台，将互联网与"双创"紧密连接，以新型工业发展带动第三产业发展，以现代服务业发展推动第二产业发展，引领新区产业向价值链高端提升。

2. 突出抓好项目建设

健全招商引资服务机制，推进投资项目并联审批制度和全程代办服务，不断优化投资环境。围绕项目引进、落地和建设，加快产业园区体制机制改革，制定出台做实做强产业园区的政策措施，鼓励新区机关干部到园区、到基层锻炼。制定完善规划，强化基层配套，加大协调力度，加快推进石化园区、"飞地经济"等重点园区建设，加快推进中车集团、厦门润晶、北大众志"中国芯"等重点产业项目建设。着力推进中马铁路、第一给水厂二期、第四污水处理厂等一批涉及交通、信息、商贸、物流、环保、市政方面的基础设施项目，并将固定资产投资向农村道路交通、公共配套服务、社会管理等方面倾斜。同时，瞄准国家"11+6+3+1"重大项目布局，进一步加大PPP模式推广力度，以城市综合管廊建设、海绵城市建设等为重点，认真谋划和争取一批涉及道路、水利、生态、市政、公共服务设施、企业技术改造等重大项目列入国家和省市盘子。

3. 突出抓好产城融合

按照"以产兴城、以城带产、产城融合"发展思路，坚持产业发展、生活配套、就业创业和生态建设同步规划、同步实施、同步推进，进一步加快高品位城市建设。加强核心区城市建设，积极谋划和实施一批特色商业街、影视时尚文化、高端精品会展、星级品牌酒店、市民文体广场等城市功能性项目；加快兰州六十一中新区分校、省人民医院新区分院等民生工程建设，力争引进市第一人民医院、市中医院、市妇幼保健院来新区建设分院；加快以智慧城管、智慧交通、智慧社区为重点的智慧城市建设，着力提升城市建设管理水平。全力加快职教园区建设，做好甘肃商贸职业学院、能源化工职业学院等省属"三校一区"和省体育馆项目建设工作，尽快开工建设甘肃政法学院、甘肃交通职业技术学院等6所自建院校，同步推进职教园区水电气、商业、环保、信息化平台等配套设施建设，确保2017年校区建成投入使用。举办产城融合发展论坛，提高新区知名度和影响力。同时，加快新区与老城区的路网连接，加快同城化发展步伐，强化政策制度、融资扶持、基础支撑、公共服务、绿色生态五大保障，促进产业发展、城市建设和人口集聚相互促进、新老城区同城化发展。

4. 突出抓好科技创新

准确把握新区在兰白科技创新改革试验区中的地位和作用，明确具体发力方向。以产业孵化大厦建设为抓手，细化落实各级政府出台扶持"双创"的一揽子政策，加快集聚高端创新要素、服务要素和人才要素，积极开展创新创业大赛等系列活动，努力营造大众创业、万众创新的良好氛围，力争引进研发服务机构、在孵企业、大学生创业团队各100家，打造新区经济发展新引擎。加大科技创新资金投入力度，在向上争取政策和资金扶持基础上，力争引进多家风投资金和天使资金项目。在石化、装备、食品等园区建设标准化厂房，加快孵化企业技术成果转化和中小微配套服务企业入驻。同时，充分利用"互联网+"，结合"中国制造2025"战略，支持入区企业加强技术改造，推进产业升级转型和结构调整，推动新区经济向中高端水平迈进。

5. 突出抓好对外开放

加强新区综合保税区运营管理，与甘肃机场投资公司合作，加快推动区港一体化建设，积极搭建外向型经济开放平台；筹划建设中韩化工园；争取设立汽车整车、肉类、红酒、药品等各类特殊功能口岸和金融结算中心、跨境电商平台，推动马来西亚速泊玛有限公司跨境电子商务枢纽平台建设，拓展与富士康等大型企业的合作领域，推进百圣牛钟表芯片加工、御宝泽御米提纯深加工等11家已引进项目的落地建设，打造内陆进出口集散中心和产业集聚地。依托中川国际航空港、北站物流园，建设临空物流、保税区物流、公铁联运物流等七大物流中心，大力实施路港物流园、元通物流园等重点项目，着力构建向西开放的物流大通道，打造辐射西北地区的重要国际陆港和航空港。同时，加快实施企业"走出去"战略，充分挖掘新区与中西亚、中东欧国家在制造业、矿产资源、能源等方面的合作空间，支持兰石、陇星等有条件的企业在国元,同比增长13.3%,各指标在"十二五"期间年均增速均位列全市首位。进出口总额246.4亿美元（折合人民币1526亿元）,同比增长17.2%。三次产业结构持续优化,第三产业增加值占地区生产总值比重从2014年的21.3%提高至24.5%,第三产业对地区生产总值增长的贡献率从2014年的17.1%提升至35%。

2. 深入推动改革开放和体制机制创新,市场化国际化法治化营商环境不断完善

2015年已完成229家外资企业投资备案,涉及注册资本205亿元;已办理106个内资投资项目备案,涉及投资总额313.7亿元。实施了国际贸易"单一窗口"、海关快速验放、"互联网+易通关"、检验检疫"智检口岸"、跨境电商商品质量溯源等一批标志性改革,海关查验作业时间由原来的平均2小时减少为不到10分钟,货物转驳时间缩短为3—5小时,通关便利化水平显著提升。建立了企业登记"一口受理"政务系统和并联审批机制,实现"十一证三章"联办。"一照一码"改革在全国率先拓展至工商、质监、国税、地税、海关、社保、统计、商务8个部门。开展企业集群注册,放宽"一址多照"和"一照多址"限制,将企业设立登记代办服务延伸至银行网点。在全省发出首张地税电子税务登记证,国地税67项业务实现"一窗化"办理,行政审批事项删减率达37.6%。组建了市场监督管理局,在广州市率先实现通过商事登记管理信息平台对新设立、变更的商事主体进行认领监管。率先启动市场监管信息平台和社会信用平台建设,对已登记的4万多户商事主体实施分类监管。南沙新区成立了全国首家自贸试验区法院,完善国际仲裁和商事调解机制,组建了广州国际航运仲裁院、自贸试验区法律服务中心、广州国际金融仲裁院自贸试验区分院及广州知识产权仲裁院自贸试验区分院。

3. 国际航运中心、物流中心、贸易中心建设稳步推进，参与"一带一路"建设取得新进展

港口功能进一步提升。全年新开辟15条国际班轮航线、10个"无水港"业务点和5条"穿梭巴士"支线，国内外班轮航线已达88条，其中外贸航线62条。全年实现货物吞吐量2.82亿吨，同比增长11.7%；集装箱吞吐量1177.37万标箱，同比增长6.3%。

航运服务业加快集聚。新增航运物流企业1066家，是自贸试验区获批前南沙航运企业总数的3倍。已选定13家企业申请成为第一批汽车平行进口试点企业，举办了广州首个平行进口汽车展。中东塑料粒国际中转业务和德国海瑞克全球维修业务顺利开展，大型船舶改造维修实现出口额15亿美元。已完成船舶交易575艘，交易额19.58亿元，"珠江航运运价指数"已完成系统开发。

国际贸易功能不断提升。大宗商品交易贸易中心方面，启动了南沙塑料粒交易中心建设，吸引了博禄等国际塑料生产企业和销售企业的业务进驻。国际物流配送中心方面，山姆冷链、多个国际知名红酒商、江南果蔬等已在南沙开展集散业务；日本大创、美国惠而浦等跨国公司已在南沙保税港区建立了采购配送中心。

进口保税业务快速发展。已有709家跨境电商企业在南沙口岸监管部门完成备案，全年实现交易额13.84亿元。已有9家企业试点旅游购物商品出口，实现出口额78亿美元，同比增长77.9%。

参与"一带一路"建设取得新成效。开展全球路演招商，成功举办国际航运圆桌会议、港口城市发展合作高端论坛，与汉堡港等德国重要港口城市结成枢纽辐射合作关系，与韩国仁川港公社、马来西亚中国总商会、印度尼西亚工商总会签订战略合作协议。

4. 大力实施"双轮驱动",高端要素快速集聚

先进制造业规模不断壮大。汽车制造业全年产值突破 800 亿元,广汽丰田三厂项目已启动建设;全年船舶制造业产值同比增幅达 25.6%。珠江啤酒整体搬迁项目已竣工投产,法国欧莱雅生产及研发基地已正式落户新区。现代服务业企业快速集聚。在航运物流、创新金融、融资租赁、跨境电商、总部经济等新领域新业态迅速集聚起一大批具有代表性的企业。引进包括中交建、中铁建、中化等 50 家各类总部型企业、108 家融资租赁企业、654 家金融和类金融机构、533 家跨境电商企业,有力提升了产业结构。

5. 自贸试验区各区块建设初见成效,区域交通枢纽设施建设不断推进

自贸试验区各区块和重大交通基础设施建设顺利推进。14 项市重点建设项目完成年度投资计划的 129.6%,123 项区重点建设项目完成年度投资计划的 92.95%。自贸试验区各区块已完成土规修编,明确了自贸试验区 7 个区块功能定位和重点发展产业。明珠湾起步区已形成 146 万平方米在建规模,灵山岛尖配套道路工程 93% 路段已启动建设;明珠湾开发展览中心落户及意向落户投资项目达 39 个,涉及意向投资额已超过 1000 亿元。蕉门河中心区已形成 610 万平方米在建面积,总部经济集聚区项目加快推进。海港区块已启动航运服务集聚区和商务配套功能区规划建设。南沙湾区块总投资 150 亿元的邮轮码头综合体项目已完成土地出让并动工。

交通基础设施不断完善。港口方面,南沙港区三期主体工程已完工,国际邮轮母港、深水航道拓宽工程等一批港口建设项目顺利推进。轨道交通方面,地铁 4 号线庆盛站已完工、南延段土建工程已完成 73%;南沙港铁路南沙先行段开工建设。高快速路方面,虎门二桥主塔基础施工

全面完成，黄榄干线顺德至 S111 段已通车。市政道路方面，凤凰一桥等 12 个骨干道路和跨江桥梁项目已完成。

6. 创新金融集聚发展，现代金融服务区建设快速推进

四大国有商业银行及平安银行已在南沙设立自贸试验区分行，国内首家专门服务大宗商品交易相关金融业务的广州商品清算中心已落户，跨境人民币业务试点工作取得新进展。已办理 22 笔人民币跨境贷款业务备案，涉及金额 56 亿元。已设立中国银行的南沙全球金融服务基地、浦发银行离岸业务创新中心等多个特色金融服务平台。融资租赁产业快速发展，已落实融资租赁企业退税政策，全年落户 108 家融资租赁企业，注册资金约 360 亿元，新增合同金额 236 亿元，企业数量和业务规模占广州市比重超过一半。广州唯一的金融租赁公司珠江金融租赁开业半年合同金额近 80 亿元。渤海租赁首架以 SPV 方式引进的飞机已交付使用。

7. 科技创新工作稳步推进，区域科技创新体系逐步建立

科技金融结合取得新突破。2015 年区本级财政科技支出 5.29 亿元，同比增长 68.3%；建立科技信贷风险补偿金机制，安排 3000 万元资金支持银行机构建立科技支行等科技信贷专营机构；中国银行南沙科技园区支行正式挂牌，近 20 家企业启动新三板挂牌程序；设立广州市科技金融综合服务中心南沙分中心、广州中国科学院计算机网络中心。启动粤港澳（国际）青年创新工场，重点吸引港澳及内地青年学生等年轻创业群体在南沙集聚创新创业、开展科技成果孵化。新区内高新技术企业达到 76 家，全年全区实现高新技术产品产值 1364.21 亿元，占规模以上工业企业产值的 47.6%。

8. 与港澳合作继续深化，三地合作形成新格局

首家港资股权投资基金合伙企业已入驻南沙自贸试验区；CEPA 协

议下第一家粤港合资的广州广证恒生证券投资咨询公司已在南沙注册；首个进驻南沙自贸试验区的港资银行已开业。成功举办了"粤港澳律师发展研讨会"，由粤港澳三地律师协会、省律协与中国法律服务（香港）公司分别签订了合作协议。试点开展人才培养评价"一试三证"取得突破性进展，引进港澳、美国、英国3个职业资格认证体系，已培养127名国际认证的高技能人才。

9. 生态文明建设扎实推进，城市承载能力不断提高

生态环境建设不断推进。2015年万元地区生产总值能耗同比下降4.83%，排名广州市首位；环境空气质量优良率为86%，PM2.5年平均浓度比2014年下降17.5%，达到国家二级标准，位居广州市前列；地表水水质全部达到地表水环境功能区划要求；国家生态工业示范园区创建工作已全部完成。成功创建1个广东省卫生镇，1个广州市卫生镇，14个广东省卫生村，8个广州市卫生村。在全区范围开展城市管理"大检查、大整治、大完善、大提升"工作。拆除违法建设4.65万平方米，教育制止"六乱"行为4.8万宗，查处交通违法行为2.6万宗，城市精细化管理水平不断提升。

10. 扎实办好民生十件实事，民生福祉水平进一步提高

深入实施促进人民群众同步共享开发建设成果三年行动计划，2015年民生事业支出达102.11亿元，占区财政预算支出达88.21%，较上年提高8个百分点。十件民生实事已圆满完成。

（二）2016年工作展望

2016年南沙新区要重点推进以下工作：

1. 进一步推动自贸试验区制度创新，积极打造全国改革开放先行地

着力推进国际贸易"单一窗口"改革创新实现新突破。建立涵盖海关、检验检疫、外汇、海事、边检等管理部门的综合管理服务平台。全面推进加工贸易、支付结算、进出口许可、企业资质、国际会展、物流监控、物流商务等"单一窗口"扩展项目的建设。积极探索建立与国际接轨的投资贸易规则，把外资、合资、中外合作经营企业设立等行政审批改为备案管理，把项目核准和企业合同章程由审批改为备案制。建立高效便捷的大通关体系，成立南沙落实"三互"机制工作小组。推动进出口商品质量全球溯源，年内逐步实现检验检疫业务全流程无纸化。设立明珠湾区开发建设管理局、产业园区开发建设管理局，成立行政审批局，实行相对集中许可权改革，开展"零收费"试点。建立政务大数据平台，完善"五个一"公共服务模式，深入推进"证照分离"、"一口受理"、"一照一码"、全流程"电子税务局"等改革试点。建立与省市信用平台对接的自贸片区企业信用信息数据库及公示平台。配合省出台并组织实施自贸试验区条例，健全国际仲裁和商事调解机制。扩大粤港澳律师事务所合伙型联营试点。

2. 加快打造"三中心一体系"核心功能区，建设"一带一路"结合点和重要枢纽

抓紧实施航运中心建设三年行动计划，加快建设国际大港。新开辟8条外贸集装箱班轮航线，3条"穿梭巴士"支线，新建3个"无水港"和办事处。开通香港机场—保税物流园海空快运通道，打造广州航运交易指数。强化国际供应链枢纽服务功能，加快建设一批现代化物流配送中心，重点落实UPS、日本大创、四洲国际等项目落地。扩大汽车平行进口业务规模，打造汽车后服务产业链。强化国际贸易服务功能。重点

推进鞍钢、宝钢钢材物流中心、物流专业化码头建设，开展钢铁交易和动产质押业务。积极申报设立创新型期货交易所，深入开展全球检测维修服务业务。实施推进海上丝绸之路建设三年行动计划，组建航运产业发展基金。推进海上丝绸之路沿线港口城市联盟建设，建设境外投资"一站式"综合服务平台。加强与"一带一路"沿线国家在检验检疫标准、技术、互认等方面的密切合作，在国际上推进多国互认制度。推进"珠江—西江"经济带区域合作，探索共建跨区域产业园区。扩展与泛珠地区合作，建成泛珠总部经济基地。加强与广州市中心城区全方位互动协作，加强与珠三角地区合作，打造在珠三角世界级城市群建设中的核心功能。

3. 加快推动高端产业集聚发展，打造高端高质高效现代产业新体系

加快发展现代服务业。推动跨境电商企业尽快在南沙落户；做大做强汽车进口业务，吸引丰田、克莱斯勒等大型汽车品牌商在南沙口岸开展进口业务。鼓励区内现有重型装备制造业开展融资租赁业务，扶持区内现有融资租赁企业在单船、单机的基础上扩大经营规模。做大做强先进制造业。加快建设新增产能 22 万辆整车的广汽丰田三期主体工程，打造汽车出海大通道暨全球品牌汽车展贸中心。以中船集团龙穴造船基地等项目为龙头，加快建设千万吨级修造船及海洋工程装备基地、广东省重型装备成套供应和高铁"走出去"基地建设。培育战略性新产业新业态。加快电子信息产业园建设，促进检测认证服务平台落户。培育壮大保税贸易、融资租赁等新业态。发展跨境电商和移动互联网等新业态，建设跨境进口电商综合服务平台。搭建面向全球的大招商网络平台，继续开展全球招商路演，争取落户一批总部型项目和在全国、全球排前列的产业或项目。

4. 高标准推进自贸试验区各区块建设，积极打造区域综合交通枢纽

明珠湾起步区要加大灵山岛尖基础设施建设力度，启动体育馆 30 万平方米区域开发建设。蕉门河城市中心区要加快推进总部经济集聚区、外商投资综合服务区、市民广场等 56 个重点项目建设。南沙湾区块要加快基础设施建设及产业导入，推进邮轮母港综合体等项目建设，着力建设国际一流的高端商务旅游城市综合体和水上国际门户。海港区块要加快用地用海报批，推进保税港区、物流园区、港航商贸集聚区以及航道疏浚和挖入式港池等重大基础设施建设。继续推进万顷沙保税港加工制造业区块、庆盛枢纽区块和南沙枢纽区块的土地一级开发及市政基础设施配套建设，并针对专业运营商、平台商和龙头企业三类主体重点展开"靶向"招商。继续推进虎门二桥、广中江高速和黄榄快速干线建设，着力推动深中通道和南沙港铁路建设、地铁四号线南延线施工。加快推进区内 30 个骨干道路和跨江桥梁项目建设，继续推进麒麟中学（养老院段）、广丰路（金洲村段）等 4 条未拉通路段的建设，逐步完善交通网络，初步形成"畅达、高效、优质"的综合交通体系。

5. 深化金融领域开放创新，着力构建现代金融服务体系

提高金融创新力度。争取出台"广东金改 30 条"的各项具体实施细则方案，强化中国银行南沙全球金融服务基地等创新型金融平台功能，积极引导汇丰、恒生等外资银行在南沙设点布局。加大推介力度，举办"国际金融论坛"等高端推介及"金融沙龙"等活动。加快金融产业集聚发展。大力推进航运金融发展。推进新型期货交易所等要素交易平台建设；开展航运支付结算。扶持融资租赁业扩大规模。继续落实内外资融资租赁行业统一管理体制改革试点，制定出台融资租赁专项规划和政策。推动金融保险业发展。研究推进创新型保险产业集聚区建设。

6. 深入实施创新驱动发展战略，争当创新发展先行者

着力构建科研创新平台体系。以慧谷和明珠科技城为重点，加快推进工研院二期、国家物联网标识平台等一批科技创新平台建设。打造国家级大学生创新创业实践基地，进一步完善"创业苗圃—孵化器—加速器—科技园"全产业链载体体系，引导建立以企业为主体的产业技术创新联盟等新型创新组织。推动重大科技成果产业化。积极引入中大南沙生物医药与精细化工研究院；推动粤港台三地高校研发平台在庆盛枢纽实现集聚发展。加快华工广州现代产业技术研究院、中开院863科技成果转化基地等孵化器建设，力争年内建成孵化器面积60万平方米。鼓励各创新主体围绕"中国制造2025"、"互联网＋"战略，开展深度合作，推动南沙制造业高端发展和培育经济新业态。促进科技和金融结合。通过安排科技引导基金专项，引入设立2—3支风险投资基金。鼓励发展小额贷款公司和中小企业投资公司，动一批科技企业在新三板和广州市股权交易中心挂牌。

7. 探索粤港澳合作新模式，打造粤港澳深度合作示范区

加快粤港深度合作区规划建设。试行"港人、港企、港服务"，引入港澳规划设计建设粤港澳现代服务业集聚区，加快建设粤港澳专业服务集聚区。深化与港澳科技创新合作，重点推动粤港澳科技联合创新，建设港澳科技成果产业化平台，加快推进穗港数据传输专用通道、国际智能制造技术中心、光电国际合作实验室等一批创新平台和项目建设。加强与港澳人才的深度交流与合作。全面推进粤港澳人才合作示范区建设，争取吸引一批法律、会计、航运等专业服务提供者落户南沙。研究设立港澳台人员社会事务服务机构，推动港澳青年学生实习和创新创业平台项目建设。加强与港澳商会合作，以商会为平台，带动会员企业到南沙投资发展，并发挥港澳商会化解涉港澳民商事纠纷的积极作用。

8. 提升城市管理服务水平，建设绿色生态现代城市

提升基层治理水平，加快推进社区协商网格化服务管理等工作，深化提升南沙"时间银行"、"互联网+社区"服务模式。持续开展"六乱"、"五类车"、违法户外广告招牌整治，全面推进建筑工地"四节一环保"施工。完善"六位一体"社会治安防控体系，构建食品药品信用体系的"南沙标准"。完成《广州市南沙新区生态文明建设总体方案》编制工作。加快，完成凤凰湖2号湖建设，42公里堤围加固和9宗水闸工程建设等生态水城建设改造工程。扎实开展节能减排，完善黄山鲁森林公园、南部湿地二期等景区景点建设。推进蕉门河及滨水两岸环境综合整治。建设全长约40公里的自贸试验区生态带、功能带和创新带，打造自贸试验区绿色发展新名片。

9. 加快发展社会民生事业，切实增进民生福祉水平

加快建设以人为本的"心城"，大力发展区域特色优势品种，完善"三资"管理服务平台建设，发展现代农业。开展农村土地确权登记颁证试点工作，推进全区农村股份制改革。深入推进村居环境提升工程和美丽乡村建设。推进强教优医工程，加快华师附二中、中心医院二期后续工程等一批重点项目建设，提高公共卫生服务能力。推进社会保障工程，加强就业社保工作，落实促进就业创业政策。推进文体惠民工程，加快推进区图书馆新馆、新区"五馆"以及基层文体基础设施建设。设立文化投资有限公司和文化产业基金，支持文化创意产业发展，深挖沙田水乡生活底蕴，打造具有南沙特色的文化品牌。

七、陕西西咸新区

图 2.7 陕西西咸新区西部云谷

2015 年，陕西西咸新区全年投资高速增长，住宿餐饮和重点服务业发展较快，新区全年顺利完成各项主要经济指标目标任务，完成固定资产投资 1503.92 亿元，增速高出全省平均 25.2 个百分点，位列全省第一，实现财政收入 109.56 亿元，内资实际到位资金为 239.42 亿元，同比增长 6.5%，外资实际到位资金为 9890 万美元，同比增长 13.3%。

1. 服务行业高速增长，经济转型加快

住宿和餐饮业、租赁和商务服务业、科学研究和技术服务业以及居民服务和其他服务业全年投资增速均在 80% 以上。2015 年新区重点服务业营业收入 8.96 亿元，同比增长 45.7%；限上企业消费品零售额 133 亿元，同比增长 3.4%。乐华欢乐世界、茯茶小镇等一批服务企业开业，大大推动了新区服务行业的发展。

2. 新开工及施工项目个数加快增长

2015年,西咸新区施工项目个数927个,同比增长54%,增速较三季度回升20.7个百分点。其中,本年新开工项目572个,增长127.9%,回升40.3个百分点,先后有陕西省斗门水库试验段、西安地铁一号线二期工程、华晨汽车产业园项目等一批重大项目开工,为投资增长提供了有力保证。

3. 社会资本占比增加

2015年,西咸新区完成民间投资824.36亿元,同比增长33.5%,占全区投资54.8%,比全省平均水平高9.1个百分点,对全区固定资产投资增长贡献率达55.3%,拉动全区投资增长18.3个百分点。

4. 探索融资创新模式

探索推进PPP融资模式,减轻管委会直接融资的压力,降低债务风险。目前已建立了PPP合作项目库,共征集项目63个,项目总投资719.2亿元,以此拉动民间投资参与政府公共服务,实现多平台融资。

5. 创新城市发展方式

西咸新区成立以来,按照创新城市发展方式、建设现代田园城市的要求,积极推进新型城镇化建设,在优化城市形态、产城一体、城乡一体、绿色城市建设和集成创新等方面进行积极探索和创新。获批成为国家新型城镇化综合试点地区。

6. 新区建设亮点突出

沣西海绵城市建设初见成效,西咸新区获批全国16个海绵城市试点之一,信息产业园中国联通、电信项目已顺利投入运营,信息产业聚集效应初步显现；沣东宜家家居正式开业，中俄丝路创新园建设加快；泾河新城乐华城片区已经拉开骨架，乐华欢乐世界开园，华晨特种车辆产业园的开工建设；空港新地物流、普洛斯空港物流园完成工程主体建设，即将投入运营，东航新机库、航投大厦项目建成并投入使用；秦汉新城周陵新兴产业园风貌初步显现，正阳大桥项目快速建设。

八、贵州贵安新区

图 2.8　贵州贵安新区风貌

（一）2015 年发展成绩

2015 年，贵州贵安新区全力推进骨干路网、重点产业、生态环境、民生项目、公建配套等重点领域项目建设，项目建设取得了显著成效，经济发展呈现总体平稳、稳中向好、稳中有进，活力增强、民生改善的良好态势，顺利完成全年各项经济指标。

1. 经济增长稳步加快

贵安新区全年新区完成地区生产总值 170 亿元，增长 20%，其中直管区完成地区生产总值 65 亿元，同比增长 26.9%；财政总收入完成 17.06 亿元，其中直管区财政总收入 5.98 亿元，增长 8.7%；工业经济、固定资产投资、社会消费品零售总额增速均远远高于全省其他地区；城乡居民收入与经济发展同步提高，分别达到 22000 万元和 9600 万元，同比分别增长 8% 和 13%。

2. 固定资产投资稳步增长

围绕重点项目建设，实施精准调度，大力推进重点项目建设"百日会战"、"大干 300 天·打好开发建设攻坚战"等重点工作，新区完成固定资产投资 615 亿元，同比增长 22.7%；其中直管区完成 410 亿元，同比增长 29%。2015 年集中开工四批重点项目共 95 个，累计完成投资 120 亿元，其中贵安综合保税区一期从征拆到基本建成并通过国家验收仅用一年时间，顺利实现年底封关运行的目标；贵安高铁站、星月湖综合项目（一期）、北师大附中、贵安同济医院、碧桂园·贵安 1 号城市综合体等项目陆续开工建设，为拉动新区固定资产投资奠定坚实基础。花溪大学城一期贵州财经大学、贵州师范大学等 5 所高校实现 10 万学生顺利入驻；二期贵州民族大学、贵州城市职业学院等 6 所高校正在加快建设中，部分实现招生；大学城第二批骨干路网工程基本建成；群升大智汇综合体大学科技园、创业园、东盟教育交流周永久会址主体工程已完成。

3. 工业经济快速发展

扎实推进信息化与工业化的深度融合，大力实施"互联网+"工程，重点发展五大战略性新兴产业，五大新兴产业体系培育成长效果显著，新区工业经济发展较快。2015 年规划区完成 2000 万元规模以上工业总产值 220 亿元；工业增加值 56 亿元，同比增长 12.1%，其中：直管区规模以上工业总产值 51 亿元；工业增加值 12 亿元，同比增长 243.8%。一是新兴产业迅速发展。以富士康、亿象网络、乾新光纤等为代表新兴产业迅速成长，富士康第四代绿色产业园产能逐步释放，实现进出口约 10823 万美元，解决就业 8200 余人。二是产业项目建设顺利推进。启动建设中德西格姆、福艾 FAI 等项目，其中贵仁生态砂西南总部基地建设项目"生态透水砖"生产线实现提前投产，年产值达到 2 亿元以上；电信、联通、移动三大通信运营商一期建成，10 万台服务器投入使用。

4. 产业招商迈出新步伐

围绕新区五大产业积极推动招商工作，举办了中印 IT 论坛、智能终端与移动应用高峰论坛、云上贵州大数据商业模式大赛等活动。书记、省长亲自推动签约浪潮、三一、华为、IBM、高通等 5 个重大引领性项目，腾讯公司、东软集团等知名企业签约落户新区。2015 年签约项目 84 个，总投资额 1315 亿元，年初目标 810 亿元的 162.3%；到位资金 84.55 亿元，占年初目标 163 亿元的 51.87%。引进世界 500 强企业新增 IBM、华为、正威集团，达到 9 家；中国企业 500 强新增三一集团，知名上市企业东软集团、棕榈园林股份有限公司等；目前共有央企 6 家，国内民营 100 强 4 家，项目的开工率从 2014 年的 20% 提升到 2015 年的 50%，招商引资取得新突破。

5. 产业园区推进成效显著

2015 年，产业园区共计完成投资 101.33 亿元，建成标准厂房 46.2 万平方米，电子信息、高端园区标准厂房入住率达到 90%；园区入驻企业 69 家，投产企业 23 家，园区从业人员达到 10898 人，园区工业总产值预计达到 55.13 亿元，占直管区工业总产值的 89.59%。大力发展电子信息产业。获批创建国家绿色数据中心试点和全国首个大数据产业发展集聚区，形成 13 万台服务器数据处理能；大数据孵化园入驻 43 家企业，富士康第四代绿色产业园一期正式投产；电子信息产业园二期路网基本建成。大力发展高端装备制造产业，高端装备制造产业园一期标准厂房 10 万平方米已建成，其中乾新光纤、煜宸激光已正式投产。大力发展大健康新医药产业，新医药产业园已编制完成了《贵安新区新医药产业园控制性详细规划》、《贵安新医药产业园产业规划》和《贵安新医药产业园城市设计》，同时启动了园区路网工程项目的建设，已与省食品药品安全建设发展促进会及医药等公司签订了意向合作协议。大力发展大文化旅游产业，已开工建设贵澳农业产业科技园、云漫湖国际休闲旅游度假区等重大项目。黔中大道生态园林景观带建设项目、大学城综合景观绿化工程等景观提升工程已建成；一批精品农家乐旅游项目、"北斗七寨"等建设项目正加快建设。同时新区加大保护和修复山水田园风光力度，加快打造以屯堡为代表等历史文化和民俗民间文化为特色的文化旅游业。

6. 统筹城乡发展进一步加快

贵安新区出台了统筹城乡发展建设美丽乡村的意见及配套政策，以及大众创业万众创新及支持大学生创新创业、落户系列政策措施等。一是快速搭建安居平台。开工建设高峰、下坝、羊艾、茅藤等13个安居工程，总建筑面积达277万平方米。快速推进贵安电子信息产业园公租房建设，一期全面建成投入使用。二是积极搭建乐业平台。成立创客联盟总部基地和创客服务中心，建成大学生创业孵化园7家，入驻风投、天使等创客企业50余家，培育大学生创业企业76家；总投资15亿元的知行创客家园开工建设，国家级大学科技园完成主体工程；浪潮大数据应用创新中心挂牌运行。出台支持交通运输业、建筑业和农村经济合作组织发展的政策措施，对新区群众开展就业、创业、文明素质三类免费培训，推动新型工业化搭建就业平台促农转城人员就业，目前，大学城各院校和产业园区已提供就近就业1万人以上。三是大力实施精准扶贫工程。深入实施"131118"扶贫攻坚计划，实施生态移民扶贫搬迁2689人，实现马场镇脱贫摘帽。加快推进"四在农家·美丽乡村"六项行动计划，累计完成投资3.64亿元，建成20个美丽乡村。新建小康路26公里、维修小康路116公里；天然气入户工程持续推进，已有400多户农家接入天然气;年内完成10个村"撤村建社区"工作;解决10800人的饮水安全问题等。

7. 改革创新成果丰硕

贵安新区坚持把改革创新的精神作为新区之魂,进一步推进深化改革,紧抓改革释放的红利。一是营造优良的营商环境。成立了行政审批局、综合执法局、市场监管局,开通网上办事大厅,搭建基本建设项目集中审批平台,精简审批程序,实施"先照后证"和"三证合一"工商注册登记制度改革等,大力营造新区良好的政务服务环境。二是配售电侧试点改革顺利推进。经发局牵头编制完成《贵安新区配售电侧改革试点方案》并报国家发改委,获得国家发改委批复同意新区作为贵州省配售电侧试点改革地区之一。同时新区迅速成立以管委会主任马长青为组长、党工委副书记孙登峰为常务副组长的配售电侧改革试点工作领导小组,全面统筹推进新区配售电侧试点改革工作,目前已有9家售电公司完成注册,新区配售电公司组建工作正在加快推进。

8. 生态文明建设成效明显

按照"围着山转、跟着水走、显山露水,不'摊大饼',只'蒸小笼'"的思路,编制实施生态文明建设规划,启动中心区19.1平方公里、总投资47亿元、8大类67项工程的国家首批海绵城市建设试点项目。大力实施"十河百湖千塘"、"五区八廊百园"、"绿色贵安三年会战"等工程,加快推进环城水系九峰湖、马场河至月亮湖联通、车田河河道综合治理工程开工建设,完成绿化造林3.4269万亩;实施生态治理工程,开工建设花排、翁岗、凯儒3个骨干水源和甲河、青鱼塘、马场河3条河道治理工程;实施蓝天工程,淘汰燃煤锅炉32台,完成农村煤改气工程4136户,其中安置房用户3700户,农家用户436户;成功引进中国第一家以展示、推广绿色技术的"中国贵安·生态文明创新园",作为贵安新区新型城镇化建设中可持续发展、生态文明建设、绿色建筑的理念和最新科技及成果的展示平台和科研平台，集中展示整个园区30余项绿色创新技术。

（二）2016年工作展望

2016年贵安新区将重点抓好以下四个方面的工作：

1. 立足进位抓项目、促投资、稳增长

一是抓好项目建设管理。第一，抓项目储备。以新区谋划一批打基础、利长远、惠民生的重大项目，梳理一批规模大、起点高、带动力强、效益好的项目进入新区项目库。实行常年筛选、滚动储备的项目库储备制度。第二，抓项目前期。对列入投资计划新开工项目以及装入新型城镇化基金包的项目，积极配合行政审批局加快审批、备案等工作，全力做好项目建设的要素保障，力争2016年实现新开工重大项目100个以上，实现投资达300亿元以上。第三，抓项目调度。依托经济调度云平台，全力加强新区项目建设的调度、协调，及时将有关项目推进情况形成项目建设简报，为领导决策推进重点项目建设提供依据。第四，抓规范管理。强化投资项目管理，制定出台《贵安新区固定资产投资管理办法》，强化建设过程中的稽查力度，督促完工项目加快决算审计、加快环保、国土、规划等专项验收工作推进，确保项目在全周期依法依规加快建设。

二是抓重点企业调度运行。第一，稳定工业增长。切实提高新兴产业贡献度，加快大数据引领的电子信息产业、高端装备制造业发展，打造高端、智能、绿色制造业聚集区。2016年，贵安新区完成规模以上工业增加值75亿元，力争1季度完成规上企业增加值15亿元。第二，推动大数据战略行动见成效。突出"引领"作用，抓信息基础设施会战，完成信息基础设施投资25亿元；组织实施"无线网络·满格贵安新区——

移动网络全覆盖"活动，乡镇以上城镇建成区实现移动网络全覆盖，对辖区内高速、高速铁路、重要航段沿线同步覆盖 3G/LTE 信号；数据中心可承载标准机架数达到 2 万架；可安装服务器达到 19 万台；光缆线路总长度达到 0.97 万公里；3G/LTE 基站总数达到 600 个；城市宽带接入能力 50M 覆盖比例达到 20%，农村宽带接入能力 12M 用户覆盖比例达到 15%。城市有线电视网络双向化改造覆盖用户超过 3.3 万户；高清交互数字电视用户覆盖数超过 2 万户。第三，全力实施"千百工程、两双行动"。制定贵安新区"千百工程、两双行动"总体方案，制定贵安新区千企改造初步实施方案，争取 6 家企业纳入首批省级 200 户改造企业名单。第四，增强工业投资能力、创新能力和发展活力。创新专项资金使用方式，加大工业投资力度。制定 2016 年度贵安新区重点工业投资项目导向计划，细化目标分解，强化项目协调服务，加强项目建设要素保障，确保投资落实到项目上。提高民营经济中小企业活力。加强政策协调和部门联动，全面落实贵安新区"3 个 20 万"微企政策。完成民营经济增加值 10 亿元，实现新增就业 1 万人。

三是夯实统计基础实现应统尽统。第一，抓监测分析，加强对重点行业、重点领域和重点指标的追踪监测，深入分析月度、季度数据，严格审核评估各项经济指标，提出对策建议，为管委会开展相关工作提供信息支撑。第二，抓协调发展，促精准调度。为真实反映贵安新区全区域社会经济发展现状，充分利用省"1+7"平台与周边贵阳市统计局、安顺市统计局、平坝区统计局、花溪区统计局、清镇市统计局形成合力共谋发展，实现统计数据资源共享。精准调度全区域各项社会经济发展指标，以全区域口径为主统一对外发布新区统计数据，力争在 2016 年国家级新区排位中名次靠前。

2. 立足新兴产业广找商、招大商、促落地

一是强化项目落地，保障招商成效。招商项目专人负责，与招商公

司组合好资源，进行全程跟踪服务，协调帮助企业办理开工前的前期手续工作，以确保企业顺利开工建设、提升项目推进效果。

二是强化项目储备，确保招商精准。加快主导产业与上下游产业配套、成链条集群发展来规划产业布局，促进生产要素通过优势企业和项目向园区集中，认真挖掘、筛选、论证和编制一批产业链长、辐射面广、带动能力强的产业项目及PPP项目。实行专题谋划、编制、包装项目开展专题招商。

三是强化平台功能，扩大招商影响。一方面组团参加省政府举办的2016云上贵州·大数据招商引智再出发活动、贵阳（国际）生态文明会议、中国（贵州）国际酒类博览会、中国（贵州）国际智能产品与服务博览会等大型招商推介活动，借助省级层面组织的面向东盟、港澳台等国家和地区招商推介活动以及东盟博览会、南亚博览会等，积极融入"一带一路"和长江经济带；另一方面，加强对港台地区、瑞士、德国、印度等国家和地区实施跨境招商，实现在更高平台的对外开放与合作。

四是强化方式创新，营造招商氛围。完善并实施《贵安新区直管区招商引资项目管理办法》，建立全员招商+专业化的招商工作机制，健全考核奖励机制。突出项目质量与效益、投资强度与投资效益、引进外资世界500强等指标，对承担重点任务单位、专业部门及一般部门分解下达招商任务指标并进行考核调度，将引进新兴产业大项目数、大项目占比、与主导产业契合度、签约项目注册率、资金到位率、开工率、竣工率和在中央、境外媒体宣传效果等纳入考核体系。

3. 立足效能抓协调、争资金、提效率

一是向上跑窗口资源。积极研究国家重大投向政策，争取各类资金、项目支持。支持贵安综合保税区申建全国跨境电子商务示范平台，开展跨境电子商务结算制度和区域通关一体化等方面改革。

二是向下跑项目、企业。围绕省级重大工程建设，切实提高资金、

土地、政策要素配置力，促进项目尽快落地、尽快建成投产，力争2016年重大项目完成投资达400亿元以上。加快现代物流业发展，着力推进西南粮食物流园、亿象云商物流园等8个项目建设，建立和完善城乡物流配送体系，推动发展同城商品配送业；按照贵安建设生态新城的定位，加快辖区内加油站、充电桩的规划和建设进度；按照新区"一中心三新城两基地"城市空间格局，加快商贸中心、会展中心建设，扎实推进现代商贸业发展。

三是中间跑协调。发起建设新区助企联动机制，与行政审批、规划建设、环保、国土等部门建立为企业服务的高效统筹机制，充分释放机制体制创新红利。与管委办、财政、园区等部门建立扶企快速兑现机制，落实相关政策支持。引进项目建设、金融服务、科技中介等第三方专业机构帮助企业争取支持，提高办事效率。

4. 立足工作创新抓民生、强保障、聚功能

一是以农村电商创新扶贫模式。依托贵安新区大数据的优势，以"1+7+4"电子商务平台为基础，打造具有贵安特色的农村电子商务产业和创新模式，构建电商扶贫+大数据+产业发展的电商扶贫生态圈。二是加快推进山地特色新型城镇化发展。围绕解决农民市民化问题，推动户籍制度改革，加快城乡一体化发展，提高基本公共服务水平。第二，努力改善农村居住环境，提升美丽乡村建设水平。全力推动新型社区、公共租赁住房等保障性安居工程建设。三是要抓实办好民生工程民生实事。统筹落实十件民生实事，主动争取国家政策、项目和资金支持。四是以贵安创客空间为平台，大力促进就业创业，落实好促进高校毕业生创业就业措施，抓好重点群体就业工作。五是全力推进教育医疗卫生事业加快发展。抓好清镇职教城、花溪大学城二期建设和三期规划，加快推进北师大附中、同济医院、瑞康医院等重点项目建设。

九、青岛西海岸新区

图 2.9　青岛西海岸新区

（一）2015 年发展成绩

2015 年，青岛西海岸新区认真落实国家批复方案要求，深刻把握"四个全面"战略布局，强化新区意识、突出新区之新，承接新战略、培育新产业、建设新城区、探索新机制，一批事关新区长远发展的重大项目集中落户、开工或投产，一批重大改革创新举措走在了全市、全省乃至全国前列，一批惠民利民实事工程顺利完工，完成了年初确定的主要目标任务，"十二五"规划圆满收官。

1. 干出新区速度

一是经济发展提速。实现地区生产总值 2594.7 亿元，可比增长 12%，增速高出全省 4 个百分点；公共财政预算收入 197.7 亿元，增长 12.8%，总量超过省内 6 个地级市；实际到账外资 17.4 亿美元，外贸进出口 216 亿美元，均超过省内 15 个地级市；完成固定资产投资 1714.7 亿元，增长 15.8%；社会消费品零售总额 476.6 亿元，增长 10.8%；居民人均可支配收入达到 33487 元，增长 9.2%；全面完成了节能减排各项目标任务。

二是项目建设提速。深入开展"项目建设落实年"活动，每周举办一次集中签约、集中开工、集中投产"三集中"活动，涉及总投资 8000 多亿元的产业项目 473 个，其中签约项目 243 个、开工 144 个、竣工投产 86 个，过百亿元大项目 30 个，做到了"天天有项目"。总投资 3132 亿元的 230 个市区重点产业项目全部开工，开竣工项目数和完成投资额均居青岛首位。总投资 2900 亿元的 208 个蓝色经济项目顺利推进，中船重工海洋装备研究院、冷链物流等项目开工。总投资 500 多亿元的 100 余个重大基础设施项目加快建设，南水北调一期工程全线竣工，开通 BRT 新区快线，轨道交通 13 号线、地铁 1 号线加快建设，青连铁路开工建设、青岛西站成功升级。集中推进 50 余个高端教育、医疗、养老项目，中德双元工程学院、慧康医院、国际健康养老等项目落户、开工或投入运营。

三是功能区开发提速。以十大功能区为新区建设发展的主力军，集中推进 258 平方公里的先行启动区建设，已累计开发土地近 50 平方公里，近 100 平方公里土地完成基础设施配套，新引进建设项目数量占全区总量的 70% 以上。青岛开发区高水平推进转型区建设，综合发展水平评价连续 9 年居全国国家级开发区前 5 强。董家口经济区引进百亿级、十亿级项目 10 余个，港口吞吐能力突破 1 亿吨。中德生态园（国际经济合作区）引进空客直升机、塔塔优客等高端项目，加快规划建设中韩贸易合作区、中巴产业园，被誉为国际生态合作园区的典范。古镇口军民融合示范区共集聚哈工程青岛船舶研究院等94个军民融合产业项目，国内首个海军公园对外开放，国防大学京外首个军民融合型现地教学基地落户。灵山湾影视文化区依托万达东方影都、惠普大数据等百亿级龙头项目，打造"影视+科技"产业集群发展双引擎。国际旅游度假区成功创建首批国家级旅游度假区，高水平举办了有特色、有创意、有魅力的海上啤酒节。海洋高新区规划建设青岛中央活力区和海洋产业区，中铁·青岛世界博览城将成为东亚海洋合作平台的永久性会址。前湾保税港区、现代农业示范区、西客站商务区等加快发展。

2. 调出新区质量

一是提升产业品质。加快构建"616"现代产业体系，改造提升航运物流、船舶海工、家电电子等六大支柱产业，培育壮大海洋生物、通用航空等十大新兴产业，做优做精影视文化、军民融合等六大特色产业。三次产业比优化为2.4∶48.1∶49.5，服务业增加值比重首次超过第二产业。深入实施"海洋+"行动，实现海洋经济增加值690亿元，占地区生产总值比重达27.6%，占全市总量的38%；完成港口货物吞吐量4.9亿吨，集装箱吞吐量1730万标箱。六大支柱产业产值占规模工业总产值的66%，战略性新兴产业产值比重达到20%，高新技术产业产值比重达到45.9%，发明专利申请量和授权量分别增长21%和58%，获批国家知识产权示范区和智慧城市试点。全省首家跨境电商产业园建成运营。集聚文化企业3000余家，预计实现主营收入近900亿元、占全市的37.5%。全年接待国内外游客1800多万人次，实现旅游业总收入150亿元。蓝莓、绿茶、食用菌等特色农产品规模、品质不断提升，带动广大农民就业致富。

二是提升城市品质。按照新区主导、镇街主力、企业主体的"三主模式",高水平推进 12 个特色小镇建设,重点实施一改、一街、一园、一迁"四个一"工程,国企投资 7.4 亿元,撬动社会投资 110 亿元,镇街面貌焕然一新,农村生产生活条件明显改善。围绕"碧海蓝天、绿水青山、蓝色港湾"三大目标,加快建设国家级生态保护与建设示范区,万元地区生产总值能耗下降 3.8%,新建改建节能建筑 600 万立方米,新增造林面积 3.2 万亩、城区绿化面积 72 万平方米,空气 PM2.5 年均浓度下降 15%,森林覆盖率达到 46.7%。

三是提升生活品质。高标准实施 12 件 60 项政府实事,民生支出占财政支出的 73%。新增城乡就业 7.2 万人,扶持创业 7444 人,城镇登记失业率控制在 2.59%。新建、改扩建学校、幼儿园 29 所,8 所学校建成投入使用。在全省率先实现城镇职工医疗保险、城镇居民医疗保险、新型农村合作医疗"三险合一",参保居民 80 万人。实现行政村体育设施建设全覆盖,建成了城市社区"15 分钟健身圈"。村居改造回迁速度明显加快,90 个续建村改项目当年回迁 52 个,创历史新高。顺利通过文化强省建设先进区复核验收,获批全省文明区、全省"乡村文明行动"示范区。

3. 创出新区模式

一是创新社会治理模式。探索实施的社会治理"四实目标(基础夯实、责任压实、处置扎实、群众踏实)、六化机制(多元化参与、网格化巡查、信息化手段、社会化服务、精细化管理、法治化保障)"模式,获评全国社会治理创新最佳案例。组建公众投诉受理处置指挥中心,整合市场监管、城市管理、环境保护等 18 条投诉热线,实现"一号对外、集中受理、分类处置、限时办结",有效提升了群众诉求办理水平。

二是创新安全生产模式。深化安监体制改革,整合全区安全生产监管力量,组建区安全生产监管执法局,改革经验得到国家安监总局改革领导小组推广。成立区安全生产工作领导小组,建立区安全生产工作部门联席会议制度，推进安全监管"实名制"、安全生产"一票否决"和履职考核，落实监管责任。加强企业安全生产诚信体系建设，落实企业安全生产承诺、诚信档案、"黑名单"管理和诚信监督制度，安全生产形势持续稳定好转。

三是创新综合执法模式。以"有素的队伍、有力的执法、有效的秩序"为目标，建立半军事化管理的巡察队伍，集中行使城管、文化、交通、国土、环保、海洋六大领域行政执法权，"一支队伍管全部、管到底"，被《人民论坛》杂志誉为"黄岛模式"。

四是创新平安建设模式。持续开展"打霸治痞"专项行动，依法打击处理800余人，刑事、治安案件立案分别下降18%和14%。深化司法体制改革，先后设立知识产权、涉外商事、环境资源、港务商事4处专业法庭。设立1000万元平安建设基金，为新区居民投缴家庭财产险和意外伤害险，推动平安成果更多地惠及群众。在全省率先建成覆盖城乡的三级公共法律服务体系，率先建立人民调解综合信息指挥平台、调处纠纷成功率98%。信访工作法治化水平进一步提升，集体信访量下降13%，进京非正常上访下降52%。

4. 改出新区活力

西海岸新区自主推进了35项重大改革，多项改革属于全国首创，已争创国家级、省市级改革试点23项，激发了"三大活力"。

一是市场活力。加快投资贸易便利化改革，发布行政权力清单和责任清单，区级行政权力事项精简49.5%，区级非行政许可事项全部取消，率先全面取消社会投资类项目前置审批，率先实现工商登记"三证合一、一照一码"，新增市场主体实现翻番增长；率先推行"一地多用"、规划"审批制变公告制"、工业用地弹性出让、施工弹性许可，项目建设周期平均缩短1年以上；率先出台促进房地产市场健康发展的十一条意见，全年商品房销售面积增长41%。

二是园区活力。进一步明确各大功能区主体功能、产业方向，厘清责任边界、功能边界、区域边界，激发功能区自主发展能力和内生动力，赋予各大功能区 173 项新区经济管理权限，实现功能区的事功能区办。推进街道职能转变和体制改革，剥离城市街道招商引资职能，强化基层建设、社会治理、公共服务、发展保障四大职能，新区《治理转型背景下街道体制改革创新研究》荣获民政部部级课题研究一等奖。

三是人才活力。加快打造"国际海洋人才港"，加大人才股权期权改革、人才社会化评价机制创新，实施人才引进"百千万"工程，驻区院士和项目合作院士达到 34 人、中央"千人计划"18 人，全区人才总量达到 40 万人，成为全省人才改革试验区。率先开展职员化管理改革试点，推进"法定机构"试点，探索建立灵活用人机制。率先建立基层党建督导巡查制度和"给舞台"、"靠边站"制度，干事创业容错免责、庸政懒政严肃追责，营造了担当干事的良好氛围。

（二）2016 年工作展望

2016 年新区经济社会发展的目标如下：地区生产总值增长 11%—12%，固定资产投资增长 16% 以上，社会消费品零售总额增长 11% 以上，公共财政预算收入增长 11% 以上，外贸进出口总额保持稳定增长。第三产业增加值占地区生产总值比重提高 1.3 个百分点以上，海洋经济增加值占比提高 1.5 个百分点以上，战略性新兴产业增加值增长 15% 以上。围绕以上目标，新区将重点开展以下工作：

1. 扩增量，激发经济发展活力

全力推进招商引资。加大新区宣传推介力度，强化中介招商、存量招商、以商招商等市场化招商，一对一全力推进"616"产业发展，着力引进"蓝色、高端、新兴"产业龙头项目，确保全年利用内、外资分别增长 10% 和 4% 以上。

积极扩大有效投资。组织落实好政府财力投资项目建设，加快轨道交通、港口集疏运体系等重大基础设施和文化科技博览中心等重点文教卫体项目建设，抓好重点产业项目建设，推进中铁·青岛世界博览城等 260 个市区重点项目建设。编制完成特色小镇专项规划，推进 12 个特色小镇 111 个改造提升项目，规划建设 38 个特色产业园。

着力促进消费升级。依托海上嘉年华等重点项目和智慧啤酒节等节庆活动，加快培育中高端消费市场和新的消费热点；促进高星级酒店投入运营，提升新区消费综合能力。落实鼓励特色商贸街区发展意见，加快连锁生鲜超市、物流配送店等商业设施建设，建成 5 条以上特色商业街区，打造"十分钟商圈"。

提高对外开放水平。加快中德生态园、中韩自贸区等开放园区建设，办好东亚海洋合作平台黄岛论坛，深化投资贸易便利化改革，推动董家口一类口岸开放。复制推广上海自贸区政策，推动青岛保税港区申建自由贸易港区。搭建外贸企业信息交流平台，设立境外投资合作专项资金，支持优势企业在境外建设生产基地和贸易合作园区。创新跨境电子商务体制机制，建设新区保税物流中心（B型），承接青岛跨境电子商务综合试验区。

增强功能区内生动力。抓好大功能区集约开发和建成区未利用土地开发，打造产业集聚、功能完善的发展平台，年内推进在建项目 200 个以上，完成投资突破 1000 亿元。完善功能区经济指标统计体系和督查考核机制，发挥功能区统计平台作用。

2. 优存量，着力扩大有效供给

推动海洋经济跨越发展。建设十大海洋特色产业园区，培育壮大海工装备、海洋生物等优势产业，加快推进 70 个蓝色经济重点项目建设。依托国际海洋信息港、人才港、产权交易中心，培育建设 3 家海洋应用技术平台。海洋生产总值超过800亿元。

壮大服务业经济规模。深化服务业综合改革试点，鼓励服务业领域技术、业态和商业模式创新。制定加快生产性服务业发展政策，推进影视文化、软件信息产业发展。加快物流业发展，推动交通运输业增加值增长10%以上。加快高端服务业千万平方米工程建设，争取新竣工150万平方米、投入使用80万平方米以上。规模以上服务业企业新增80家以上，服务业增加值增长15%以上。

力促工业转型升级。加快培育战略性新兴产业，鼓励新一代信息技术、新能源、新材料等新兴产业发展。支持关联配套企业向龙头企业所在园区集中，促进产业集聚发展，工业产业集聚度达到80%以上。发挥区技改专项资金引导作用，落实好新增规上企业和扩销促产等优惠政策，推进双星绿色轮胎智能化示范基地等100个工业转型升级和技术改造项目，新增规模以上企业50家以上，规模以上工业增加值增长8.5%以上。

加快现代农业发展。推进现代农业重点工程建设，培育发展15家重点农业产业化龙头企业、10处休闲农业示范园，提升蓝莓、茶叶、食用菌3个特色产业发展水平。鼓励企业或合作社规划建设一批集中连片蔬菜基地，打造新区安全优质的"菜篮子"工程。支持企业发展深海养殖和远洋捕捞，建设"蓝色粮仓"。

加强科技创新驱动。设立科技服务机构专项扶持资金，加快国际大学创新联盟青岛国际创新中心建设，推进中科院海洋研究所等10家国家级科研院所落户，新认定市级以上科技平台15家以上，新增发明专利申请9000件，完成技术交易额13亿元。实施隐形冠军企业培育工程，提高科技成果转化能力，全年力争攻关转化科技成果10项。强化人才支撑，争取新引进3名千人计划专家、700名以上海内外高端人才。加强品牌创建扶持，引导企业抓好产品的标准化和精细化生产，加快产品更新换代、质量升级。

有效提高产能利用。通过政策引导,推动平板玻璃、船舶、轮胎等产能过剩行业企业加快技术改造,优化产品结构,促使企业产品向高附加值方向转变,提高产能利用率。探索建立产业负面清单制度,鼓励发展节能环保、再生资源利用等绿色产业,年内万元地区生产总值能耗下降3.8%。

3. 降成本,优化企业发展环境

降低制度性交易成本。简化服务流程,推动建设项目深度并联审批,探索实现"一口受理、集中分办、全程监督"。加快建立"互联网+行政审批"政务服务新模式,实行网上行政审批服务,推动业务专网与网上审批系统对接。探索制定项目审批区域化评估办法,事先做好对符合条件的功能区和有关区域的安评、环评等评估,进入该区域的待审项目共享评估结果。

降低企业价费负担。修订完善《黄岛区涉企收费目录》并向社会公布。取消散装水泥专项资金、建设项目交易服务费和履约保证金,对纳入建设领域诚信名单的企业,免收建筑工程劳务工资保证金。2016年暂缓上调基础设施配套费缴纳标准。落实国家、省降低用电价格政策,争取试行直供电,减轻企业减产停产期间基本电费负担。

降低企业人力成本。密切关注"五险一金"精简归并动态,及时做好相关政策落地。统筹全区就业创业财政补贴或贷款贴息政策。加强企业用工技能培训,提高培训补贴标准,确保企业员工引得进、留得下、用得长。

降低企业物流成本。加快新区综合交通体系建设,完善港口集疏运交通网络。整合监管部门、企业、港口物流信息资源,搭建新区物流信息综合服务平台。集中建设6处大货车停车场,规范大货车停车秩序,缓解疏港和重要路段交通压力。

4. 去库存,提高资源利用效益

继续完善房产新政。推进户籍制度改革,放宽购房落户条件。对全区村居及片区改造项目全面推行货币化安置方式,新启动改造项目货币化安置比例达到50%以上;村集体经济发展用房货币化安置比例同步达到50%以上。2016年住宅用地供应总量控制在1000亩以内。

有效消化公租房库存。降低低收入户籍家庭、各类人才、新就业职工和外来务工人员等申请公租房的准入门槛;将村庄改造搬迁需临时安置的村民,企业因订单量增大等而聘用的短期工、实习生,企业、院校及科研院所因技术改造、课题研究等临时聘用的教授、指导老师纳入保障范围。允许企业按楼、单元或楼层整体租赁或购买公租房面向本单位职工租赁、出售。大力发展租赁市场,搭建房地产开发企业与酒店管理公司合作平台,采取"长短租"相结合的模式,盘活闲置商品房。

加大闲置低效资源利用。盘活闲置低效利用土地,对新引进项目(企业)租赁购置办公经营场所实施补贴,引导项目(企业)通过租赁、购买等形式利用存量商品房、闲置楼宇和厂房进行办公生产经营。对停缓建项目在规费和手续办理方面予以扶持。

5. 抓统筹,实现发展成果共享

加强城乡基础设施建设。加快建设青岛综合交通枢纽,董家口港、前湾港集疏运体系建设,打通断头路16条。继续开展国省干线、农村公路大中修和危桥改造。改造供水管网128公里,实施贡口等电力配套设施工程,建设华能热电等供热设施,新建王台LNG加气站等一批气源储备设施。完成城区地下管线普查与信息化建设,推进地下综合管廊建设。

提高城市治理水平。全力抓好中央活力区建设,协同推进青岛西客站商务区等城市组团规划建设。加快特色小镇建设,分类推进四个一工程。全面推进智慧城市、海绵城市建设，深入开展七大领域专项整治，建立"八位一体"的闭环管理模式。加强道路、建筑施工等扬尘污染治理，实施100台燃煤锅炉淘汰改造，$PM_{2.5}$年均浓度下降4%。抓好蓝色海湾整治开发，加快沿海、沿河、沿路三大生态廊道和防护林建设，完成14处裸露破损山体修复整治。

统筹社会事业发展。认真抓好13类43项政府实事工程。年内确保城乡贫困户全部脱贫，城乡低保标准每人每月分别提高到650元、580元。建设学校33所，改造中小学食堂56所，新启动2家区级公立医院改革。新增养老床位600张。新启动村居改造15个，保障性住房配租配售300套，启动棚户区改造12388户，完成农村危房改造1500户，整治老旧楼院64个，新增供热面积480万平方米。实施文化惠民工程，推进国家公共文化服务体系示范区建设。加强重点领域专项治理，防范各类重特大安全事故发生；完善社会治理体系，妥善处理群众利益诉求。

十、大连金普新区

图 2.10　大连金普新区跨境电商综合实验区

（一）2015年发展成绩

1. 突出规划引领作用

严格按照国务院批复的功能定位制定大连金普新区发展规划，围绕提升产业层次、完善服务功能，进一步优化空间布局，对原有几十个产业园区进行了资源整合，集中推进基础设施建设。明确经济技术开发区、保税区、金石滩国家旅游度假区、普湾经济区等片区的功能定位和发展重点。加快推进"多规合一"，推进新区发展规划、功能区规划、城乡规划、土地利用规划、环境保护规划等相互衔接、相互融合，做到"一个地区、一部规划、一张蓝图、一体管理"。

2. 初步理顺管理体制

统筹研究制定发展规划、体制机制等顶层设计工作，金普新区管委会与金州新区管委会合署办公，形成了扁平化、快节奏、高效率抓落实的工作体系。完成了普兰店撤市设区，调整了普兰店区和金州区行政区划。理顺了各园区管理体制，进一步向园区放权，充分调动各园区积极性，各先导区对外开放的核心功能进一步提升。

3. 加快基础设施建设

新区成立以来累计完成基础设施建设投资60多亿元，普湾跨海大桥、金石滩污水处理厂、小窑湾综合管廊等工程竣工，大窑湾三期及北岸开发、丹大高铁、渤海大道、金普城际铁路加快建设，七顶山港区基础设施、大连通用航空产业区等项目前期工作顺利推进。总投资297亿元的大连湾跨海交通工程完成钻探勘察，规划设计全面展开。大连湾海底隧道明年将开工。完成5项重点公路工程建设，总里程24公里。各重点园区基础设施不断完善，完成"七通一平"180平方公里。

4. 大力改善营商环境

理顺政府与市场的关系，促进资源高效配置。加快行政审批制度改革，在全市率先建立了政府权力清单、责任清单、行政事业性收费项目清单等6张清单，确保清单之外无权力。新区各部委办局151个审批事项全部进驻行政服务大厅，率先实现了"一个窗口受理、一个印章审批、一个流程办结"，确保大厅之外无审批。优化审批流程，建设项目实行并联审批，审批时限由149个工作日减至25个。小型餐饮企业"四证联审"，审批时限由28个减至10个。积极先行先试，改革商事制度，在全省率先实行新设立企业"四证一章"一日办结。全年新注册企业4800户，增长62%。改进行政服务，将各片区多头运行的行政服务中心整合为一个，提高了服务效率。

5. 狠抓招商引资工作

把招商引资作为新区工作的生命线，大力实施主题概念招商、产业链招商和产业集群招商，重大项目引进取得新突破。新区成立以来累计引进内、外资项目 200 多个，投资总额近千亿元。投资 55 亿美元的英特尔二期非易失性存储器项目是迄今为止全国单体投资最大的外资项目，投资 60 亿元的宝能城市综合体、投资 26 亿元的松下车载电池、投资 4.95 亿美元的固特异五期项目等 40 多个有影响的大项目签约入驻。正在深入洽谈金渤半岛游乐城等 100 多个重点项目。总投资 100 多亿元的世茂嘉年华海上商业综合体等项目开工建设。新区以增量调结构促转型迈出了坚实步伐。

6. 推动现代产业加快集聚

高端装备、电子信息、集成电路、汽车与零部件、石油化工等产业集群发展壮大。东风日产新逍客、奇瑞新瑞虎 5 整车下线，奇瑞、黄海、华晨专用车等企业全年产量可达 18 万台，汽车及零部件产业产值可达 750 亿元。投资 23.6 亿元的光洋智能制造装备产业园等项目加快建设，高端装备制造产业产值可达 500 亿元。逸盛大化聚酯瓶片等项目进展顺利，石化产业产值可达 1100 亿元。新兴产业加快发展，跨境电商综合实验区暨中韩贸易合作区快步发展，已有 200 余家企业登记注册、70 余家企业进驻，开办 O2O 体验店 8 家。依托双 D 港和小窑湾，建设区域性金融中心核心区。14 个大宗商品及权益类交易中心、2 个银行、2 个基金管理公司、17 家资产管理公司等共计 80 多家金融及类金融企业确定进驻，注册资金总额超过 40 亿元；华信信托、大通证券、大连东北振兴基金为金普新区提供 600 亿元的投融资额度。围绕东北亚物流中心目标，规划建设船舶交易、医疗器械、建筑材料、粮食集散、木材交易、二手车交易等 10 个要素市场，全区物流企业总数已超过 550 家。服务业提质增效，增量占全市增量的 50%。

7. 全力推动自贸区申办和复制

组建专门机构，一手抓申办、一手抓探索，先行先试、大胆实践。复制上海自贸区 14 项海关监管制度创新中的保税展示交易等 8 项。实施检验检疫 8 项创新制度，建立了 10 项配套工作制度。推广了网上自主办税等 7 项税收创新举措。大窑湾口岸实现"三互"大通关，口岸便利化水平进一步提升。

8. 大力推进创新创业

积极申办国家自主创新示范区，明确了"一区多园"发展模式。"双创"平台建设取得突破，建设 24 个科技创新孵化中心，双 D 港"创新产业孵化园"、大连 3D 打印示范基地、金普 99 众创空间、新青年创业孵化社区等发展态势良好。管委会与国际大学创新联盟合作的"国际创新中心"签约挂牌，成为新区第一个以大学为核心的国际化创新平台。集实训、教学、鉴定、创业、研发为一体的大连高技能人才实训基地和创业孵化基地正式投入使用，成为东北地区规模最大、工种最多、设备最先进、技术水平最高的国家级技能人才实训服务平台。

9. 着力保障和改善民生

整合省民心网、市民意网和 12345 市民热线，创建市民诉求服务中心，统一受理、按责转办、限时办结，政民互动指数名列全省首位。深化劳动就业、收入分配、社会保障领域改革创新，新区稳定就业率达到 68%，城镇登记失业率控制在 3% 以下。依托实训基地，举办了首届"金普杯"职业技能大赛；承办全省"技师杯"职业技能大赛。各项社会事业加快发展。

（二）2016年工作展望

1. 深入调整产业结构，促进经济转型升级

把做优存量、扩大增量、提升质量作为主攻方向，深入研究产业基础、比较优势和发展趋势，着力培育一批创新能力强、品牌价值高、市场前景好的优秀企业，夯实经济发展的微观基础。认真落实"中国制造2025"辽宁行动纲要和大连行动计划，明确高端化、智能化发展方向，实施产品智能化提升、工业软件振兴等重点工程，引导传统产业与信息化融合发展，加快向中高端升级，构建以智能制造为重点的新型制造业体系，积极申办国家高端装备制造业标准化试点。瞄准到2020年建成石油化工、装备制造、电子信息、汽车及零部件、新材料5个产值超千亿元产业集群，建成生物工程、新能源汽车等8个产值超500亿元产业集群的总体目标，有计划、有步骤地加快项目建设，做大做精做强优势特色产业，拉长产业链条，提升产业能级。大力发展集成电路、高端装备、储能技术、航空航天、港航物流、新能源等产业，推动军民结合产业深入发展，为结构调整注入新动能。大力发展电子商务，加快专业市场建设，完善商贸物流体系，推动网络经济与实体经济融合发展。坚持保供应、拓功能、促增收的方向，加快都市现代农业发展。开拓旅游产业融合新领域，促进一批休闲特色街区、散客服务平台、旅游商品购物场所、民宿度假村、房车露营地、生态旅游示范区建设。培育多元化市场主体，制定有针对性的扶持措施，充分激活消费需求热点，扩大消费规模，加快形成信息、绿色、健康、休闲消费等新的增长点。

2. 坚持创新驱动战略，掀起全民"双创"热潮

牢固树立科技是第一生产力、人才是第一资源的理念，大力推进科技创新、产品创新、业态创新、管理创新、市场创新，创建国家自主创

新示范区，融入东北亚和全球创新体系。健全以市场为导向、以企业为主体、多元化投入、产学研用相结合的体制机制，放开让市场自主转化科研成果，放手让科技人员和企业自主创新，力争在关键核心技术上取得突破。围绕产业链部署创新链、完善资金链、整合人才链，着力构建产业技术创新体系。充分发挥大型企业创新骨干作用，激发中小企业创新活力，使创新成果更好更快地进入市场、创造价值。积极组织申报国家重点（工程）实验室、工程（技术）研究中心等各类科技创新平台，进一步提高新技术企业及专利授权的数量和质量。鼓励设立产业化示范基地和科技成果转化服务示范基地，支持设立重要技术标准研发中心、标准化技术委员会及采用国际标准和国外先进标准、研制具有引领作用的重要技术标准。创新支持方式，促进银行、保险、证券、创投等资本市场各种要素资源投入科技创新。探索组建科技创新联盟和国际合作创新园。顺应网络时代发展新趋势，制定扶持政策，有效整合资源，完善服务模式，鼓励众创空间、创业咖啡、创新工场等新型孵化器加快发展，构建低成本、便利化、全要素、开放式的"双创"服务体系，推动创新与创业、线上与线下、孵化与投资有机结合，加快形成大众创业、万众创新的生动局面。

3. 拓宽对外开放渠道，实现合作互利共赢

充分运用大连作为"一带"桥头堡和"一路"延伸点的区位优势，借助国家级新区这一重要载体平台，积极参与大窑湾港由货物吞吐大港向贸易大港转化以及海铁联运大通道建设，着力打造服务、主导、引领东北及东北亚开放合作的战略要冲和综合枢纽。加快自贸区复制、申办、建设进程，全面复制新一轮自贸区政策，全力做好自贸区申办工作，加快推进制度创新，争取更多的优惠政策和先进制度先行先试。完善企业设立"单一窗口"，建设国际贸易"单一窗口"，提高通关效率，降低通关成本，营造国际化、法治化、市场化的良好环境。各产业园区要把

项目建设作为核心要务,把功能完善作为重点任务,把设施配套作为根本保障,大胆创新管理体制和运行机制,加快打造成为支撑区域经济发展的新引擎。抢抓中韩自贸协定正式生效的重大机遇,加快跨境电商综合实验区暨中韩贸易合作区建设,全力申办国家级跨境电子商务综合试验区。积极推进与日本福冈开展战略合作。坚持金融支持新区发展联席会议制度,强化驻区金融机构与相关职能部门的信息互通与协调配合,推动金融服务业向小窑湾、双 D 港快速集聚,促进区域性国际金融中心核心功能区建设实现新突破。抓住招商引资这条区域发展的生命线,坚持引资、引智、引技并重,以超前的概念、精准的定位来统领和推动全员招商行动,鼓励企业参与海外并购、增资扩股和上市融资,促进一批科技含量高、投资强度高、产品附加值高、财税贡献率高、绿色化、能耗低、污染低的重大项目签约落地。

4. 着力保障改善民生,持续增进群众福祉

统筹经济发展与民生改善,优化财政支出结构,健全基本公共服务体系,增加城乡居民收入,使人民群众享有更多的获得感。制定并实施好年度惠民实事工程。落实就业优先战略,实施积极的就业政策,以加快服务业、新兴产业发展扩大就业容量,强化就业促进、就业援助、创业引领、技能提升等举措,重点做好高校毕业生、复转军人、就业困难人员等群体的就业工作。坚持以立德树人为本,以提高学生综合素质为目标,努力改善办学条件,提高教育教学质量,切实办好人民满意教育。紧密结合新区产业发展需求,充分发挥人才实训基地的功能作用,着力培养一批企业急需的复合型高技能人才。深化医疗卫生体制改革,推进盛京(大连)妇女儿童医院、大医一院新区医疗中心、大李家卫生院早日投入使用,全面扩大应用居民健康卡,加快"康齿工程"和"私人医生进家庭"步伐,进一步提高公共医疗卫生服务水平。加强新常态下的社会保障体系和救助体系建设,落实各项提标扩面措施,全力保障各类

困难群体的基本生活。注重发挥文化引领风尚、教育人民、服务社会、推动发展的作用，深入挖掘、提炼、丰富、弘扬新区精神，不断增强区域文化软实力。大力发展文化体育事业，不断丰富广大人民群众的业余生活。加强社会矛盾动态排查化解，做好重大事项社会稳定风险评估工作，落实好安全生产、食品药品等方面的企业主体责任和政府监管责任，提高立体化社会治安防控和突发事件处置水平，强化边海防、打击走私、防范非法集资综合管控，进一步巩固安全稳定的社会大局。

5. 实施环境提升工程，建设生态宜居新区

以创建国家级生态文明建设示范区为目标，进一步强化生态文明理念、完善生态保护制度，大力推进绿色发展、循环发展、低碳发展，让广大人民群众"望得见山，看得见水，记得住乡愁"。实施蓝天、碧水、城美、环境安全、生态文明提升工程，落实大气污染防治、水污染防治行动计划，加快推进农村环境连片整治工作，改善提升区域环境质量，着力建设生态宜居美丽新区。深化拓展数字化城管工作领域，实现城区街道数字化监管和社会化运作全覆盖。进一步巩固城乡环境综合整治成果，加快推动由偏重建设向建管并重转变，由注重市容卫生管理向注重平面、立面、空间、水体、地下设施综合管理转变，坚决打赢环境整治持久战。研究制定城区雨污分流改造计划，完成光明街道辖区内的红旗河下游改造任务。继续实施"五个一"工程。加大供暖、供气、供水、供电等基础设施及配套管网建设，提高城市综合承载能力。以新一轮移动互联网基础建设为引领，加快建设智慧新区。全力做好各项前期准备工作，确保大连湾跨海交通工程年内开工建设，确保渤海大道工程按照市政府要求全面推进，大正线、大正路等重点公路工程年内竣工通车。编制实施新型城镇化发展规划，逐步缩小城乡差距，统筹推进城乡一体化发展。加强农村路网建设，实现"屯屯通油路"的目标。

十一、四川天府新区

图 2.11 四川天府新区

（一）2015 年发展成绩

2015 年以来，四川天府新区主动适应经济发展新常态，着力在规划、投资和重大项目、产业结构调整、改革开放等方面下功夫、谋突破、抓落实。成都、眉山、资阳三市和省级各部门围绕"再造一个产业成都"、打造成渝经济区新兴增长极核心目标，新区地区生产总值完成 1810.5 亿元、同比增长（下同）7.3%，固定资产投资完成 1309.8 亿元、增长 12.8%。

1. 总体规划修编全面完成，重点功能区规划建设加快推进

四川天府新区总体规划实施评估修编工作全面完成，省政府批复同意《四川天府新区总体规划（2010—2030年）（2015年版）》，并报国家发展改革委备案。天府新区"十三五"经济社会发展总体规划研究工作取得阶段性成果，各片区"十三五"规划编制同步开展，新区环境保护总体规划编制有序推进。分区规划、重点功能区规划以及重点区域城市设计逐步细化完善，完成"两湖一山"国际旅游文化功能区分区规划、成都科学城城市规划方案和产业发展规划编制，进一步优化完善了秦皇寺中央商务区、锦江生态带、新川科技园、中法生态园、龙泉汽车城等控制性详细规划，临空经济区规划、成都直管区93平方公里规划区控规方案和"一城一区一带三园"城市设计、成都片区高新区域中和旧城控制性详细规划等抓紧编制。

2. 重大项目加快实施，发展后劲持续增强

把重大项目作为新区建设重中之重，筛选重大项目60个，总投资近3664.9亿元，全年累计完成投资308.89亿元。从类别看，28个重大基础设施项目完成投资200.32亿元，6个重大生态建设及环境保护项目完成投资48.19亿元，9个重大民生及社会事业项目完成投资4.89亿元，17个重大产业项目完成投资55.49亿元。从区域看，成都片区39个项目完成投资200.12亿元，资阳片区9个项目完成投资5.29亿元，眉山片区8个项目完成投资18.1亿元，省交通运输厅、省文化厅、省机场集团负责的4个项目完成投资85.38亿元。从批次看，续建项目完成投资235.97亿元，新开工项目完成投资72.92亿元。

3. 基础设施加快建设，发展支撑更趋巩固

交通路网建设取得重大进展，成绵乐客专正式运行，成都第二绕城高速实现半幅通车；天府大道南延线、红星路南延线、元华路南延线、

兴隆湖立交和正公路"三纵一横"等骨干道路建成通车，货运大道、成仁快速路等重要道路全线贯通，地铁1号线南延线试运行、2号线东延线开通运营。生态环境建设工程抓紧实施，兴隆湖实现蓄水、环湖生态走廊建成使用，锦江生态带一期基本完工，天府中央公园等项目加快建设。

4. 高端产业集聚发展，产业核心竞争力加速形成

空港经济开发区、汽车产业、现代制造业功能区、新兴工业园、轨道交通产业园及新材料产业功能区等产业园区建设步伐加快，新筑轨道交通装备制造基地等55个重大工业项目稳步推进，丰田普拉多等15个项目投产达产，秦皇寺中央商务区、空港保税物流中心等现代服务业集聚区加快建设，西部国际展览展示中心等70个重大服务业项目进展顺利。

5. 重点改革深入推进，发展活力进一步迸发

成都片区探索"扁平化、大部制、小政府、大社会"的新型管理体制，开展行政审批"一站式服务"和"三证合一"登记制度改革试点。成都直管区挂牌成立PPP管理中心，探索建立国内首个企业孵化大市场，成功获批全国首批外商投资企业外汇资本金意愿结汇改革试点。新津成立全省首家县级行政审批局，推进"审管分离"，实行"一枚印章"管审批。

6. 创新创业深入开展，产业调整升级步伐加快

成都直管区设立创业扶持资金，加快建设天府创新中心、天府创新孵化中心、天府创客街区、创客花园城、大学创新科技园等创新创业载体，开展创业天府·菁蓉汇、创享面对面、寻智校园行等活动，吸引200多家创新创业孵化企业、230多家创投机构、20多家专业科技中介服务机构入驻。成都高新区获批国家自主创新示范区，全面推行示范区"6+4"试点政策。与清华大学签署《共同推进建立能源互联网产业研究院合作协议》。成功引进北大光华管理学院、中国工程物理研究院成都基地等"院

校地"合作项目 20 多个。

7. 开放合作力度加大，投资促进取得新进展

成功举办以"开放新起点、合作新机遇"为主题的四川天府新区投资推介会，积极参加"川港携手、共创未来"四川服务业推介会、中国西部（四川）国际投资大会、长三角和珠三角地区四川省投资推介会等活动。围绕五大高端成长型产业和五大新兴先导型服务业，大力实施大招商、招大商，引进德国北威州中心、诺基亚全球技术中心、国科集成电路研发基地等一批重大项目。2015 年新引进重大项目 101 个，到位资金 494.3 亿元，实际利用外资 7.27 亿美元。

（二）2016 年工作展望

天府新区将重点开展以下工作：

1. 抓好规划优化调整，科学有序引领开发建设

深入对接国家区域发展战略，高水平编制天府新区"十三五"经济社会发展规划，启动新一轮总体规划修编，进一步梳理新常态下天府新区的发展定位，调整优化功能布局，明确重点区域开发、产业发展、改革开放等重点任务。组织编制或修编天府新区产业发展、基础设施、土地利用、公共服务、生态建设和环境保护等专项规划，开展智慧城市、海绵城市等规划研究，推动"多规合一"，提高产业集中度和土地集约利用水平。坚持"保护生态本底"，保留组团之间的农田耕地、山体、水系，打造依山就势、山水相连、疏密有度的城市形态，加快建设宜业宜商宜居城市。

2. 抓好重点区域开发建设，全力打造新经济区核心区

大力推进新兴开发区域建设，优化提升成熟区域开发功能，推动重点

功能区产业分工协作。打造以成都科学城、天府商务区和新兴产业园为重点的"大创造"产业板块，以新川创新科技园、中韩创新创业园和天府软件园为重点打造"大智造"产业板块，以龙泉汽车城、国际生物产业城、新津轨道交通园、视高产业园为重点打造"大制造"产业板块，以双流综保区为重点打造临空经济区，以"两湖一山"为重点打造国际文化旅游功能区。

3. 抓好全面创新改革试验，充分激发发展活力

按照四川省系统推进全面创新改革试验方案要求，研究制定天府新区全面创新改革试验实施方案。深入推动军民深度融合发展，打通"军转民"、"民参军"双向互动通道，加快在航空航天、信息安全、军工电子等领域壮大军工融合产业。深入推动产业融合发展和商业模式创新，以"互联网+"、"文化+"等为突破口，积极培育新经济、新业态。深入推进政产学研用协同创新，实施科技小巨人培育计划，联合知名高校、院所共建创新型人才培养和成果转化基地，深化科技成果"三权"改革，加强科技创新平台，完善公共服务平台，大力发展众创空间，加大人才引智力度，打造国际高端人才集聚区。深入推进以土地管理制度改革为核心的重点领域改革，深化农村产权制度、农村土地征收制度、集体经营性建设用地入市制度、农村宅基地制度等"四项制度"改革，探索文化卫生养老教育等社会事业用地制度改革，落实所有权、放活经营权、稳定承包权，构建有利于产业集聚发展和城乡一体化发展的体制机制，加快建设统筹城乡一体化发展示范区。

4. 抓好重点产业培育发展，推动产业创新发展

进一步强化产业支撑，以五大高端成长型产业和五大新兴先导型服务业为重点，研究制定《四川天府新区产业发展指导目录》，引导产业优化升级和投资布局，编制实施重点产业发展规划，推动新区与成都中心城区错位发展、在国家级新区中特色发展。坚持做优存量和做大增量并举，加

快发展汽车制造、电子信息、生物医药、智能制造、高端装备、新能源、新材料等现代制造业，加快发展文化创意、旅游、现代金融、现代物流、商务会展、科技服务、电子商务等高端服务业，加快建设现代高端产业集聚区。

5. 抓好全面开放合作，加快建设内陆开放高地

大力实施专业精准招商，按照区域功能定位和主导产业方向，分类制订招商引资策略，围绕三大平台，组织开展赴欧美、日韩新招商活动。加强"一带一路"国际合作，积极申报设立自由贸易区和临空经济示范区，支持国别合作园区发展，全方位开展国际国内交流合作。加强招商引资统筹协调，引导各地开展错位招商、合作招商、产业链招商，抓好重大投资促进活动，促进一批重大项目落户新区。强化新区整体宣传推介，筹划举办具有国际影响力的重大会展活动，进一步提升新区知名度，加快建设内陆开放经济高地。

6. 抓好"项目年"工作，持续扩大有效投资

统筹抓好115个重点项目实施，确保中国西部国际会议展览中心等13个项目竣工，加快建设天府国际机场高速公路等52个项目，开工建设万达国际医疗中心及配套等28个项目，加快双流中电子液晶面板生产线等22个项目前期工作。建立完善目标任务、投资强度、时间进度"三个量化"工作机制，进一步落实重大项目建设责任制和跟踪督促机制。制定产业用地投资强度、开发强度、产出效益指标体系，盘活挖潜存量土地，优化土地利用结构，提高土地节约集约利用水平。

7. 抓好联动统筹发展，构建统一高效发展格局

加快建立完善经济运行分析、规划管理、重大项目建设、投资促进、要素保障等协调机制，深化天府新区投融资体制改革创新，筹建天府新区投融资平台公司和产业发展基金、专项建设基金，助推天府新区经济快速发展；加强区域合作和协调统筹，形成"一盘棋"加快发展格局。

十二、湖南湘江新区

图 2.12　湖南湘江新区梅溪湖国际新城

（一）2015 年发展成绩

2015 年，湖南湘江新区实现地区生产总值 1603 亿元，同比增长 11.5%；高新技术产业增加值 832 亿元，同比增长 11.4%；固定资产投资 1762 亿元，同比增长 21.7%；财政总收入 217 亿元，同比增长 7%。特别是 2015 年以来，湖南湘江新区成功获批国家级新区，正式授牌启动建设，实现了战略地位新提升，开启了改革创新新局面。

1. 顶层设计日趋完善

高起点、高质量编制了《湖南湘江新区发展规划(2016—2025 年)》、

《先进制造业和创新创意产业集聚区发展规划》，《湖南湘江新区"十三五"规划》和《空间发展战略规划》、《产业发展规划》、《环境保护规划》、《水资源利用保护规划》等专项规划正在加紧编制，"2+5"规划体系基本形成。各园区、区县深度对接新区总体方案和发展规划，编制"十三五"经济社会发展规划和自主创新示范区建设、城乡建设总体规划等专项规划，形成了功能互补、错位发展的新区规划体系。

2. 改革创新深入推进

新区制定了重点改革"三年行动计划"，推出了行政管理、产业发展、土地制度、投融资等"十大改革"，综合型生态补偿机制和国企改革取得积极进展，开发性金融创新、老工业基地"退二进三"等创新经验在全国推介。各区县、园区结合自身实际，坚持问题导向，实施了一批具有带动示范效应的改革创新举措。长沙高新区在全国首推企业集群注册制度，出台负面清单、权力清单、流程清单、责任清单等"七张清单"，在打造大众创业、万众创新支持体系方面走在了全国前列；岳麓区积极推进社会治理创新，打造了"四位一体"社会治理"岳麓模式"；宁乡县在医疗体制改革、园区管理体制改革和飞地经济模式创新等方面进行了积极探索；望城区在"狮子型"干部队伍建设和现代农业综合配套改革方面成效显著。

3. 产业发展初具雏形

推进产业结构调整，按照"以城促产、以产兴城、产城融合"的思路，推动园区提质增效、项目达产见效，形成多点支撑的产业发展格局，三次产业结构调整为2.8∶67∶30.2，三产业占比提升1个百分点。培育发展新兴产业，推进长沙高新区、宁乡经开区、望城经开区等园区转型升级，培育发展节能环保与新能源、新一代信息技术、新材料、生物医药等战略性新兴产业和北斗导航、绿色建筑等特色产业，新开工建设中国通号、中兴通讯、格力电器等高端制造业项目，全年实现规模工业增加值855亿元，同比增长12%；高新技术产业产值3090亿元，同比增长13.8%。促进服务业集聚，立足创造新供给、满足新需求，加快发展文化教育、旅游度假、医疗健康、高端商务等现代服务业，加快推进国际医疗健康城、洋湖总部经济区、滨江金融商务区、大王山旅游度假区、望城滨水新城、宁乡沩东新城等现代服务业平台发展，新引进和开工建设华强、宜家、卓伯根、华谊等现代服务业项目。2015年实现第三产业增加值472亿元，同比增长13.2%；社会消费品零售总额487亿元，同比增长13.5%，增幅首次超过全市平均水平（12.1%）。2015年1月，新引进56个产业项目，总投资700亿元，其中投资50亿元以上项目7个。2月24日，岳宁大道、长沙海昌欢乐海洋公园等4个项目集中开工。

4. 城乡品质不断提升

湘江西岸和城市关键节点景观设计全面优化提升。着力改善人居环境，后湖整治等一批标志性项目全面实施，洋湖湿地公园三期等一批生态工程全面建成，地下综合管廊试点顺利推进。不断提升辖区承载功能，湘江新区综合交通枢纽、地铁2号线西延线等重大交通项目竣工建成。加大区域统筹力度，岳宁大道、坪塘大道南延线、莲坪大道（含浦段）等跨区域重大交通项目加快建设，对岳麓山大学城和后湖进行综合整治和提质改造。

（二）2016年工作展望

2016年是湘江新区建设起步之年，作为中部首个国家级新区，要实现"三区一高地"的战略定位，就必须瞄准国家级新区和自贸区阵容，开辟一条适合湖南湘江新区发展的全新之路。面对加快发展的巨大压力，在深入研判新形势、新任务和新要求的基础上，湘江新区明确了"抓统筹、兴产业、提品质、强保障"等重点任务。

1. 聚集合力抓统筹

一是强化新区统筹引领能力。加快形成"国家级新区+"的发展格局。要切实落实新区管委会"五统一"职责，加快制定"十统十融"若干意见，在发展规划、产业政策、路网建设、对外宣传、金融支持等十个方面，明确统筹职责，找准工作抓手，形成整体合力。加强新区战略空间规划研究，以战略眼光统揽新区的发展战略。

二是激发区县、园区积极性。在强化新区统筹功能的基础上，加快实施简政放权，调动区县、园区的积极性、主动性和创造性；按照"责权利"对等的原则，理顺事权划分、财政收支、城建城管、征地拆迁等体制机制。同时，要探索建立科学的绩效考核方式，引领各区县、园区比拼赶超、竞相发展。创新发展理念，探索利益共享、联动开发，拓展新区发展空间。

三是推动区域经济错位发展。加快编制覆盖全域的空间发展战略规划，明确整体布局和空间结构，推动特色化、差异化、协同化发展。引导各区县、园区、片区根据自身优势，明晰产业定位，聚焦产业优势；从规划、土地、项目准入、产业扶持、差异化考核等方面，促进产业集聚发展、错位发展、特色发展。

2. 全新思维兴产业

一是打造产业发展新平台。打造高端制造研发转化基地和创新创意产业聚集区，紧紧依托1200平方公里范围内现有工业园区和服务业平台，进一步明晰功能定位，避免同质化竞争。长沙高新区重点发展高端制造研发转化和创新创意产业，加快智能制造产业园、移动互联网产业园、军民融合产业园等专业园区、产业基地建设。宁乡经开区重点发展智能家电、食品精深加工产业。望城经开区重点发展有色金属精深加工及先进制造、食品深加工、电子信息、现代商贸物流产业。宁乡高新区重点发展先进装备制造、新材料、光电信息产业。岳麓科技产业园重点发展检验检测、文化创意产业。依托湘江欢乐城，促进大王山旅游度假区与宁乡美丽中国文化产业园联动发展，打造旅游经济产业带。加快望城滨水新城、宁乡沩东新城基础设施建设，拓展新区产业发展空间。

二是培育产业发展新动力。推动传统产业高端化升级，引导企业加大技术改造力度，深入推进智能制造，抢占制造业发展制高点。推动战略性新兴产业规模化发展，大力实施"制造+互联网+服务"工程，加快发展现代金融、现代物流、科技研发、检验检测等生产性服务业，培育壮大文化教育、旅游度假、医疗健康、高端商贸等生活性服务业，创造新供给，满足新需求。突出发展新产业、新业态、新模式，发挥科教和人才资源聚集的优势，加快移动互联网、文化创意、电子商务等新产业新业态的培育和聚集，打造新兴产业发展的承载区、集聚区。

三是掀起项目建设新高潮。坚持"项目为王"理念，以项目建设论英雄、排座次、定奖惩，用超常规举措加快项目建设，确保开工率、投资率、达效率"三率齐升"。大力实施一批市场前景广阔、带动引领性强的"龙头"项目，重点推进中国通号、科力远、中德有色、创智和宇、华诚生物、航天环宇等一批高端制造项目；加快建设湘江欢乐城、华谊、华强、宜家、卓伯根等现代服务业项目。加大对园区、区县重大项目协调支持力度，形成共抓项目的强大合力。

四是实现招商引资新突破。以"新理念、新眼光"策划包装一批项目，加快推出一批凸显新区形象的重大项目，积极引进一批促进供给侧改革的优质项目。整合区域招商资源，加强对区县、园区招商工作的统筹指导，包括宣传策划、政策出台、重大活动等，形成招商合力。瞄准世界500强、国内500强企业和大型央企，积极争取国务院国资委、省经信委等上级部门支持，策划举办央企"走进湖南、走进新区"、"企业家进新区"等活动，面向德国、法国等欧洲国家策划举办欧洲产品周及招商会，提高新区国内外市场影响力，确保引进一批产业链前端、价值链高端的优质项目。

3. 全新视野提品质

一是创新规划设计理念。改进规划方法，把以人为本、尊重自然、传承历史、绿色低碳等理念融入城市规划全过程，从区域、城乡整体协调的高度确定城市定位、谋划城市发展。塑造特色风貌，从整体平面和立体空间上统筹城市建筑布局，体现湖湘特色、文化内涵和时代风貌。重点加快编制新区"2+5"规划体系，推进与各区县、园区规划融合，实现新区规划无缝衔接、有机统一；规划建设"长沙西中心"，打造新区发展新引擎；优化提升重点片区控规，加强湘江西岸、梅溪湖-雷锋湖城市中轴线等重点地段，以及城市出入重点节点的优化设计，打造城市形象展示窗口。

二是完善城市功能配套。按照"形成大路网、建设大枢纽、构建大交通"的思路，加强水运、铁路、公路、航空的有机衔接，重点推进长益常城际轻轨、长益高速复线、石长铁路复线等重大区域交通项目建设，积极谋划推动渝长厦高铁、长九铁路等开放型经济大通道。特别是要以金桥枢纽为中心，构建磁悬浮、轻轨、地铁、中运量等一并联通的立体综合交通体系，补齐河西地区交通设施短板。积极申报湖南湘江新区保税物流中心（B型），完善新区与周边保税物流体系，搭建对外开放大平台。畅通内循环，理顺关节点，抓紧实施西二环交通改善、岳宁大道、麓景路南延、黄桥大道南延、枫林路三期等骨干路网建设，加快建设地铁3、4、6号线和2号线西延二期工程，改造一批主要道路卡口，完善片区、园区和区县内部路网结构。加快推进地下综合管廊、海绵城市建设试点。扎实推进坪塘、三汊矶等棚户区改造，启动观音港棚改，统筹推进特色乡镇和美丽乡村建设。

三是打造舒适高雅环境。切实增强"两型"示范意识，加强流域治理、大气污染防治和土壤治理；加强生态景观建设，完成湘江西岸堤防整治和景观亮化美化，推进梅溪湖水环境综合治理、后湖综合整治，探索启动岳麓后山整治工程，建设环城林带，提高重点区域和关键节点的绿化、净化、亮化水平；新建儿童公园、桐溪水乡、沩江十里画廊、望城滨江生态公园等一批公园景观，实施一批城市道路绿化提升工程。

4. 全新力度强保障

一是争当改革创新"排头兵"。进一步深化行政审批制度改革，统筹推进新区与各区县、园区行政审批联网运行、资源共享，打造审批事项最少、效率最高、服务最优的国家级新区，为企业发展创设更加宽松、自由的发展环境；加大新创业扶持力度，支持泛岳麓山创新创意集聚区、长沙高新区创新创业中心、梅溪湖创新中心等创客空间发展，推进大众创业、万众创新，打造创新创意高地。

二是抢做要素集聚"大磁场"。进一步提升开发性金融机构支持新区发展的主渠道作用，创新开发性金融产品，打造全链条融资新模式，为新区发展提供强大资金保障；要探索发行一般债券、专项债券等方式，筹集基础设施长期建设资金；设立城市发展基金和产业扶持基金；积极引入社会资本，制定新区PPP项目名录。创新土地管理制度改革，探索开展征转分离和低丘缓坡试点，推动落实省级层面计划单列，加快重点项目拆迁腾地，保障新区用地需求。

三是打造高端人才"荟萃地"。引进一批高端人才，搭建新区人才智库，占领人才引进制高点。要建立健全人才工作机制，编制实施人才引进规划，探索实施高端人才个人所得税减免、提高薪酬待遇、建设专家公寓等一系列优惠措施，确保高端人才引进。加快推进干部人事制度改革，在聘用制干部管理及待遇、干部考核评价机制、干部培养交流等方面要有新突破，确保人才流动。

十三、南京江北新区

图 2.13　南京江北新区产业技术研创园

（一）2015 年发展成绩

2015 年是南京江北新区正式获批之年，也是新区开发建设启动之年。江北新区实现地区生产总值 1465 亿元，同比增长 10.04%；一般公共预算收入完成 155.41 亿元，增长 15.49%；全社会固定资产投资完成 1363.59 亿元，增长 3.23%；社会消费品零售总额完成 541.72 亿元，同比增长 12.48%，较好地完成了全年主要经济指标，为新区开好局、起好步打下了坚实基础。

1. 规划编制全面深化

坚持规划先行，加快推进江北新区50多项规划编制工作，在认真学习上海浦东、天津滨海等新区经验的基础上，不断提升规划的科学性、前瞻性，取得了阶段性成效。新区发展总体规划编制顺利推进，按照国家发改委要求，认真谋划新区未来5—10年发展目标、主要指标、重点任务，努力实现"多规合一"，目前正在进一步调整、充实、完善、提高。新区总体规划、新区"十三五"规划纲要、近期建设规划、产业发展规划、环境总规及生态、交通、基础设施、城市风貌4个专题规划，以及桥林新城总规、老山景区总规，以及江北高快速路系统等4个专项规划已编制完成。大力提升新区各类专项规划，重点推动土地利用总体规划空间优化，梳理"两区两园"重大项目建设土地需求，努力破解中心区土地利用规划空间不足的矛盾。积极做好项目落地规划保障，以绿地超高层、新区城市馆（规划展览馆和市民中心）、江水源热泵等为重点，及时组织相关控详规划、设计方案编制报批，积极推进重大项目选址，确保规划落到项目、落到实处。积极推动市和省国土资源厅建立国土资源管理工作会商领导小组和定期会议机制，共同探索在多规融合、土地节约集约等方面先行先试。

2. 创新发展特色初显

紧紧围绕全省建设具有全球影响力的产业科技创新中心和具有国际竞争力的先进制造业基地的目标，加强顶层谋划，打造创新优势。全力引进海外高端创新资源，加大与德国弗劳恩霍夫IPK研究所对接力度，积极推动建立中德智能制造合作研究机构；联合美国劳伦斯伯克利实验室组建了"江苏南京高新—劳伦斯伯克利生命科学研发中心"，与英国剑桥大学筹建剑桥大学中国（南京）科技创新研发中心，成立了欧洲（南京）创意设计中心。着力打造科技创新重要平台，积极落实省委全委会集体调研精神，推动江苏省产业技术研究院落户新区；加快推进工信部赛迪研究院建设；积极争取东南大学集成电路研究所和新设的微电子学院落户新区；全方位对接深圳清华研究院，共同搭建合作平台。积极联合南京大学、东南大学等高校，发起成立新区高校联盟、新区发展研究院，大力构建科技创新合作机制，不断深化全面战略合作。谋划制定江北新区人才创业创新扶持政策，策划建立中国创客中心、江北大学生创业创新中心等载体，不断推动大众创业、万众创新。

3. 产业经济稳步发展

认真谋划新区产业发展规划，确定了智能制造、生命健康、新材料、高端装备制造和现代物流、科技服务"4+2"现代产业体系。先进制造业方面，以集成电路、新能源汽车和生物医药三大产业集群建设为重点，千方百计抓要素保障、抓项目开工。主动对接台积电公司，积极协调解决规划及用地难题，全力争取台积电12英寸晶圆工厂项目落户江北新区；加大上汽新能源汽车项目推进力度，厂房建设和设备采购同步实施；六合国轩动力电池一期顺利开工。现代服务业方面，围绕总部经济发展，认真梳理中心区可出让地块17个、总面积约1100亩，并加大与葛洲坝集团、江苏国信等中央、省属企业对接力度；浦口老山生态旅游体验园、六合"地球之窗+X"旅游综合体等项目有序实施。项目招引方面，赴上海、北京、台湾地区、欧洲等地开展招商活动，其中在南京金洽会、北京推介会上，江北新区签约项目总投资额均占南京市50%以上。投融资方面，制定新区《发展基金募集和管理办法（试行）》实施意见等规范性文件，加强与金融机构及复星集团等知名企业的对接，先后与工商银行、中国银行等签订战略合作协议，授信额度超过2000亿元；南京银行江北新区分行正式成立；积极谋划建立百亿级新区城市建设产业基金，努力为江北发展提供更加有力的资金保障。

4. 基础设施建设全面启动

以新区城市基础设施项目和社会公共服务、文化提升及民生改善项目为重点，全力推进新区基础设施规划建设。以新区核心区建设为重点，组织新区城市馆（规划展览馆和市民中心）、南京美术馆新馆、新区图书馆、绿地超高层等标志性、功能性项目规划论证；加强地下空间规划编制和建设工程论证，计划建设地下空间480万平方米、综合管廊140公里。七里河环境整治等一批生态环境提升项目，石佛寺农场等一批拆迁、搬迁项目正在做好前期准备。国际健康服务社区重大项目顺利推进，江北国际医疗中心一期主楼A幢和B幢分别于6月和10月封顶。强化重大交通基础设施建设，以"三纵三横"交通工程为重点，加快推动纬三路、纬七路快速化改造和滨江大道PPP项目，地铁4号线二期、11号线、S8号线南延等轨道交通项目报批工作进展顺利；积极推动江北新区公交线网优化和场站改造工作；加密加快过江通道建设，确保扬子江隧道2016年1月1日通车；包括铁路北站在内的北沿江高铁，正在争取列入国家相关规划。强化民生社会事业项目建设，市一中、雅居乐一中分校、鼓楼幼儿园等教育项目正在开展前期工作。

5. 体制机制创新扎实开展

重点围绕实施创新驱动发展战略，以自主创新引领产业升级、以制度创新促进区域协同发展开展探索，力争创造可复制、可推广的经验。在行政审批制度改革方面，市政务服务中心江北分中心已于4月份试运行，重点面向江北区域提供7个部门38项行政审批服务，积极推动审批制度改革方案制定。积极承接市级下放规划、国土管理权限，建立完善新区统筹和行政区统分结合的规划国土管理体制。在综合执法改革方面，初步制定了改革方案，努力打造具有江北特色的行政执法新模式。在新型城镇化建设方面，经过协调争取，江北新区被列入全省新型城镇化"13+1"

试点；编制了试点工作方案和实施方案，确定了三大特色街镇建设、智慧新区等项目。在行政管理体制改革方面，研究制定了新区运行机制的初步意见，积极协调推进新区行政管理机构申报审批工作。加强财政管理和投融资体制创新，积极推进金库设立，加快相关产业发展基金设立，支持融资工具及路径创新。在新区立法方面，市法制办已牵头完成新区《条例》（草案），正在按照新的立法要求及江北发展需要，进一步修改完善。

6.内外统筹协调逐步加强

坚持内外并举、多方联动，不断增强新区管委会"统""筹"的能力和水平。强化管委会组织机构建设，不断加强内部管理制度创新，各部门按照大部制设置、扁平化管理运转，制定并实施20多项规范性制度。扎实开展新闻宣传，围绕新区正式获批、总体方案发布、规划公示、产业规划初步成果发布、地下空间建设专家咨询会、招商推介活动等重大节点、重大活动，不断发布新闻，为新区发展不断汇聚正能量、发出好声音，营造了良好的舆论氛围。南京江北新区LOGO和形象推广语全球征集活动顺利完成，收到了来自全国各地的作品400多件，最终成果正在深化设计；新区门户网站已正式上线运行。主动加强与中央部委及省、市相关部门的联系，建立健全常态化沟通汇报机制，努力争取政策资源。省委省政府《关于推进南京江北新区建设的若干意见》已经省委常委会研究，正在进一步修改完善。强化与市及"两区两园"的协作联动，初步建立新区研究决策机制，定期或不定期举行联席会议、专题协调会、"两区两园"座谈会、经济运行分析会，研究解决新区发展重大问题，努力做到上下协调、内外统筹。

（二）2016年工作展望

2016年江北新区主要经济社会发展预期目标是：地区生产总值确

保增速高于同期全市增速 5 个百分点左右,力争可比价增长 15% 左右。服务业增加值增长 16% 左右,占地区生产总值比重提高 1.5 个百分点。一般公共预算收入 204 亿元,同口径增长 15% 左右。全社会固定资产投资 1836 亿元,增长 20% 左右。社会消费品零售总额 711 亿元,增长 15% 左右。外贸进出口和实际利用外资保持正增长。服务外包执行额保持正增长。科技创业投资增长 16% 左右。全体居民人均可支配收入增长 10% 以上,农村居民人均可支配收入高于城镇居民增速 1 个百分点。居民消费价格指数涨幅保持在省定标准以内。围绕以上工作目标,江北新区将重点抓好以下几方面工作:

1. 加快推进自主创新先导区建设

坚持创新发展主攻方向,强化企业创新主体地位,着力优化创新创业生态,不断集聚创新资源,着力打造具有全球影响力产业科技创新中心重要基地。一是加快建设江北新区产业技术研创园。加大与省科技厅等部门对接力度,做好省产业技术研究院规划建设工作;积极支持省产研院建设科技成果转化服务平台,支持省产研院参与国际科技交流合作,不断提升新区科技创新研发能级。积极推进与德国弗劳恩霍夫 IPK 研究所的合作,加快建设中德智能制造(江苏)研究所。二是全力打造全球智能设计中心。积极争取国家级创新中心落户,力争引进 2 家国家重点实验室(或工程技术中心),努力建设成为全国产业科技创新高地。三是大力整合高校科技创新资源。与南京大学签订全面战略合作协议,推进国际一流医学院校与南大合办国际医学研究教育机构,共建国家大数据实验室;与东南大学签署全面战略合作协议,同时促成"南京江北新区集成电路产业服务中心"、"东南大学南京江北新区生物大数据研究中心"两个项目合作协议的签订;加强与国家气象总局、南京信息工程大学的合作,在高新区建设中国气象科技产业园。四是大力推进"大众创业、万众创新"。以健全创新创业服务体系、强化知识产权保护、加强金融政策支持等为重点,尽快出台支持人才创新创业具体政策,加快推进区域性知识产权交易中心、知识产权法庭设立工作,促进众创空间、创客联盟、创业学院发展,努力让创业创新成为新区靓丽名片。

2. 加快建设新型城镇化示范区

一是大力推进规划编制实施,坚持规划全覆盖、急用先编原则,以生态廊道规划、基础设施专项规划、新市镇规划和美丽乡村规划等为重点,扎实开展7大类49项规划编制工作,推动有关规划尽快批复。强化规划的刚性约束和执行的稳定性,努力让规划的宏伟蓝图尽快变为新区发展的现实模样。二是重点推动核心区建设,加快推进新区城市馆(规划展览馆和市民中心)、美术馆新馆、图书馆、绿地超高层、服务贸易创新发展大厦、华润万象城一批标志性、功能性大项目建设,确保新区建设早出形象、快出成效。大力推进国际健康服务社区建设,推动南京鼓楼医院江北国际分院尽早建成运营,加快南京南丁格尔国际护理学院等项目的落地步伐。强化地下空间规划设计,尽快启动中央商务区地下空间一期项目。三是加快交通基础设施建设。加大南京铁路北站规划推进力度,配合做好长江五桥建设、长江大桥公路桥维修改造工作;积极推动地铁11号线一期、4号线二期、宁天城际轨道延伸线等轨道交通项目报批,力争尽快开工。四是积极推动民生社会事业发展,加大投入力度,加快推进鼓楼医院、南京一中等主城区医疗、教育等优质资源重点向江北布局。尽快启动"青龙"绿带和定向河、七里河环境整治等一批生态环境提升项目;加大保障房建设力度,确保浦口新城、雄州街道经济适用房等项目如期完工。创新公共服务体系,强化公共服务功能,不断提升居民幸福感和满意度。

3. 加快建设长三角地区现代产业集聚区

聚焦"4+2"现代产业体系,加强经济运行组织,强化监测应对,牢牢把握经济发展主动权，推动新区经济规模不断做大、产业竞争力不断做强，努力在国家级新区中不断争先进位。一是大力发展战略性新兴产业。加快推进台积电项目，确保2016年尽早签约、尽快开工；加大上汽新能源汽车项目推进力度，力争尽早投产达效。紧盯不放中法产业园项目，尽最大努力争取落户。二是加快发展现代服务业，加快江北新区产业技术研创园、江北海港枢纽等服务贸易集聚区建设，积极落实国家优惠政策，2016年确保扶持服务贸易龙头企业10家，力争新引进服务贸易中小企业100家。大力发展现代物流业，加快推进普洛斯江北电商物流园、粮食仓储设施等项目建设，积极发展临港产业，促进港、产、城一体化发展。科技服务业方面，积极推进创发中心（明发科技商务城）、南京软件园腾飞大厦发展。旅游业方面，积极推进老山生态旅游体验园、"地球之窗"等重大项目建设。三是加速传统产业提档升级。全力推进化工园区新材料产业基地建设，确保金陵亨斯迈环氧丙烷竣工投产，积极推进惠生60万吨/年MTO、中旗、贺利氏贵金属等项目。四是大力发展现代农业，扎实推进"江苏现代农业产业技术创新园"建设前期工作，力争尽早启动实施。五是全力以赴做好招商引资，面向全国、全球高端科技创新、高端产业资源，以集成电路、生命健康、新能源汽车、新材料等主导产业为重点，组织好赴北京中关村、香港、美国、欧洲等地招商活动，努力引进更多的大项目、好项目。

4.加快建设长江经济带对外开放合作重要平台

坚持统筹考虑国内国际两个大局、两个市场、两种资源，不断扩大开放领域、提高开放质量，积极构建全方位开放新格局。一是加快推进港口建设。以长江12.5米深水航道疏浚延伸至南京为契机，加快推进西坝、七坝等港口建设，努力打造长江经济带上内外双向开放的现代物流重要节点。二是加快临港产业发展。积极推动临港产业加快发展，努力实现港、产、城一体化发展。大力发展公、铁、水联运，加大对多式联运、华东能源交易中心等重点项目的招商推进力度，积极推进集装箱码头建设。三是不断强化区域协同发展。积极推动与上海浦东新区、浙江舟山群岛新区、中国（上海）自由贸易试验区等联动发展，促进南京都市圈与长江中上游地区的协作，推动区域产业协作发展。四是强化全方位开放新格局建设。积极组织申报保税物流园区，争取尽快设立江北新区海关办事机构。积极融入"一带一路"建设，不断扩大与"一带一路"沿线国家和地区城市的交流合作，加强经济文化交流，推动开放型经济加快发展。强化南京海峡两岸科工园对苏台合作、宁台合作的推动作用，加快建设对台合作交流高地。以南京—莫斯科铁路即将开通为契机，加大力度推进宁欧合作。

5. 加快推进重点领域改革

积极推动重点领域改革，开展相对集中行政许可权试点，尽快理顺江北新区中心区企业设立登记体制，积极推进市"证照分离"改革试点。按照省知识产权局部署，加快推进新区专利、商标、版权"三合一"综合管理改革试点，积极做好专利交易中心筹建的调研及论证工作。深入推进国土管理体制改革，承接好市级规划国土管理职能，确保新区规划国土管理整体运转规范高效；统筹推进新区全域范围内土地储备，筹建新区土地储备中心。推进财政和投融资体制创新，围绕新区"4+2"产业体系，加快推进新区战略性新兴产业基金以及相关专项扶持资金设立工作，努力为新区产业转型升级提供有力支撑。积极配合市法制办推进《江北新区发展条例》的文本修改完善工作。加强政府投资项目管理研究，力争尽快出台《江北新区政府投资项目管理办法》。推动成立新区知识产权（巡回）法庭、江北新区仲裁院，努力让新区工作始终在法治轨道上运行。

十四、福州新区

图 2.14　福州新区马尾新城

（一）2015 年发展成绩

2015 年 8 月，福州新区正式获批为国家级新区。一年来，福州市各级各部门紧紧围绕加快福州新区开放开发的战略决策，主动作为，强化运作，着力打造转型升级的"领头雁"、改革创新的"试验田"和宜居宜业的示范区。

1. 强化顶层设计，新区规划体系不断完善

科学制订新区上位规划，启动了 20 多项相关配套规划编制。积极推动新区"多规合一"。目前已正式发布了"多规合一"工作方案，

仓山区和马尾区"一张图"工作完成"二上"成果,福清市、长乐市完成"一上"阶段成果。同时,相关部门正着手研究开展"多规合一"信息联动平台建设,加快制订"多规合一"协调机制方案和协作审批流程改革方案。

2. 强化项目带动,重点领域建设成效明显

一是重大项目建设提速增效。建立了市、县两级"福州新区重点项目服务窗口",全面推行"5+X"审批会商等工作机制,优化新区项目审批管理,全年实际完成投资1446亿元,超额完成年度投资任务。二是基础设施建设力度加大。2015年共完成新区重点交通项目投资179亿元,着力推进长乐前塘至福清庄前高速公路BOT招标、江涵大桥PPP投资建设等工作,加快绕城公路东南段、滨海大通道等项目建设,积极推动马尾大桥、道庆洲过江通道等重大市政项目建设和前期工作。三是产业转型升级步伐加快。全年完成福州新区产业重点项目投资612亿元,占全市总量的56%。总投资300亿元的京东方第8.5代新型半导体显示器件生产线项目落户新区,成为新区获批后的首个重大产业项目。全省规划最大、设施最完善的翔福物流园基本建成,30多家贸易公司将进驻园区。四是融资对接机制不断完善。2015年组织举办了2次新区重大项目融资对接,促成46个项目业主与银行达成463亿元的初步融资意向。同时,新区与国开行、农发行等10家金融机构已达成初步合作协议,拟在未来几年加大投入支持新区开发建设。

3. 勇于先行先试,改革创新取得阶段成果

一是积极推进管理体制改革。探索研究符合福州新区发展实际的管理模式和"实体运作、直管开发、两级联动"的开发运行机制。二是加快探索体制机制创新。制定出台《福州新区开放开发体制改革实施方案》,明确创新管理运行机制、创新重大项目推动机制等5个方面的18项改

革工作。目前，建立新区统计指标体系框架、电子口岸公共平台一期建设等一批改革任务顺利推进，已取得阶段性成果。积极探索研究自贸区和平潭综合实验区的各种创新举措在福州新区率先复制推广的相关工作。三是着力推动政策先行先试。深入探索研究福州新区先行先试政策，完成了《福州新区政策先行先试研究》重点调研课题以及完善规划体系、产业优化再造等10个福州新区系列专题课题研究。四是积极推进岛区一体化发展。深入研究探讨两地沟通协商、政策共享、设施共建、发展共赢等机制，初步提出福州新区拟向国家争取的优惠目录，争取平潭先行先试政策在新区率先落地、复制和实施，进一步推动两地融合发展。

4. 凝聚各方力量，新区发展氛围更加浓厚

一是组织开展重大交流活动，市委、市政府组织赴香港和澳门开展福州新区专场推介会，成功对接项目32项，总投资额达70.8亿美元。同时，多次组织市直相关部门赴四川天府、贵州贵安、湖南湘江等国家级新区考察学习，进一步凝聚发展共识、汇聚发展合力。二是加强新闻媒体舆论宣导，召开了福州新区设立新闻发布会，结合新区获批，牵头会同人民日报、中央电视台、香港文汇报等国内外知名媒体和各大门户网站开展集中宣传。三是加大新区宣传推介力度，制作完成了新区宣传画册、视频、PPT等，启动了新区官方网站，并通过世界福建同乡恳亲大会等重大平台和对外招商推介等活动，运用多种表现形式向社会各界宣传推介新区，鼓励各界人士来新区投资兴业。

（二）2016年工作展望

福州市委、市政府已将2016年确定为"新区建设年"，将举全市之力推动福州新区开放开发，加快打造转型升级的"领头雁"、改革创新的"试验田"和宜居宜业的示范区。重点是抓好以下工作：

1. 建立完善管理运行机制

加快组建"大部制、扁平化"的福州新区党工委和管委会。健全完善"统一规划、分片实施、实体运作、两级联动"的新区开发运行机制，创新新区开发建设模式，组建福州新区投资集团，建立新区投资发展基金，通过多种合作形式推动新区重大项目投资、资产运营管理，并大力推广PPP等模式，引导各类市场主体共同参与新区开发建设。

2. 健全完善新区规划体系

坚持顶层设计、规划先行，立足新区功能定位、空间特征以及发展现状，高起点、高站位、高标准地推进新区规划体系完善和实施。抓紧推动《福州新区发展规划》、《福州新区总体规划（2015—2030）》等上位规划出台实施，加快新区产业、交通等专项规划、重点区域控制性详细规划以及城市设计研究的编制。积极推动新区"多规合一"试点，完善规划平台建设，进一步增强各类规划的统一性、连续性和实效性。强化新区规划立法，推动规划刚性执行，实现新区发展建设"一张图"。

3. 加快重点领域建设步伐

注重基础先行，加大滨海大通道、轨道交通 6 号线等基础设施投资力度，推动新区供水排水、能源保障、生态环卫以及地下综合管廊试点等工程建设，不断增强新区承载能力。先行启动三江口、滨海新城及江阴湾组团建设，构筑福州老城区至福州新区的发展主轴线，并以重点区域的率先崛起，辐射引领全市乃至全省加快发展。其中，2016 年将推动实施 391 项新区重点项目，力争完成固定资产投资 3000 亿元。

4. 努力推动产业优化升级

大力发展大数据、物联网、云计算以及新材料、节能环保、新能源、生物医药和海洋高新等战略性新兴产业和高新技术产业，促进产业向高端化发展、向新区集聚。另一方面，大力发展金融、会展、总部经济等现代服务业，加快发展跨境电子商务与现代物流，力争在中国—东盟海产品交易所、江阴整车进口口岸等重点领域取得突破。

5.大力推进新区改革创新

探索创新城乡统筹、对台合作、金融创新、岛区一体化发展等新机制，努力创造一批可复制可推广的试验成果，率先在新区范围内复制推广福建自贸试验区各种创新举措和其他国家级新区的成熟经验，充分发挥政策溢出效应，积极推进投资、金融、贸易便利化等改革试点，实行准入前国民待遇加负面清单管理制度，建立完善与国际化城市相适应的信用体系、规范体系和标准体系。

十五、云南滇中新区

图 2.15　云南滇中新区管委会

（一）2015 年发展成绩

2015 年，云南滇中新区启动嵩昆路、哨关路等重点交通基础设施建设，中石油炼油项目、云天化聚丙烯、异辛烷等产业项目进展顺利，氮化镓、3D 打印、红土航空等招商引资项目落户新区，实际引进到位内资 400 亿元、外资 5000 万美元。2015 年，完成地区生产总值 522 亿元，同比增长 6.5%；规模以上固定资产投资 540.5 亿元，增长 15.7%；一般公共预算收入 43.4 亿元，增长 11.7%；规模以上工业增加值 122.3 亿元；

社会消费品零售总额 124.7 亿元，增长 11.1%。

（二）2016 年工作展望

2016 年，新区"十三五"发展的预期目标为：地区生产总值增速不低于 12%；固定资产投资增速不低于 30%；一般公共预算收入增速不低于 10%；规模以上工业增加值增速不低于 13%；社会消费品零售总额增速不低于 13%；招商引资实际到位资金增速不低于 30%。围绕这一目标任务，以实施"321"工程为主线，全力以赴推进 30 个重大基础设施、20 个重点产业、10 个片区土地收储和综合开发项目，确保"一年打基础"目标任务圆满完成。重点抓好以下八个方面的工作：

1. 科学谋划，规划引导

坚持走"以人为本、四化同步、优化布局、生态文明、文化传承"的新型城镇化道路，将新区打造成为产城融合、园城一体、宜居宜业的西部地区新型城镇化建设综合试验区。邀请国内外著名设计单位参与新区规划编制工作，统筹推进经济社会发展规划、城乡规划、土地利用总体规划、产业布局规划、交通体系规划、生态环境保护规划等实现多规合一、多规融合。主动加强与昆明市区规划的紧密衔接，进一步深化安宁、嵩明、空港等重点片区规划，有序推进电子信息、高端装备制造、生物技术、石油化工等重点园区规划编制。

2. 基础优先，道路成网

重点推进 46 个、总投资 1000 亿元的综合交通项目建设，完成年度投资 205 亿元以上，确保小龙高速公路、嵩昆高速公路和 320 国道升级改造项目年内建成通车，加快推进小哨、秧草凹、太平等组团道路成网。积极配合国家和省加快构建以长水国际机场为核心、干支线机场为支撑、通用机场为补充的机场体系，形成国际、国内、省内三级航线网络。加快中石油管道成品油首站及区内4条天然气支线管道、压缩天然气（CNG）母站、液化天然气（LNG）应急储备中心及加气站、加油站建设，推进周家山等9个输变电项目和安宁大唐风电、华电风电等项目建设。加快建设以互联网为重点的信息基础设施，积极推进三网融合，逐步构建完备的信息服务平台和安全保障体系。

3. 连片开发，错位发展

由土地储备中心牵头，部门和县市区协同，投入166.8亿元，完成3.1万亩11个片区的土地收储和片区综合开发任务，年底累计完成土地收储和片区综合开发不低于5万亩。到2020年，累计投入372亿元，完成73543亩土地收储及综合开发任务，为重大产业项目落地和重点基础设施建设创造条件。

4. 产业为本，集群发展

进一步理清产业发展思路，找准产业发展方向，在二产方面，重点聚焦石油炼化、汽车及现代装备制造、电子信息、通用航空、生物医药、新材料等产业；在三产方面，大力发展航空枢纽服务、商贸会展、综合保税、现代物流、电子商务、旅游等服务业。2015年重点推进100个产业项目，完成投资264.7亿元。其中，竣工20个，完成投资92.1亿元；续建36个，完成投资65.4亿元；新开工44个，完成投资107.2亿元。到2020年，力争新区六大产业工业总产值达5000亿元以上，力促新区服务业营业总收入超5000亿元。

5. 主动对接，区域联动

按照对接一个发达地区、建设一个产业聚集园区的工作思路，着力推动双向开放，加快构建优势互补、互利共赢、联动发展的开放型经济发展新机制。一要积极推动与环渤海地区的园区联动,主动对接京津冀协同发展战略,建立战略合作关系。二要深化拓展与长三角地区的产业联动,主动融入长江经济带战略,抓住长三角地区经济结构调整,产业梯次转移的有利时机。三要加快推进与珠三角地区的企业合作,主动服务企业向南亚东南亚拓展战略,抓住泛珠三角区域合作机遇。四要着力扩大与南亚东南亚地区的交流合作,加快推进综合保税区、国家级长水临空经济示范区、陆路口岸、保税物流中心等开放平台建设。五要致力提升招商质效,建立完善招商引资项目库,构建"县区主体、部门协调、新区决策"的招商工作机制。今年,要确保招商引资意向内资不低于 3000 亿元、意向外资不低于 6 亿美元,协议内资不低于 2000 亿元、协议外资不低于 3 亿美元,实际到位内资不低于 800 亿元、实际利用外资不低于 1 亿美元。

6. 政策支撑,人才为重

在土地政策方面,积极争取省级对新区建设用地实行单列,耕地占补平衡在全省范围内统筹解决。创新土地利用模式,统筹新增建设和存量挖潜,在土地整理和综合利用等方面先行先试。在金融政策方面,深化落实沿边金融综合改革各项政策措施,着力构建现代金融服务体系。在产业政策方面,充分发挥省对新区的独有财税政策优势,实行"一业一策",对引进的龙头项目按照"一企一策"给予特殊扶持。创新外向型产业发展机制,在项目融资、物流配送、通关便利等方面予以支持。鼓励关联产业和关联企业加强合作、构建联盟,提升新区产业竞争力和抗风险能力。在招商引资政策方面,制定出台《滇中新区招商引资优惠政策》,明确招商引资项目准入条件、投资强度、产出强度、激励机制等具体内容。在人才政策方面,突出"高精尖缺"导向,按照"新区引导、企业主体、产业吸纳、政策激励"原则,大力实施滇中引才引智 5 年计划;鼓励企业与高等院校、科研院所共同设立人才联合培养基地,开展"订单式"人才培养,把新区建设成为人才智力高度密集、科技创新高度活跃、优势产业高速发展的人才特区。

7. 深化改革，创新驱动

一要创新投融资体制，大力推广 PPP 模式在基础设施建设和公共服务领域的运用。创新培育市场化投融资主体，优化资产资源配置。创新融资方式，采取贷款、信托、基金、股权、债券等多种渠道融资。规范投融资运作程序，建立"借用还"相统一的政府债务管理机制，确保新增融资不低于 1000 亿元。同时，切实做好项目储备申报和争取工作，力争有更多的项目进入国家和省计划盘子。二要深入实施创新驱动战略，强化科技与经济对接、创新成果与产业对接、创新项目与现实生产力对接，加大对技术创新的财税金融政策支持，以云南科技创新园建设为突破口，吸引国内外知名企业、科研机构、高等院校在新区设立产学研合作基地、科技企业孵化器等创新平台，加快建设创新型新区。对评估认定的创新平台，给予扶持奖励。三要积极推进创新创业，加快构建有利于创新创业的政策环境和服务体系，鼓励民营企业和中小微企业发展，支持基于互联网等方式的各类创新，加快发展众创、众包、众扶、众筹等新型创业服务平台。

8. 统筹兼顾，融合发展

坚持规划共绘，主动对接昆明市和滇中城市经济圈一体化发展规划，力争实现多规同向、多规同步、无缝对接。坚持基础共联，精心谋划和组织实施一批交通、能源、水利、信息等基础设施项目建设，加快构建与昆明市和滇中经济圈共建共享、互联互通、一体运行的现代化基础设施体系。坚持产业共兴，推动新区产业与昆明市和滇中城市经济圈合理分工、优势互补、协作配套，形成差别竞争、错位发展、互促并进的产业发展新格局。坚持环境共建，与滇中经济圈各州市协同构建区域生态同保共育机制、环境监测预警机制、污染联防联治机制，共同维护区域生态安全。

十六、哈尔滨新区

图 2.16 哈尔滨新区科技创新城

（一）2015 年发展成绩

2015 年，哈尔滨新区经济运行总体平稳，对全市经济发展拉动作用明显。全年实现地区生产总值 720.1 亿元，占全市 12.5%，其中，三次产业增加值分别占到全市 0.7%、27.5% 和 6.3%；实现工业增加值 475.6 亿元，占全市 36.5%；完成固定资产投资 602 亿元，占全市 13.1%；实现社会销售品零售总额 139.2 亿元，占全市 4.1%；实现公共财政预算收入 87.4 亿元，占全市 13.3%。

（二）2016年工作展望

1. 编制新区规划，力争实现"多规合一"

设计规划体系。贯彻落实发展新理念和新要求，突出新区"中俄全面合作重要承载区、东北地区新的经济增长极、老工业基地转型发展示范区和特色国际文化旅游聚集区"发展定位和"产业集聚之城、创业创新之城、开放活力之城、时尚魅力之城和生态宜居之城"远景目标，以新区发展规划为统领，以产业发展规划等重点规划为支撑，以分类别分层级的专项规划和实施方案为保障，设计新区规划框架体系，确定各项规划的内容和作用，明确规划之间的结构和关系，形成体系完整、结构清晰、功能明确的新区规划体系的整体设计。完成重点规划编制。编制新区发展规划和新区的产业发展规划、城市总体规划、土地利用规划、生态环境保护规划等重点规划。确定规划编制标准，确保新区规划成为引领新区持续健康发展的战略蓝图和行动纲领。探索实现"多规合一"。按照"多规合一"的要求，制定《哈尔滨新区"多规合一"规划编制导则》，明确"多规合一"的技术规程、实现路径、保障措施，积极推进各项规划的统筹衔接，探索建立统一衔接的基础数据共享平台。

2. 加快项目建设，推进产业"集群构建"

依托现有产业基础，按照"3+3"产业发展思路，着力打造3个千亿级产业集群和发展壮大3个战略性新兴产业，大力实施创新驱动发展战略，积极探索老工业基地转型发展新路径。发展高端装备制造业。在抓好哈飞福特汽车、通联新能源客车、中船重工燃气轮机、航天海鹰3D打印、哈工大机器人等一批重大在建项目的同时，重点落实好哈飞直升机、蟒式全地形车等与央企合作项目。发展绿色食品产业。在发展壮大百威英博、九三粮油等一批国内外知名食品深加工企业的同时，着重把握食品消费安全、健康、时尚的需求变化趋势，大力发展高品质、高附加值食品、乳制品、畜产品、特色饮品等名优绿色食品，进一步叫响"寒地黑土"食品品牌。发展新一代信息技术产业。经过近年来的努力，新区内已集聚了中移动、中联通、中电信等一批10亿元以上的信息产业项目，形成了良好发展态势。2016年，以云计算、物联网、大数据应用等为重点，加快引进建设北斗导航、云计算设备生产企业和服务商、第四代移动通信设备等研发和生产项目，不断提高新区信息技术产业的市场竞争力。同时，按照习近平总书记提出的"扬长避短、扬长克短、扬长补短"的要求和改造升级"老字号"，深度开发"原字号"，培育壮大"新字号"的方向，系统地谋划好生物医药、新材料、旅游文化时尚等战略性新兴产业发展。

3.打造三个组团，实现功能"集合再造"

基于新区空间跨度大、布局比较散，而且隔江而治、隔区而治的现实基础，重点推进统一规划平台建设，以规划引领新区各功能组团建设，推动空间分散布局向功能集合再造转变。打造松北科技创新组团。重点以万鑫石墨、清华万博、哈工大大科学工程、宝力慧谷等项目为牵动，规划建设占地15平方公里的战略新兴产业区。以科技创新城核心区和万达文旅城为中心，规划建设20平方公里的科技商务中心。以松花江沿线奥体中心、大剧院、枫叶小镇奥特莱斯等为支撑，规划建设综合性文化商贸旅游带。打造利民大健康产业组团。重点建设占地20平方公里的生物医药园、5平方公里的绿色食品园、9平方公里的商贸物流园，加快形成以绿色食品、生物医药为主导的健康产业发展新格局。突出抓好32平方公里的松花江避暑城建设，依托优良生态资源，大力发展健康管理、医养结合、候鸟式养老等产业。打造哈南现代制造业组团。重点建设占地8平方公里的军民融合发展示范园、5平方公里的中国云谷新一代信息技术产业园和3平方公里的机器人产业园，加快促进航空、汽车和新能源汽车、新一代信息技术、智能装备等产业集聚发展。

4. 构建支撑体系，推动园区"创新发展"

充分发挥黑龙江省和哈尔滨市高校聚集、人才密集、成果富集优势，探索建立促进科技成果转化支撑新体系，提升新区综合竞争力。完善科技研发体系。在现有192个国内外研发机构基础上吸引更多的科技研发和技术转移机构入驻，突出抓好科技成果转化平台建设，特别是军转民科技项目，打通科技成果转化"最后一公里"。完善政策扶持体系。在产业规划布局、项目审核、投融资、产业准入等方面研究制定相关优惠政策，支持高端装备、绿色食品、生物制药、新材料和大数据等产业项目，以及"两头在外"企业、对俄资源转化加工项目落户新区。完善融资服务体系。重点在企业上市、发行企业债券、设立自担风险的中小金融机构、引进各类银行、发展私募股权、融资租赁、股权交易市场等方面加大支持力度。鼓励开发性金融机构通过提供投融资综合服务等方式支持新区发展。

十七、长春新区

图 2.17 长春新区北湖科技开发区

2016 年,长春新区拟重点做好以下工作:

1. 积极做好新区规划编制

围绕构建"多规合一"的规划体系,加快新区总规、控规、详规编制工作。一是组织编制《长春新区总体规划》。二是加快编制空港开发区等战略性单体规划,满足开发建设需要。三是围绕新区产业、土地、空间等总体规划,加快编制控制性详规。

2. 突出项目建设和招商引资

围绕打造创新型产业体系,加快引进建设一批基地型、园区型大项目。一是开工一批项目。重点抓好航天信息产业园、新能源汽车产业园、玄武岩纤维制品项、亚太农业和食品安全产业园、东北亚国际物流园区、华为大数据中心等基地型大项目建设，确保按计划完成建设任务。二是落位一批项目。力争武汉楚天激光产业园、北京宜家商业综合体、香港卫视商业文化综合体、山东泰山体育产业园等项目尽快签约落位，加快推进上海绿地商业综合体、盈创3D打印产业园、中韩产业园等一批重点在谈项目，争取早日签约。

3. 加快启动重大基础设施建设

围绕建设绿色智慧新城区，2016年计划总投资151亿元，南区、北区、长德合作区基础设施全部完善到位，空港开发区基础设施、公用配套全面启动建设。一是加快路网体系建设，率先启动各区域间及区域内部重点道路、节点建设，确保北区、长德合作区、空港开发区三区互连互通。二是加快实施地下现代化工程，重点启动空港区域的地下综合管廊建设，同时做好地铁向长德、空港延长线前期准备工作，力争明年开工建设。三是注重生态环境治理。整体提升北湖湿地公园功能，加快文化旅游产业园重点功能区建设，适时启动长德合作区水系综合治理及空港生态工程，全面提升区域生态环境水平。四是推进智慧城市建设，启动建设基础网络优化、信息资源中心、智慧管网、智慧电网等工程，提升智慧化水平。

4. 全力推动大众创业万众创新

围绕提升区域创新创业水平，加快集聚创新要素、搭建创新平台。一是加快长东北科技创新中心建设。重点抓好引进高水平研发单位、北湖科技园二期、与吉大合作共建产业园及联合办学办医、吉林省科技大市场等工作。二是搭建创新孵化载体。启动建设中白科技园及一批创新型孵化器，打造具有全国影响力的众创空间。三是强化金融、人才服务。力争8家科技型中小企业挂牌新三板，新储备上市和挂牌企业20家；启动建设"长春人才港"，加快引进创新创业人才。

5. 切实提升企业服务水平

围绕打造一流的区域发展软环境，进一步加强企业服务。一是提高行政审批效率。承接好省市下放的土地、规划、环保等审批权限，争取新区的事新区办，实现一口办理、并联审批。二是强化企业网上服务。加快打造审批服务"智慧大厅"，实行全流程信息服务和网上在线服务。三是健全服务体制机制。搭建行政审批、生产要素保障、科技创新、司法保障、惠企政策五大服务平台，构建全程优质服务体系，全力满足企业发展需要。

6. 着力改善和保障民生

围绕推进新型城镇化，统筹解决好养老、就业、公共服务等民生事项，增进民生福祉。一是进一步优化社会事业布局。着眼于建设现代化城市目标，加快构筑"区—乡（街）—村（社区）"三级公共服务供给体系，规划布局一批国际化功能服务项目。二是规划建设一批重点民生项目。包括公办学校，以及文化活动、全民健身、社区卫生服务等中心；启动建设新区规划展览馆、国际会议中心、国际旅游综合服务中心等功能性项目，满足多元化人口发展的需求。

7. 深化体制机制创新

借鉴其他新区经验，探索建立先进的管理体制机制。一是创新管理体制。按照"大部制"、"大综合"的思路，灵活调整设置机构，科学划分工作职责，全面构建起"精简、高效、统一"的管理体系。二是创新运行机制，推行企业化运行模式，建立进口畅通、出口疏通的用人机制，推进薪酬机制、奖惩机制和人员流动机制改革。三是创新开发建设模式。发挥龙翔集团等集团公司作用，拓宽融资渠道，提升运营水平；着力推进 PPP 模式，确保北湖湿地公园综合治理、物流园综合开发、空港东区综合开发等 PPP 项目落实，促进开发建设良性循环。

体制机制创新篇

——2015年国家级新区体制机制创新具体实践和 2016年重点工作

一、上海浦东新区

（一）2015年重点领域体制机制创新成绩

1. 作为一级地方政府转变职能改革取得新进展

优化调整上海自贸试验区管理体制。2014年12月底，中央决定上海自由贸易试验区扩区后，上海市成立了自贸试验区推进工作领导小组；同时，优化调整自贸试验区管理体制，浦东新区人民政府与自贸试验区管委会合署办公，承担统一管理上海自贸试验区各功能区域、推进浦东全境落实自贸试验区改革试点任务的主体责任，自贸区管委会下设三个内设局和五个片区管理局；新区相关委办局对应承接自贸试验区改革相关任务、做好配合协调、探索完整一级政府架构下运作自贸试验区的体制机制。2015年4月27日，自贸区扩展区域正式揭牌，运行7个月来，自贸区体制机制运转顺畅，行政资源得到有效统筹，制度创新成果加快向浦东全境辐射推广。

推进行政权力清单、责任清单、"负面清单"制度。2015年4月28日，浦东公布全区的权力清单、责任清单"两张清单"1.0版，其中全面梳理出权力清单事项共计6460项、责任清单事项共计1422项，初步明确了政府权力和责任，努力做到"法无授权不可为"、"法定职责必须为"。同时，在全面梳理权力清单的基础上，按照清权、减权、制权的要求，对新区规范性文件设定的行政权力进行了全面清理，进一步简政放权，重点对行政审批事项开展改革，努力做到"三个全部取消"，即全部取消非行政许可的审批事项，全部取消市区两级依据规范性文件设定的行政权力,全部取消和放开红顶中介和各类评估评审。在上述"三张清单"的基础上,进一步深化行政审批制度改革。2015年以来,按照"以经济类事项为主,应放尽放,浦东能承接"的原则,市级部门先后两次分别向新区下放了151项和47项行政审批事项,目前,新区正在努力做好各项衔接工作。

优化调整区域开发管理体制。一是在张江地区开展"管镇联动"改革试点。2015年3月17日,浦东新区印发《关于在张江试点完善开发区管委会与镇关系的实施意见》,取消张江镇、村两级招商引资引税职能,张江镇自己开发的产业园区划给张江高科技园区管委会负责,张江高科技园区管委会承担的园区社会管理职能转由张江镇负责。通过张江地区开发建设和社会治理一体化与工作职能的专业化分工,实现开发区与镇联动发展、产城融合。二是在临港地区试点开展招商统筹。从2015年10月1日起,临港地区实行"1+4+X"招商工作新机制,将临港四镇(南汇新城镇、泥城镇、书院镇、万祥镇)招商职能统筹划归临港企业服务局,实现招商管理机构、招商运行机制、招商操作政策、招商结算平台、招商考核举措的"五个统一",理顺管委会、各镇、各开发建设主体之间的财权事权关系,提升区域整体协调发展的能级及区域整体公共管理服务的水平。三是完善森兰区域利益分享和综合管理机制。2012年,浦东探索森兰地区利益共享和综合管理体制试点改革,由保税区管理局受委托负责森兰区域经济管理、规划土地管理、建设管理、相关审批管理事权,加快森兰区域规划建设审批速度,企业在商事、口岸事项办理上更加便捷;高行镇负责区域内城市管理综合执法、安全生产综合管理和其他社会管理事项。2015年10月,继续探索完善森兰地区管理体制,参照张江"管镇联动"模式,进一步理顺保税区管理局与高行镇的事权财权关系、完善森兰区域的财力分享机制。

推进公共信用信息服务平台建设。2015年初以来,完成新区公共信用信息资源目录、公共信用信息共享规范制定,初步形成以《浦东新区公共信用信息管理暂行办法》为主体，配套信息归集、信息查询、信息使用、平台安全管理等相关管理办法的框架体系。目前新区公共信用信息服务平台一期已上线试运行，共归集数据超过 500 万条，完成与市公共信用信息服务平台对接，以及法人库落地数据归集，并率先推出信用核查、信用预警、证照联动等信用监管功能应用。另外，鼓励行业协会和专业服务机构参与市场监管，进一步加大信息共享力度。

构建市场化营商环境。2015 年 8 月 5 日，浦东新区出台"促进人才创新创业 14 条"，进一步探索试点更加开放、更具竞争力和吸引力的人才政策，上海自贸区海外人才离岸创新创业基地正式挂牌运作。2015 年 10 月 12 日，浦东新区发布《关于促进浦东新区融资租赁行业健康发展的若干意见》，支持各类出资主体设立融资租赁企业，注册在浦东新区的融资租赁企业经批准可以兼营商业保理业务，更好地推动融资租赁业向浦东和自贸区集聚。提高孵化器建设能力和水平，以社会化机构运营模式设立新区首家公益性创业苗圃浦东创客中心，推动联想之星、众物科技有限公司等创新孵化器入驻张江，对接以色列海法加速器、特拉维夫孵化器进行双边孵化合作。

2. 深化自贸区制度创新和功能拓展

推进"准入前国民待遇 + 负面清单"的投资管理改革制度创新。一是在新扩展区域全面实施外商投资和境外投资备案管理制度。据统计，2015 年 1—10 月份上海自贸试验区新设 2411 家外资企业占全市的一半左右，其中外商投资企业备案率达到 80%。二是不断完善企业准入"单一窗口"制度。推动内资注册"单一窗口"从企业设立向变更环节延伸，外资注册以"五证联办"向"七证联办"（外资批准文件、营业执照、组织机构代码证、税务登记证、食品前置许可证、报关单位注册登记证书、印铸刻字准许证）拓展。推出市场准入便利化"双十条"新举措（包括扩大即时办结业务范围、进一步下放审批权限、实行简易注销程序、推行集中登记、创建窗口服务快速反应机制、创新"一企一证"食品许可模式、鼓励第三方机构为企业提供专业服务、拓展网上登记服务功能、提供"证照寄递"服务等),集中登记地制度已在6个集中登记地运行,截至9月底,已注册企业425户。全国首创"允许自贸区内律师事务所将其办公场所作为企业住所进行登记"。率先开展企业简易注销登记改革试点。三是积极落实两批54项扩大开放措施,累计已有1000多个项目落地,融资租赁、工程设计、增值电信、船舶管理等行业扩大开放取得明显成效。

深化对标国际经济贸易通行规则的贸易、金融、航运制度创新。一是贸易便利化水平不断提升。海关、检验检疫推出"一区注册、四地经营"、"空检海放"等32项便利化举措,启动实施航运保险产品注册制改革,开展外贸进出口集装箱沿海捎带业务,货物状态分类监管试点扩大到保税区所有物流企业(最近国务院办公厅印发的"加快海关特殊监管区域整合优化方案",明确在上海自贸区和福建自贸区的海关特殊监管区域统筹研究推进货物状态分类监管试点),洋山进境水果指定口岸获批,国际贸易"单一窗口"1.0版上线运行(覆盖6个功能模块、涉及17个口岸和贸易监管部门、1100多家企业上线办理业务),2.0版建设方案正在研究制订。二是金融开放创新深入推进。本外币一体化运作的自由贸易账户功能进一步拓展,央行发布自由贸易账户境外融资细则,扩大境外融资的规模和渠道,并启动自由贸易账户外币服务功能。跨境人民币结算、跨国公司总部外汇资金集中运营、本外币双向资金池等金融创新进一步深化。一批面向国际的金融交易平台已正式运行,包括上海黄金交易所"国际板"、上海期货交易所的国际能源交易中心、中国外汇交易中心的国际金融资产交易中心,全国性信托登记平台的各项准备工作正稳步推进。

自贸试验区各片区的功能拓展和产业升级不断推进。各片区根据自身功能定位和产业优势,积极落实自贸区制度创新和扩大开放举措,提升核心功能、做大产业规模。保税区片区充分发挥特殊监管区贸易便利化优势，深入推进"一线放开、区内自由"；拓展国际贸易"单一窗口"保税板块功能；进一步做强总部经济，推进亚太营运商计划；依托洋山进境水果口岸打造以进口水果为核心的国际农产品商贸综合服务平台；启动筹建 10 家大宗商品现货交易市场。陆家嘴（世博）片区利用金融创新开放优势，建设金融创新服务平台，促进金融创新落地，探索金融城管理体制创新；完善互联网新兴金融创新孵化与集聚平台，加强国际化、高能级要素市场和总部机构集聚。张江片区加快建设具有国际水准的科技城，全力服务综合性国家科学中心建设；启动建设张江空服中心，探索推广保税研发和通关便利化等创新举措；推动科技与金融结合，拓展创业服务功能，促进创业投资机构集聚，支持创新企业在新三板和股交中心挂牌。金桥片区提升生产性服务业能级，推进新兴金融、移动视频、智能装备、电子商务等产业基地建设。

（二）2016 年重点领域体制机制创新工作展望

1. 以自贸区理念改造浦东地方一级政府，努力建设最透明、最高效的政府

一是加快政府职能转变和管理创新。深化完善政府权力清单、责任清单，全面取消限制市场主体活力的行政事项。扶持为企业提供服务的第三方专业机构，提高社会化公共服务能力。推进商业保理行业监管体系建设。探索推进专业领域事中事后监管，在市场监管领域推广随机抽查监管，推进"互联网 + 智能监管"。二是推进信息资源共享体系建设。制定浦东新区政务信息资源标识规范、动态目录体系框架，建立"互联网 + 政务体系"。加快以大数据中心和信息交换枢纽为主要功能的试验区信息共享和服务平台建设，扩大部门间信息交换和应用的领域，推进部门协同管理。三是推进社会信用体系建设。推进浦东新区公共信用信

息平台建设。加强"三个清单"（数据清单、应用清单、行为清单）编制，强化信息公开，推进政企信息互通。强化政府信用信息的公开，在市场综合监管、创新社会治理等领域率先扩大信用信息和信用产品的应用。探索建立采信征信机构、评级机构信用产品和服务的制度安排。实施企业信用等级管理，开展企业信用分级分类管理试点。四是完善区域管理体制。推进陆家嘴金融城管理体制创新，构建"法定机构＋业界共治"的新型治理机制。探索在企业服务、金融服务等领域和张江科技城等区域，实施法定机构改革试点。五是健全行政审批服务体系。深入推进"先证后照"改革。推进建筑领域专项改革，在自贸试验区内探索推进建设工程招投标改革、施工图审查制度改革。探索建立建筑领域认可人士制度。

2. 深入推进以准入前国民待遇加负面清单管理为核心的投资管理制度创新

在深化完善自贸试验区改革试点的基础上，在浦东新区全域推广准入前国民待遇加负面清单管理模式。重点推进以下改革创新：一是实行内外资统一的市场准入制度。在实施负面清单的基础上，使各类市场主体可依法平等进入清单之外的领域，明确政府发挥作用的职责边界，更好地发挥市场的作用。二是创新境外投资管理方式。完善境外投资备案管理制度，进一步推进境外投资便利化。三是完善企业准入"单一窗口"制度。加快企业准入"单一窗口"从企业设立向变更、注销、重组等环节拓展。

3. 深化以贸易便利化为重点的贸易监管制度创新

积极探索具有国际先进水平的贸易监管制度。探索实施国际贸易"单一窗口"、货物状态分类监管等贸易便利化举措，创新建立"一线放开、二线安全高效管住"的贸易监管制度框架。重点推进三方面改革创新：一是配合海关、国检等部门，进一步提高口岸通关效率和降低通关费用。优化口岸监管执法流程和通关流程，降低水运进口货物的通关时间。争取先行实施海关检验检疫查验费用由财政承担的试点,降低企业成本。二是配合口岸部门加快建设国际贸易"单一窗口"2.0 版。全面推动上海口岸单一窗口数据共享互通,逐步实现长三角区域和长江经济带国际贸易"单一窗口"连片运作。三是配合海关加快货物状态分类监管试点。主动适应物流、加工等不同类型企业和各类新兴业态的发展需求,扩大试点范围和增加试点类型。四是推进贸易流通体制改革试点。包括在自贸试验区内探索设立面向国际的金属、能源、化工、农产品等大宗商品现货交易市场,在贸易领域实施负面清单管理模式,在内贸流通领域推进行业监管与综合执法相衔接等内容。

4.积极推进以资本项目可兑换和金融服务业开放为目标的金融制度创新

积极深化落实"金改 40 条"措施,深入推进金融制度创新。把上海国际金融中心建设与上海自贸试验区金融改革试点相结合,坚持以服务实体经济、促进贸易和投资便利化为出发点,根据先行先试、有序推进、风险可控、逐步完善的原则,配合"一行三会"做好金融改革创新试点工作。对已经实施的自由贸易账户拓展功能,研究启动合格境内个人投资者境外投资试点,拓宽境外人民币投资回流渠道、设立境外股权投资基金等。在总结沪港通经验基础上完善金融资产交易规则和机制。创新金融监管,探索本外币一体化监管体系,加强跨部门、跨行业、跨市场金融业务监管协调。推进自贸试验区各项金融创新业务发展、金融产品创新及金融机构新设,加强创新案例宣传,大力推进自贸试验区金融开放创新试点与上海国际金融中心和科创中心建设的联动。推动面向国际的金融市场建设,支持黄金、外汇、证券、保险、期货、原油等金融市场对外开放,加快面向境内外同步开放的交易、清算结算、登记托管平台建设。推动原油期货上市。加快保险交易所设立。依托自贸试验区金融制度创新和对外开放优势,提升金融市场配置境内外资源的功能。

二、天津滨海新区

(一) 2015年重点领域体制机制创新成绩

1. 积极推进国家租赁创新示范区建设

国务院批准开展国家租赁创新示范区建设以来，滨海新区积极探索保税租赁、单一项目公司租赁、离岸租赁、出口租赁、联合租赁等全国领先的创新业务模式，截至目前，滨海新区共有金融租赁法人机构5家，融资租赁法人机构1310家，租赁合同余额约占全国的四分之一。

一是打造租赁产业发展的国际化融资平台。设立东疆租赁产业发展基金，与产业资本和金融资本合作，服务租赁产业融资需求。与平安银行合作设立总规模为500亿元交通产业基金；与平安银行、朗业租赁合作设立规模为人民币100亿元的航空产业发展基金。正在筹划与政策性银行、保险资金及大型民营资本合作，设立多币种、不同类别租赁专项基金，服务东疆租赁产业健康快速发展。

二是推动境外金融机构和境外信用保险机构服务租赁融资需求。今年已完成国内第一单法税转租赁结构，促成法国贸易银行对东疆租赁公司的直接融资；完成国内第一单加拿大信保的直接融资；完成渣打银行给国内保税租赁结构的第一笔融资。

三是经营性租赁业务收取外币租金试点落地。2015年8月，国家外汇管理局正式下发《关于在天津东疆保税港区开展经营性租赁业务收取外币租金试点的批复》（汇综复〔2015〕12号），同意在东疆保税港区开展经营性租赁业务收取外币租金试点。东疆成为全国唯一获批经营性租赁收取外币租金的试点区域。在飞机、船舶和大型设备租赁领域，经营性租赁业务以外币计价结算，企业收取外币租金减少汇兑成本、降低汇率风险和融资成本，为企业未来在全球范围内处置资产和深度参与国际竞争提供保障。

四是成功办理国内首单联合租赁与跨境租赁相结合的海洋工程装备融资租赁业务。由农业银行天津自贸区分行、农银金融租赁有限公司和汇众融资租赁有限公司三方合作，在国内实现三个"第一"，即第一笔自贸区设立后联合租赁业务，第一笔外资租赁公司与金融系租赁公司联合开展的租赁业务，第一笔自贸区内以海洋工程装备为标的物的跨境租赁业务，较好发挥了金融创新示范效应。飞机租赁资产和SPV股权交易完成国内首单，开创了国内飞机租赁资产交易"交付监管"新模式。中飞租融资租赁有限公司成为自贸区首家外资融资租赁企业，对提升自贸区融资租赁转型升级具有示范作用。

2.形成促进各类金融机构加快集聚新机制

相继设立了股权基金、金融租赁、融资租赁、消费金融、汽车金融、商业保理、资产管理、货币兑换、登记结算、票据经纪、金融外包、第三方支付等新型金融机构。截至2015年9月末，滨海新区共有16家法人金融机构和8家一级分行，25家二级分行和600余家银行金融机构网点。惠民、江淮、德商三家村镇银行运营。保险公司分支机构144家、证券公司分支机构24家、小额贷款公司35家、担保机构584家、商业保理企业142家。滨海新区率先完成全国第一笔出口商业保理业务。滨海新区已初步建立起以银行、证券、保险为主体，以金融租赁公司、财务公司、信托公司等为补充的较为完善的金融组织体系。

3.多措并举促进投资和贸易便利化

一是企业设立"单一窗口"在天津自贸区三个片区综合服务大厅建

成，企业设立"一证一章一码"一天办结。承接天津市政府下放的241项市级审批事项和服务职能，通过天津自贸区行政许可服务系统，实现窗口综合受理、后台集中审批。启用自贸区行政审批专用章，实现了自贸试验区内"一颗印章管审批"。自贸区外商投资负面清单管理实施后，清单之外的外资项目备案仅需2小时。

二是天津海关推出保税货物自行运输、统一备案清单、批次进出集中申报、集中汇总征税，支持融资租赁、期货保税交割、保税展示交易、境内外维修业务发展等18项新政。天津出入境检验检疫局推出第三方检验结果采信、全球维修产业监管、出入境特殊物品卫生检疫、中转货物原产地证签证、动植物及其产品检疫审批负面清单等12项新政。天津海事局提出货物集中查验、货物费用减免等14项政策支持。天津边检总站在优化边检查验模式、简化国际船舶边检查验手续方面给予自贸区6项政策支持。

三是国地税实现联合办税。2015年10月，国税、地税联合办税窗口在天津自贸区中心商务片区综合服务大厅正式投用，实现国税、地税事务一口受理、一窗统办。这是服务大厅继审批单一受理窗口、国际贸易单一窗口之后又推出的涉税事务单一窗口，这也是在"双创特区"挂牌后，"服务特"首推的一项创新举措，不仅在天津自贸区属于首创，在全国自贸区也仅此一家。中心商务片区国地税联合办税窗口严格按照国家税务总局制定的《国家税务局、地方税务局合作工作规范（1.0版）》启用。中心商务片区综合服务大厅的五个联合办税窗口通过一口受理、一窗统办，提速纳税服务，通过国税、地税合作执法，降低征纳成本。

4. 新型贸易方式不断聚集

2015年，各类新兴贸易形态不断向天津自贸区聚集，已正式开业19家进口商品直营中心，遍及京津冀、华北、西北等地区。跨境电子商务公共服务平台系统已搭建完成，跨境电子商务综合示范区的申报工作正在积极准备中。汽车平行进口试点积极推进,东疆国际汽车城作为平行进口汽车综合交易服务的重要载体已于 2015 年 5 月试营业。《中国(天津)自由贸易试验区开展平行进口汽车试点实施方案》正式出台。邮轮旅游岸上配送中心和邮轮旅游营销中心已初步拟定业务监管方案和操作流程。期货保税交割已与郑州商品期货交易所就白糖期货交割库达成合作意向,上海商品期货交易所已来东疆就橡胶保税交割库建设进行实地考察。中韩海运快件试点方案已经报有关部门,海关总署表示支持该项业务。借助自贸试验区通关便利化,东疆港区率先推出"F-HDS(重箱快速交付服务)",实现了进口货物"卸船即提,码头物流零时长"的快速交付,不仅有助于货物快速流通上市,更降低了至少 30% 的物流成本。进口活牛屠宰、保税维修再出口等创新试点都在抓紧推动。除飞机、船舶海工等领域外,租赁业开始向医疗器械、轨道交通等领域扩展。东疆抢抓租赁产业上游业务,积极开展平台业务的尝试。

5. 创新监管服务模式

一是复制推广上海自贸区监管创新措施。上海自贸区运行后,陆续推出海关、检验检疫等多项在全国或海关特殊监管区可复制可推广的贸易便利化措施。在天津海关、检验检疫局的大力支持下,大部分适合在天津自贸试验区复制推广的措施都已进行试点,且积极推进扩大试点企业和业务创新范围。

二是国家部委陆续出台了支持天津自贸区建设的支持措施。海关总署、交通运输部、财政部、国家税务总局等部委已出台相关政策措施,其他部委也即将颁布。

三是探索支持天津自贸区创新发展的监管创新措施。天津海关、检验检疫局已结合天津自贸区创新项目,在租赁业发展、跨境电子商务、期货保税交割、保税展示交易、国际邮轮保税供应等方面探索配套支持政策,并将结合天津自贸区实际,出台更多支持天津自贸区发展的多项创新举措。

6. 积极创新海空协调联动机制

为充分发挥天津海空两港在区域发展中的基础性先导性作用，2015年2月，天津港与天津滨海国际机场签署了战略合作协议，共享优势、互补功能，共同推进天津海空两港协调发展，之后两港重点推进了建立旅游产品联合创新机制、建立海空港联合营销机制、建立海空服务联动提升机制等几方面工作，并取得了显著效果。

（二）2016年重点领域体制机制创新工作展望

1. 继续发挥海空两港优势，促进海空、海铁联运业务发展

抢抓京津冀协同发展、京津双城联动机遇，构建以海空港为核心的我国北方海空联运平台和海空保税物流服务中心，联合加大对北京航运航空物流企业的吸引力度，共同提升天津海空港物流产业发展水平。加强海空港在服务临港、临空产业项目的深度合作，提升融资租赁等高端服务业对临港临空产业的服务层次。继续丰富海空联运旅游产品，创新海空联运通关便利模式，扩大两港的服务辐射范围。依托亚欧大陆桥连接功能，加强与铁路、大物流商、船公司合作，完善多式联运体系，增强对"一带一路"沿线国家及地区转口贸易服务功能。

2. 加强港区行政体制改革联动，建立港区一体的现代治理新机制

推动设立滨海新区与天津港协调联动发展委员会，统筹协调港区互动发展工作，领导小组下设办公室负责日常沟通协调。理顺天津港区域内管理体制，强化滨海新区对天津港的管理职责，统筹推进港区良性互动、共同发展。

3. 加强新区与天津港规划职能衔接，建立高标准规划管理新机制

一方面，推动成立滨海新区规划编制委员会，天津港集团作为成员单位纳入，确保滨海新区在编制规划时充分考虑天津港意见。滨海新区在规划产业布局、土地利用、功能区划定以及城市拓展时充分考虑天津港的实际情况，把地区生产力布局、城市规划、基础设施建设和港口发展有机结合起来，让有限的资源和资金产生出最大的效益。另一方面，推动天津市编制天津港总体规划时，增加滨海新区的参与度，使港口规划与新区总体和专项规划充分对接，使港口成为促进新区经济发展的引擎和窗口。

4. 研究设立港区联动发展基金，探索港区多种形式合作的市场机制

研究设立"一带一路"战略天津区港联动发展基金，重点投资实施"一带一路"战略下的重大项目。注重推动区港协调联动，统筹协调谋发展。坚持港城一体化的发展理念，着力促进港区与城市、产业的联动融合发展，加强港区与周边区域乃至中心城区的联动发展，积极加快港口与临港产业的培育发展。

三、重庆两江新区

（一）2015年重点领域体制机制创新成绩

围绕建设内陆对外开放重要门户的目标，利用两路寸滩保税港区等开放平台，与重庆海关等部门共同研究提出新的《重庆继续深化内陆开放高地建设10项支持措施》，配合国家质检总局制定并印发《关于支持重庆两江新区开发开放建设内陆检验检疫改革创新示范区的意见》，从三个方面推出12条举措助推两江新区开发开放。通过顶层设计、先行先试，两江新区初步形成既符合内陆开放实际又具有竞争力的内陆通关和口岸监管机制。

1. 坚持以互联互通为核心，构建一体化通关体系

强化跨部门通关协作。健全海关、检验检疫局、边防等部门联席合作机制，推动通关和口岸监管部门之间实行"信息互换、监管互认、执法互助"大通关改革，推行关检合作"一次申报、一次查验、一次放行"的"三个一"通关模式，通力协作提高查验效率，切实提高通关便利化水平。"一次申报"即"一次录入、分别申报"，对依法须报检报关货物，企业可在企业端一次性录入关检申报数据，分别完成报检和报关，减少企业重复作业；"一次查验"即"一次开箱、关检依法查验和检验检疫"，关检双方对口岸现场同一批货物均需查验时，依照各自规定共同进行查验作业；"一次放行"即"关检联网核放"，海关和检验检疫局分别发送对货物的核放信息，企业凭核放信息办理货物提离手续。新

通关模式实施后，切实增强了关检执法效能，降低了企业通关成本，据统计货物查验时间和移箱成本均减少50%以上。

打造高效通关模式。海关方面，推进重庆全域海关业务一体化改革，探索实施涵盖接单审核、全域通关、审核备案、外勤作业、科技应用、综合保障"六个一体化"改革，形成专业接单、分类处置、就近报关、多点验放，网上受理、集中审核，协调统一、联动处置，智能集约、管减简便的新模式。改革后企业可选择就近海关申报，审核事项实现"当天送、当天办、当天取"；通过集约化作业和管理，释放近一半人力资源到海关一线监管。同时，全面推动通关无纸化改革，重庆海关无纸化报关单比例达97%以上。检验检疫方面，牵头组织长江经济带沿线12省、市、区检验检疫相关机构，建立以"出口直放、进口直通"为核心的一体化通关模式。截止到2015年10月底，对1.2万余家进出口企业实施了8万余批出口直放业务，为企业节省费用2000余万元。通过推行"通报、通检、通放"，实现企业可自主选择重庆境内任一检验检疫机构办理申报、签证、放行手续；广泛采用移动互联等信息化技术，实施无纸化申报，提升了申报便利性。2015年，重庆口岸检验检疫申报量位居中西部省市前列。

推进区域通关合作。助力重庆海关、检验检疫局全面融入全国区域通关一体化管理大格局，加快实现与全国各区域通关机构互联互通，实现"多地通关，如同一关"，使重庆口岸进出口平均通关时间大幅下降，海关进出口作业时间分别快于全国5.5小时和1.19小时，检验检疫每批出口货物通关放行时间平均节省0.5天以上，节约成本约100元，每批进口货物通关放行时间平均节省1天以上，节约成本约300元。推动重庆检验检疫局与丝绸之路经济带沿线11个省、区相关部门，建立了包含强制性认证监管一体化、丝路沿线国家认证认可和食品注册监管制度研究、出口食品企业备案改革、内陆进口汽车口岸认证监管等9个方面内容的认证监管合作联动机制，推进区域认证执法互助。全国海关特殊监管区域现场会、"第二十三届中美植检双边会谈"、第一届"一带一路"

检验检疫高层国际研讨会等均在重庆两江新区召开。促成"渝新欧"国际大通道沿线国家和地区联合发表加强检验检疫合作的《重庆宣言》，有效提升了重庆及两江新区参与区域合作的水平。

2. 坚持以贸易便利为重点，形成推动贸易方式转型升级的支撑体制

形成有利于贸易多元化试点的机制。重庆两路寸滩保税港区是国务院批复开展贸易多元化试点区域之一。围绕贸易功能区"加工制造+贸易多元"双轮驱动的发展目标，积极探索贸易便利化机制。海关推行双账册管理方式，放开区内中间物流环节，方便企业自有结转，提升企业物流效率60%。赋予企业内外贸经营自主选择权，通过海关智能卡口系统的互联互通，实现保税、非保税货物分类管理，内、外贸货物分报集出。实施中转货物原产地证明签证政策，针对性采取免于前置审批和品质检验的"双免"模式，成功吸引越南咖啡豆经重庆集散分拨出口欧洲，预计年转口分拨50万吨，销售额达100亿元。

探索跨境贸易电子商务监管模式。重庆是全国首批5个跨境贸易电子商务服务试点城市之一。依托试点政策，率先实施跨境电商小批量进口免于强制性认证特殊检测监管措施，帮助保税备货模式跨境电商产品市场准入成本降低90%以上，准入时限从2—3个月缩短到2—5个工作日；探索推行跨境电商电子标签制度，解决跨境电商产品质量安全监控难题；积极推动建成跨境电商"单一窗口"，实现企业、订单、支付、物流、个人身份等信息"一口接入"，以及关检信息共享、管理互助；针对进口网购备货商品的行邮属性，重庆海关探索建立了"账册备案、卡口登记、入区理货、出仓选查、底账核销"管理新模式；搭建政府主导的"备案制+零收费"公共服务平台，对企业备案、商品备案、税单管理、物流管控、通关审核、退货管理等实施全流程监管。这些体制机制，有效促进了政府管准、管好，又帮助企业提高办事效率，丰富了消费者

购物选择，助推今年重庆跨境电商实现井喷式增长。截至 2015 年 11 月底，累计验放重庆跨境电商进口订单 300 余万票，货值 7.2 亿元。

创新保税展示交易监管模式。复制推广上海自贸区海关创新制度，积极推动保税商品展示交易业态发展，形成具有特色的保税展示交易监管模式。依托重庆保税展示交易中心，重庆海关按照"集中报备、税收保全、清单出库、实时监控、汇总纳税"的监管思路，实现销售系统、仓储系统、视频监控系统与海关辅助管理系统互联互通，实行货物"即销即扣保证金，分销集报纳税"。利用特殊监管区域保税延展功能，创新保税商品出区展示展销监管方式，在重庆观音桥、解放碑、南坪等核心商圈搭建保税交易延展平台，统一实施"中心+平台"的企业运作标准和操作规范，为企业运作提供便利条件，既实现了海关的有效监管，又帮助企业拓展了营销渠道。实施"集中预检、出区备案，汇总申报核销"的便利化通关流程，在产品质量安全风险可控前提下，实行免予提供相关证书、免予商品检验、免予标签审核和允许试吃试用的"三免两试"特殊政策，提高保税展示商品通关速度。截至 2015 年 11 月底，保税展示交易中心和 WFC 分中心（延展平台）累计销售额 6970 余万元，其中今年累计销售 5575 余万元。

构建有利于发展货物贸易的机制。优化加工贸易发展机制，重庆检验检疫局针对特殊监管区企业测试用样机出区检测难题，创新 CCC 免办申办主体和后续监管模式，推动笔电产品加快产品研发和更新换代。建立以采信第三方审核结果为核心的出口食品生产企业备案模式，办理时间由通常的 35 天左右缩短到 5 个工作日以内。依托获批口岸功能，通过风险分析、抽样送检分类管理、采信进口商自助检测报告等措施，缩短检测周期，加快通关速度，推动三文鱼、海参等高档冰鲜水产品进口累计超过 5000 吨，水果、肉类进口近万吨，并推动重庆成功实现全国首批澳洲屠宰牛空运进口，开创了我国屠宰牛进口的先例，未来每年可形成产值 10 亿元左右。

3. 坚持以转变职能为突破，进一步提高口岸监管实效

创新监管模式。以实货监管为基础、以流程再造为重点、以科技应用为手段，搭建企业、海关和卡口3个端口互联互通的信息平台，构建互为印证、互为结果的闭合链，探索实施企业自主备案、自主核销、海关重点抽查的特殊区域监管新模式。目前，海关已完成方案总体设计，正着力推进企业管理系统、海关备案系统、卡口实货监管系统的互联互通。

优化行政审批。按照管精、管细、管好的要求，取消口岸存储场地卫生许可、出口商品质量许可、进口旧机电备案等行政审批项目，实施进境动植物产品清单管理，将出口食品生产企业备案、进口食品收货人备案、食品化妆品标签备案下放至特殊监管区检验检疫机构就近办理。

畅通监管渠道。依托海关网上办事服务大厅，及时发布相关信息，并按照企业资信情况推进"网上预审、现场交单"等作业方式，实现全程进系统、能监督、可追溯。建立检验检疫服务特派员制度，选拔检验检疫特派员，对园区、企业提供检验检疫"一对一"服务，促成了重庆30余个大项目生产设备引进和新能源汽车、数控机床等产品出口，同时，对规范区内企业生产经营活动也产生了积极影响。

探索多方合作。支持检验检疫局牵头建立检、政、企多方合作机制，开展进出口商品质量安全"共治"监管体系研究，搭建进出口商品质量安全监管公共服务平台，实现执法司法联动共治，初步形成了质量共治体系。支持创新生态原产地示范区建设，22个产品获得生态原产地产品保护认证，受保护产品和示范区数量均居全国第一。支持重庆长安汽车股份有限公司等7家企业申报中国出口质量安全示范企业。

（二）2016年重点领域体制机制创新工作展望

2016年，两江新区将继续加大与海关、检验检疫等相关部门协调

力度，积极开展区域大通关协作，创新高效便捷口岸监管模式，加快建设内陆地区对外开放重要门户的步伐。

1. 推动水陆空口岸联动开放

大力发展江海联运、铁海联运、国际铁路联运和陆空联运，探索空域和航空资源管理改革，支持航空公司运行卡车航班，发展陆空联运；改造升级口岸集疏运体系，推动果园港—"渝新欧"国际铁路铁水联运取得突破，建设团结村到机场铁路货运联络线，发展空铁联运。

2. 推动区域大通关协作

推进国际贸易"单一窗口"建设，积极参与沿海、沿边及长江沿线区域通关一体化改革，开展跨区域联防联控和联合执法，扩大关检"一次申报、一次查验、一次放行"覆盖面，全面实现信息互换、监管互认、执法互助。继续深入推进重庆全域海关业务一体化改革，以及海关特殊监管区域综合监管改革；加快建设内陆检验检疫改革创新示范区，探索重庆通关执法平台接入电子口岸或保税港区综合信息平台。

3. 创新口岸监管模式

加强电子口岸建设，强化事中事后动态监管。探索区港联动、区港一体监管运作。结合各口岸进出境物流、客流实际，因地制宜、动态调整口岸开闭关时间。推进企业运营信息与监管系统对接，建立企业信用信息采集共享和失信联动惩戒机制，逐步实现基于企业诚信评价的货物抽验制度。充分发挥口岸相关行业协会的作用，促进口岸通关中介服务市场健康发展。

四、浙江舟山群岛新区

（一）2015年重点领域体制机制创新成绩

根据舟山江海联运服务中心建设的需求，进一步优化工作流程，实现"面对面"到"键对键"、"区域化"到"一体化"、"纸质化"到"电子化"的转型升级。

1. 开展口岸海关监管综合改革

一是以科技手段为先导，开发舟山海关综合监管平台，利用AIS船舶自动识别系统，实现对所有进出舟山港及在港国际航行船舶的实时化监控。开发针对大宗商品的联网计量系统，利用油气液化品管理系统、固体散货皮带秤等，将海关监控嵌入企业生产过程，节约查验时间，丰富监管手段。利用全球眼视频监控，实现了海关对国际物流从运输工具进境、靠泊、装卸、驶离等的可视化监管。二是以风险管理为基础，统筹监管资源。对进出口货物、经营企业、进出境运输工具、监管场所等进行风险分析。对于低风险的监管对象，较多采取数据联网、远程视频监控等"虚"的监控方式，对综合风险较高的物流加大现场监管、机动巡查等"实"的监控方式应用力度。达到管少、管精、管好目的。以大宗散货为例，现场查验比率由系统运行前的10%下降到运行后的5.5%。三是以智能化管理为依托，建立统一信息平台。汇集企业申报数据、实际物流数据等各种信息，可以自动进行比对和交叉验证等复杂计算，省略了许多原先人工纸质单证核对的工作量，同时也减少不必要的人为差错。例如在船舶监管上，通过在 AIS 系统电子海图通过标注电子警戒线，形成"电子卡口"和"电子围网"，对船舶未申报擅自进出境或擅自移泊情况进行预警，从而实现了对海上锚地、航道的实体化监管。改革实施以来，每年为企业节约申报、船舶滞港、货物中转等各类费用约 1.5 亿元。同时节约人力资源约 30%，为支持口岸的进一步开放和重点项目的建设创造了条件。

2. 探索口岸便利化合作机制

一是探索实践关检"三个一"。2015 年初，舟山海关和舟山检验检疫局、嵊泗检验检疫局签订了"三个一"合作备忘录，探索关检"一次申报、一次查验、一次放行"的合作模式，并研发申报平台，目前试点工作取得成功，1-11 月共实现关检"一次申报、一次查验、一次放行"货物近 700 批次，覆盖大宗散货、船舶配件、冷冻水产品等货物。推动落实"一站式作业"、实现 X 光机"一机双屏"、查验场地联合查验等口岸监管设施的共享共用。二是实施通关一体化。根据海关总署统一部署，从 2015 年 7 月起，在京津冀、长江经济带、"泛珠"地区、东部地区和丝绸之路经济带这 5 个区域实施通关一体化，企业可以在全国各口岸申报进出口货物，舟山海关积极落实，使辖区内企业享受到通关便利。三是探索行政审批"一个窗口"。根据国务院简政放权的要求，2015 年 7 月，口岸通关服务中心各窗口认真梳理所有行政审批事项，把涉及权限内的行政审批事项归为"一个窗口"办理，避免了行政审批多头受理的情况，企业不用在各相关处室间来回奔波，可在"一个窗口"前"坐享其成"，提高了办事效率，方便了企业。

3. 推进电子口岸建设

一是推行出口货物电子信息放行。在金塘大浦口集装箱码头，宁波舟山两地海关推出了"出口货物海关电子信息放行"举措，实施港区直接报关、卡口 24 小时值守验放。通关便利化，直接促进了企业业务量的提升，截至 2015 年 10 月底，累计完成年度集装箱吞吐量 63.08 万标准箱，较去年同期增长 9.48%。其中，进口箱量 32.05 万标准箱，出口箱量 31.03 万标准箱。金塘大浦口集装箱码头公司现拥有国际航线 10 条，其中西非线 6 条，东非线、俄罗斯线、印度线、中东线各 1 条，航线结构进一步优化。二是完成无纸化通关改革。各查验部门系统内、宁波舟山两地海关之间、关检之间等加快无纸化通关改革，目前已初步实现无纸化通关，并且建立了"沪浙出口直放和无纸化通关"机制，当前直通放行率达到 86%。启动通关单无纸化改革和关检合作，辖区内每批次货物可为企业节约通关时间 2 小时，每年可为企业节约成本 100 余万元。三是启动建设江海联运公共信息平台。借力"互联网 +"，通过对江海物流数据的采集与整合，构筑集"港、船、货"物流信息于一体的江海联运公共信息平台，实现舟山港口与长江沿线港口、船公司、物流企业、商贸企业、电子口岸等航运信息平台的互联互通，促进江海联运物流信息有效衔接和共享，满足江海联运各物流节点的信息需求，提高整体物流效率、降低物流成本、提升服务品质。目前，正与长江航务管理局合作搭建江海联运数据交换平台，完成《江海联运数据交换技术规范》编制，已实现与长江航运物流公共信息平台基础数据的定期交换和物流数据的实时交换。

4. 创新检验检疫监管机制

一是实行出口直放进口直通。2015 年 10 月，长江经济带 12 个检验检疫局全面实施"出口直放，进口直通"检验检疫通关一体化模式。实行"出口直放"，使原出口货物检验检疫通关时间 1.5—2.5 个工作日降低到 1 个工作日，成本从 200 元降为 100 元；实行"进口直通"，原进口货物检验检疫通关时间从 1.5 个工作日降到 0.5 个工作日，成本 450 元降为 150 元。此项举措惠及舟山 70 家出口水产企业，每年可为企业节省 100 万元。二是创新"风险管理"、"诚信管理"、"分类管理"监管机制。创立"以风险评估为核心内容,以诚信管理为调控手段,以信息化辅佐后续监管"的出入境交通工具检疫监管新模式,根据多项疫情疫病输入风险因子的科学组合评估和船舶代理企业的诚信情况,对出入境船舶实施分类管理,在疫情疫病输入传出风险可控的前提下,降低现场登轮查验率,加快船舶放行速度。新模式施行后,总体上降低现场登轮查验率 20%,降低企业锚地交通等各类费用 50 余万元。三是深化出口食品分类监管。检验检疫部门进一步深化出口食品分类监管,把抽检比率降至 5%。目前,辖区内 90% 的产品可享受快速放行,一般出口食品通关时间从 5—10 个工作日缩短到 1—2 个工作日,企业出口检验费用下降 30%。

(二)2016 年重点领域体制机制创新工作展望

2016 年,舟山新区将继续围绕舟山江海联运服务中心建设,认真贯彻落实《国务院关于落实"三互"推进大通关建设改革方案》精神,着力优化口岸环境,提升口岸服务质量,在口岸通关监管方面主要做好以下工作:

1. 承接国际贸易"单一窗口"落地

按照全省统一部署主动对接,尽快在舟山口岸实现海事、海关、检验检疫、边检等通过"单一窗口"办理船舶放行手续和进出口货物申报。建立关检"三个一"查验机制,使之在舟山口岸常态化。

2. 促进宁波舟山两港通关监管一体化

按照省政府关于两港一体化的要求,积极协调各查验单位,推动两关、两检、海事和边检在口岸管理、监管通关模式、收费等方面的趋同一致,规范统一查验检疫行政执法行为,争取实现信息互换、监管互认、执法互助。继续深化"通报通签通放"、出口直放、进口直通、通关单无纸化等通关便利化举措,继续推动进出境船舶、货物、集装箱等的查验检疫监管模式改革。

3. 协助舟山港综保区功能拓展

继续复制推广上海自贸区海关监管创新制度,做好后续项目的建设指导工作。继续支持保税燃料油供应中心建设,进一步优化通关监管流程。支持外轮供应货物配送基地建设,探索实施"一船多能"以及对外供物品集中查验模式。支持进出口船舶配件新业务开展,推进口岸通关监管模式创新。

4. 助推船舶工业转型升级

根据船舶企业的实际需要,在确保正常执法的情况下,继续协调推进查验单位在查验、检疫、进出境申报等方面的便利举措。针对船企布局分散特点,继续向外岛船厂派遣"驻厂服务小分队",提供"船边验放"现场通关服务。

5. 助力舟山远洋渔业基地建设

深入现场指导远洋渔业基地公共服务码头监管设施建设,就远洋渔业监管场所建设、海关监管流程等重点内容进行深入探讨,结合舟山实际情况,探索新形势下"管得住、通得快"的监管方案。开设远洋渔业申报专窗,实施节假日预约通关。

6. 强化江海联运信息化建设

积极参与电子口岸建设,完善口岸单位之间、舟山海关与内陆海关之间信息互联共享,提高江海联运智能化、便利化水平。

五、兰州新区

（一）2015年重点领域体制机制创新成绩

1. 不断完善招商引资工作体制机制

制定出台了《关于进一步加强招商引资工作的实施意见》、《兰州新区招商引资奖励办法》、《兰州新区委托招商管理办法》等文件，不断创新完善招商引资方式，优化招商引资环境，重点围绕石油化工、装备制造、电子信息、水性材料、蓝宝石生产加工和生物医药六大产业，实施产业链精准招商，加速产业集聚发展，新区五年已累计引进产业项目281个，总投资3883亿元，目前，已有中铁建、正威集团、吉利汽车等38家"三个500强"企业落户新区。

2. 积极推进项目落地服务机制创新

成立了石化、装备制造、行政文化中心、科教研发中心、飞地经济、南部综合、综合保税区、高新技术等八大产业园区，实行指挥部模式，推行重大项目代办制和委托办理机制，对重大项目、重大工程实行集中受理、全程免费代办，为入驻项目提供从招商对接到落地投产的全方位服务，加快招商引资项目落地。围绕"国家重要的产业基地"的战略定位，依托八大产业园区，着力推进产业集聚，构建现代产业体系。科天化工、四联光电、亚太伊士顿电梯等25个招商引资项目和兰石集团、青岛啤酒、亚盛亚美特等11个出城入园项目已建成投产，武汉长飞、长城博览园、际华3512等101个产业项目正在加快建设。初步形成了以石油化工、装备制造、电子信息、水性材料、光电制造和生物医药等六大产业链为核心的现代产业体系，产业支撑能力不断增强，2015年工业增加值33.9亿元，占GDP比重22.04%。

3. 深入推进行政体制改革

按照国务院批复先行先试的要求，坚持用改革的思维和创新的办法推动新区发展，重点深化行政审批、投融资、综合执法体制等方面的改革，努力以改革的新成效推动新区的大发展。一是行政审批制度改革取得阶段性成果。规范权力运行，优化审批流程，"四单一网"建设工作全面完成，审批事项压缩至103项，民商事改革积极推进，企业注册实现"三证合一"和"一照一码"，审批流程进一步优化，一条龙服务全面落实。二是综合执法体系建设加快推进。构建权责统一、精干高效的行政执法体系，《兰州新区综合行政执法改革工作方案》已获省政府批复，权梳理完成城市管理、规划、国土等7大领域、35个方面、1791项行政处罚权，正在组建大综合执法局。强化项目管理体系建设，出台了系列涉及权力下放、事前审批和事中事后监管的管理制度，以制度规范行政审批行为。加强在建项目的日常监管，认真抓好工程进度和建设质量，采取不定期检查，协调解决项目建设中存在的问题和困难；定期组织相关部门按照有关规定，认真做好项目回访、整改落实和竣工验收工作，有效推进项目建设进度。

（二）2016年重点领域体制机制创新工作展望

1. 进一步健全招商引资服务机制

继续推进投资项目并联审批制度和全程代办服务，不断优化投资环境。围绕项目引进、落地和建设，加快产业园区体制机制改革，制定出台做实做强产业园区的政策措施，鼓励新区机关干部到园区、提高园区工资待遇，充实园区力量。制定完善规划，强化基层配套，加大协调力度，加快推进临空经济产业园、北站物流园、保税区和职教园区等重点园区建设。同时，瞄准国家"11+6+3+1"重大项目布局，进一步加大PPP模式推广力度，以城市综合管廊建设、海绵城市建设等为重点，认真谋划和争取一批涉及道路、水利、生态、市政、公共服务设施、企业技术改造等重大项目列入国家和省市盘子。

2. 推进多元化投融资体制改革

学习借鉴外地在设立基金、发挥政府作用、利用融资团队等方面的先进经验，深入研究新区融资工作的路径、方法和措施，切实提高新区城投、铁投、土投、中霖公司等企业的信用等级，有效降低负债率。同时，引进多家外部基金公司及金融机构，加强与各大银行、投资机构以及省上大的投资平台对接协商，帮助新区做好融资工作，着力解决新区和引进企业融资难、融资贵的突出问题。

3. 深入推进城镇化体制机制改革

加快规划编制工作，着力把握好合理控制城镇规模、优化空间布局、强化产业集聚、完善功能配套、推进多规合一"五个关键"，抓紧制定完善以总体规划为统领，控制性详规、专项规划为配套的新型城镇化规划体系。加快户籍制度改革，制定出台新区户籍政策及实施方案，探索试行新区居民证制度，凡纳入居民证的城乡居民及外来人口，均可享受城市就业、社保、教育、医疗等公共服务。创新农村社区管理模式，积极推进秦川镇五道岘农村社区试点工作，尽快总结经验并在新区范围内推广，条件成熟后逐步将农村社区转变为城市社区；加大财政资金投入力度，设立社区综合服务中心，完善社区服务信息化平台，逐步承接乡镇下放的公共服务职能，推进优质公共服务向农村社区覆盖。

4. 加快行政审批制度改革

重点围绕出台的《兰州新区 2015 年推进简政放权放管结合转变政府职能工作方案》，严格落实规范行政审批行为的有关法规、文件要求，逐项公开新区部门所有行政审批事项审批流程，压缩并明确审批时限，约束自由裁量权，以标准化促进规范化。加快研究提出指导规范新区部门证照管理的工作方案，对增加企业负担的证照进行清理规范。加快清理规范新区部门行政审批中介服务，公布保留的新区部门行政审批中介服务事项清单，破除垄断，规范收费。完善常态化监管机制，通过书面检查、实地检查、定期抽验等方式，同时拓宽公众参与社会监督的渠道和方式，加快推进社会信用体系建设，切实加强对项目落地后的监管。

六、广州南沙新区

（一）2015年重点领域体制机制创新成绩

1. 以负面清单为核心的投资管理制度基本建立

重点推进2项工作：一是全面实施负面清单管理制度。对外资和内资项目均实施负面清单管理模式，对负面清单以外的项目（企业）统一实施备案管理，投资项目备案实现网上全程办理。目前，已有170家外资企业完成外商投资备案，涉及贸易、投资、融资租赁、物流、生物、科技等众多领域，涉及注册资本155亿元；已办理72个内资投资项目备案，涉及投资总额超188亿元。二是深化商事登记制度改革。建立了企业登记"一口受理"政务系统和并联审批机制，"一照一码"改革在全国率先拓展至工商、质监、国税、地税、公安、海关、人社、统计、商务9个部门，申请者只需在窗口一次性递交材料，材料即被送往相关部门审批，1天（24小时）内就能办妥，将以前的外部流转程序变为政府内部流转，商事登记便利化程度实现全国领先。开展企业集群注册，放宽"一址多照"和"一照多址"限制，对自贸区免费注册地址实行负面清单管理，指导广州南沙投资咨询有限公司建设自贸区企业注册地址服务系统、建立进驻企业管理档案和配合监管进驻企业，积极推动自贸区集群注册企业增长，截至2015年12月，共受理4502户企业使用免费提供的注册地址进行集群注册，占同期自贸区新设立企业总数的95.62%。在全市率先推出银行无偿代办商事登记服务，在自贸区的投资创业者既可选择到区政务服务中心窗口，也可选择到区内就近的银行网点享受免费代办商事登记、银行基本户开设的一站式服务。在全省发出首张地税电子税务登记证，国地税67项业务实现"一窗化"办理。检验检疫签发出口货物原产地证书"金钥匙"一天办毕。

2. 以贸易便利化为导向的大通关体系建设取得重大进展

重点推进9项工作：一是加快国际贸易"单一窗口"建设。南沙口岸作为全市首批试点，已上线试运行货物进出口申报、运输工具申报、跨境贸易电子商务、信息查询等4个子系统，并与南沙自贸试验区官网、一口受理大厅实现链接，企业登录官网即可办理报关、报检等业务。二是率先启动"互联网+易通关"改革。使企业通过互联网进行自助报关、提前归类审价、互动查验、自助缴税，实现重要通关环节"零跑动"、"零耗时"。三是实施海关快速验放机制。依托FS6000、海港智能化管理系统等科技设备，再造南沙港监管查验流程，创设"提前申报、随机布控、货到验放"模式，对需要查验的货物优先实施快速机检，不需查验的货物即卸即放、直接通行，使海关查验作业时间由原来的平均2小时减少为不到10分钟，海关通关时效提高50%以上。四是实施国际转运货物自助通关新模式。通过海关管理系统与南沙新港码头作业数据实时交换，实现24小时全天候自助通关，使货物转驳时间缩短为3—5小时，卸船理货报告生成时间大幅减少到5分钟左右，显著提高企业通关效率。五是在全国率先开展"智检口岸"试点。建立并整合对外公共服务平台和对内业务监管系统，创新事前备案、事中采信、事后追溯的检验检疫工作新模式，实现24小时互联网"零纸张、零距离、零障碍、零门槛、零费用、零时限"的"六零申报"，各主要功能模块均已上线运行，日均处理数据37万余次。同时，在全国率先推出跨境电商质量溯源查询平台。六是构建市场采购出口检验检验"南沙模式"。建立"线上平台+线下检管场"组合监管的创新模式，查验比例大幅度降低了90%，绝大多数货柜通检时间仅需1分钟，需要现场查验的货柜通检时间由原来的 2 到 3 天缩短为 16 分钟，商品合格率提升 24 个百分点。七是重构检验检疫监管流程，推动南沙港区打造"一带一路"战略支点。促成南沙港区与内陆合作建设"无水港"，目前已在清远、肇庆、韶关、中山、顺德、云浮等地对进口废物原料、石材等大宗货物实施中转分流，显著节约了物流成本和通检时间。八是启动"以政府采购形式支付查验服务费用"试点。在南沙进出口集装箱口岸推行政府购买查验服务费用，对查验没有问题的集装箱，由政府承担吊装、移位、仓储等查验费用，减少守法企业成本。自 2015 年 7 月试点至当年 10 月底，免除查验无问题集装箱的查验服务费约 1100 万，受益企业约 2200 家，主要覆盖珠三角外贸企业。九是探索运行"超级中国干线"项目，在南沙自贸试验区建立粤港陆空跨境联运中心，将香港空运货站货物收发点延伸至南沙。

3. 以政府职能转变为重点的事中事后监管制度进一步完善

重点推进 3 项工作：一是推进行政审批制度改革。取消行政审批事项 67 项、备案 43 项，决定转移、调整行政审批事项 15 项、备案 7 项，行政审批事项删减达 37.6%，市场准入前置审批事项由 101 项压减为 12 项。正制定审批清单，优化调整各类审批流程，争取试行"一颗印章管审批"。二是强化事中事后监管。组建了市场监督管理局，对市场主体实施综合监管。建立商事登记认领通报机制，在全市率先实现通过商事登记管理信息平台对新设立、变更的商事主体进行认领监管。率先启动市场监管信息平台和社会信用平台建设，建立涵盖市场准入、经营行为、市场退出的企业信用监管指标体系，该平台集执法信息、网上执法办案、联勤联动指挥、综合执法监察等功能于一体，实现综合行政执法信息化管理，对已登记的近 4 万户商事主体实施分类监管。三是推动法治化建设。建立国际仲裁和商事调解机制，探索引入政府机构和多种社会组织参与案件调解，组建了广州国际航运仲裁院。推动落实内地与港澳律师事务所合伙型联营试点，成立了广州首家粤港合伙联营律师事务所。

4. 以构建现代金融服务体系为目标的金融开放创新深入推进

重点推进 3 项工作：一是加快集聚金融机构。截至 2015 年 10 月，共有各类金融及类金融企业 388 家，同比增长 220%。包括国内首家专门服务大宗商品交易相关金融业务的广州商品清算中心股份有限公司、广州市首家获金融租赁牌照的珠江金融租赁公司等。四大国有商业银行均已在南沙设立自贸试验区分（支）行。中国银行、农业银行、平安银行、中信银行、浦发银行等金融机构已在南沙设立一批创新型金融服务平台。二是开展跨境人民币业务创新。出台和落实《广东南沙、横琴新区跨境人民币贷款业务试点管理暂行办法》，已办理 22 笔人民币跨境贷款业务备案，涉及金额 55.53 亿元，汇入贷款金额累计 24.07 亿元。支持区内企业集团集中管理境外成员企业的人民币资金，提升统筹配置境内外资金的能力，截至 2015 年 10 月末，南沙有 2 家跨国企业集团办理跨境人民币资金集中运营业务，累计结算量达到 17.5 亿元。创新跨境人民币缴税（费）业务，已为远航集团办理首笔境外企业纳税主体的跨境人民币缴税业务。三是深化外汇管理改革。加快推动直接投资外汇登记业务，将直接投资项下外汇登记、变更登记等业务下放区内外汇指定银行办理。积极配合省局申报外债宏观审慎管理试点，已向国家外汇管理局申请将南沙列入试点地区。四是大力发展融资租赁。已落实融资租赁企业退税政策，正抓紧推进内外资融资租赁行业统一管理体制改革试点落地，优化融资租赁产业发展环境。2015 年 1—9 月，南沙已落户 86 家融资租赁企业，注册资金约 310 亿元，实现合同余额超 300 亿元，企业数量和业务规模超过全市的一半。渤海租赁首架以 SPV 方式引进的飞机已交付使用，实现广州飞机租赁零突破。五是积极推动金融新业态发展。明确在南沙设立以碳排放为首个品种的创新型期货交易所，正加快推进报批工作。确定华鑫资本作为香港的股东方，在南沙设立全牌照合资证券公司。推出境外融资、跨境放款、企业货物贸易项下全自动结汇等金融产品业务。

（二）2016年重点领域体制机制创新工作展望

1. 加快大通关体系建设

进一步完善国际贸易"单一窗口"和口岸监管"三互"机制建设。完善海关快速验放机制，拓展检验检疫"智检口岸"新模式，年内逐步覆盖所有进出口业务。深化口岸业务创新研究，推动口岸单位不断出台监管创新措施，力争在国际贸易、国际中转、检测维修、船舶登记管理、航运交易、航运保险、跨境支付结算等方面形成一批全国领先、可推广可复制的经验，促进贸易便利自由。

2. 创新行政管理体制

编制实施权责清单，探索设立法定机构。试点"一颗印章管审批"和"一支综合执法队伍管全部"。实施"互联网+政务服务"工程，推广企业专属网页，完善"五个一"公共服务平台，建设服务型政府和法治政府。

3. 建立宽进严管的市场准入和监管制度

完善负面清单管理模式，深入推进"一口受理"、"一照一码"、"多证合一"、"电子营业执照"、全流程"电子税务局"等高效服务模式改革试点。加快建设市场监管和企业信用信息公示平台，开展企业信用认证和信用等级评价，建立跨部门协同联动的统一市场监管协作机制。推进物联网服务中心建设，提升对企业各环节溯源监管和风险防控水平。

4. 优化法治环境

组建自贸试验区法院、广州知识产权仲裁院南沙分院、广州金融仲裁院南沙分院等一批专业机构，建设广州国际航运仲裁院，建立涉港澳案件商会协调机制。

5. 创新与港澳合作模式

加快推进粤港深度合作，与港澳在资讯科技、专业服务等领域拓展合作，加快推进人才交流、游艇通关、数据传输、社会事务等专项合作。

七、陕西西咸新区

（一）2015年重点领域体制机制创新成绩

1. 创新城市发展方式

一是优化城市形态，构建点状布局的市镇体系。西咸新区摒弃传统"摊大饼"式城市发展模式，按照"核心板块支撑、快捷交通连接、优美小镇点缀、都市农业衬托"现代田园城市格局，构建由特大城市—中等组团城市—优美小镇—村落组成的点状布局的市镇体系。强调城市的高密度开发和功能复合，形成"开敞田园、紧凑城市"的"大开大合"城市空间布局。在城市组团核心板块建设上，集中建成1平方公里左右的城市成熟板块或产业区，形成城市规模和产业聚集效应，核心板块中的市镇各有明确的边界，市镇周边是法定的永久农田和城市的生态功能区。在核心板块建设中注重优化生态环境，比如，新区在建设秦文化公园时，将原来设计的硬质广场改成软质的绿地广场和湿地，成为高强度开发中的绿色缓冲带。实现土地资源的集约节约高效利用，推行亩均投资强度、税收为主要标准的项目用地准入评估制度，严格实施土地招拍挂出让，优先保障重点工程、新兴产业和民生项目用地。通过置换、回购旧工矿企业用地等方式，近四年累计盘活存量建设用地约3.44万亩。

二是建设优美小镇，推动农民就地城镇化。西咸新区把优美小镇作为点状布局市镇体系的重要一环，在核心板块外围依托都市农业、原始村落建设优美小镇，作为城市绿色生态廊道和文化旅游产业带，发挥小镇对于农业转型升级、农民就地城镇化、生态环境提升、社会建设等方面的综合带动作用,实现"产、城、人"的整合聚集,从而推动城乡一体、产城一体。根据建设主体、建设模式,细化了优美小镇的四种类型,即:政府主导的安置型宜居小镇、农民自主改造的民俗产业小镇、城市工商资本为主的特色风情小镇、校企共建型智慧学镇四大类,按照分类指导的原则推进建设。在建设重点上突出四个方面:一是与一村一品和产业兴镇相结合;二是和创业创新相结合;三是突出城市综合功能;四是与农村集体经济股份制改造相结合。把是否有利于农民获益、有利于节约用地、有利于综合体现现代田园城市核心概念和有利于形成可复制、可推广的建设模式。在此基础上,新区专门制定了《优美小镇三大片区规划》。2015—2020年共规划建设35个优美小镇。目前,基本建成空港花园小镇、秦汉酒庄小镇、泾河崇文庄园小镇和茯茶小镇等9个优美小镇。在优美小镇建设中,新区积极探索村集体经济股份制改造,采取股份制的做法,由管委会、当地政府、企业、农民共同出资组建公司改造建设小镇;将城市工商资本引入农村,因地制宜发展产业,通过"一村一品、一户一业"形式,引导广大农民围绕特定产业发展经济,在"家门口"进行自主商业经营;采取多种形式对农民进行再就业培训,大力推动农民就地城镇化。

三是创新拆迁模式,建立"五金制度"。在征地拆迁过程中,充分尊重群众的主体地位、尊重群众感情、尊重群众发展权,确立"不让老实人吃亏"的政策导向、公开透明的工作程序、务实管用接地气的工作方法、与地方政府联合办公的合作模式,最大限度地保障群众合法利益,基本做到了零上访、零加盖,创造了"和谐拆迁"的新路径。同时,稳妥推进社会事务和民生保障,改善新区群众生活水平,新区创造性地推出"五金"(现金+租金+股金+薪金+保障金)新模式,全方位保障拆迁群众的未来生活。在房屋拆迁、土地征收及流转时,群众可以领到补偿的"现金",回迁后可利用闲置的房屋收"租金",在安置小区为回迁群众预留商业用房,由村集体统一经营,群众按商铺入股,可以赚"股金",通过对回迁群众就业培训,推荐到入区企业工作,让群众赚到"薪金",合理优化社保支付,确保群众晚年养老的"保障金",最大化保障征迁群众利益。

四是推行绿色城市集成创新。在规划上保证新区绿色基底。新区规划建设遵循自然山水格局、遵循历史文脉、遵循现代规划理念,优先建设新区生态格局。将渭河、泾河、沣河建设为三条生态长廊,利用104平方公里的大遗址保护区、河湖水系和基本农田构建城市绿色基底,农业和生态景观建设用地占到规划控制范围的三分之二,让城市融入大自然,让居民望得见山水、看得见田园、记得住乡愁。

五是试点建设海绵城市。针对地处西北的自然条件和传统城市在面对暴雨出现内涝等问题,以雨水综合利用为重点,在"海绵城市"建设中通过实现"建筑与小区对雨水应收尽收、市政道路确保绿地集水功能、景观绿地依托地形自然收集"的三级雨水综合利用系统,将调蓄设施与城市既有绿地、园林、景观相结合,构建海绵城市雨水利用体系。让雨水自然积存、自然渗透、自然净化。借助自然力量排水,让城市如同生态"海绵"般舒畅地"呼吸吐纳",实现雨水在城市中的自然迁移。不仅减少了水环境污染治理费用,降低了城市内涝损失,还大大减少建设排水管道和钢筋混凝土的工程量,改善了人居环境,带来了综合生态环境效益。由于新区因地制宜、卓有成效的探索,获批全国首批、西部唯一的海绵城市试点,并作为中国海绵城市建设的案例,入选《2015年应对气候变化中国在行动》国家主题宣传片,在联合国巴黎气候大会上播放。

六是推广绿色建筑西咸标准。参照国际经验制定新区绿色建筑标准,将住建部绿色建筑标准简化为墙体保温、多层玻璃、窗外遮阳、新风系统四大项,在成本较低的前提下使建筑能耗比国家标准降低70%。西咸新区与陕西建工集团等合作,建设建筑产业化基地,大力推广设计标准化、部件生产工厂化、施工装配化的建筑产业化生产,比传统方式的施工用水、混凝土等消耗降低 60%。新区建筑产业化年装配面积 200 万平方米，占全省的三分之二。

七是建设因地制宜、经济适用的综合管廊。综合管廊将市政、电力、通讯、燃气、给排水等各种管线集于一体，实施统一规划、设计、建设和管理。在保证管廊综合性、主要功能性的前提下，成本降低为传统方式的 1/10 左右。同时采取市场化方式，经国家发改委核准发行我国第一笔城市地下综合管廊建设专项债券 5 亿元，为政府融资方式创新、防范化解政府债务风险提供有益尝试。

八是积极推广地热能、干热岩技术等绿色能源。干热岩技术是向地下岩层钻孔至 2000 米左右，通过金属换热器导出地下热能对地面建筑供热的新技术。初期建设投资低，设备寿命长，运行成本仅为传统供热的一半，能同时制热、冷，提供全年生活热水，避免了传统供热的燃煤消耗和污染。西咸新区建成了全国首个小区干热岩供热 PPP 项目，建设经验得到国家能源局和中国工程院的高度重视，并在此基础上研究提出全区推广干热岩技术供热的规范标准和推广意见。

2."一带一路"建设

一是采取一园多地方式建设中俄丝路创新园。落户西咸新区的中俄丝路创新园项目，创造性地采取了"一园两地"的建设方式——在中俄两国各建一个园区，通过"请进来、走出去"战略，促进中俄双方企业互到对方国家投资发展，积极推动中俄企业资源共享，实现互利互惠。项目旨在建设"国家丝绸之路经济带"战略的重要支点和"国家统筹科技资源"战略的新平台，打造中俄两国投资合作旗舰项目和丝绸之路沿线国家合作的重要典范。

二是强化国家级新区之间合作，搭建丝绸之路经济带与海上丝绸之路的合作桥梁。西咸新区与广州南沙新区携手合作，洽商依托中俄丝绸之路创新园，按照"一园三地"的模式建设国际创新合作科技园区。强化制度创新、基础设施互联互通、贸易、投资、金融、科技、文化多领域的合作,通过建立联席会议制度,充分发挥两地龙头企业及行业商(协)会作用,加强两地干部队伍交流合作,实现丝绸之路经济带和21世纪海上丝绸之路的对接,更好发挥国家级新区辐射带动作用,共同推动国家"一带一路"战略实施。目前西咸新区与广州南沙新区已就共建产业合作基地、联合招商机制、共建创新型孵化器、共同加强对国际投资贸易规则研究等达成一致。此外,西咸新区还在中俄丝路创新园基础上,洽商与韩国等国家的"一园多地"合作,搭架跨国园区共建和产业孵化新途径。

3. 以文化促发展

一是以项目为抓手做大产业。西咸新区凭借自身的文化资源优势和丰富的秦汉历史文化遗存,在深度挖掘、整合区域内丰富历史文化资源后,规划丝绸之路风情城、汉唐帝陵等项目,陆续推出秦咸阳博物院、际华园项目、大秦文明园区和梦回大秦视觉光影秀项目。西咸新区专门成立国际文教园区,致力于建设"西咸国际医疗教育先行区",通过国际合作引进高端教育医疗资源,采取省部共建、吸引社会资本等方式,建设国际医疗服务中心、国际健康服务聚集区、国际医学教育基地,目前园区内西咸国际医学城、陕西西咸耀华国际教育学校等项目稳步推进。

二是以"互联网+"为契机做强文化。西咸新区以先进的科技手段,借文化产业之平台,发展"互联网+文化",打造"数字西咸"。西咸新区和中国惠普共同打造的新丝路数字文化创意产业基地项目,通过秦宫风貌再现、秦汉文化演艺、秦汉遗址保护开发以及国际项目的合作引进,促成传媒、娱乐、旅游等秦汉文化产业的一体化,打造数字文化创意全产业链。以产、学、研、投一体化的沣西新城微软创新中心孵化平台,由沣西新城与微软公司合作,将切实提高产业孵化和人才培养水平,提升区域创新驱动能力,为文化产业发展提供强有力的保障。

三是以文化惠民生、做旺人气。泾河新城科技文化产业园以"文化+科技+旅游"为内核，重点发展科技互动体验、影视动漫等文化创意产业，园区集乐华欢乐世界、梦幻水上乐园、假日酒店集群、商业中心、儿童乐园、演艺剧场、动漫产业基地、青年创客基地等多种新兴业态为一体，推动科技与文化的融合发展。其中的乐华欢乐世界2015年7月开园以来，日均接待游客近2万人，成为用文化引领繁荣、支撑区域经济发展的文化旅游新高地。

（二）2016年重点领域体制机制创新工作展望

1. 创新城市发展方式

一是实施2016年优美小镇建设方案。率先建设泾河优美小镇片区（10个）、五陵塬帝陵带优美小镇片区（7个）、沣河两岸优美小镇片区（4个）三大优美小镇群，确保2017年前每个新城建成2个优美小镇，探索形成一套可复制、可推广的优美小镇建设模式，进一步完善新区点状布局的市镇体系，带动"核心板块"、"快捷交通"、"都市农业"的共同协调发展，体现现代田园城市核心概念。

二是完善现代田园城市规划。按照"创新、绿色、协调、开放、共享"的理念编制《西咸新区总体规划（2015年—2030年）》，与新区"十三五"规划、土地利用规划充分融合，实现规划"一张图"。实现控制性详细规划全区域覆盖，形成全域管控、动态管理的控制体系。加快推进海绵城市、综合管廊建设，编制相关建设规划，制定专门指导意见和支持政策。

三是推广绿色城市的集成创新。在新区全域实施海绵城市规划建设标准，把生态格局和雨水综合利用系统作为基础设施有限建设。理顺建筑产业化生产的审批流程，修订完善技术标准，创新市场激励方式，健全建筑产业化推广的扶持政策体系。在核心板块加快标准综合管廊布局，同步推进全区经济实用型综合管廊建设，推广项目收益债的市场化模式。

在总结当前干热岩项目运行经验的基础上出台规范性文件，进一步明晰干热岩 PPP 模式的内涵和实施条件，界定各方主体的职责，形成干热岩项目可复制、可推广的合作模式。

2. "一带一路"建设

一是依托西咸新区能源金贸中心、空港新城两个板块，联合西安市国际港务区共同申报国家丝路经济带自贸区。

二是发挥西安位置居中和航空、铁路、高速公路枢纽的优势，加快建设国际航空物流枢纽；启动西安咸阳国际机场三期工程，打造国家向西开放的门户机场。

三是进一步做实、拓展与南沙新区等国家级新区的合作，探索海上丝绸之路与丝绸之路经济带联动的合作机制，整合能源要素交易平台，共同开展跨境人民币贷款等政策试点。在此基础上，探索同其他国家级新区、丝路沿线国家园区合作新路径，完善"一园多地"互补合作模式。

3. 以文化促发展

一是坚持互联网嫁接文化产业的方式，以文化产业平台建设为载体，利用数字、云计算等互联网高新技术，形成智慧链、平台链、服务链、贸易链四大产业链条，提升文化产业的市场针对性和国际化。

二是重点打造西咸国际文化教育园区、西咸国际医疗教育先行区等新一代文化产业集群。

三是加强指导，充分调动社会各方面的力量，稳步推进丝绸之路风情城、汉唐帝陵项目、陕西广电传媒中心、陕西文化艺术博物院、西影文化产业园建设。

四是完成新型城镇化视角下的大遗址保护工作研究，结合新区实际，建立适应新型城镇化的文物保护体制机制。

八、贵州贵安新区

（一）2015 年重点领域体制机制创新成绩

1. 创新"三规融合"机制，优化产城融合发展的空间布局

一是健全规划管控体制。新区规划建设委员会组建运行，制定出台新区城乡规划管理办法、城市规划技术管理规定等一系列规范性文件。开展山地特色"多规融合"试点，完善"一张图"管理机制。建设数字化规划管理系统，落实"一控规多导则"管控原则，建立山地型城市多维化规划管控体系。同步编制完成市政、综合交通、水系统、绿地系统等 26 个专项规划，初步构建了规划体系。

二是健全空间管理体制机制。实施"一核两区"的主体功能区战略，完善分区规划指引，构建"组团＋群落"山地特色新型城镇化空间布局，形成"双联式、卫星城式"发展模式。逐步完善"三区四线"（禁建区、限建区、适建区，绿地保护绿线、水体保护蓝线、文物保护紫线、基础设施建设黄线）管理机制，科学有效控制城市规模、开发边界、开发强度和保护性空间。

三是突出打造城市特色风貌。在"六点共识"、色彩规划、城市风貌研究的基础上，率先编制了贵安新区建筑风貌导则，通过对全省 17 个世居少数民族元素进行提炼深化，形成"现代本土、多元融合、清新亮丽、生态智慧"和"绿水、青山、红瓦、白墙、披檐、收颈、竖窗、通廊"的独特建筑风貌指引，与新区山水风貌、人文风貌融为一体，打造传承与创新、本土与国际、当代与未来相融合的城市风貌。

2. 创新现代产业体系发展机制，夯实产城融合发展的物质基础

一是创新管理体制。按照"小政府大市场"的基本原则，建立贵安新区党工委管委会，统筹政策制定、产业布局，突出集聚以大数据大健康医药等产业集聚。

二是完善产业激励机制。对入驻新区且符合产业发展方向的企业、大项目和总部经济，视情况给予产业扶持。同时通过财税政策和环境政策构建产业退出迁移机制，促进城市产业结构优化升级。

三是创新产学研一体化发展体制。以产业园区建设为核心载体，推动科技研发及成果产业化，构建以市场为导向、企业为主体，"政、产、学、研、资、服"六位一体区域协同科技创新体系。入驻企业正申请专利9项，已获授权12项。2015年争取到升级科技项目扶持的企业4家，成为"百千万企业"的2家。

3. 创新园区开发运营机制，打造产城融合发展的硬件支撑

一是创新园区运营机制。按照"政府授权、企业管理"的原则，探索设立了3个企业化园区管委会，与园区管理公司"两块牌子、一套人马"，开展市场化运作，自负盈亏、自求平衡、自我发展。初步形成了以黎阳高新区、夏云工业园、羊昌工业园、清镇物流园、石板镇金石产业园为基础的产业园区分布格局，在建材制造、资源加工、装备制造、特色轻工业等领域具备一定的产业基础。

二是创新开发模式。新区着力创新投融资体制机制，抓好开发投资公司建设发展，初步建立现代企业制度，累计融资到位资金超过400亿元，实施项目69个，总资产规模达1623亿元，净资产1136亿元，基本具备承担直管区重大项目建设和资本运作能力。

三是大力建设园区硬件设施。推进城市道路框架建设，总投资400多亿元、总里程330公里的城市骨干路网和园区、大学城主要路网基本

建成通车,其中,"七横四纵"骨干路网已建成黔中、贵安、兴安、百马、金马等5条大道,初步形成内畅外联的交通路网。

四是创新征地安置模式。结合产业布局和区域统筹规划,引导项目向产业集中区集聚,允许造福工程、地质灾害威胁搬迁等符合"一户一宅"用地条件的农民,安置到新型社区居住,并按照拆迁安置标准配建商业服务设施,全面落实和谐征迁工作法,探索留地(物业)安置、入股安置、住房安置等多种安置模式。

4. 创新环境治理生态保护机制,培育产城融合发展的环境优势

一是积极探索污染防治和环境污染第三方治理机制。按照"谁污染、谁付费"和"制治分离""治管分离"的原则,推动建立生态补偿、环境污染责任保险、生态保护联防联控等机制,建立生态资产负债表,完善并实施最严格的产污强度准入制度,推进垃圾分类回收无害化处理,成立省级环境资源交易中心,探索环保机构向乡镇延伸强化。

二是吸引社会资本投入生态环境保护。引进和扶持一批有环保优势的企业进入环境污染第三方治理市场,对环境保护设施建设、污染物处理等提供有偿服务。抓住列入全国首批海绵城市建设试点的重大机遇,重点实施封山育林、生态修复、水源保护、水源涵养"四大工程",围绕公共建筑、湿地公园、综合治理等8大类,实施67个项目,确保年径流总量控制率达到85%,年径流污染去除后水质不低于Ⅲ类,打造海绵城市样本。

三是健全产业选择环保评价前移机制。所有项目落户贵安前,必须通过环保部门的把关和审查。不符合生态要求的,再大的项目也不能要。富士康第四代绿色产业园引进了国外最前卫的园区建设理念,其厂房建设的节能环保设计比普通厂房价格高二三倍。初步估算,与成都、郑州等地的富士康产业园相比,贵安新区富士康第四代绿色产业园的厂房能耗比将下降20%左右。

四是加快生态文化建设。依托北京大学(贵州)生态文明研究院建

设，实施生态文化培育工程。全面开展生态文化教育活动，大力开展绿色机关、绿色企业、绿色家庭创建活动，培养低碳环保的生产生活方式。探索生态文化建设市场化方式，营造生态文化氛围，支持各类社会组织广泛参与生态建设。

5. 创新城乡社会治理机制，彰显产城融合发展的品牌特色

一是完善社会稳定风险评估机制，营造开发建设良好环境。聘请律师事务所等第三方评估机构对重大工程进行评估，对项目的合法性、合理性、可行性、可控性进行全面、充分的分析及评估，客观、科学地确定了项目实施的风险等级。针对贵阳、安顺在征收等方面的政策差异和突出矛盾，出台了调平政策措施，征收土地过程没有发生一起恶性群体性事件。

二是探索创新新区社会治理模式。构建了"234"（应急与非应急两措并举，新区、乡镇、村（社区）三级联动，电话、网络、短信、微信四位一体）便民服务与社会治理新模式。

三是创新新型"政社互动"模式。健全"四个一"（一个党委、一个居委会、一个便民服务站、一个综治办）社区组织架构，完善"三级联动"（社区、社会组织、社会工作专业人才）机制。

四是探索公共服务体系建设新机制，提高公共服务供给水平。大力发展优质教育。拟定建设、引进品牌学校，高标准建成一批幼儿园、小学、初高中、中等职业学校，满足10万人入学需求。聚集优质医疗卫生资源。探索民间资本进入医疗领域的新机制，建设知名医院，扩大医院床位，建设若干地市级医院和疗养院。提升城市文化品位。引入民营资本进入文化体育设施建设领域，建设标志性文化体育设施，形成文化新地标。健全新型医疗卫生服务体系。鼓励社会办医，推动民办医疗机构在准入、服务质量监管、医疗保险定点资格等方面享受公立医院同等待遇。按服务人口合理规划增设新型社区卫生服务机构，逐步开展流动人口公共卫生服务并提高人均补助经费标准。

6. 创新园区与城镇化统筹发展机制，提升产城融合发展的民生质量

一是构建以工促农、以产带城，促进城乡协调发展的工作机制。设立"中国贵安新型城镇化发展投资基金"，统筹推进城乡基础设施、产业发展、户籍管理、社会保障、公共服务等方面一体化发展。探索设立了资金募集对象为直管区农民的集合资金信托计划，帮助农民理财，增加财产性收入。全面实施"四在农家·美丽乡村"基础设施建设六项行动计划，按照"配套好、产业强、百姓富、村庄美"的基本要求和"三型五类"村庄规划体系统筹推进美丽乡村建设，逐步实现基础设施全域覆盖。出台了医疗、养老、教育和支持发展交通运输及建筑业的系列政策措施，农民运输队从10个增加到94个、建筑队从5个增加到53个、专业合作社从37家增加到70家，农民人均纯收入实现翻番。

二是推动优势教育资源向园区扩展。实行"小片区"管理。按照常住人口规模统筹中小学（幼儿园）布局规划，扩大公办幼儿园覆盖，异地务工人员随迁子女就学纳入园区学校及九年义务教育工作范畴，与城镇学生享受同等教育。逐步实施高中三年免费教育，所有高中逐步面向异地务工人员随迁子女开放招生，平等享有参加中考、高考的权利。

三是围绕产业园区建设，配备相应设施。健全新型医疗卫生服务体系，鼓励社会办医，推动民办医疗机构在准入、服务质量监管、医疗保险定点资格等方面享受公立医院同等待遇。按服务人口合理规划增设新型社区卫生服务机构，逐步开展流动人口公共卫生服务并提高人均补助经费标准。

四是推行无差别就业扶持政策。逐步实现持有居住证的异地务工人员享受城乡劳动力均等的公共就业体系服务。出台支持交通运输业、建筑业和农村经济合作组织发展的政策措施，对新区群众开展就业、创业、文明素质三类免费培训，推动新型工业化搭建就业平台，促农转城人员就业。

五是加快构建新型现代化乡村。基本等同城市社区标准配套建设村

庄的公共设施，逐步实现公交、供排水、供气、环卫、通信网络等公共基础设施全面融入中心城区。优化教育、医疗、体育、文化等公共设施布局，加快推进城市基本公共服务向农村覆盖，加快形成全域一体、布局合理、和谐共生的基本公共服务体系。

7.创新改革开放体制机制，增强产城融合发展的内生动力

一是深化管理体制改革。新区率先在全省晒出"权力清单"，行政审批事项从700多项精简到149项，开通了新区、乡镇和村三级联网的网上办事大厅；实施了19条商事登记改革措施。"统分结合"管理体制进一步完善，与贵阳市、安顺市分别签署了合作协议，在规划建设、基础设施、产业发展、生态环境等方面明确了联动发展的主要任务。

二是创新开发模式。着力创新投融资体制机制，抓好开发投资公司建设发展，初步建立现代企业制度，累计融资到位资金超过400亿元，实施项目69个，总资产规模达1623亿元，净资产1136亿元，基本具备承担直管区重大项目建设和资本运作能力。

三是推动开放平台建设。贵安综合保税区获得国务院批复设立，综保区总规编制和土地房屋征收工作已经完成。中国—东盟教育活动周永久会址开工建设。与浦东签订"友好新区"合作协议，重点合作共建浦东（贵安）产业园和贵安金融港（金融创新实验区）。

（二）2016年重点领域体制机制创新工作展望

1.进一步统筹城乡体制机制创新

发挥贵安新区统筹城乡发展示范区的功能，加快推动统筹城乡发展机制体制创新，探索推动建立农业人口转移的体制机制，特别是探索农业人口转移政府、企业、个人共同分担的成本机制。同时，全面放宽落户条件，允许省内农业转移人口落户新区，在一定时期内保持其原有土

地承包经营权、宅基地使用权、集体收益分配权等，自主选择按规定参加养老保险及医疗保险形式，并允许其原有权益交易流转。

2. 加快推进配售电侧试点改革

重点推进配售电侧试点改革工作，抢抓改革红利，进一步加快配售电公司的组建工作，有序推进新区能源供应基础设施建设，从而有效降低新区综合能源价格，提升新区能源服务水平，使新区企业获得更多市场与利润空间，极大增强新区竞争力，同时积累配售电改革试点经验，为全省电力改革形成示范奠定基础。

3. 推进对外开放体制机制改革

主动融入"一带一路"，积极对接黔渝新欧国际贸易大通道，深化与发达国家及周边区域的交流合作，加快国际化步伐，融入全球发展进程。加快贵安综合保税区建设，重点发展保税加工、保税物流、保税服务三大业务，积极探索政策体制机制创新，创造逐步向自贸区发展过渡条件；加快中国—东盟教育交流周永久会址、中非合作论坛永久会址建设；加快中印产业园、中德环保产业园和总部基地建设。充分利用"1+7"开放创新平台，推动与其他国家级平台在规划建设、基础设施、产业布局、生态环境、改革创新、招商引资、人才资源等方面资源共享、协调联动，最大限度地共同争取国家政策支持，强化与各区的产业互动，深化产业互补，形成对外开放发展的合力与长效开放合作机制。

4. 全面实施国家新型"海绵城市"建设试点

推动建立海绵城市一体化管控平台和在线排水监测预警系统，建立城市防洪和排水防涝应急预案体系，建立健全公众参与和监督机制，加强海绵城市建设理念与低影响开发设施的宣传与引导，提高公众及全社会对海绵城市建设参与度。

九、青岛西海岸新区

（一）2015年重点领域体制机制创新成绩

1. 形成外引、转型和内生三种高端海洋科技平台发展模式

重点围绕海洋产业技术短板，依托特色产业园区，探索形成了外引、转型和内生三种高端海洋科技平台发展模式，有效促进了海工装备、海洋生物、军民融合等产业快速发展。

外引模式：依托海西湾海工船舶装备基地，新引进了中船重工海工装备研究院、克瓦纳海工装备研究院、山东海工装备研究院等三家科研院所，提升了船舶、海工装备的设计制造水平。其中，中船重工海洋装备研究院项目总投资30亿元，将重点围绕高技术船舶、海洋工程装备、深海潜器等海洋装备，以及动力系统、电力系统等关键系统，构筑海洋装备自主创新体系。目前，海西湾海工船舶装备基地是国内最大、配套功能最完善的船舶海工产业基地之一。

转型模式：依托古镇口军民融合创新示范区，集聚军民融合科研机构，加强军民融合产业研究。在原先拟建设的哈尔滨工程大学分校的基础上，将其转型成为哈工程青岛船舶科技园，依托哈尔滨工程大学船舶工业、海洋开发等优势，引入该校系列创新团队，开展研发创新和科技成果产业化，3至5年内建成船舶与海洋工程装备高新技术产业孵化基地、创新技术研发基地、创新人才培养基地三位一体的产学研综合创新平台。此外还新引进了中科院青岛轻型动力研究所等高端军民融合科研机构26家，引进5个研发团队，从事海洋先进性材料等军民融合产业

图 2.18　军民融合发展创新中心

技术研究。目前，古镇口军民融合创新示范区共拥有科技研发、装备技术保障、社会化保障、教育培训等四大类 85 个军民融合项目落户，总投资 600 亿元。

内生模式：依托海洋生物产业园，发挥明月海藻、聚大洋海藻等重点海洋生物企业优势，鼓励企业与大院大所共建重点实验室，开展海藻加工、海洋药物和海藻应用研究技术攻关。今年明月集团获批建设国家科技部第三批企业国家重点实验室，是新区第一家国家重点实验室。海洋生物产业园拥有省级以上创新平台 8 个，获得发明专利 64 项和省级以上重大奖项 2 项，其中"海洋水产蛋白、糖类及脂质资源高效利用关键技术研究与应用"获国家科学技术进步二等奖；"低值海洋水产品高效利用技术研究与开发"获教育部科学技术进步一等奖。园区拥有 863 国家高技术研究发展计划成果产业化基地 3 个，国家海洋科学研究中心产业化示范基地 1 个，院士专家工作站 2 个，博士后专家工作站 2 家，是国家高技术研究发展计划成果产业化基地。

2. 围绕优化科技资源配置，打造"两港一中心"

"国际海洋人才港"围绕海洋产业需求，加大高层次人才引进、培育和服务工作力度，改革人才引进方法。出台了《关于打造"国际海洋人才港"的实施意见（试行）》、《特聘专家评选管理办法》等相关文件，对高层次人才落户、购房给予一系列的优惠政策，吸引人才来新区创业。全年引进各类高层次人才 2000 余人。

"国家海洋信息港"启动建设国家海洋科技协同创新中心，推动全区科技资源开放共享和信息服务。国家信息中心软件评测青岛中心、中科院地理信息与文化科技产业基地、中国石油大学（华东）导航与遥感团队等一批涉海信息服务项目已正式入驻并投入运营。

"国际海洋产权交易中心"主要在海洋产权重点领域进行改革创新，年内顺利完成两宗海域使用招拍挂，是全国网上首次对海域使用权进行公开"招拍挂"出让。交易中心将以促进海域和海岛使用权、海洋矿产资源开发权、海洋排污权、海洋知识产权、涉海企业产权的依法有序流转为核心，逐步建成面向全国的海洋产权交易平台。

3. 创新资金支持方式

对海洋科技产业进行重点扶持和靶向扶持，设立了海洋科技创新服务平台专项，兑现海洋科技专项资金 720 万元。设立了科技创新创业载体建设发展专项资金，每年安排预算 2000 万元，用于支持科技孵化器的运营和发展。下达年度科技创新创业载体建设发展专项资金 1100 多万元。制定下发了《人才发展专项资金管理使用办法》、《科学技术专项资金管理办法》、《专利扶持与奖励资金管理办法》等扶持政策。

4. 完善服务体系

提高新区海洋科技核心竞争力。已获批国家知识产权示范区，成为

2015 年国家批准建设的 7 个示范区之一；山东知识产权运营中心正式投入运营。出台知识产权和科技服务补助办法，截至 2015 年 10 月底，新增专利申请 11069 件，其中发明专利 3868 件，授权发明专利 994 件，均位居全省前列。加快创新创业孵化载体建设，在海洋工程、海洋生物、军民融合领域搭建科技公共服务平台，重点孵化一批科技型中小企业。目前，新区拥有市级资质以上孵化器 11 家，其中国家级 2 家，孵化器累计入孵企业达到 515 家。

5. 推进国际海洋技术合作

依托东亚海洋合作论坛永久会址落户新区，启动建设面向东亚的海洋科技合作中心，明确了海洋科技交流、人才培养等相关工作方向和重点；举办蓝色经济发展研讨会，邀请中国工程院院士、国内外石油矿业机械领域专家学者就深远海资源开发技术进行探讨，为海工装备产业发展明确方向。

（二）2016 年重点领域体制机制创新工作展望

1. 推进供给侧结构性改革

去库存领域，按照房地产市场分类调控、因地施策的总要求，充分发挥新区先行先试的政策优势，率先实行新区新房新政，从放宽购房落户条件、扶持人才安家创业、创新村改安置模式以及实行公积金异地缴存本地贷款等 11 个方面，打出稳定房地产市场"组合拳"，促进新区房地产市场平稳健康发展。

去杠杆领域，着眼破解融资难题，创新投融资体制机制，打好银行信贷、基金融资、股权融资以及企业债券融资的"组合拳"，同步推进产业"转调创"和基础设施建设。采取政府引导，多元投入的方式，设立首期 3 亿元规模的产业投资引导基金，设立总规模 600 亿元的城市发展基金和基础设施投资基金，市区政府和万达集团共同设立 50 亿元的影视产业发展基金，与国家开发银行、农发行等政策性银行就重点领域的长期低息贷款达成意向。创新投融资模式，地铁 13 号线、沐官岛水库等一批重大工程运行 PPP 模式解决建设资金，经济技术开发区、董家口循环经济区区域等通过项目打包，进行"组合融资"。从力推金融创新、设立企业续贷过桥资金、增强融资性担保机构担保能力、政府根据业绩择优选择合作银行、推荐投融资项目、建立政银企对接机制、加快推进信用体系建设等 12 个方面，强化政银企沟通协调联动，坚定信心、强化措施，促进新区经济持续健康发展。

降成本领域，着力突破政策制度改革创新，制定出台增强各大功能区内生动力的政策措施。优化民营企业发展环境，制定出台促进民营经济发展意见。制定实施新区产业发展十大政策，梳理规范已出台的各项扶持政策及操作流程，通过政策创新扩增量、优存量。开展降低实体经济企业成本行动计划，完善和落实支持住宿餐饮业发展相关意见，推进商贸业发展。

2. 深化海洋科技自主创新体制机制

推进"西海岸技术"、"西海岸创造"品牌建设。2016 年，以应用性、系统性、集成性科技创新为重点，围绕海洋工程装备、深海潜器等海洋装备以及动力系统、电力系统等关键系统领域，攻克一批关键技术及其配套集成技术。推进技术成果孵化和企业自主研发，推动一批科技成果实现产业化。

塑造"两港一中心"海洋创新服务品牌。一是"国际海洋人才港"围绕海洋产业需求，加大高层次人才引进、培育和服务工作力度，对高层次人才落户、购房给予一系列的优惠政策，吸引人才来新区创业。二是"国家海洋信息港"建设国家海洋科技协同创新中心，推动全区科技资源开放共享和信息服务。集聚国家信息中心软件评测青岛中心、中科院地理信息与文化科技产业基地、青岛市勘察测绘院西海岸分院、中国石油大学（华东）导航与遥感团队等20多个涉海信息服务项目入驻并投入运营。三是"国际海洋产权交易中心"主要在海洋产权重点领域进行改革创新，开展海域使用、海岛使用权、海洋矿产资源开发权、海洋排污权、海洋知识产权、涉海企业产权流转服务业务，逐步建成面向全国的海洋产权交易平台。

完善海洋科技成果转化机制。一是强化产学研协同创新。鼓励和支持各创新主体探索多种形式的协同创新模式，建立联合开发、优势互补、利益共享、风险共担的运行机制。组建一批产业技术创新联盟，形成市场化、运行规范化和管理社会化的发展机制。二是强化科技创业载体建设。建立完善的"苗圃—孵化器—加速器"孵化体系，试点"联络员＋创业导师"的服务机制，探索基于互联网、创客等新型孵化器方式，鼓励有条件的孵化器向外输出孵化服务。三是组建海洋科技成果转化引导基金。引导创业投资机构向初创期科技型中小企业投资。四是建设科技创新公共服务平台。在海洋产业技术标准化、大型科学仪器设备共享、海洋科技成果转化和中介服务等领域建设整合一批科技创新公共服务平台，面向各类技术创新主体提供科技信息、技术合同登记、专利维权、成果评价等服务。五是推动科技成果使用处置和收益改革试点。探索把科技成果的使用权、处置权和收益权赋予创造成果的单位，鼓励采取转让、许可、作价入股等方式转移转化科技成果。

3. 推进军民融合创新体制机制

以建设军民深度融合发展样板区、靠前综合保障示范区、陆海统筹特色海军城为目标，2016年重点围绕以下几个方面进行创新突破：

完善军地协调机制。完善军民融合联席会议制度，推动建立军地部门联合参加的青岛西海岸新区军民融合深度发展协调推进小组，重点加强对古镇口军民融合创新示范区建设发展的支持和指导，协调解决有关重大问题，加强军地之间需求对接、布局统筹、战略协调、规划衔接和政策落地，形成协调顺畅的双向互动机制。同时，成立青岛古镇口创新示范区管理机构，合理确定机构规格，军方有关单位参加，探索法定机构管理和职员制试点。

建立基础设施共建共享机制。以实现航母基地与周边铁路网、高速公路网、海上运输通道和航空网络的全方位连接为目标，加快规划建设青连铁路及军港连接线、推进海军军用机场建设。加强信息网络、卫星导航、卫星通信、固定通信、移动通信等信息基础设施共建共用。创新重大基础设施军地联合论证机制，探索"负面清单＋特许经营"社会资本融资模式。

构建军地科技协同创新机制。以军地协同创新、共享共用为目标，推进中科系、中船系及涉海高等院校入驻，重点建设高技术船舶与海洋工程装备共性技术中心、国家军民两用技术标准认证中心、电子核心产品检测中心、军民两用技术及产品展示交易中心。建设军民融合研究院和千万平方米科技孵化器，打造军民融合"双创"示范基地。建立军民科技产业发展中心，促进创新创业要素集聚，形成涉军、涉海高科技产业集群。

构建军地人才共育共用机制。探索建立船员、海员和海军士官学历与技术资格互认机制。依托高等院校开展军地通用专业培训，依托武器装备研制单位储备军地通用新兴专业人才。推进军地共建国防大学现地教育基地、中国海军军官大学、哈尔滨工程大学青岛校区、中科院大学海洋学院、中国海洋大学珠山校区等一批涉军涉海高校入驻。开展军地干部交流挂职、军队人才参与地方科研活动。发布军地人才需求目录，将部队转业士兵、军官纳入地方职业培训和就业创业服务体系。建设军地人才培养中心，探索建立依托国民教育培养涉军人才的新模式，形成每年3000人规模的承训能力。

构建军地社会化保障体系。探索建立军地有机衔接的公共服务制度体系，在教育培训、就业创业、医疗卫生、保障性住房、社会保障等公共服务领域先行先试。实施"互联网+"军民融合行动计划，建设线上线下互动的军港食品综合保障服务平台。新区高端人才住房保障政策覆盖古镇口军民融合创新示范区部队官兵。军民共建综合性医院、海上医疗急救中心、海军博览园。建设军队社会化保障中心，通过市场化运作拓宽保障渠道，提升军港综合保障水平。

构建应战应急一体化国防动员机制。以有效提升应对战争和突发事件的综合效能为目标，建立健全应战应急军地指挥协调、会商研判、信息共享等机制，完善上下联动、协调互动、实用管用的国防动员预案体系，整合军地双方应战应急资源，扎实推进各类人才队伍、技术装备和训练设施建设。优化舰船维修保障企业布局，推进专业保障队伍规范化建设，实现快速支援、就近服务，提高将海洋科技和经济优势转化为海上维权力量的能力。争取筹办国际海事防务展。

4. 推进海水淡化产业发展体制机制创新

将海水淡化纳入新区水资源配置体系。将海水淡化的利用纳入新区资源能源和城市基础设施配套规划，根据新区水资源空间布局，统筹各类水资源利用，明确海水淡化应用的重点区域和领域，在董家口等淡水资源紧缺的重点功能区逐步推进利用海水淡化水。

建立海水淡化水资源费补偿机制。完善《水资源费征收使用管理办法》，加大对海水淡化项目和推广应用工程的补助和贴息力度，加大节约水资源奖励，有效降低海水淡化水应用成本。

实施海水淡化电价优惠政策。对于海水淡化项目用电，争取由"工业用电价格"转为"居民生活用电类的非居民用户价格"的优惠电价，以降低海水淡化水生产成本。

支持用水大户和居民使用海水淡化水。对于工业企业使用海水淡化水给予低于常规水的价格优惠，差额部分财政补贴。加强海水淡化水的专用管线配套建设，政府出资直接向使用海水淡化水的工业企业用水大户敷设专用管线。对于海水淡化水居民用户直接补贴水价。

提升新区海水淡化技术研发能力。设立海水淡化科技创新专项资金，支持低温多效和反渗透自主技术装备研发和示范，突破反渗透膜研发和制备等前沿技术。建立公共研发转化平台，优先支持产业化基地建设，鼓励企业建设研发机构，鼓励新区高校、企业和区外科研院所、高校、企业联合开展协同创新，形成核心竞争力。设立海水淡化科技成果转化引导基金，推进形成多元化、社会化的海水淡化产业投入体系。

加强海水淡化标准体系建设。研究制定海水淡化产品标准、技术标准、取排水标准、检测标准、监管标准以及相关设备设计标准和质量标准等，加强对产业的技术引导和规范。

5. 推进"六便利两有效"营商环境改革

借鉴世界银行营商环境评价指标体系，推动营造便利化、国际化、法治化的营商环境。市场准入更便利，全面取消社会投资类项目前置审批，率先实现工商登记"三证合一、一照一码"，新增市场主体实现翻番增长。规划建设更便利，国内首创规划公告许可制，率先实施社会投资类项目施工弹性许可、一地多用等制度，项目建设周期缩短1年左右。金融服务更便利，加强金融服务创新，提升融资担保能力，推进区内银行机构升级，力争3家银行机构升级为分行，5家银行拟设立分行。通关贸易更便利，实施加工贸易无纸化暨三方联网审批改革，建成运营全省首个跨境电商产业园。知识产权保护更便利，在设立全省首家知识产权仲裁院、巡回法庭的基础上，强化知识产权保护，建设国家知识产权示范区。市场退出更便利，实行市场主体注销简易程序，营造良好企业生态环境。政策引导更有效，制定出台产业发展十大政策、新房新政十一条、支持餐饮旅游业发展十四条、政银企联动助推经济发展十二条等政策举措。市场监管更有效，建成启用国内首个县区级商事主体信用信息公示平台，参照国际标准，引入第三方评估，探索建立营商环境评价体系。

6. 完善特色小镇发展建设体制

创新特色小镇建设机制，按照新区主导、镇街主力、企业主体的"三主"模式，着力在延伸、完善、提升、改革上做好文章，打造海青茶艺小镇、张家楼意象小镇等12个特色小镇。创新投融资机制，每个特色小镇成立一个投融资建设发展平台，以国企参建带动民资投入。创新"特色小镇+互联网"、"特色小镇+文化旅游"发展机制，在全省率先施行农村淘宝"2.0模式"。创新新型农村社区和特色产业园区"两区"共建机制，发挥镇驻地核心功能作用，计划向镇驻地异地搬迁村庄20个以上，镇区新增人口2.2万人。创新城乡统筹脱贫机制，建立统筹城乡精准脱贫机制，实行大功能区结对帮扶经济薄弱镇，成立国有公司专业运营扶贫补助资金，实行城市贫困线和城市低保线"两线合一"。

7. 推进生态体制改革

实施"蓝色海湾"整治活动，围绕"拆违建、清岸线、调项目、修慢道、植绿化、保文化"，推进海岸线整治，建设滨海文化大道、旅游大道、生态大道、景观大道，完成112公里范围内违建拆除和征地拆迁、养殖补偿、项目调整工作。制定生态环境损害责任追究办法、空气质量生态补偿方案，编制海岸带控制性规划，划定海岸带公共岸线红线范围，实施岸线清理和生态修复工作，恢复岸线基本功能。优化海岸线空间布局，开展沿线项目普查，分类制定处置方案。编制完成海岸线慢行系统规划方案和总体设计，启动试验段慢行系统建设。制定海岸带绿化景观规划方案，将景观绿化与河道治理、湿地保护相结合，实施景观工程建设。制定旅游文化策划方案，开展齐长城保护修复，加强考古勘探，规划建设琅琊台遗址公园。

十、大连金普新区

（一）2015年重点领域体制机制创新成绩

1. 深化行政审批制度改革

加强组织领导，统筹协调推进。成立了新区行政审批制度改革工作组，制定实施了《进一步清理新区管委会各部门行政职权推行权力清单制度实施方案》、《开展新区管委会部门权力事项责任清单编制工作的通知》等文件，推动全区31个具有行政职权的部门（单位）积极主动作为，层层落实责任，编制完成了管委会部门的权责清单、专项资金公开清单、行政事业收费清单，并在新区网站上对外公布。

把握关键环节，严格规范权责。对具有行政职权的31个部门（单位）权力和责任进行了全面清理，共查阅法律法规、规范性文件2000余部，确定权力事项2648项。将部门主要职责、部门职责边界、公共服务事项、对应行政权力、行政权力运行流程、涉及中介机构及收费、事中事后监管制度7个方面内容全部列入责任清单。重点对责任事项进行梳理，其中主要职责339项，具体工作事项1793项。

推行集中审批，提高办事效率。全区18个部门、151个审批事项全部进驻行政服务大厅，率先实现了"一个窗口受理、一个印章审批、一个流程办结、一站式服务"和"清单之外无权力、大厅之外无审批"。新设立企业"四证一章"（工商、税务、质监、社保、公安局印章刻制及备案）一日办结，全省率先，全国最快。对建设项目审批进行流程再造，通过提前辅导、联合审批、减少办事环节、要件，优化工业、酒店等设施审批流程，审批要件由253个减至184个，审批环节由32个减少至5个，审批时限由149个工作日减至25个，其中开工前审批时限减至20个。联合市场监督、环保、卫生、消防等部门，推行小型餐饮企业"四证联审"工作机制，审批时限由28个工作日减至10个。

实行动态管理，强化事中事后监管。目前已累计取消、承接和调整5个批次的行政权力项目180项，正在全力推进大连市政府向新区下放市级行政职权的对接和承接工作。制定出台《新区行政权力清单动态管理办法》，进一步建立健全事中事后监管制度，落实日常监管、有效抽查、危险隐患排查等方面的具体措施，努力做到监管到位，避免监管缺位。

2. 加快自贸区申办及经验复制

制定实施了《金普新区学习上海自贸试验区经验开展先行先试、创新发展的实施方案》，先行复制上海自贸区成功经验，并借鉴其他自贸区经验开展一系列制度创新。

投资管理领域。7项任务已复制完成。建立了政府权力清单、责任清单，企业设立"单一窗口"走在全国前列。新区联合大连市国税局创新实施了网上区域通办、网上直接认定、非居民税收网上管理、网上服务4项便利化税收服务措施。

贸易便利化领域。5项任务已复制完成。口岸联检部门实现了东北三省通关一体化，大窑湾口岸实现"三互"大通关，口岸便利化进一步提升。研究出台了《创新大连国际航运中心核心功能区发展的意见》。

金融领域。2项任务已复制完成。改进外商投资企业外债管理政策，适度增加大连地区境内机构的短期外债余额指标，放宽境外放款外汇管理，开展境外并购外汇管理改革试点，取消区内融资租赁类公司办理融资租赁对外债权业务的逐笔审批等。投资组建了投融资控股集团，设立了港航产业基金、融资租赁公司。

事中事后监管方面。共有5项，均处于正在复制过程中。拟通过新区管理体制改革,在社会信用体系建设、信息共享、综合执法、社会力量参与市场监管和专业监管等事中事后监管方面进行彻底改革。

海关监管制度创新。共3项,已复制1项,另两项"期货保税交割海关监管制度、融资租赁海关监管制度"暂无企业需求、需要系统升级。海关总署另提出11项复制措施,已复制了7项。

检验检疫制度创新。共3项,已全部复制。在此基础上,国家质检总局又提出5项制度创新,均已完成。

3. 创新招商引资体制机制

成立新区招商引资工作领导小组,明确新区党工委、管委会班子成员和各部门、各单位负责人每人每年至少引进一个项目;定期召开党政联席会议、项目推进落实领导小组会议,形成了扁平化、快节奏、高效率的全员招商工作格局。

投资55亿美元的英特尔非易失性存储制造项目、投资60亿元的宝能城市综合体、投资26亿元的松下车载电池、投资25亿元的逸盛大化聚酯瓶片等40多个有影响力的大项目已经签约入驻。跨境电商综合实验区暨中韩贸易合作区已有160多个公司签约、130多个公司入驻。区域性金融中心核心区建设扎实推进,已有15家外资融资租赁公司落户,注册资本合计6.66亿美元。派思燃气等4家企业成功上市。大连大宗商品交易中心等7家大宗商品、权益类交易平台和100余家会员企业落户。通用航空产业区建设取得重要进展,与中航通用飞机有限责任公司签订战略合作框架协议,合力打造集通用航空产业与创意文化产业融合发展的"爱飞客通航小镇"。投资60亿元的联东U谷、投资23.6亿元的光洋智能制造装备产业园等100多个新建、续建项目已经开工、复工,华晨专用车基地3座厂房、奥镁中国研发中心等一批项目已经竣工投入使用。大连湾跨海交通工程完成海上地质勘察工作,正在推进工程设计和PPP融资工作。

4. 鼓励引导创新创业

主动参与、积极配合省市申办国家创新示范区相关工作，明确国家自主创新集聚区和建设多个拓展功能园的"一区多园"发展模式。实施《新区关于推进大众创业万众创新的行动方案》，强化"双创"平台建设，双 D 港"创新孵化园"和 24 个科技创新孵化中心开业运行。新区管委会与国际大学创新联盟合作的"国际创新中心"及"国际大学（大连）众创空间 O2O 孵化加速平台"签约挂牌。集实训、教学、鉴定、创业、研发为一体的中国（大连）高技能人才实训基地和创业孵化基地投入使用。

5. 加强社会治理创新

整合辽宁省民心网、大连市民意网、12345 市民热线创建的新区市民诉求服务中心已经投入运行，统一受理、按责转办、限时办结、协调督办、统一考核的运作模式提高了诉求解决效率，政民互动指数名列大连各县市区首位。开发区法院、开发区公安局、湾里街道在大连召开的"全国社会治安防控体系建设工作会议"被列为先进典型。

（二）2016 年重点领域体制机制创新工作展望

1. 加快建立务实高效的管理体制

坚决破除体制机制障碍，形成同市场完全对接、充满内在活力的体制机制。优化新区组织机构。坚持综合、精简、高效原则，按照"扁平化"、"大部制"要求，优化管委会组织结构。理顺各功能区管理体制，各功能区主要突出规划建设、财税融资和招商引资功能，社会事务一律划到金普新区管委会管理。依法行政，创造公平竞争的营商环境，使企业依规发展，让市场公平发力。

2. 加快完善"多规合一"的发展蓝图

按照中央关于"十三五"规划的建议和省市要求，深化"多规合一"，加快推进金普新区发展规划、"十三五"规划纲要、新型城镇化建设专项规划等系列规划的编制工作。科学制定发展速度和目标，确保提前全面建成小康社会，不辜负全省人民的希望与重托。

3. 加快搭建内外联动的发展平台

承接"一带一路"战略，加快自贸区申办和复制工作。主动对接中日韩自贸区，在扩大面向东北亚开放合作方面大胆探索实践。深化跨境电商综合实验区暨中韩贸易合作区建设，力争列入中韩地方经济合作示范区。积极推动国家自主创新示范区建设工作。抓好大连经济技术开发区、保税区、小窑湾国际商务区等功能园区建设，打造支撑发展的新引擎。同步建设好大连新机场、跨海大桥、渤海大道和港口、轻轨等重大基础设施及配套工程。

4. 加快生成创新发展的内生动力

深化行政审批制度改革，启动综合执法改革、行政管理体制改革，筹划在政府购买服务、事业单位、国企、金融、土地管理制度、涉外经济体制、城乡一体化、社会管理、公共服务等方面推出改革措施。实施创新驱动战略，认真研究上海浦东新区、天津滨海新区等地先行先试的有益经验，结合大连金普新区实际，大胆复制、积极创新。积极筹划在金融服务、土地管理、开放型经济、商事服务、城乡一体化、人才引进、通关便利化等方面推出改革措施、先行先试。

十一、四川天府新区

（一）2015 年重点领域体制机制创新成绩

1. 释放土地潜力，推行农地"三权"分置改革

落实所有权，开展多权同确，奠定农村土地要素活化的基础。天府新区成都直管区累计颁发《林权证》4.2 万本、《农村土地承包经营权证》9.98 万本，直管区划转以来办理土地登记 2.3 万件、房屋登记 12.6 万件，已颁发农业生产设施所有权、农村土地经营权确权各 1 本；双流区域制定《关于深化农村小型水利工程产权制度改革试点工作实施方案（试行）》和《双流县农业生产设施所有权登记管理办法（试行）》，2015 年共颁发《小型水利工程所有权证》等确权证书 64 本；新津区域出台了《新津县农村养殖水面经营权登记管理工作实施方案》和《新津县小型水利工程产权制度改革实施方案》，金华镇办理了集体建设用地确权 3 宗。

稳定承包权，设立产权交易中心，创造农村土地股份量化的条件。以稳定承包权为基本，推进"两股一改"（"两股"即农村集体资产股份化、农村集体土地股份化，"一改"即改造农村集体经济组织治理体系），探索推进集体资产股份化改革。天府新区成都直管区 13 个街道设立了农村产权管理服务中心窗口，成立了 13 个街道的农村产权管理服务中心，正兴街道官塘村试点成立资产管理公司；双流区域结合全国第二批农村改革试点，制定《双流县农村土地承包经营权流转管理改革试验方案》、《双流县深化林权制度改革试验方案》和《关于深化集体建设用地开发利用机制创新试点实施方案》，西航港街道九龙湖社区、

胜利镇花龙村等先行试点；龙泉驿区域大面街道洪柳社区、万兴乡大湾村、洛带镇柏杨村等也开展试点。

放活经营权，培育新型经营主体，促进农村用地流转入市的实现。目前，天府成都直管区成立龙头企业7家，合作社160家，家庭农场42家，实现农用地流转面积183512亩。为进一步规范集体建设用地流转，直管区编制了《集体建设用地使用权初次流转工作流程（暂行）》，鼓励和合理引导直管区农村集体经营性建设用地依法流转利用，实行与国有土地同等入市、同权同价同责，实现了白沙镇和新兴镇2宗42亩集体建设用地初始登记和挂牌流转工作，集体经济组织实现流转收入2898万元，同时办理集体建设用地抵押登记6次。双流县建立流转信息网络平台，扩充农村产权抵押风险基金至1000万元，农村产权变更登记率达100%，农村产权咨询投诉办结率达100%。

2.集约利用土地，加快农地综合整治促进产业集聚

建立"1+3+9"政策支撑体系。天府新区成都直管区制定了农村土地综合整治实施办法，完善了设施农用地、资金拨付和使用管理及规划建设审批管理3个相关配套文件，梳理明确了9项重点工作的工作流程，形成了完善的"1+3+9"政策支撑体系。

明确社会资金投资配套政策。按照市场导向原则，天府新区成都直管区通过将项目在成都农村产权交易所挂牌公开寻找项目投资人，公开引进社会资金投资农村土地综合整治，对投资范围和条件、投资程序、投资回报、相关税费等进行充分明确。

完善农户权益保障措施。在项目实施前期工作阶段、规划设计阶段、项目实施阶段和后续管理阶段，天府新区成都直管区明确了保障农户知情权、参与权、监督权和收益权的12条具体措施。参与农户可以"不出钱"享有每人35平方米新房，农民还可集体将建设用地进行抵押融资后自主实施项目。

2015年年底，天府新区成都直管区共有农村土地综合整治项目46个，总投资约48亿元，已有8437户28331人如愿入住新居，改善了农民生活条件；整理复垦了7126亩新增耕地，改善了农民生产条件。龙泉区域探索开展了"小规模、组团式、生态化、微田园"新农村综合体建设试点工作；双流区域建设完成3个增减挂钩项目，整理土地面积1349亩，节余建设用地928亩。

3. 盘活土地存量，探索城乡建设用地增减挂钩

天府新区成都直管区进一步开展城乡建设用地增减挂钩，从四川巴中市等国家重点扶贫区和雅安市芦山县灾后重建地区购买建设用地指标，为新区建设提供建设用地，也为贫困地区和灾区做出了贡献；龙泉驿区域以增减挂钩试点项目为平台，稳健推进以"生态移民"为重点的统筹城乡改革，制定了加强生态移民区域农用地流转管理实施办法；双流区域制定《集体建设用地指标收购储备暂行办法》，有序推进集体建设用地指标收购储备工作；新津区域落实存量建设用地盘活、土地产出效益与新增建设用地计划指标分配挂钩制度，探索"先租后让"、"租让结合"、"弹性化"等工业用地供应方式。

（二）2016年重点领域体制机制创新工作展望

1. 推进农村产权制度改革

加快集体土地所有权、集体建设用地使用权、宅基地用益物权、承包地经营权、集体房屋所有权、林权等农村各类产权的确权颁证工作，完善农村各类产权权能，建立和实施城乡统一的不动产登记制度，建设统一的农村产权交易所，健全农村产权交易服务体系，形成符合市场经济要求的现代农村产权制度。

2. 推进农村土地征收制度改革

创新探索集体土地"转征与实施分离"改革，缩小土地征收范围，规范土地征收程序，完善集体土地征收补偿政策和办法，探索创新被征地农民的安置方式。妥善解决好征地历史遗留问题，维护好被征地农民合法权益。

3. 推进集体经营性建设用地入市改革

建立完善集体经营性建设用地入市改革的相关政策、交易规则与监管制度。允许土地利用总体规划和城乡规划确定为工矿仓储、商服等经营性用途的存量集体建设用地，与国有建设用地享有同等权利，在符合规划、用途管制和依法取得的前提下，可以出让、租赁、入股。

4. 推进农村宅基地制度改革

完善农村宅基地制度，探索农民住房保障新机制，健全农村建房规划管控机制，探索建立农村宅基地有偿退出办法，探索农民住房产权抵押、担保和转让的有效途径；鼓励农民自主实施、社会资金参与实施农村土地综合整治项目，探索跨镇、跨县（区、市）、跨市（州）设置项目区，完善项目管理机制；结合幸福美丽新村、特色小镇建设和精准扶贫，创新农户搬迁安置方式，探索完善指标使用、交易与收益分配政策机制。

5. 推进产业用地高效利用改革

改进工业用地供应方式，创新存量国有工业用地再利用机制，提高工业用地节约集约利用水平；探索开展工矿废弃地复垦利用试点，积极盘活废弃、闲置和低效利用的建设用地，妥善解决历史遗留的违法违规用地问题，促进土地的二次开发与再利用。严格管控工业用地出让地价，避免招商引资带来的恶性竞争，严格按照规划引导，确保产业用地投资强度、开发强度和产业门类符合标准要求，开展低效利用土地退出机制试点。

6. 推进土地管理审批制度改革

围绕农用地转用与土地征收、土地规划修编、土地供应以及农村土地综合整治等事项，研究探索审批权限下放、审批事项缩减、审批流程优化的方式方法，探索建立与天府新区建设发展相适应的土地审批管理运行机制，提高行政审批效率。围绕构建产城融合发展的新机制，在天府新区开展"多规合一"试点。

7. 创新土地指标跨区域交易试点改革

积极探索争取市场化方式在全省范围实行异地占补平衡，探索新区内建设用地指标跨区域使用；用好"增减挂钩"跨市县项目区政策，率先在省域内扶贫攻坚重点市、县，开展建设用地指标跨区域开发利用的改革试点。

8. 加强土地利用监督管理

完善土地利用监督监察制度，配合国家土地督察成都督察局，建立省、市、县一体化的土地督察体系，确保各项土地政策和法律法规落到实处。

十二、湖南湘江新区

（一）2015年重点领域体制机制创新成绩

1. 加快生态文明创新步伐，构筑新区发展绿色屏障

一是实行综合性生态补偿机制。出台《湖南湘江新区生态补偿试点方案》，针对生态工字型廊道和靳江河、龙王港流域及其支流流域两厢的涉农行政村，通过"有奖有罚"的管控措施，充分调动当地的生态保护积极性。对38个生态补偿试点行政村已经发放扶持资金3000万，完成目标任务。

二是健全环境交易机制。依托长沙市环境资源交易所，深化污染物排放量、碳汇等环境资源交易，通过市场机制盘活有限的环境容量，促进减排技术的升级，控制或降低整体的污染物排放量，实现社会污染总成本的最小化。

三是鼓励推进绿色消费机制。实行能源消费总量与强度双控制目标管理，推进投资项目节能评估和审查。建立高效的垃圾分类回收利用体系。积极创建低碳社区，鼓励消费者购买节能环保产品，加快推动生活方式向勤俭节约、绿色低碳、文明健康方向转变。比如，印发了《关于在梅溪湖国际新城国家绿色生态示范城区推广应用有机生活垃圾微生物处理技术的通知》。在达美D6区、梅溪青秀和旭辉御府等小区进行试点实施，后续将全面在梅溪湖生态城进行推广应用。该技术分解有机生活垃圾的速度是传统发酵方式的数十倍，且全工程无任何二次污染，残存物变水后可直接接入市政污水管道排出，处理后有机生活垃圾减量率达99%。

2. 着力实施金融体制创新，强化新区发展要素保障

引进社会资本。第一，引进社会资本参与片区一级开发，减轻财政压力。如梅溪湖公司与方兴金茂公司采取未来预期收益分成的模式共同合作开发梅溪湖国际新城一二期，合作金额约 400 亿元，以 119 亿元财政资金撬动了 317 亿元社会资本；第二，引进社会资本参与项目投资、建设、运营。如引进中建集团参与湘江欢乐城开发建设，合作金额 40 亿元；与华谊兄弟就电影文化城项目签订了合作协议；先导控股公司与宜家、德国卓伯根也分别签署合作协议等；第三，通过特许经营、投资补助、政府购买服务等多种方式，引入社会资本片区开发建设。目前，新区岳宁大道、雷锋水质净化厂、中运量交通、梅溪湖二期综合管廊、均已进入了实质操作阶段。

发展政策性金融。新区与国开行签订了 570 亿元战略合作协议，对城市基础设施、城市供排水、地下管廊、棚户区改造等重大项目基础设施建设等，加大资金支持力度。已获批国开行棚改项目专项贷款 27.19 亿元，发放 24.12 亿元，利率 4.495%（当期基准利率下浮 21%），期限 25 年。利用农业发展银行政策优势加大对新型城镇化、水利建设、农村路网等领域的信贷支持力度，促进农村经济和城乡一体化发展。前期以大王山片区整体城镇化开发项目在中国农业发展银行申报项目贷款，获批 95 亿元，已发放 30 亿元。

间接融资向直接融资转变。主动加强与交易商协会、基金市场、信托公司等机构对接和合作，实现融资模式从"间接融资"向"直接融资"转变。近 3 年来，湘江新区从直接融资渠道获批金额为 298.5 亿元，品种覆盖了企业债、中票、短融、信托等各类产品，其中 5 年期（含）以上金额 238.5 亿元，占比 60%，有效改善了债务结构。

设立城市发展基金。湘江新区为解决新区土地开发建设资金缺口，设立 200 亿城市发展基金，投资方向包括土地一级开发、棚户区改造、

保障房类、基础设施建设等项目,以及有一定现金流和收益的城镇基础设施如供水、污水处理、垃圾处理、公共租赁住房、城市公共交通、铁路等项目。目前已经签署基金合作合同,并实现放款18.9亿元。

设立产业发展基金。湘江新区财政出资成立产业引导基金通过直投、成立子基金、跟投方式撬动社会资本进行项目建设,并达到扶持辖区内产业建设的目标。引导基金规模以累计出资50亿为上限,首期为5亿,力争到2025年管委会财政出资累计达到50亿元。引导基金下设子基金,由各园区共同出资,按照1∶7的杠杆估计可以撬动约400亿元社会资本。目前,管委会已制定湘江新区产业基金实施方案和基金暂行管理办法。

拓宽融资渠道。主动加强与银行间交易商协会、基金市场、信托公司等机构的对接和合作,成功探索出了一条"以直接融资为主、以间接融资为辅"的融资新渠道,有效改善了融资结构,大幅降低了融资成本。目前,新区融资周期结构合理,5年期及以上的中长期融资占到36.57%,且综合成本较低,融资综合成本为6.73%,间接融资控制在基准利率±5%区间。加大境外融资,通过境外设立子公司直接发债,新区管委会下属平台公司先导控股在香港成立子公司正大力推进境外发债工作,拟发行20亿元(3亿—5亿美元)3—5年期的境外债融资,预计票面利率控制在5%(人民币)或3%(美元)。

拓展融资手段。采取商票、短期融资、信托、企业债、中期票据、结构化融资等方式,推进直接融资手段多元化。岳宁大道(岳麓区段)、雷锋水质净化厂、中运量交通、梅溪湖二期综合管廊等PPP项目进入实质操作阶段。

创新金融产品。加强与金融机构合作,成功开发了多种创新金融产品,形成了"小基金+大信贷"的投融资新模式。湖南湘江新区投入200亿元,以股权投资方式成立资产管理公司,运营管理城市发展基金,撬动社会资本投资参与新区建设。重点以开发性金融产品为突破口,吸引各类开发性金融机构为湖南湘江新区提供"融资+融智+融商"全链条和综合性服务，预计可解决湖南湘江新区重点领域1070亿元（国开行570亿，农发行500亿）的融资需求。截至2015年9月底，以国家开发银行和农业发展银行为主体的开发性金融授信总额达330亿元，放款180.26亿元。

3. 推动建设管理体制改革，搭建新区建设高效平台

降低社会资本准入门槛。政府投资项目在全市率先取消基本资格审查制和实行无业主评委制，取消房地产开发企业同期开发资质规模面积的限制、放开纯民营资本（指所有资本均由私营企业或自然人出资）的社会投资项目招标限制，取消邀请招标项目评标现场监管环节，对社会投资项目的邀请招标取消了评标现场监管环节，招标申请、招标文件和中标通知书标后合并统一备案，同时全面取消外地企业入湖南湘江新区备案。

加大招投标改革创新力度。在全市率先全面推行施工和监理电子化招投标，目前全面推行政府投资项目施工、监理电子化招标工作，顺利完成施工类电子招标项目160多个，监理类电子招标项目20多个。在全市率先建立了湖南湘江新区政府投资项目招标代理中介机构库。强化"标"后监管，严肃查处中标企业转包和违法分包行为。强化对施工和监理关键人员的考核，及时将考核结果运用于市场准入、招投标方面，有效遏制了围标串标行为。

加快推进行政审批改革。分阶段办理施工许可，对房建项目可分土石方及基坑支护、基础、地下室、主体等阶段分别办理施工许可。创新性实施质安先行介入制度，对市政基础设施项目和房建项目（±0以下）实行质量安全监督先行介入审批制。全面取消房建项目联合验收制度，实施分阶段撤证、押证等措施，便利行政相对人办理报批报建手续。着力优化行政审批流程，继续推行行政审批绿色通道和网上行政审批系统，对于市级、管委会及其以上政府投资的重点项目、重点招商引资项目，

按照"绿色通道"项目予以支持。湖南湘江新区建设工程审批时间由以前的平均 70 个工作日缩减至 30 个工作日，行政审批效率提升 50%。

（二）2016 年重点领域体制机制创新工作展望

1. 推进要素供给改革

创新融资模式。设立城市发展和产业发展基金，拓展融资租赁和海外融资途径，支持新区所属国企成为金融控股集团，发挥开发性金融机构支持新区发展的主渠道作用，形成全链条融资新模式。

创新投资模式。放宽社会投资准入，探索发行一般债券、专项债券，筹集基础设施长期建设资金。推广政府与社会资本合作（PPP）等特许经营模式，吸引社会资本参与城市基础设施投资和运营。

创新土地制度。开展建设用地增减挂钩试点，探索实行弹性出让年限以及长期租赁、先租后让、租让结合供应，推进征转分离和低丘缓坡开发利用试点。完善地价形成机制和评估制度，健全土地等级地价体系，建立统一的区片地价体系。

2. 推进市场主体改革

理顺委属国有企业出资关系，加强经营业绩考核和资本经营预算管理。完成长沙湘江投资控股集团公司的组建，形成合理的管理层级和规范的国资管理模式。出台支持创新创业的支持政策，鼓励众创、众包、众扶、众筹，发展天使、创业、产业投资，支持尖山湖国际创新中心、腾讯众创空间、微软云暨移动应用孵化平台、梅溪湖创意产业园等创客空间发展，推进大众创业、万众创新。

3. 推进行政审批改革

整合现有行政资源，组建湖南湘江新区政务服务中心，实现行政审批服务一个窗口对外和一站式集中办理，提升办事效率，提高整体服务效能。建立和实施以"权力清单、责任清单、负面清单、监管清单"等四张清单制度，鼓励和支持区县园区全面实施"三证合一"等商事制度改革。

4. 创新生态文明机制

划定和保护生态红线，完善绿色生态指标体系，进一步完善生态文明发展的顶层设计。推广绿色节能建筑，构建绿色出行体系，进一步完善绿色低碳循环经济发展体系。试点河长制和环境质量绩效考核、健全生态补偿机制，构建多元化的生态建设投资和管理机制。

5. 推进开放型经济发展

坚持引进来与走出去相结合，开展国际产能和装备制造合作，推动产业化住宅、工程机械、环保机械等重点产业"走出去"，建立海外研发机构和生产基地；积极推进现代服务业综合试点，对接湘欧快线，推进跨境电商产业平台和基地建设。结合京广线长沙货运站的外迁，加强与省市有关部门的对接，推动建设湖南湘江新区保税物流园。以湖南湘江新区为核心，推进中国（湖南）自由贸易试验区的申报工作。

6. 创新统筹管理机制

坚持"省领导、市管理"的领导体制，承接好省、市经济管理、行政审批和行政执法职权，构建全程服务监管体系；湘江新区管委会统筹规划区范围的规划管理、国土管理、生态建设、产业发展和重大项目建设计划，积极为区县（园区）的经济发展服务，负责对区县（园区）的绩效考核；在保障区县（园区）现有的经济社会发展职能不削弱的同时，把管委会能下放的权限全部下放到位；按照"责权利"对等、统筹管理与分灶吃饭相结合的原则，理顺新区与区县（园区）的财政收支、事权划分、城建城管体制。

十三、南京江北新区

（一）2015年重点领域体制机制创新成绩

1. 凝心聚力，建立体制机制创新工作网络

新区管委会整合各类资源，构建工作网络。一是组建课题联合调研组。整合相关主管部门和研究机构资源，对南京的国家重点实验室、工程（技术）研究中心，功能园区重点企业，紫金特别社区发展现状等，开展调查分析。二是成立项目推进组。以地区两个国家级园区为抓手，成立工作推进组，对目标任务细化分解，明确各部门、相关园区分工及时间节点，扎实推动体制机制创新工作有效开展。

2. 理清思路，形成体制机制创新总体实施方案

会同省、市相关部门，迅速形成了《南京江北新区深化重点领域体制机制创新工作方案》。同时，加强与江苏省政府研究室、知名民间智库的沟通交流，及职能部门的衔接互动，通过考察、座谈等形式，科学制定了《南京江北新区重点领域体制机制创新总体实施方案》，落实重点举措，探索国家级新区发展新路径。

3. 落实举措，初步形成体制机制创新工作亮点

在行政管理体制改革方面，一是加强组织领导和管理运作。优化调整市南京江北新区领导小组成员，统筹负责市级层面新区推进工作。初步明确管委会总体组织架构，组建扬子国资集团作为新区投融资平台。

积极配合省市有关部门，推动省委、省政府出台《关于加快推进南京江北新区建设的若干意见》文件。二是研究制定了新区运行机制的初步意见，积极推动建立与行政区融合发展的体制机制，加快建立权责明确、运转高效的新区管理体制。成立新区专家决策咨询委员会，完善新区重大决策机制。三是加快行政审批制度改革，在行政审批制度改革方面，市政务服务中心江北分中心已于2015年4月份试运行，重点面向江北区域提供7个部门38项行政审批服务，积极推动审批制度改革方案制定。四是初步制定了综合执法改革方案，努力打造具有江北特色的行政执法新模式。五是加强财政管理和投融资体制创新，积极推进金库设立，加快相关产业发展基金设立，支持融资工具及路径创新。六是强化与市及"两区两园"的协作联动，初步建立新区研究决策机制，定期或不定期举行联席会议、专题协调会、"两区两园"座谈会、经济运行分析会，研究解决新区发展重大问题，努力做到上下协调、内外统筹。

规划国土体制机制创新方面，一是坚持规划先行，初步完成50多项规划编制工作，包括新区发展总体规划、城市总体规划、产业规划、新型城镇化示范区建设规划、近期建设规划及生态、交通、基础设施、城市风貌等专题规划，正在编制海港枢纽经济区规划等专项规划，加快推进部分重点区域的控制性详规编制和重点片区的城市设计工作。二是科学设计规划国土体制机制。结合审批制度改革、执法体制调整，立足机构精简、流程再造和业务融合，对规划国土体制机制进行顶层设计，全面推进管理体制改革创新。三是建立"两规融合"平台。积极调研各地先进经验，迅速启动了基于一张图的"多规融合"信息平台建设工作，并制定了详细工作方案。四是全面梳理新区土地资源，重点推动土地利用总体规划空间优化，梳理"两区两园"重大项目建设土地需求，积极研究制定新区范围内土地储备工作的相关政策和制度，出台土地储备工作规范，统一扎口，努力破解中心区土地利用规划空间不足的矛盾，确保新区土地储备工作科学有序可持续开展。五是推动建立国土资源管理省市会商机制，共建国土资源管理工作会商领导小组和定期会议机制，共同探索在多规融合、土地节约集约等方面先行先试。

科技管理体制机制创新方面，一是大力引进国际高端创新资源，全力引进海外高端创新资源，加大与德国弗劳恩霍夫IPK研究所对接力度，积极推动建立中德智能制造合作研究机构；联合美国劳伦斯伯克利实验室组建了"江苏南京高新—劳伦斯伯克利生命科学研发中心"，与英国剑桥大学筹建剑桥大学中国（南京）科技创新研发中心，成立了欧洲（南京）创意设计中心。二是着力打造科技创新重要平台，积极落实省委全委会集体调研精神，推动江苏省产业技术研究院落户新区；引进工信部赛迪研究院落户；高新区与东南大学联合建设的东大高新园大学生创业基地改造完毕，并已有企业入驻；积极争取东南大学集成电路研究所和新设的微电子学院落户新区。全方位对接深圳清华研究院，共同搭建合作平台。三是积极联合南京大学等高校，发起成立新区高校联盟、新区发展研究院，大力构建科技创新合作机制，不断深化全面战略合作，积极策划建立江北大学生创业创新中心等载体。

新型城镇化推进机制创新方面，经过协调争取，江北新区被列入全省新型城镇化"13+1"试点。在具体工作中，一是完新区国家新型城镇化试点工作方案编制，明确各项任务目标、实施主体和实施路径，建立健全工作体制机制及阶段性评价标准。二是加快建设新型城市。大力完善智慧新区规划，《江北新区"智慧新区"建设思路》、《江北新区"智慧新区"实施方案》、《南京江北新区"智慧新区"行动计划》等政策文件已经完成；新区大数据管理中心正在积极筹建。长江五桥江北段、中心区综合管廊等一批重大基础设施项目，新区城市馆（规划展览馆和市民中心）、南京美术馆新馆、新区图书馆、绿地超高层等一批标志性、功能性项目，以及市一中、鼓楼幼儿园和江北国际医疗中心一期等一批民生社会事业项目，走在加快推进之中。三是强化生态文明制度建设。实施七里河环境整治等一批生态环境提升项目，启动建设老山生态旅游体验园重点生态工程。加快实施节能减排，持续推进工业布局调整。

（二）2016年重点领域体制机制创新工作展望

1. 找准切入点，在总体实施方案的基础上形成专项研究成果

推进新区发展研究院的筹备工作，完善新区高校联盟建设，形成定位明晰、特色鲜明的江北新区智库体系，为高质量推进体制机制创新提供智力支持。在《南京江北新区深化重点领域体制机制创新总体实施方案》的基础上，进一步推进行政管理体制、区域协同等课题，分类形成重点领域战略研究报告和专项研究成果，研究制定各方面体制机制创新的具体实施方案，加强系列研究成果对新区建设和创新的指导作用。

2. 选好结合点，实施创新驱动发展战略

着力提升新区自主创新能力。积极建设产学研协同创新基地，全面提升科技自主创新能力。加快打造产业技术创新、科技创业孵化和科技公共服务平台。全力打造全球智能设计中心。发挥省产业技术研究院创新资源集聚方面的引领作用，加快形成战略性新兴产业策源地，推动与南大、东大签订全面战略合作协议并使之具体化、项目化。积极争取国家级创新中心落户，力争引进两家国家重点实验室（或工程技术中心），努力建设成为全国产业科技创新高地。建立创业创新人才管理改革试验区。加快建设具备综合服务功能的科技服务业集聚区。加快复制推广中关村相关政策，在高新区等积极推进双创集中区建设。

着力优化要素配置机制。一是强化金融支撑机制。创新新区金融管理和运行体制，支持新区开发建设。二是完善财税扶持机制。完善新区财政体制，为新区发展提供充分保障。加强江北新区发展基金的统筹管理和运作。创新投融资体制，建立健全政府和社会资本合作机制。三是创新土地利用机制。做好新区土地利用总体规划修编完善工作，统筹安

排建设发展用地。在土地开发整理和利用等方面先行先试，科学保障用地。四是建立知识产权保护机制。探索挂牌成立江北新区知识产权（巡回）法庭、江北新区仲裁院。五是完善大众创业创新机制。依托现有的紫金科技创业特别社区，打造众创空间。

以制度创新促进区域协同发展。全方位扩大对外开放机制。加快上海自贸区可复制、可推广经验落地，逐步实现产业联动。积极申报设立江北新区海关特殊监管区域，打造沿江开放新高地。创新利用外资方式，提升产业发展水平。依托高新区国家级服务外包示范区，做大做强南京软件园、生物医药谷等服务外包产业集聚区。深化宁台交流协作机制，努力将南京海峡两岸科技工业园建设成为海峡两岸经贸合作的示范基地。抓住台积电落户江北的重大契机，推动本地企业与台湾企业的上下游配套及垂直整合。加强与上海浦东新区、浙江舟山群岛新区等国家级新区联动发展。加强与皖江城市带、安徽中北部等地区的协同发展，不断提高区域合作的层次和水平，有序促进产业梯度转移。

3. 探索创新点，突出四大重点领域

全面推进行政管理体制机制创新。一是创新行政管理模式。按照国家四部委《关于促进国家级新区健康发展的指导意见》要求，发挥省、市江北新区领导小组和各专项工作小组作用，全面启动和强力推进江北新区发展。二是深化"四个统筹"，明确职能定位。重点围绕"统筹区域城乡发展规划及土地规划、统筹区域经济发展政策、统筹区域内经济管理和建设开发事项行政审批、统筹区域项目建设"，整合区域内各类行政资源，理顺内部行政管理体制，形成协同管理、精简高效、权责一致的管理模式。三是坚持"大部门制"，实现高效管理。落实"小政府、大社会"理念，减少管理层级，借鉴新加坡公共管理机构经验，探索授权管理模式。开展聘任制公务员、绩效工资制和干部人事制度改革。四是制定出台《江北新区发展条例》。坚持"立法先行"，出台新区《条

例》,赋予江北新区更加充分的自主发展权、自主改革权、自主创新权。五是深化行政审批制度改革。开展相对集中行使行政审批权改革试点工作,推行行政审批事项目录清单和政府行政权力清单,明确政府权力边界,规范市场秩序。

优先做好规划国土管理体制机制创新。一是高标准做好规划编制工作。强化规划引领,提高新区建设科学化水平。二是高质量推进"规划—国土一体化"体制创新。做好基于一张图的"多规融一"信息平台建设。推进"多规合一",加强规划编制体系、规划标准体系、规划协调机制等方面制度创新,强化规划的实施与管理。三是高效益整合新区土地储备职能。统筹推进新区范围内土地储备职能整合,建立统一的土储管理机构,构建合理的土地收益分配机制,通过土地集中管理,提高土地使用效率,实现土地储备和开发水平的提升。

有序推进财税金融与投融资管理体制创新。一是关于财税管理体制创新。完善财政体制,理顺新区管委会与新区内各行政主体之间的财税分配关系,着力形成利益共享、风险共担的财政收入分配机制和事权划分办法。二是关于投融资体制创新。积极创新投融资模式,逐步形成以银行贷款为基础,其他金融机构资金为补充的信贷融资格局;探索"园区开发+产业带动"企业导入融资模式,充分利用大企业的资源资金优势,全面加速产城融合;紧密依托资本市场,鼓励各国有平台通过发行市政债券和企业债券解决融资问题,降低融资成本、拓宽融资渠道。

探索运用大数据促进政府管理方式创新。一是统一信息资源管理力量。探索采用法定机构或授权管理机构形式,实行企业化管理、市场化运作和专业化服务。二是建设全国领先的信息基础设施。通过移动互联网、物联网、宽带光网和大数据服务平台等基础设施的建设,为"智慧新区"建设打下坚实基础。同时,在建设过程中积极引入社会资本,探索实施PPP模式。三是加快大数据应用发展。立足开放共享,以服务民生、服务企业为核心,以提升新区运行效率、管理能力为目标,在"智慧南京"的总体框架下，按照"政府引导、市场运作"的原则，尽快启动前期基础网络、数据中心和基础应用的建设工作。打造高效便捷的协同服务平台，大力推进商事服务、智慧社区、智慧医疗等工程，使城市运行更安全、经济发展更协调、政府管理更高效、公共服务更完善、市民生活更便捷。

十四、福州新区

（一）2015年重点领域体制机制创新成绩

1. 注重上下联动，推动体制机制创新

一是积极推动新区管理体制改革。加快探索研究符合福州新区发展实际的管理模式和"实体运作、直管开发、两级联动"的开发运行机制，力争尽快正式成立福州新区管理机构。

二是加快推进体制机制创新。切实把体制机制创新作为福州新区加快开放开发的重要推动力，制定出台了《福州新区开放开发体制改革实施方案》，全力推进创新管理运行机制、创新重大项目推动机制等5个方面的18项改革工作，已初步形成新区统计指标体系框架、完成创新新区领导干部工作体制调研、建成电子口岸公共平台一期等。

三是推动新区政策先行先试。发动全市力量开展并完成了完善规划体系、产业优化再造等10个福州新区系列专题课题研究。同时，结合新区开发建设和改革创新等核心环节，积极配合福建省政府梳理研究相关支持政策。省政府正式出台的《关于支持福州新区加快发展的若干意见》，赋予福州新区13方面36条先行先试政策，为新区建设发展提供了强有力的政策支持和保障。

2. 注重提升效能，优化服务保障机制

一是不断完善融资对接机制。抓住项目融资信息不对称等核心问题，积极打造政府为主导的银企对接平台，建立银企对接长效机制，定期征

集项目融资需求，实行开发式、多渠道的融资对接模式，同时加强新区规划讲解和政策解释等工作，有效地消除项目与金融部门之间的信息盲点，从而极大提升了融资对接成功率。截至2015年底，已促成35家银行与67个项目业主单位达成融资金额676.3亿元，同时7家金融机构与福州新区达成合作协议，拟在未来几年投入4500亿元支持新区开发建设。此外还抓紧开展设立福州新区（自贸区）建设发展基金等有关工作。

二是不断提升项目服务机制。创新推出"市区同权、多点办理"新机制，开展三轮简政放权工作，共取消行政许可事项186项，减少了73%。梳理完成福州新区范围内的自贸区集中行使的省级行政许可253项、市级行政许可及公共服务事项161项。建立各级"福州新区重点项目服务窗口"，开通绿色服务通道，全面推广重大项目审批代办服务、"5+X"项目审批会商制度等。

三是不断创新福州新区口岸监管模式。自2015年5月泛珠四省区域通关一体化正式启动以来，马尾海关当年共受理该类报关单59072票，

图2.19　中国（福建）自由贸易试验区福州片区

货值35.3亿美元。率先在马尾港实施"港外集装箱货物集中查验场工作模式"。目前福建省唯一的电子口岸公共平台建设项目（单一窗口）一期已投入试运行，覆盖全省九市一区，初步具备一点接入、一次申报、一次查验、一次放行，系统统一处理、统一反馈的功能。

3. 注重试点效应，加快自贸区制度创新

一是全力推动改革创新。已在自贸区推出5批体制创新举措共48项，其中全国首创的举措有14项。"简化CEPA以及ECFA下货物进口原产地证书提交需求"及"放宽ECFA项下海运集装箱货物直接运输判定标准"这两项全国首创举措，已在其他自贸试验区复制推广

二是推动投资贸易便利化。在全国首创"一照一码"登记制度，对外资设立、营业执照、组织机构代码证、税务登记证等实行"一表申报、一口受理、一照一码"服务模式，促进企业设立时间由原来15个工作日缩短到1个工作日。率先试点推行"3A一掌通移动税务平台"，推出20多项海关监管创新制度，如"整车进口一体化快速通关"举措使整车进口口岸通关时间从4—5天缩短至1天。

三是营造法治化营商环境。设立了福州仲裁委员会国际商事仲裁院，打造多元化的商事纠纷解决服务平台、市场化的商事纠纷解决服务平台、国际化的商事纠纷解决服务平台和两岸经贸合作争端友好解决的服务平台。首创设立台胞权益保障中心法官工作室，采取法官定期驻点办公和预约服务相结合的工作方式，有效保障台胞合法权益。

四是深化两岸金融贸易合作。推出"对台原产地证书核查机制"等5项专门针对台湾地区贸易便利化的创新举措，为91家企业申请办理简化ECFA和CEPA原产地证书提交手续。加快推动对台医疗、建筑、旅行社、规划等领域的开放，目前5家台资旅行社、1家律师事务所、1项教育机构和25项医疗项目已落户自贸区福州片区。围绕两岸金融合作、多层次交易平台、各类产业投资基金等5大方面开展金融服务创

新试点,已对接洽谈金融和类金融项目 63 项,台湾合作金库银行等一批台湾金融机构已相继落地。

4. 注重彰显亮点,加快对外开放步伐

招商选资机制逐渐完善。加强精准招商和指向招商,引进了总投资 300 亿元的京东方第 8.5 代新型半导体显示器件生产线等重大项目,以及配套企业东旭集团等落户新区。并充分利用第十九届中国国际投资贸易洽谈会,针对性加大对台服务业招商,促成 36 个台商投资项目落户自贸试验区福州片区,总投资 7.65 亿美元,利用外资 4.92 亿美元。

积极推进岛区一体化发展。研究起草了《探索岛区联动,推进与平潭一体化发展》调研报告和《福州新区—平潭综合实验区合作框架协议》初稿。

(二)2016 年重点领域体制机制创新工作展望

1. 加快构建管理机构和承接机制

一是按照"精简、统一、效能、服务"的原则,加快组建设立"大部制、少机构、扁平化"的新区管理机构,配齐配强管理力量,强化经济发展和开发建设管理职能,确保新区管理机构尽快运作。二是在继续加强向国家、省有关部门争取政策支持的同时,进一步贯彻落实省政府支持福州新区加快发展的若干意见,按照"新区事情新区办"的原则,加快制订出台配套承接措施,最大限度下放审批权限,简化工作流程,进一步放大政策支持效应。

2. 不断深化工作机制创新

一是进一步完善新区督查考核、绩效考评、统计监测体系等工作机制,及时研究解决新区建设遇到的困难问题,确保新区各项工作快速推进。二是根据实体运作、直管开发、两级联动的总体要求,加快组建新

区开发建设和投融资平台，推动与相关县（市）区以及国有企业、民营企业、金融机构等开展多形式合作，形成多渠道投入、多层次开发、多方面收益的开发建设机制。三是积极创新投融资机制，加快探索设立以中央和省给予的新区专项补助以及市、县两级预算安排的新区开发建设专项资金为母基金，吸收各类社会资金，设立若干功能性新区建设专项基金。同时大力推广政府与社会资本合作的PPP模式，鼓励引导各类市场主体共同参与新区开发。

3. 逐步完善新区规划体系

按照"三区一门户一基地"的战略定位，放大"四区叠加、一区毗邻"的独特优势，进一步加强顶层设计，明晰总体构思，谋划发展远景。抓紧推进《福州新区发展规划》、《福州新区2049：总体发展战略规划》的编制完善和报批工作。加快编制完成《福州新区总体规划（2015—2030）》，启动新区基础设施规划、公共服务设施布局规划以及相关专项规划、重点区域控制性详细规划、新区城市设计等的研究编制工作，进一步完善新区规划体系。加快福州新区规划展示馆的建设并尽快启用，适时推出一批重大规划开展社会公示。加快"多规合一"试点工作，积极推进统一规划平台建设，进一步增强各类规划的统一性、连续性和实效性。强化新区规划立法，新区总体规划提交市人大审议，并争取市人大尽快出台支持新区发展决议。

4. 继续提高对外开放水平

加快推进福州新区与平潭综合实验区、自贸试验区福州片区融合发展。推动岛区尽早签订战略合作框架协议，建立两地定期联席会议制度，探索建立两地共建共享机制。同时，积极对接福建自贸试验区，争取率先复制推广福建自贸试验区各种创新举措，充分发挥自贸试验区的政策溢出效应，推进投资、金融、贸易便利化等改革试点，加快开展市场准入负面清单制度改革试点。

十五、云南滇中新区

2016年重点领域体制机制创新工作展望

1. 探索构建开放型经济发展新体制

充分发挥滇中新区交通区位优势，高起点打造开放平台，高要求建立大招商格局，全面提升面向南亚东南亚开放的通道和门户功能，努力把新区建设成为参与"一带一路"与大湄公河次区域经济合作、孟中印缅经济走廊建设等国际合作的重要平台，形成内外联动、互为支撑的开放合作新格局，带动滇中城市经济圈乃至云南省经济实现更好更快发展。

一是探索搭建开放平台。依托坐拥全国第四大门户机场——昆明长水国际机场的独特优势，借助航空业"第五冲击波"，按照"边申报、边招商、边建设"的思路，统筹推进综合保税区、国家级长水临空经济示范区、陆路口岸等开放平台申报建设，促进投资贸易便利化，构建全方位、宽领域、多层次的开放体制机制，推动临空产业和临空经济向国际化、高端化、特色化方向发展，努力将其打造成为辐射南亚东南亚的国家门户航空枢纽、区域性国际航空经济中心、港产城一体化综合试验区、西南沿边开放经济新高地与现代化高原绿色智慧空港新城。同时，主动服务和融入中国（云南）沿边自由贸易试验区申报建设，在内陆沿边地区人民币区域结算国际化、货物和服务贸易通关便利化、边境贸易联合执法监管、石油等大宗商品战略储备、长水机场过境72小时免签、跨境电子商务等领域开展探索，全面拓宽新区扩大开放综合服务平台功能。

二是探索建立大招商格局。借势国家级新区获批契机，探索创新招商机制，建立专业化招商队伍，探索以商建园、以园招商、以商兴业、中介招商、网络招商的现代开放合作招商引资模式，形成以政府为导向、专业队伍为骨干、企业为主体、中介组织为辅助、全民参与的招商运作机制。探索创新招商方式，锁定国内外顶尖企业、各大细分行业的龙头企业，摸排企业发展策略和投资意愿，完善项目储备，变"坐等上门"为"主动出击"，变"单点式、遍地撒网"为"集群式、定向引进"。探索创新合作模式，建立新区和周边区域招商引资合作及利益分享机制，与省内外有条件的地区建立"战略联盟"等合作机制，为新区发展汇聚人才、聚集资源、打牢基础。探索创新招商环境，强化"筑巢引凤"理念，创新项目推进、资源配置、要素保障等招商服务机制，加快新区金融保险、科技研发、教育医疗、文化商贸等配套服务设施建设，让外来投资和高端人才"招得来、引得进、留得住"，着力打造"宜商、宜业、宜居、宜游"四位一体的"产业新区、美丽新城"。

2. 探索构建产城互动、城乡统筹、市区融合、一体发展的体制机制

坚持走"以人为本、四化同步、优化布局、生态文明、文化传承"的新型城镇化道路，以人的城镇化为核心，以产业发展为载体，加快转变城镇发展方式，推动新区产业与城市有机融合、良性互动、协调发展。

一是坚持规划引领，科学谋划发展路径。以建设区域性国际都市为总体目标，加强与昆明市区规划的衔接融合，创新人口城镇化发展机制和城乡建设管理制度，同步推进新区总体规划与经济社会发展、土地利用、生态环境保护等"多规同向、多规同步、多规合一"，实现与昆明"规

划一张图、交通一张网、发展一盘棋",加快构建以昆明主城为中心、以新区为支撑的新型城镇协调发展格局,树立市区融合发展的典型范例。探索建立决策科学、管理规范、执行有力的规划实施管理体制机制,坚决执行"规划一张图、审批一支笔、管理一个法、执行一道令",真正把规划管理纳入规范化、科学化的轨道,逐步形成全域管控、部门协作、统一衔接的新区规划建设管理体系。

二是坚持基础先行,着力夯实发展基础。抢抓国家加快重大基础设施建设和省委、省政府推进路网、航空网、能源网、水网、互联网"五网"建设机遇,探索建立基础设施建设基金发行机制、社会多元主体参与机制、金融机构支持合作机制,千方百计推进新区基础设施建设。

三是坚持多措并举,全面拓宽融资渠道。充分运用市场化手段,建立权责界定明晰、投资主体多元、融资方式多样、中介服务高效的新型投融资体制。着力培育市场化投融资主体,发挥融资平台公司特许经营授权和社会资本合作优势,积极推进资源资本化、资产证券化,推动投融资公司从过度依赖财政性融资向政府引导的市场化融资转变,从偏重于公益性基础设施融资向产业性投融资转变,实现自我转型发展。积极创新融资方式,以项目资源配置为核心,以股权合作为纽带,加快平台公司市场化运作及多元化融资步伐,强化银行信贷资金支持,逐步提升直接融资规模。充分利用信托、基金、企业债、融资租赁、商业保理等多种金融工具和产品,打好融资项目组合拳、品种组合拳、期限组合拳。发展产业或股权投资基金集群,探索设立母基金和子基金引导推动创业投资。探索创建新区股权交易市场,打通资产证券化融资渠道,加快新区开发建设与资本市场的有效对接和社会资本的有序进入。大力推广PPP模式在新区基础设施建设和公共服务领域的运用,对已建成项目,通过项目租赁、重组、转让等方式对原项目进行升级改造或合作营运,盘活存量资产,提升经营管理水平,改善公共服务质量;对公共领域新建项目，优先选择 PPP 模式运作，引导社会资本参与建设并获得合理回报，减轻公共财政举债压力。切实防范和控制风险，规范政府举债程序和资金运作，开展债务风险评估，确保政府性债务在省级批准的限额内，建立"借用还"相统一的地方政府性债务管理体制机制。

四是坚持服务为本，全面深化行政审批制度改革。发挥市场配置资源的决定性作用，进一步简政放权，创新审批体制，有效承接省市两级审批授权，全面推行政府权力清单和市场准入负面清单制度，深化以"相对集中审批权"和"审管分离"为核心的审批体制机制改革，继续实行"2号章"制度，真正实现"新区事新区办"。围绕"流程最优、环节最简、时间最短、服务最佳"目标，再造审批流程，实现"一门受理、同步审查、并联审批、限时办结"。探索实施标准化监管清单，建立监管协调联动机制、激励问责机制，防止监管缺位、错位，促进管理职能从注重事前审批向注重事中事后监管转变，逐步构建形成"横向协调、纵向联通、纵横协管"的行政审批监管体系。

十六、哈尔滨新区

2016 年重点领域体制机制创新工作展望

1. 探索推动服务贸易优化升级新途径

围绕建设龙江丝路带、打造对俄合作中心城市和中俄全面合作重要承载区的战略定位，进一步扩大对俄开放。开通哈俄货运班列，推进临空经济区、综保区配套功能完善，加快临空经济区的大飞机拆解、绿地空港城、跨境电商物流基地等项目建设，积极争取设立对俄自由贸易区，实现投资和优质要素进出便利化，吸引跨国公司在新区设立地区总部，谋划建设中外合作产业园区。

2. 探索建立精简高效运行管理新机制

为有效承接国家赋予哈尔滨新区的重大发展使命，哈尔滨市结合市情实际，着力推进新区范围内三个国家级开发区与三个行政区深度融合、一体化管理，着力探索创新经济功能区管理体制，着力深化行政审批制度改革，加快形成创新发展的内在动力。实施开发区和行政区统一管理。按照"顶层设计一步到位，统筹推进分步实施"的原则，对新区规划范围内的三个国家级开发区和所在行政区实行统一管理体制改革，开发区党工委、管委会和行政区党委、政府合署办公，将三个行政区（开发区）党政工作部门由原来的 126 个精简为 50 个，精简幅度达 60.3%，初步构建了权责一致、分工合理、决策科学、执行顺畅、监督有力的行政管理体制，有效破解了一直困扰开发区与行政区自身快速发展的瓶颈制约。

探索创新经济功能区管理体制。依据"有利于完善产业链条、有利于配置资源要素、有利于集聚产业项目"的原则，组建了15个经济功能区，经济功能区专事招商引资、产业培育、企业服务等经济职能，社会职能同步剥离并向街道（乡镇）转移，为经济功能区补齐发展短板创造条件。深化行政审批制度改革。在新区推行非行政许可审批全面清零，全面规范行政审批中介服务机构和其他行政权力涉及的中介服务机构。推行商事制度改革，实行证照分离。简化受理审批程序，成立新区行政审批服务机构，对审批事项实行集中统一办理，完善内部运行机制，搭建便民和服务企业平台。推进跨部门、跨领域综合执法和系统内综合执法改革，推进执法重心下移，构建起了机构和职能有机整合、高度融合的管理体制和工作体系。

3. 探索构建精准招商引资新模式

探索实施市场化招商方式，有偿委托全国各商（协）会组织、中介机构或自然人为新区招引重点项目，并在国家法律政策许可范围内不断优化招商引资政策体系，提升新区对投资者的吸引力，将新区打造成真正的"投资洼地"；推动招商引资方式由政府主导向社会化招商转变，采取聘请招商顾问、雇员制等方式，打造专业化招商队伍；围绕新区重点产业的垂直供需链和横向协作链，聚焦国内外500强、行业100强等战略投资者，开展专业精准式、集群捆绑式、聚链补链式招商，大力引进竞争力强、成长性好和关联度高的项目，以促进重点产业的集群式发展。

4. 探索建设产城融合发展新功能

坚持以产定城、以产兴城，统筹考虑产业发展、人口集聚与城市建设布局，促进产业与城市融合发展、人口与产业协同集聚，着重在提高新区功能品质、健全公共服务体系上下功夫，持续提升新区发展的吸引力。进一步加大新区学校、医院等公共服务设施建设力度，同步推进产业配套服务功能区建设，构建稳定的职工生活社区，为老城区和域外人口向新区适度转移创造条件，为吸引留住人才和产业技术工人提供宜居宜业环境。

亮点特色展示篇
——2015年国家级新区建设发展与改革创新典型案例

一、上海浦东新区

☞ 案例1.1　金桥开发区服务业综改试点

自2012年金桥开发区被确定为上海市首批服务业综改试点区域以来，开发区坚持"优二进三"发展战略，积极推动服务业综改试点工作取得成效。2014年12月，金桥开发区片区20.48平方公里被纳入中国（上海）自由贸易区扩展区域，2015年4月，上海自贸区管委会金桥管理局正式挂牌，推动金桥服务业改革开创新进入新格局。

（一）发展情况

1. 生产性服务业规模快速增长

2012年服务业营收为2095.6亿元，同比陡增2.2倍；2013年服务业营收为2404.4亿元，同比增长20.1%；2014年服务业规模继续增长，营收为3154.4亿元，同比增长14.2%。提前完成区政府提出的"力争'十二五'期间，金桥园生产性服务业营业收入年均增长率达20%以上，营业收入规模力争达到1000亿元，生产性服务业营业收入占园区营业总收入达到20%左右"的试点目标。

2. 结构优化转型的特点逐步明显

金桥以营业收入为口径的产业结构发生较大变化，二、三产比重由综改试点前2011年的88∶12，提升优化到2015年的48∶52，呈现二三产业并驱发展格局。

3. 生产性服务业内涵持续提升

特斯拉电动汽车、新松机器人、胶囊机器人、卫邦机器人、默克总部、西屋电气、中国移动互联网视频播控中心、中移动高能级数据中心、通用前瞻性研发中心、上证数据中心、富友金融总部园和中辉期货等一批"四新"项目落户金桥。

（二）改革试点情况

2012年，金桥研究成立了相关领导小组，拟定《关于推动金桥出口加工区开展上海市服务业综合改革试点的实施意见》，有力保障了金桥服务业综改试点工作的顺利开展。

1. 持续推动行政审批管理制度改革

建立完善符合生产性服务业新趋势的工商注册管理制度，组织开展债权出资方式登记试点工作；实施新兴行业对标管理，使高技术服务业、以移动视频为主的新兴服务业企业在工商登记时都能得到高效、便捷的服务。与此同时，积极搭建高效行政审批平台，承接审批事权下放。研究拟定《上海金桥经济技术开发区管委会机构编制优化调整方案》，完善内部审批管理制度，落实《浦东新区报关企业设立并联审批操作细则》，使报关企业审批时间缩短了10天。

2. 全面推进企业贸易便利化进程

一是携手海关和检验检疫推进贸易制度创新。2012年，浦东海关推出《浦东海关促进总部经济发展10项支持措施》。2014年，浦东海关和检验检疫分别发布了10项支持浦东贸易便利化的新举措，为金桥企业的通关带来了实质性便利。同时，海关与检验检疫局签订的"三个一"（即一次申报、一次查验、一次放行）合作备忘录，进一步降低了金桥区内企业的通关成本。此外，浦东检验检疫局针对金桥跨国公司地区总部专门制定了"一门式、精细化、个性化"服务举措。二是进一步扩大贸易监管试点范围。以创建"金桥出口工业产品质量安全示范区"为契机，与新区商检共同推动培育、推荐第二批检验检疫"快检快放"试点企业共 15 家。

3. 积极推进土地二次开发和生产性服务业税制创新试点

一是积极推进工业用地"二次开发试点"。积极推进工业用地"二次开发试点"。大力推进金桥现代服务园（II 期）地铁板块项目。现已完成该地块转型计划的编制、上报、审核、受理、项目地价评估等工作，并顺利推进后续程序。二是落实生产性服务业税制创新试点。继续深化推进增值税扩围改革试点。落实跨境服务业免征增值税备案工作，区内集团内部企业间的关联交易不用重复缴纳营业税。

4. 加大财政扶持和基础设施建设

一是设立金桥开发区服务业综改专项资金。根据《实施意见》，出台《浦东新区金桥经济技术开发区服务业综合改革试点财政支持实施细则（试行）》和《金桥服务业综改试点财政扶持项目验收办法》，设立专项资金，对推动金桥生产性服务业功能提升、业务创新和发展的重点项目予以财政支持。2012—2013 年共有 16 个项目获得金桥服务业综改试点财政扶持，支持总额约 5400 万元。

二是加强空间载体和城市功能建设。以"一轴多组团"的定位在新金桥路两侧打造了一批高标准的功能载体园区。拓展金桥南区发展生产性服务业载体功能。优化交通体系，完成轨道交通 12 号线动迁清盘工作，积极争取轨道交通 9 号线三期延伸段等线路工作进度提前，推动金桥地区 3 条轨道交通的贯穿。

5.营造生产性服务业发展的良好环境

一是营造适合生产性服务业人才发展的良好环境。积极缓解开发区内企业员工居住困难，完善园区功能配套，对"金桥阳光花苑"等产业配套项目，经认定后按批准项目总投资额给予贷款利息补贴。二是完善公共服务。以金桥经济发展促进中心为工作平台，推进与上海产业技术研究院的战略合作，助推信息服务加速发展。推动智能制造、电子商务、新兴金融和移动视频四大平台建设，助力推动生产性服务业发展。大力引导产研结合，定期举办"金桥产业技术创新会议"，探索产、学、研一体化的新机制，吸引优秀科技成果产业化项目、投资机构等单位落户金桥开发区。

☞ 案例1.2 在张江探索完善开发区与周边镇之间的区域发展统筹、事权边界清晰、利益联动共享机制

开发区与周边镇域经济的关系是我国区域经济发展的一个重要问题。自2015年3月以来，浦东新区在张江镇启动与开发区高度重合镇退出招商引资、强化社会管理职能的"管镇联动"改革试点以来，率先取消张江镇招商引资职能，优化镇内机构设置，推动政府职能切实转移到公共服务、公共管理、公共安全等社会治理事项上来，为贯彻落实转变政府职能、加快新型城镇化、促进产城融合发展等重大改革发展战略，探索新做法、积累新经验。

（一）具体做法

围绕"取消张江镇村两级招商引资职能"、"梳理形成三张事权清

单(现有、转移、转移后)"和"财力保障体制"等重点问题率先取消张江镇、村两级招商引资引税职能,张江镇自己开发的产业园区划给张江高科技园区管委会负责,同时,张江高科技园区管委会承担的园区社会管理职能原则上转由张江镇负责。通过建立分工明确的管镇联动新体制,推动张江管委会集中精力主导区域经济发展并做好自贸试验区张江片区的改革创新工作,张江镇把工作重心转移到公共服务、公共管理和公共安全等社会治理工作上来,从而实现整个张江地区开发建设和社会治理一体化与工作职能的专业化分工,最终形成可复制、可推广的开发区与镇联动发展、产城融合的新模式。

(二)取得成效

1. 组建张江地区经济发展工作平台

由管委会牵头,会同张江集团公司、张江镇及新区相关部门共同设立经济发展协商平台,并筹办张江地区经济发展工作联席会议,作为张江地区经济发展工作协调机构,具体负责对区域经济发展的指导以及对土地、建设、环保等相关事宜的协诉解决,促进区域经济一体化协同发展。

2. 成立张江地区城市综合管理联动平台

由张江镇政府牵头统筹协调区域内重大城市管理事项。平台成立以来,通过实施覆盖全镇的"管镇联动"城市管理集中整治,加强对沿路沿线、重点区域、市容环境、秩序维护、黑车和无序设摊整治,对已整治区域,安排力量固守,做到整治一块、固守一块,使原属园区管辖的人流密集区域市容环境得到明显改善。

3. 发动社会力量共治共享

根据张江区域企业多、年轻人多的特点,进一步拓展社会力量参与渠道，发动居民、机关和企事业单位职工、社会组织和园区"张江男"、"张江女"组成3000人志愿者队伍，首支300人地铁志愿者队伍已正式上岗，协助维护秩序、客流疏导和咨询服务，探索通过激发区域社会活力，共同推进区域治理的新机制。

4. 探索十大创新平台

在前期探索的基础上，目前已逐步形成"管镇联动"工作的创新平台，包括：城市管理的"张江一号"百日整治平台、社会组织参与的志愿者服务平台、区域化党建理论学习的"张江大讲堂"平台、网格化管理的城市综合管理平台、镇与村级集体资产运作平台，"公众安全感指数提升"平台、园区居民区服务平台、"五化"工程平台、"百姓共享改革成果"大礼包平台以及以"张小江"为代言形象的微信、微博等新媒体平台。这些平台不仅包括市管理、社区服务，也涉及基层党建、民生改善，成为"管镇联动"后全方位的创新举措。

（三）经验启示

开发区与城镇化融合发展关键是如何处理好开发区与周边镇的体制机制问题，释放制度红利，注入发展动力。张江的"管镇联动"改革试点在这方面探索出了一些可供借鉴的经验。

1. 发挥镇和园区各自的优势是核心

按"谁管理更有资源、更具优势、更好效果"原则，园区城市和社会管理服务等事项由镇负责，企业围墙内协调管理事项由开发区管委会为主负责。随着改革深化，双方建立以清单管理的方法来推动持续的职能转移，职责清晰，有效解决了责任不清导致的管理低效问题。"管镇联动"以来，张江镇在实践中破题、在深化中求解，建立长效治理机制、建好区域综合环境，注重调动区域内企事业单位和广大市民群众共建，从被动式整治到主动式整改，从单一式执法到复合式治理。

2. 建立管镇联动的体制机制是关键

建立"费随事转"的财力保障和发展成果的共享机制，消除镇的后顾之忧，而且保障农民利益不受损并从改革中更多得益，为改革顺利实施奠定了坚实思想基础。改革就是要通过科学的制度设计和有效的配套保障，让开发区和镇不仅"各自做擅长的事"，而且要形成利益共同体、命运共同体、区域发展共同体，让联动的各方从原来的"貌合神离"到如今的神形兼备，这样才能更有效地推进精深开发、精细管理、精准服务。

3. 建立完善群众利益共享机制是根本

"管镇联动"后，镇将户管企业移交至开发区，同时镇接管开发区内的社会管理事项。根据"费随事转、基数锁定、增量分享"原则，对划入开发区的镇企业户管上缴税收形成的增量资金，按照一定比例，给予镇相应的财力补贴。同时，考虑到开发区内社会管理幅度的扩宽、难度的增加，要强化对镇的激励机制，建立健全群众利益共享机制，形成与责任匹配、与贡献挂钩、体现权责利一致和共享发展的制度安排，让区域内人民群众更多地享受到改革发展的红利。

☞ 案例1.3　合庆地区环境综合治理

合庆地区环境综合治理是 2015 年上海市重点项目之一，自 2015 年 2 月启动以来，相关工作扎实推进，取得了积极成效。下一步，新区将在总结合庆环境治理经验的基础上，借势而为、扩大战果，选择曹路相关区域、老港地区及大治河两岸、三林城郊结合地区和迪士尼周边等若干重点区域，落实领导包干进行综合整治

（一）主要工作

合庆地区环境综合整治工作于 2015 年 2 月启动，特别是 9 月 15 日上海市委现场会后，整治力度不断加大，各项工作加速推进，取得了显著的成效。具体地，9 月 30 日前，完成了运泽等危化品仓库的搬迁，地区安全隐患基本消除；拆违工作强势推进，截至 11 月 30 日，完成 G1501 以东拆违 49.2 万平方米、占总量的 64.6%，12 月底前基本完成拆违 76 万平方米；畜禽退养退养超额完成预定目标，共计退养生猪 27220 头；97 条中小河道疏浚整治全面展开，区域水环境质量显著改善；建设用地减量化快速推进，2015 年初步统计完成 30 公顷土地的清拆复垦；道路和桥梁大中修工程全面开工；合庆镇总体规划及新镇区控制性详规形成中期成果并加快推进报批；白龙港污水处理厂提标改造及防护林带建设等工作均在正常推进之中。

（二）取得成效

通过近一年来的综合治理，地区环境污染有效遏制，生态环境全面提升，区域功能显著优化，合庆地区更安全、更干净、更有序。

1. 环境污染有效遏制

影响环境的突出问题基本得到了解决：危化品仓库完成搬迁，安全隐患基本消除；影响环境的主要源头违法建筑基本被拆除；周边畜禽退养基本完成，市政重大项目（如城市污水、垃圾填埋）启动升级改造，空气臭味问题大大减缓；产业结构调整不断加快，"三高一低"企业逐步被关停并转；严禁违法排污，区域水质量显著提升。

2. 生态环境全面提升

通过全面开展百日竞赛活动，对 96 条中小河道进行了全面疏浚整治，区域水环境显著改善；对 9 条主要景观道路"五违"现象进行集中整治，全面养护区域中小道路，整治 16 个村村容村貌以及对拆违及土地减量化后土地进行复垦补绿，区域市容环境卫生面貌极大改善，脏乱差现象明显改观；桥梁和道路的修缮与新建，方便了群众出行，群众对环境改善的感受度与满意度显著提高。

3. 区域功能显著优化

对合庆地区规划进行了调整，功能定位更加清晰，空间布局更加合理，合庆镇将重点建设新镇区和郊野公园，目标建设成为以生态休闲功能为主的滨海特色镇，成为生态环境建设示范区、城镇模式转型示范区、产业转型发展示范区，形成经济、社会、环境协调可持续发展格局，为合庆地区长远发展奠定了基础。合庆地区也将成为环境综合治理可复制、可推广的示范性区域。

4. 形成系列治理经验

治理过程中，探索出"规划引领、科学治理"、"问题导向、突出重点"、"严格执法、治管并举"、"协同治理、合力推进"等工作原则，确保整治工作按照"安全、稳定、低成本、不留后遗症"的高标准推进，同时形成了发挥基层自治作用、坚持党建引领、着力推进系统治理等特色做法，为全区面上推开环境综合治理工作积累了经验。

（三）工作经验

1. 坚持高度聚焦，形成强大工作合力

把合庆环境综合整治工作作为区委年度重点工作之一，主要领导亲自挂帅指挥；区政府建立工作领导小组和有关专项小组并设立办公室，加强统筹协调和指导力度。市区领导挂帅出征、现场指导、蹲点办公，深入基层、深入一线解决问题；各职能部门各负其责、密切协作、协同推进。市区相关部门上下联动，力量下沉、全力以赴。军地共建共管，尤其是驻地部队态度坚决、不讲价钱、行动迅速、带头推进。

2. 坚持群众主导，发挥基层自治作用

对于镇村涉及的违法建筑，充分发挥村民主导和村级组织的主体作用，运用"1+1+X"村民自治机制，积极组织、引导、发动并依靠村民，通过村民代表会议形成拆违决议、清拆方案等，以村民自治为主要支撑，破解短时间内拆违和产业结构调整及土地减量化等难题，最大程度争取企业业主实行自拆、助拆，尽量减少执法倒逼和强拆，有效解决了整治工作法治支撑不够问题，减少了矛盾冲突，为拆违和土地减量化赢得了时间、赢得了主动，确保了整治工作总体平稳、可控、有序。

3. 坚持党建引领，促进干部担当尽责

在整治过程中，区委高度重视发挥党建工作的核心引领作用，坚持以"三严三实"专题教育为抓手推进合庆地区环境综合治理，一方面强化领导带路、典型引路，另一方面强化从严治党、戒勉问责，有效激发党组织攻坚克难的战斗堡垒作用和党员骨干创先争优的示范带动作用，促进干部挑起担子、背起责任、全力以赴，在工作中克难题、补短板，以实际行动推动整治工作向纵深推进；同时，用环境综合治理成效检验

"三严三实"专题教育成果，切实做到两促进、两不误。

4. 坚持标本兼治，着力推进系统治理

在解决群众反映强烈、影响群众生产生活的安全隐患、违法建筑、水污染、空气臭味、交通不便等眼前问题的同时，坚持源头治理、系统治理，着力解决困扰该地区长远发展的深层次问题。把拆违、河道整治、环境治理等工作与畜禽退养、产业结构调整及建设用地减量化等结合起来，与郊野公园建设、发展高效优质农业及休闲旅游等结合起来，确保群众眼前利益和长远利益相统一。

二、天津滨海新区

案例2.1 "双创特区"体制机制创新

实施创新驱动发展战略是党中央、国务院的一项重大决策。天津作为全国改革开放的最前沿，积极在落实这一国家战略中发挥示范引领作用。为此，天津市委、市政府做出了一系列工作部署，其中最重要的一项就是遵循"试点是改革的重要任务，更是改革的重要方法"这一习近平总书记的重要论述，推进创新制度和政策工具的局部聚焦，在滨海新区中心商务区建设创新创业特区（以下简称"双创特区"）。"双创特区"建设的目标是用3到5年左右时间，建设成为创新领军企业聚集、创新创业人才汇聚、公共服务体系完善、投资贸易生活便利、各类市场要素活跃的创新创业示范区。自2015年9月21日正式挂牌以来，"双创特区"叠加作为天津自贸试验区的制度优势和国家自主创新示范区的政策优势，围绕推进体制机制创新，营造良好的创新创业生态，开展了一系列有益探索，取得了积极进展。

（一）借力金融改革创新，破解创新创业融资难

融资难、融资贵一直是制约各类市场主体，特别是中小微企业和个人创新创业的一大难题。为解决这一问题，"双创特区"积极引导社会资本发起设立股权投资、天使投资、风险投资等创新创业型基金，先后引入中科招商、天善共赢、中传科金、IDG资本等一批境内外创投机构，

引导已落户的众创空间和行业领军企业发起设立了一批创投基金。在此基础上,"双创特区"还围绕释放自贸区金改政策效率作用,组建了自贸区金融服务中心,联系60余家金融机构、专业机构和各国驻华商会,整合项目推介、本外币融资、结售汇便利化、外债管理、法律、会计等服务功能,建立了海外对华投资和国内对外投资两个综合性服务平台,一方面为各类企业和个人围绕创新创业,多渠道融取境内外资金提供"全过程、一站式、定制化"的服务。另一方面帮助具备条件的企业,通过境外投资并购方式获取关键技术,通过设立海外研发中心方式聚集境外创新人才,全面提升创新创业竞争力。

(二)综合利用政策工具,多维度助力创新创业

创新创业具有技术依赖、创意密集、高风险的特点,特别是对处于初创期的企业和创业者,往往面临技术瓶颈、资金短缺、渠道闭塞等现实问题,需要社会各界尤其是政府部门的大力扶持。为此,天津市委市政府围绕构筑有利于创新和创业融合互动的政策体系和激励机制,赋予了"双创特区"十条精确制导、含金量十足的政策。比如,针对多渠道帮助企业融资,设立引导资金,联合创投机构共同投资"双创"企业;设立风险补偿金,对债权融资风险损失给予70%的补贴;对企业通过新三板、创业板和主板上市融资给予相应奖励。比如针对降低企业初创期运营成本,对入驻的众创空间给予连续三年的运营补贴,对2017年底前进驻的企业和人才给予房租补贴。再比如针对便利人才落户,在落实天津市"一张绿卡聚人才"制度基础上,创新提出对"双创"领军企业员工实施"就业即落户"政策,等等。

（三）打造双创载体平台，大力发展各类众创空间

众创空间作为新型孵化平台，在承载大众创业、万众创新中发挥着至关重要的作用。为此，"双创特区"注重发挥行业领军企业、创业投资机构、社会组织等社会力量的主力军作用，积极引进培育各类众创空间，截至目前已有腾讯、甲骨文、中信国安等7家众创空间落户，另有北大创业训练营、创业家、阿里云创客等8家众创空间达成落户意向。其中腾讯众创空间（天津）作为龙头项目，总建筑面积5万平方米，包括路演中心、培训中心、开放办公区、产品体验区等功能区块，采取"传统孵化平台+线上优势资源+创业投资"三位一体的运营模式，打造线上线下一体化的创业生态圈。具体来说，线上为创业者提供腾讯云存储，广点通开发，应用宝分发，QQ物联智能硬件开放平台等运营服务；线下开放创业基地，定期举办腾讯公开课、开发者沙龙、创业训练营、创新创业大赛等知识分享活动。双管齐下，为企业和个人提供低成本、便利化、全要素、开放式的创业扶持。2015年9月21日，"双创特区"揭牌当日，腾讯众创空间同步投入运营，截至年底已入驻企业45家，储备项目78家。

（四）企业动嘴、政府跑腿，"管家式"服务伴全程

为帮助企业和创业者更好地对接利用各类资源和扶持政策，"双创特区"创新提出了"企业动嘴、政府跑腿"的服务理念，针对创新创业不同阶段的现实需求，提供全程跟踪、无微不至的"管家式"服务。线下在自贸区服务大厅设立了一支高素质的服务专员队伍，作为联络中枢，整合政府部门、专业机构、众创空间、行业协会各方力量，建立"首问负责、专人对接、一管到底、全程代办"的管家式服务机制，为企业提供设立、运营、金融、市场四大类专业化服务。线上开通了"双创通"

服务平台，集成企业在线注册、生成服务订单、自动分配服务管家、全程动态跟踪等功能，方便企业"足不出户"对接获取相关服务。

在上述创新举措的有力支撑下，各类创新要素正在向"双创特区"加速聚集。自2015年9月21日挂牌至年底，"双创特区"累计新增注册企业2278家，包括金融类企业328家、科技类企业606家、商贸类企业1254家、文化创意类企业90家。其中万达国际贸易、中艺储运、国信中远实业等23家企业预计年纳税额将超过1000万元。

☞ 案例2.2　天津滨海新区科技小巨人改革创新

实施科技小巨人成长计划，是培育壮大科技型中小企业发展，是滨海新区稳增长、调结构的一项重要举措，也是全面提升新区自主创新能力、打好滨海新区开发开放攻坚战、构筑自主创新高地的重要途径，事关滨海新区开放开发全局。自2010年实施科技小巨人成长计划以来，

图2.20　施耐德低压电气（天津）有限公司

滨海新区坚持高水平谋划、高效率推进、高质量实施，不断加大组织推动力度、完善各项扶持政策、优化科技创新创业环境，科技型中小企业数量和质量实现"双提升"。

（一）取得的成效

1. 科技型中小企业规模迅速扩大

通过鼓励创新创业、推进科技招商、与科研院所开展成果对接，传统企业改造升级等渠道，不断做大科技型企业总量规模。2015年以来，全区经认定的科技型中小企业新增3055家，科技小巨人企业新增154家，全部完成全年任务指标。截至目前，全区经认定科技型企业累计达到21260家、科技小巨人企业累计达到1118家。

2. 科技型中小企业创新能力显著提高

全区科技型中小企业主要分布在电子信息、生物医药、新能源新材料、高端装备、节能环保、海洋科技等战略性新兴产业领域。截至目前，滨海新区拥有国家高新技术企业895家，本年度再次向市科委上报国家高企451家，已认定市级高企279家；市级以上研发机构407家，其中国家级达到55家；本年度共申请专利11456件，有效专利累计达到31939件，新增授权专利达到7383件；加强企业家培训，已有164家企业负责人列入天津市企业培训工程，全面提升科技型中小企业质量。

3. 科技小巨人企业带动作用日益突出

科技小巨人企业占全区科技型中小企业总数的5%，其科技经费支出、从业人员和有效专利数占科技企业总数的40%左右，主营收入、上交税费占科技企业总数的80%以上；通过支持科技企业开展关键技术攻关、吸引重大科技成果产业化等方式，在高新能计算机、核心芯片、基因科技等领域拥有多项"杀手锏"产品和重点新产品；其中95项产品获得全市"杀手锏"技术产品认定，占全市总数的48%。今年企业积极申报重点新产品168项。

4. 科技型中小企业发展环境进一步改善

《关于支持科技型中小企业发展的实施意见》、《滨海新区科技型中小企业发展专项资金管理办法》等一系列政策文件，各部门、各管委会也都制定相应扶持政策。不断建设提升科技创新平台和公共服务平台，发挥国家超算中心、联合研究院等已有创新平台作用，推动北大、国防科大、浙大研究院建设，服务科技企业。积极推进创新创业以及众创空间建设工作，积极与有关部门开展各类创新创业大赛和创客大赛，营造良好创新创业氛围，吸引建设了腾讯（天津）创业基地、北大创业训练营、京津互联创业咖啡、小米公寓、36氪等各类高水平众创空间，截至目前已建成众创空间20家。

（二）下一步的工作思路

下一步，将继续加大工作力度，持续推进科技型中小企业加快发展，确保完成全市部署的各项任务指标，将新区建设成为具有全球影响力的科技型企业成长聚集高地。重点抓好以下几个方面：

1. 拓展渠道，做大科技型中小企业总量规模

加大功能区和街镇工作推动力度，充分发挥高新区、开发区、保税区的龙头带动作用，其他功能区要着重发力，理顺街镇认定工作流程，推进科技企业认定工作再上新台阶。鼓励和吸引科研院所和高校科研人员、高水平研发团队、留学归国人员到滨海新区创业，积极与市科委、创业家杂志等单位合作组织天津市创业大赛、黑马大赛等赛事论坛活动，

促进创新创业。

2. 增强企业创新能力，培育科技小巨人领军企业

注重一企一策重点培育领军企业，筛选300家重点培育企业给予重点扶持，集中各部门各管委会力量提供有针对性服务，重点扶持培育本土标志性领军企业。鼓励企业开展关键技术攻关，形成以移动互联网、大数据、机器人、基因科技等为代表的重大技术突破，培育飞腾芯片、麒麟操作系统等"杀手锏"产品；支持企业提升自主创新能力，实施科技攻关项目，建设完善研发机构，建设研发管理体系。

3. 完善科技创新平台，增强孵化载体功能

充分发挥重大创新平台作用，推动北大、国防科大、浙大研究院建设，与本地企业开展技术输出、合作建设实验室等。提升孵化服务能力与水平，发挥北大创业训练营、京津互联创业咖啡等已有新型孵化器和众创空间作用，引入优秀企业从事研发和产业化工作，谋划新增一批高水平高质量的创新创业载体，吸引先进地区高水平众创空间在新区落地。

4. 推动科技招商引智，聚集龙头企业与高端项目

吸引优秀科技企业落户，瞄准产业链高端环节和薄弱环节，开展精确招商，围绕龙头企业开展产业链配套项目招商，积极借重首都资源，吸引中关村移动互联网、生物医药等领域优秀企业落户，面向硅谷、长三角等国家和地区举办招商推介活动。吸引具有重要影响力的重大成果落户，加强与中科院合作，组织成果对接会，加强与知名高校合作，推动华中科大3D打印、北航飞机模拟机等项目落户。

5. 进一步完善企业发展服务环境，开展科技政策创新

以金融服务创新促进企业发展，帮助企业申请贷款风险补偿金，发

挥金融机构作用，为企业提供投资、担保等综合支持，引导企业引进股权投资基金，进行股改上市。推进创新服务体系建设，梳理拥有检测测试资质的机构资源，为企业提供检测测试服务，推进产业技术创新联盟建设，开展联合技术攻关；抢抓自贸区和自主创新示范区建设的历史机遇，加强科技创新政策顶层设计。

☞ 案例2.3　天津国家自主创新示范区制度创新经验

按照国务院批复精神和战略部署，天津国家自主创新示范区（以下简称"天津示范区"）不断探索新模式、新经验、新做法，以制度创新为抓手，以政府资源配置的流程再造为核心，重点出台了全国首创的"创新创业通票"制度，以此倒逼政府服务体制改革。

（一）再造政府资源配置流程

创通票制度，是一种针对特定科技服务的定额有价电子编码，可通过互联网管理系统实现流转与兑现，将现行政策资金兑现的财政后补贴方式改为先由第三方机构垫付、再由合作银行兑现的方式，借助"互联网+政府服务"的新模式，再造政府资源配置流程，倒逼政府服务体制改革，实现"一票在手、创业无忧"及"到自创区创业、全程免费"的目标，达到"一张通票管创业"的目标。

此前，天津示范区已经成立了创通票工作领导小组，出台了《天津国家自主创新示范区创新创业通票管理办法》，设立了总额达5亿元的创通票资金总盘子。目前已有400多家企业申请了创通票，聚集了来自天津、北京、上海、山东等地80多家第三方专业机构。

创通票先期启动共有5大服务包，包括初创服务包、国家高新技术企业服务包、知识产权服务包、分析测试服务包及新三板挂牌服务包。

这些服务包基本上覆盖了企业创新创业的每一个阶段，并满足企业的个性化需求。随着制度的不断优化和完善，未来将在现有五大服务包的基础上，陆续推出其他新的服务包，构建起一个系统化、便利化与透明化的创新创业支持系统。

（二）破解五大创业难题

当前，在双创蓬勃发展的强劲态势下，创业者主要面临五大难题，即融资不畅、信息交流、资源整合、人才招募和知识产权保护，而"创通票"通过互联网平台引入了政府、创客、银行以及第三方服务机构等相关方，这将有助于解决创业者面临的五大难题，为在天津打造"大众创业"这一经济新引擎助力。

相关估计，企业、创业者申请政策落地，从申请到拿到政策约需一年时间。一年之后，再给企业相应的政策、资金，往往出现滞后现象。创通票制度恰恰能解决这个顽疾。企业可以根据自己的需求自主申请创通票。比如企业在新三板挂牌时，即可申请一个新三板挂牌服务包。创通票拿到手后，在网络平台系统中选择一家第三方服务机构，机构提供服务后，拿创通票到银行去兑现资金，整个流程都是在互联网上完成。而政府通过购买第三方服务并将其免费提供给企业，也能聚拢大量的第三方服务资源，以"批发价"替代"零售价"，节省服务成本。比如，一个第三方机构为单独一家企业提供某项服务，需要150万元，当这个平台一次可以给机构提供20家、50家甚至更多的企业资源时，受到服务批发效应的影响，服务费用将会降低，则只要100万元就可以满足企业的需求。同时，政府也会给第三方机构以服务费用的5%作为风险补偿金，来减轻其所承担的风险。

再比如，一家企业如在新三板挂牌上市，需向会计师事务所、律师事务所、券商等支付服务费用，上市后再申领相应的财政补贴。有了创通票，企业在购买这些服务时就无须自己垫资，而是凭票支付。服务商则凭票从管委会的定点银行兑现资金，手续十分简便。可流转、可兑现是"创通票"制度设计的核心。

经过初步运行，创通票制度已凸显出以下优势，即以大数据为基础，在创通票的发放、流转中形成了政府、中介服务机构、银行三方组成的风险控制体系，确保资金的安全。同时各个相关方在平台上的交流、评价与互动，一方面可构建企业发展的大数据系统和诚信体系，另一方面也能倒逼政府提高服务质量，从而构建一个服务好、政策多、麻烦少的创业环境。

（三）普惠式政策导向与"互联网+"思维

创通票具有鲜明的普惠式特点。企业只需满足以下条件，即可申领创通票：在高新区内注册，具有独立法人资格，有创新创业的行为特征，正常经营，管理规范，无不良信用记录。而意愿加入创通票中介服务的机构须登录系统提出申请，同意接受相应管理，承诺遵守创通票制度的规定即可。符合相关标准的机构纳入系统数据库，并配置唯一的身份识别码。

"创通票"整个流程都在互联网上进行的，是政府通过引入"互联网+"的模式、互联网思维进行的一次服务体制改革的尝试，通过规范各方购买服务的模式和完善由政府、中介服务机构、银行三方组成的风险控制体系，在保障政府资金安全的同时，极大提高了政府的服务能力和服务效率。以天元生产力促进中心为例，它主要提供包括帮助企业撰写认定材料、申报专利和软件著作权等在内的国家高新技术企业认定服务，通过创通票系统，其客户量增长了40%以上。而整个天津示范区2015年的国家高新技术企业申请量同比暴增3倍，创通票制度凸显了互联网强大的资源整合、信息透明、高效共享的能力。

三、重庆两江新区

☞ 案例3.1　大力优化创新环境助力互联网经济蓬勃发展

近年来，两江新区主动顺应"大众创业、万众创新"和"互联网+"发展大势，大力实施创新驱动发展战略，将科技创新工作摆在全区经济社会发展的突出位置，提出了建设互联网创新创业高地和科技创新示范区的目标，引进了一批全国知名的互联网企业，孕育出了一批行业领先的本土互联网企业，互联网产业初具规模，为经济转型升级增添了新动力。

（一）建载体，打造专业化创新平台

依托国家级"软件产业基地、服务外包示范基地、高技术服务业基地、数字出版基地、文化和科技融合示范基地"，整体打造4平方公里的"照母山科技创新城"。截至目前，"创新城"内已建和在建产业楼宇近350万 m^2，已入驻科技型、创新型企业1500余家。同时，对园区产业楼宇实施智能化、信息化改造提升，完善4.0版本的互联网产业智慧生态园区建设模式，引导产业楼宇向专业孵化器、综合孵化器和企业加速器等专业化、主题楼宇方向建设发展。互联网产业园一期（35万 m^2）已成功开园，移动互联网产业园、移动游戏孵化园等5个以互联网小微企业为主的孵化园面积近10万 m^2。互联网产业园二期（28万 m^2）、软件产业中心（13万 m^2）和互联网学院（15万 m^2）即将建成并投入使用。

（二）聚龙头，加快形成互联网产业集群

形成以党工委领导挂帅、招商部门牵头，有关部门、国资公司密切配合的三大招商工作版块，强力推进互联网产业招商工作。党工委、管委会领导亲自带队到互联网经济发达地区招商，登门拜访了一系列互联网龙头企业，通过真诚、深入沟通，进入了互联网企业家们的"朋友圈"。成功举办了腾讯全球合作伙伴大会等一系列招商引资活动，招商引资取得明显成效。近两年来，成功引进腾讯、完美世界、神州数码、爱奇艺、网龙互联网教育、马上消费、宜信金融、隆讯游戏、九次方、春秋航空大数据、易宠科技、科通芯城、阿里巴巴诚信通等一批有行业影响力的重点企业，软件与信息服务、移动互联网、互联网金融、互联网游戏、电子商务、大数据等互联网产业快速成长。

（三）优模式，筑强创新创业生态链

聚焦互联网经济主要业态，与腾讯、赛伯乐投资、博恩科技、猪八戒网、隆讯科技等互联网龙头企业合作，建成各具特色的五大"众创空间"。从宏观生态上打造企业、资本、人才和信息多维融合的创新创业环境，形成"专业孵化器+专业孵化投资机构+企业加速器"的创新孵化培育模式，助推小微科技企业加快发展。从微观生态上，大力推行"一楼一生态"的企业孵化培育模式，建设"创业咖啡、创业孵化营、专业孵化器、企业加速器"的集群孵化加速模式，打造"全生命周期"创业环境，使创业者在一栋楼里完成从创业、孵化到加速发展的创业步骤，形成从创意到产品，从企业到产业，从产业链到生态链的阶梯式、递进式创新产业发展路径。

（四）强配套，健全创新创业服务体系

近两年来，两江新区党工委、管委会密集出台了一系列关于加强科技金融、人才引进、知识产权保护、园区管理、企业改制上市等创新创业扶持政策，较好地提升了两江新区创新创业的政策环境。不断完善创新人才环境，大力建设互联网学院、两江留创孵化中心、科技人才公寓、园区配套公寓，提供配偶工作、子女就学及医疗等优惠政策，为创新人才入驻解除后顾之忧。大力实施知识产权战略，积极创建"国家知识产权示范区"，设立两江新区知识产权法庭，组建知识产权服务中心，构建"一站式"知识产权服务体系，全区每万人发明专利拥有量已达6.7件。积极开展两江新区"科技大讲堂"、"创新创业大赛"、"知识产权论坛"、"科技金融论坛"、"创新人才发展论坛"等活动，营造良好的创新创业氛围。

（五）补能量，多渠道解决企业资金难题

管委会出资10亿元设立"两江科技创新专项资金"，为科技型企业提供投融资服务。与金融机构合作推出科技信用贷、创业贷、担保贷和助保贷，2015年累计授信企业181家、总额7.45亿元。同时，大力探索科技保险、投贷联动、知识产权质押融资等科技金融创新产品。积极引入赛伯乐集团、易一天使等投资基金，并与博恩、赛伯乐、猪八戒、隆讯等公司开展战略合作，设立互联网金融、移动互联网、文化创意、移动游戏4支专业化股权投资基金，基金总额达19.6亿元。2015年，仅猪八戒网一家企业就获得26亿元融资。积极建设企业金融服务在线平台，"两江新区科技金融公共服务平台"上线并投入运行。优化改制上市扶持政策，持续推动企业的改制上市，目前全区已有IPO上市企业7家，新三板挂牌企业9家，拟上市企业资源库储备达110家。

案例3.2 两江新区创新发展战略新兴产业

两江新区坚持把战略性新兴产业的培育和发展放在突出重要的位置，力争到2020年，战略性新兴产业产值占全市比重达40%左右。现将两江新区战略性新兴产业发展有关情况整理如下：

（一）创新做法

在发展战略产业方面，两江新区遵循产业规律，创新发展理念，积极探索新途径，构建产业发展的新模式、新机制。

1. "整机+配套"模式

按照垂直化整合、集群化发展的思路，最大限度减小内陆地区物流制约，通过上中下游产业链集聚，整机企业+零部件企业集聚，打造一批具备区域影响力和竞争力的产业集群。如电子信息产业，在京东方等

图 2.21　重庆两江新区京东方全景

龙头项目带动下，康宁、SK、法液空、住友等一批核心配套及零部件项目陆续入驻，总投资达 30 亿元人民币，预计总产值 70 多亿元。

2. "资本+股权"模式

液晶面板产业是"投资高、技术高、风险高"的"三高"产业，为发展显示器产业，吸引京东方落户，在市政府的推动下，通过股权投资的方式，为企业进行融资。最终，京东方 8.5 代液晶显示器项目落户两江新区，现已投产，今年预计实现销售收入 120 亿元。

3. "资源+项目"模式

重庆发展新能源汽车产业基础雄厚、资源丰富，拥有近 30 家整车及改装车企业，1500 多家汽车零部件企业。新区通过整合全市汽车产业资源，充分发挥产业集聚吸引效应，重点突破并促成龙头企业项目落户，实现"以零促整，以整带零"，推动新能源汽车加快投产，巩固汽车产业基础并创造了新的增长点。

4. "金融+市场"模式

着力探索金融资本与产业资本的融合发展，通过产业引导基金、股权投资、平台建设等方式支持产业发展。比如，新区成立了机器人、通用航空等融资租赁公司，帮助战略性新兴产业开拓市场。

5. "订单+政策"模式

为培育通用航空产业，吸引通航企业落户，新区通过订单吸引了瑞士皮拉图斯飞机。同时，为消化订单，又成立了通航融资租赁公司，让飞机运营出去，既吸引了企业，又解决了产品的出路。

（二）典型事例

1. 成功引进京东方液晶面板项目

2015年4月8日，总投资高达328亿元的京东方（BOE）重庆8.5代新型半导体显示器件及系统项目，在两江新区水土工业开发区举行产品投产暨客户交付活动。两江新区在发展千亿级的显示屏产业集群时，对京东方这样有市场有技术但是涉及巨额投资的项目通过前期采取地方政府购买原始股，待京东方完成巨额定向增发后，母公司向地方政府回购项目公司股权的举措，完成资金筹集和运营的方式，成功引进该项目，并吸引了14家液晶面板配套企业落户投资。入驻两江新区的上海超硅，通过合资合作的方式生产半导体切片抛光，弥补了国内相关领域的空白。

2. 集聚发展机器人产业

机器人产业是两江新区着力培育的战略新兴产业。尽管汽车、电子等新区支柱产业有很大的工业机器人需求，但是由于一次性投入大，技术研发门槛高，这些潜在的机器人使用大户尽管热情很高，但是也对当期消化一次性投入感到压力。这无疑制约着机器人产业的进一步发展。两江新区为此成立了机器人融资租赁公司，通过"金融＋市场"的方式，破解大市场与新产业对接的问题，整合内陆地区分散的市场、潜在的市场、未来的市场和政府对工业企业的补助资金，鼓励当地企业使用机器人，企业仅仅需要支付不大的成本就能用上机器人。这一举措不但破解了机器人产业的市场订单和推广问题，而且还大面积提高了汽车产业、电子信息产业智能制造水平。重庆的银团十分看重这样的商业模式创新，授信两江新区236亿元发展战略机器人产业。依靠金融资本引导产业资本的方式，两江新区机器人产业集群迅速崛起，形成了研发、制造、检测（标准）、教育培训（机气人产业学院）、融资租赁为一体的全产业链。新区机器人良好的发展前景也吸引了川崎、酷卡、ABB等国际先进机器人企业落户新区。进一步提升了两江新区机器人产业发展水平。

☞ 案例3.3　民营私募股权基金助力创新创业——以重庆赛伯乐移动互联网孵化园为案例

图 2.22　赛伯乐移动互联网孵化园

以往各地的小微企业孵化园多以政府投资为主，对企业成长所投入的资金有限，孵化的手段较为单一，尤其是对于追求高效率高投入的互联网企业而言，具有较大的局限性。2014年9月，重庆两江新区引入私募股权基金赛伯乐投资集团联合打造赛伯乐移动互联网孵化园，采取政府和专业孵化企业联手扶持小微科技企业发展的全新模式，借助私募股权基金资金实力强、投资经验丰富的特点，培育了一批科技型、创新性小微企业快速成长。

（一）合作模式

重庆两江新区管委会与赛伯乐投资集团签订战略合作协议，分期建设共计30万平方米的创新创业孵化园。由两江新区（提供）楼宇场地建设，共同成立的5亿元人民币的移动互联网股权投资基金，双方共同招商引资、运营管理，为创业者"输血"。园区采用主题楼宇经济布局模式（即一栋楼主题发展一种新兴产业形态），分期建设移动互联网、互联网金融、电子商务和跨境电子商务、移动游戏、创意设计等五大专业孵化器，并引入专业机构主导小微科技企业孵化培育，构筑大数据企业帮小微科技企业的新生态。

（二）主要做法

1. "一站式"创业服务

成立了专门的管理部门，为创业人员开展了项目推介、创业培训、工商登记、创业指导、融资服务的"一站式"创业服务。一是量身定制的企业办公空间，为企业设计了一条从小微企业孵化成大中型企业的四类个性化办公空间，为入驻企业提供"一个员工到一百个员工"的个性化办公空间租赁服务。二是自主开发的智慧楼宇管理系统，为入驻园区的企业提供基于"供应链"的自媒体传播、知识共享、产品发布、订单预约等业务服务，为企业员工提供专属通行二维码、访客预约、会议室预约、车位预订、餐饮预定等办公配套服务。

2. "投资+辅导"创业导师制度

目前已聘请30位国内知名互联网企业家及天使投资者〔包括赛伯乐（中国）投资集团董事长朱敏、猪八戒网CEO朱明跃等〕，对企业实行"一对一"扶持，为园区企业在商业和市场开发方面提供意见和指导，也对有潜力的企业提供投资和人脉帮助。

设立"创业导师天使基金"，鼓励创业导师参与到小微企业的实际运作中，通过持股但不控股的创投模式，使小微企业和创业导师建立更为紧密的联系，帮助小微企业顺利渡过初创期。

针对创业微企开展了7次创业沙龙，共计1000余人参与沙龙活动，帮助 30 家创业团队与国内优秀的天使投资人投融资对接。

3."大带小、小抱团"的众帮众筹模式

引入行业内部的龙头企业,使其能与小微企业进行人脉、订单、经验的分享,加快小微企业的成长步伐。同时,园区的开放式联合办公层为初创型团队提供"小抱团"的创业氛围,初创型团队通过工位租赁的模式拎包入驻,降低办公成本,加强不同创客之间的沟通交流与共享资源。

4."互联网+众创空间"的发展形态

在同一栋大厦里细分孵化平台,底层为上市孵化大厅、两江创客咖啡、两江创客空间组成的配套服务层,往上依次为互联网+设计、文化、汽车、餐饮、教育、影视、社区等产业孵化平台,此外还有大数据产业孵化平台、互联网流量产业孵化等平台。搭建了赛伯乐·AppCan 移动开发培训、赛伯乐·蓝盒子 APP 开发外包、赛伯乐·掌宝虚拟广告产业、赛伯乐·彩之云社区 O2O 产业等 4 个联合孵化平台。此外,园区也为企业设计了一个完整的晋升通道,无论是 5 人以下的起步型团队还是处于任何发展阶段的企业在园区都能找到属于自己的创业空间。

(三)取得成效

1. 聚集了大批优质互联网科技企业

仅一年时间,互联网孵化园吸进了 78 家互联网科技企业进驻,以移动互联网产业为主线。神州数码、完美世界、爱奇艺、网龙、宜信等一批具有行业影响的重点大数据企业及项目落户,投资总额达 50 多亿元。其中,小微企业 53 家,注册资本 494 万元,从业人员 273 名;4 家具有带动效应的"母鸡"型企业,注册资金 1 亿元,从业人员近 200 人;21 家具有创新特色的"成长型企业",注册资本 1.2 亿元,从业人员超

过 600 人。

2. 有利于成长中的互联网科技企业更容易获得投资

在赛伯乐投资基金的引导和帮助下，5 家园区企业引入投资超过 7000 万元，其中重庆掌宝科技有限公司 A 轮融资 5000 万元、重庆苗中软银科技公司 A 轮融资 1500 万元、重庆恒久倾城网络科技有限公司 A 轮融资 1500 万元、重庆小菜娃科技有限公司 A 轮融资 500 万元、重庆掌云科技有限公司获得天使投资 200 万元。

3. 初步实现项目差异化发展和科技人才集聚

通过自身的风险评估机制、独特的合作模式及一系列的帮扶机制，优化创新创意项目，增强互联网科技企业核心竞争力和风险抵御能力，截至目前，优化特色创新项目 21 个，帮助 80 余家科技型企业集聚科技型人才 1000 余人。

四、浙江舟山群岛新区

案例4.1 舟山保税燃料油供应中心建设

保税燃料油供应，指按照国际通行惯例为国际航行的船舶提供免税油品的供给。舟山港域处于我国南北黄金海岸线与长江黄金水道交汇处，背靠长三角经济腹地，深水岸线富集、航道宽阔、锚地众多，具有建设保税燃料油供应中心的天然优势和基础。

图 2.23 保税燃油加注

舟山保税燃油供应中心作为舟山国际海事服务基地建设的重要内容之一，自2014年4月正式运作以来实现了直供量的跨越式增长和各项政策的不断突破创新。

供应量方面：2015年，舟山实现保税燃油直供量94.2万吨，实现同比增长42%，从2014年全国保税燃油供应量第五位上升至关区第三位，港区第二位；实现调拨量289万吨，同比增长37.6%；结算量346万吨，同比增长2.3%。直供量中，港区内供油50.92万吨，占直供量的54%；外锚地供油16.7万吨，占直供量的17.7%，同比增加178%；跨关区供油26.58万吨，占直供量的29.2%，跨关区一项业务就为企业节省成本约500万元人民币。

政策突破创新方面：陆续推进实施外锚地供油、同一税号下调和、跨宁波、南京关区、洋山港区、绿华山锚地直供、夜间靠泊供油、"一船多供"等全国首创的改革创新举措，草拟舟山保税燃供资质申请方案，拟申请在舟山新增1家供油资质企业，积极引入AIS、视频、流量计等信息化监管手段，实现供油全过程的远程信息化监管，多渠道降低企业运营成本，提高通关效率。同时，以保税燃油外锚地供油为核心，突破拓展其他外供物资的"一船多能"外供业务，加快推进外锚地外供业务多元化发展，进而吸引更多船舶选择在舟山海域开展外轮供应等海事服务。

案例4.2　舟山大宗商品交易中心工作成效与做法

2015年，全球大宗商品市场跌宕起伏，面对全国大宗商品行业低迷、大批维权案件频发、清理整顿的风潮席卷的经济形势，交易中心坚定信心迎难而上，以集聚大宗产业为主线，扩大交易规模，做专交易平台，做精交易品种；同时以金融助推拳头产品、交易模式研发带动提升吸引力，助推实体经济发展、服务经济转型。2015年12月20日，国务院正式批复设立中国（浙江）大宗商品交易中心，至此交易中心成为国内唯一由国家授牌的交易中心。2015年，交易中心落户企业完成现货贸易额（以增值税发票计）超400亿元，同比增长58.73%，在9月份浙江省清理整顿交易场所，完成白银产品下线的背景下，电子交易额实现近1.4万亿。主要做法如下：

（一）凝心聚力，产业集聚成效显著

一是招商引资取得新突破，企业类型多样化。交易中心坚持"走出去、引进来"的招商路线，2015年，共引进舟山如山汇金壹号、国核新能源、德福投资、春峰石油、航岛明日海洋浮动基地等52家企业，其中包括多家股权类投资企业（第一次引入了投资类企业，并成功上市"新三板"）、高科技大型海工装备"航岛"项目、供应链和票据服务企业，由传统的贸易企业招商逐步向纵深方向发展，呈现多元化态势。

二是依托行业核心，拉动相关产业链集聚。引进浙能集团、盾安控股等行业核心企业，继而引导带动其上下游企业产业链式转移，狠抓大项目、精品项目的落地；重点牵头推进盾安集团与中心的深层次合作：引进盾安金属镁、冷链、新能源风电等系列项目落户舟山，其中金属镁在浙商所的上市，将是其首次参与行业标准制定并争夺国际定价权的一次尝试。

三是强化要素保障促招商。建立梯度税收优惠体系，并不断强化要素保障，提升服务质量及深度，满足企业多样化、个性化需求。2015年，交易中心培育出首家税收规模超1500万的企业；据市统计局数据显示，交易中心对全市批发零售商品销售额的贡献度近三分之一。

（二）聚焦产业，打造专业化交易市场

一是积极构建华东煤炭交易中心、远洋水产品交易中心、浙江石油化工交易中心三大专业性交易平台。与浙能集团、惠群远洋紧密合作打

造煤炭、远洋水产品交易中心，大力拓展、积聚市场上下游客户，已上线动力煤、远洋鱿鱼挂牌交易，自产品上市至 2015 年 12 月底，累计实现动力煤交易量 2205.16 万吨、交易额 88.74 亿元，鱿鱼交易量 24.4 万吨、交易额 19.7 亿元。

二是不断推动上市品种创新和储备，重点做强以煤炭为主的能源板块，以铜、镍、钢为主的金属板块，以鱿鱼、木材为主的农林板块等拳头交易品种，做大做强做实交易市场。自 2012 年正式运营以来至 2015 年 12 月底，累计上市交易品种 37 个，实现电子交易额超 4 万亿元。

（三）优化监管，完善立体化运行机制

建立中心对浙商所及入驻企业、浙商所对交易商的"双层监管"体制，实现监管与服务并重、创新与风控并举的动态立体式全方位监管的新体系；建立"日监管—月分析—不定期检查"的动态日常监管制度，监督浙商所建立健全各项管理和风险控制制度，并明确每个监管环节和风控点，落实责任主体到人。2015 年 7 月底，正式出台《中国（舟山）大宗商品交易中心交易市场监督管理暂行办法》，10 月中旬修订完成《中国（舟山）大宗商品交易中心交易市场监督管理暂行办法实施细则》。2015 年 9 月，交易中心按照浙江省清理整顿各类交易场所工作领导小组《关于开展交易场所白银交易规范整顿工作的通知》（浙清领〔2015〕1 号）文件精神，成立白银规范整顿领导小组，按处置预案逐步推进各项工作，经过多次探讨确定白银代为转让方案后，将不符合条件的交易商全部进行代为转让。

（四）积极服务创新，优化交易"软环境"

一是完善金融配套创新。积极推动交易中心的产业集聚，深层次帮

扶企业：设计并牵头完成了浙商所、建设银行、浙江能源集团和山西世德集团之间的《关于银行承兑汇票质押的四方协议》，缓解了山西世德等企业的资金紧张；积极与各大银行合作：分别与建行签署动力煤票据融资服务，与交行签署鱿鱼仓单融资服务，与民生银行签署大黄鱼仓单融资服务等，金融配套体系的逐步完善，为交易中心与落户企业实现合作共赢提供了契机，为交易中心进一步做大做强夯实了基础。

二是优化交易信息系统。落实信息安全等级测评工作，在安全技术和安全管理两个层面实现高等级的保护，为交易商提供可信的交易环境；牵头完成了"仓单监管公示系统"的规划和招标等项目前期工作，开展"仓单融资"业务。

五、兰州新区

☞ 案例5.1 支持水性产业发展

兰州科天投资控股股份有限公司水性科技产业园项目是兰州新区重点扶持的战略性新兴产业项目，于2014年3月开工，截至2015年底已完成投资35.2亿元，其中，科天环保公司20万吨/水性涂料、4000万平方米/年保温板、400万张/年装饰板生产线，科天新材料公司8000万米/年水性合成革项目已经建成投产。

（一）项目建设和推进情况

为加快推进项目建设和项目投产，主要采取了以下三个方面的措施：

一是加强项目组织领导。成立了科天化工兰州新区建设项目协调推进领导小组，新区管委会主任担任领导小组组长，新区相关部门和城投公司负责人为成员，协调解决项目建设和生产过程中的重大问题。新区党工委、管委会主要领导和分管领导围绕项目建设问题，多次带领相关部门负责人现场调研，现场解决问题，保证了项目顺利推进。同时，新区各相关部门专门指定专人负责科天项目的各项手续的办理，开辟绿色通道，为项目落地建设创造了有利条件。

二是解决了一系列建设中存在的问题。通过领导小组的综合协调，解决了项目建设融资、要素配套、人力资源配备等一系列问题，比如昆仑燃气新区分公司在冬季不能施工的情况下，创造条件，为项目敷设天然气管线 8.7 公里；在科天内部锅炉房尚未建成的情况下，经发、安监、建设等部门现场协调，接通了燃气管线；新区社会保障局为科天员工职业技能培训 128 人次，依托人力资源市场开展为科天输送劳动力 50 人，解决了企业用工问题；新区城投公司与科天达成互保共建协议，已经在新区城投投资建设的政府项目中使用科天产品等。

三是抓好政策落实与资金的扶持。科天水性科技产业园项目作为新区重大招商引资项目，新区全力做好各项优惠政策的落实，并积极争取国家、省、市各类专项资金对企业给予支持。优惠政策兑现方面：自企业 2014 年 3 月开工至今，兰州新区先后 5 批次为企业兑现招商引资奖励资金共 3.3876 亿元。融资方面：由新区投资控股有限公司为科天进行融资担保贷款 3 亿元；2015 年 10 月 30 日，新区管委会与安徽大学王武生教授签订框架协议，承诺在科天与安徽大学王武生教授共同发起的超薄避孕套产业化项目上，以股权合作形式，投入 2 亿元资金，推动项目产业化。争取国家、省、市专项资金方面：先后争取到国家节能减排资金 3885 万元；甘肃省水性合成革工程研究中心被列为省级工程研究中心，省发改委给予扶持资金 160 万元；为科天争取到国家专项建设基金 1 亿元；11 月 10 日，推荐科天水性科技产业园项目、超薄避孕套项目、智能家居项目申报第四批国家专项债券。

（二）推进水性科天做大做强发展的思路

按照产业延伸、集群发展、绿色环保的总体原则，加快推进水性科天做大做强。

一方面，做好科天产业园区周边规划控制。为预留发展用地、提升园区形象、服务园区配套，新区编制完成了《兰州新区北部综合产业片区重点地段建筑环境提升规划设计》，对科天水性科技产业园区的道路交通、用地规模、建筑形象提升、景观照明、生态绿化等进行了规划和设计。一是在科天厂区南部控制预留了450亩工业用地，作为近期增产扩能用地，在其东侧（经十三路以东）控制预留了工业用地，作为战略发展用地；二是在北部综合产业片区的控制性详细规划中，按照"产城融合、职住平衡"的理念，合理布局城市用地，完善居住、商业、文化、体育、邻里中心等服务功能，逐步形成园区服务中心。三是对工业用地中的路网实行弹性控制，为企业选址提供便利，使后期引进的企业在选址边界的划定上更加灵活。同时，适度预留混合用地和弹性用地，以便根据产业的发展需求供应土地。

另一方面，加快培育和壮大水性材料产业集群。把水性科技产业链作为新区重点打造的六大产业链之一，编制完成《水性科技产业发展规划》，将重点打造三大板块、六条产业链，三大板块即：装饰建涂材料板块、家具材料板块、合成革板块。六条产业链即：水性建涂材料产业链、水性装修材料产业链、水性树脂产业链、水性家具材料产业链、水性合成革产业链、功能化和智能化产品产业链。通过招商引资、股权合作，重点发展水性合成革、水性聚氨酯下游产品、水性涂料、水性装饰板材、水性胶黏剂、水性壁纸、智能化皮革板等40类项目，到2020年底，力争形成500亿元的水性科技产业集群。

（三）下一步的工作计划

一是实施专业化招商。由新区相关部门与企业组成专业化招商团队，合理分配工作任务，围绕三大板块、六条产业链开展招商，着重引进产业链节点项目，努力延伸上下游延，以水性材料为重心打造产业集群。

二是抓好产业融资。采取产业基金、股权合作、上市融资、贷款担保、争取国家省市专项资金支持等多种方式，解决项目建设投入和企业发展壮大问题。

三是协助企业拓展市场。第一，参考北京、深圳的做法，协调省、市发改、工信、环保等部门制定《家装材料有害物质控制标准》，逐步淘汰生产、销售非环保家装材料。第二，争取省、市政府研究将科天产品列入政府采购目录，甘肃省范围内的政府投资项目和医院、学校、养老院、幼儿园等关乎民生的社会事业类项目使用行业内可靠的水性装饰材料。第三，协调省工信委，将科天产品纳入到全省范围互保共建目录。第四，积极帮助企业推介产品，通过兰洽会及省内外展会，推介产品，并帮助企业积极走出去拓展国外市场。

四是落实标准化战略。新区会同省市质监部门，协调国家质量监督检验检疫总局及国家标准化委员会将科天制定的水性合成革行业标准上升为国家标准，增强企业在行业内的影响力，提升竞争力。

案例5.2 支持产业孵化中心建设发展

为贯彻落实甘肃省委关于将兰州新区产业孵化大厦打造成集研发、中试、转化、交易、服务于一体的兰白试验区孵化中心，构建形成"创业苗圃＋孵化器＋加速器＋产业园"的全产业链孵化链条的要求，兰州新区重点围绕创新管理体制机制、出台配套扶持政策、完善配套设施服务、搭建创新创业平台、营造创新创业氛围、加大浮华项目引进六个方面，全力加快推进产业孵化大厦建设发展。

（一）创新管理体制机制

成立了以新区管委会主要领导为组长的兰州新区孵化中心建设领导小组，定期听取孵化大厦建设进展情况汇报，并及时协调解决孵化大厦建设中存在的问题和困难。组建了兰州新区科技创新发展管理有限公司，专门负责孵化大厦的运营和管理，为产业孵化大厦入孵企业提供全方位、综合性的孵化服务。

（二）出台配套扶持政策

在借鉴北京、苏州等地孵化器、众创空间、科技服务平台建设先进经验的基础上，按照2016年6月底前产业孵化大厦具备全省项目观摩条件的要求，制定了产业孵化大厦建设方案和倒排工序表，按月分解建设任务，层层落实责任，统筹推进各项工作。制定并印发了《兰州新区产业孵化大厦入孵企业管理办法》、《兰州新区产业孵化大厦入孵企业配套政策》，从房租减免、住宿配套、平台建设、项目扶持、融资贴息、餐补和交通补贴等方面对入孵企业和科技服务机构给予扶持，降低企业创业成本，推动企业快速成长。

（三）完善配套设施服务

为了满足入孵企业员工的住宿需求，积极实施人才公寓和专家公寓建设工程。目前，共有人才公寓162套、专家公寓36套，预计2016年2月可入住，将为1000名创新创业人才提供"拎包入住"的住宿配套。完善产业化配套，按照构建形成"创业苗圃+孵化器+加速器+产业园"的全产业链孵化链条的总体思路，加快推进文化创意产业园和兰州新区战略性新兴产业孵化基地建设。

（四）搭建创新创业平台

与中山创意丝绸之路文化公司合作，共建创新创业服务平台；与苏州墨提斯公司合作，共建软件开发及"互联网+"创客服务平台；与上海赢誉、华龙证券、凯华生产力中心、恒亚律师事务所等科技服务机构达成合作协议，共建中小企业服务平台。对接洽谈包括丝路国际创客工厂、船说创客咖啡、1898 创客咖啡、北京创客总部、青年创客等多家创客空间合作，在产业孵化大厦 1 楼、2 楼打造不同风格的创客空间。

（五）营造创新创业氛围

在国庆期间举办了"创新创业看新区"大学生国庆一日游活动，吸引了省内 28 所高校近了 2300 名怀揣创业梦想的大学生参观了兰州新区及产业孵化大厦。与共青团甘肃省委、甘肃省创新办共同举办"甘肃银行杯"2015 兰州新区创新创业大赛、兰白试验区宣讲大使选拔赛、兰州新区暨兰白试验区知识竞赛等和最美新区美拍评比赛系列品牌活动，营造了创新创业氛围，吸引更多的创业人才来新区创新创业。邀请北京大学先进技术研究院副院长程承旗教授讲授了"大数据应用——空间定位"的大讲堂活动；举办了"兰州新区首届丝绸之路国际创客论坛"活动，为兰州新区创意创业群体搭建国际化交流合作平台，营造了良好创新创业氛围。

（六）加大孵化项目引进

积极对接引进电子信息、高端装备制造、新材料、新能源及环保技术、动漫技术等产业方向的企业入驻孵化大厦。目前，产业孵化大厦已引进北大众志"中国芯"、兰大"除玻璃"、甘肃普锐特 3D 打印、神龙科技无人机、北斗无线电监测、新思达大数据等科技创新型入孵企业（项目）46 家，长城影视、禾邦实业、陕西旅游饭店管理集团等项目已入驻孵化大厦，形成孵化大厦总部经济组团。

六、广州南沙新区

☞ 案例6.1　倾力打造国际航运物流枢纽，提升南沙国家级新区辐射带动作用

南沙新区深入贯彻国务院批复的《广州南沙新区发展规划》（以下简称《新区发展规划》）关于"建设航运物流枢纽"、"打造具有世界先进水平的综合服务枢纽"精神，充分发挥南沙新区深水岸线、地理区位及珠三角广阔经济腹地优势，抓住广州市加快建设国际航运中心的契机，着力提升区域交通枢纽功能，推进航运高端要素集聚，使国际航运、物流、贸易功能进一步完善，口岸通关环境不断优化，在打造广州国际航运物流枢纽的主要承载区方面取得了明显成效。

（一）主要做法及成效

南沙新区围绕建设广州国际航运中心核心功能区，加快推进港口基础设施建设，加快集聚航运要素，国际航运、物流、贸易功能进一步提升。2015年，南沙港区完成集装箱吞吐量1177万标箱，是2004年的45.3倍，单个港口集装箱吞吐量排全球前12位；货物吞吐量2.82亿吨，是2004年的66.5倍。

一是大力推进交通基础设施建设。初步构建起南沙区内、与广州市区、与周边地区紧密联系的大交通网络。港口基础设施建设方面，总投资约75亿元的南沙港区三期主码头6个泊位基本建成，江海联运码头等项目加快

推进，江海、公水、铁水、海空联运加快发展。轨道交通建设方面，连接广州市区的广州地铁 4 号线拟于 2017 年建成并投入使用，30 分钟快速直达广州市中心城区的地铁 18 号线、连接广州白云国际机场的地铁 22 号线已列入广州市新一轮城市轨道交通建设规划，并已上报至国家发改委；总投资 152 亿元的南沙港铁路南沙段已开工建设，深圳—茂名铁路、中山—南沙—虎门城际轨道、肇庆—顺德—南沙城际轨道等项目前期工作进展顺利。高快速路建设方面，联通珠江口东西两岸的虎门二桥、深圳至中山快速通道以及广州—中山—江门高速公路的南沙段正加快建设，建成后南沙交通枢纽地位将进一步提升。商务机场建设方面，面向港澳及东南亚、按照一类通用机场设计的南沙新区商务机场正在加快推进前期工作。

二是加快提升港口综合服务能力。加快完善集疏运体系，开辟国际班轮航线 62 条，开通 51 条水上穿梭巴士和 10 个无水港，开通第一条国际邮轮航线；积极推进海上丝绸之路沿线港口城市联盟建设，进一步加强与沿线国家和地区经贸往来；大力发展航运服务业，积极推进国际延迟中转、整车进口等创新业务，落地实施汽车平行进口试点，实现大型船舶改造维修出口额 15 亿美元。

三是积极推动通关体制机制创新。积极推进以贸易便利化为导向的大通关体系建设，启动关检"三互"模式。国际贸易"单一窗口"一期已上线运行，并与南沙自贸试验区官网、一口受理大厅实现链接。实施了海关快速验放、"互联网+易通关"、检验检疫"智检口岸"、跨境电商商品质量溯源等一批标志性改革，海关查验作业时间由原来的平均 2 小时减少为不到 10 分钟，货物转驳时间缩短为 3—5 小时，通关便利化水平显著提升。

（二）主要体会

南沙新区在航运物流枢纽方面的建设成果主要得益于几个方面：

一是积极对接国家"一带一路"战略。按照国家关于将南沙建设成为"21世纪海上丝绸之路重要枢纽"的功能定位要求,以航运枢纽的建设为抓手,开展全球路演招商,举办国际航运圆桌会议、港口城市发展合作高端论坛。与西咸新区签署海上丝绸之路、丝绸之路经济带重要结点战略合作框架协议,与德国汉堡港、马来西亚巴生港等21世纪海上丝绸之路沿线国家重要港口结成枢纽辐射型合作关系,与"一带一路"沿线国家和地区经贸往来进一步加强。

二是合力构建国家省市各方参与的协调机制。国务院建立了国家发展改革委牵头的促进广东前海南沙横琴建设部际联席会议制度,赋予了南沙一批支持航运物流枢纽建设的政策措施。中央政治局委员、广东省委书记胡春华同志多次亲临南沙港区视察并做出重要工作部署,广东省政府出台的《广东省人民政府关于支持广州南沙新区加快开发建设的若干意见》明确提出了支持南沙"发展现代航运服务业,加快航运服务集聚区建设"。由广州市委书记任学锋同志任组长、市长温国辉同志任常务副组长的广州南沙新区开发建设工作领导小组多次召开会议协调解决南沙航运物流枢纽建设重大问题,广州市政府出台了《建设广州国际航运中心三年行动计划(2015—2017年)》、《广州市推进21世纪海上丝绸之路建设三年行动计划(2015—2017年)》,形成了国家和省、市共同推动南沙航运物流枢纽建设的合力。

三是着力打造广州国际航运枢纽的主要承载区。为支持南沙新区航运物流枢纽建设,广州市明确将南沙列为广州国际航运中心、物流中心、贸易中心的核心功能区和国际航运枢纽的主要承载区。南沙新区围绕打造广州国际航运中心、物流中心、贸易中心的核心功能区,广州国际航运枢纽的主要承载区,对标世界先进国际航运中心,全面实施广州国际航运中心建设三年行动计划,加快建设国际大港,加快集聚现代航运服务业,不断强化航运物流枢纽功能。

（三）下一步建设思路

充分发挥南沙新区作为广州与世界接轨的桥头堡作用，围绕国家中心城市建设，依托港口核心资源，加快推进港口基础设施建设，完善高效便捷大通关体系，不断提升航运物流、国际贸易、现代金融等服务功能，促进物流、商流、信息流、资金流在南沙汇集，着力打造广州国际航运中心、物流中心、贸易中心的核心功能区和国际航运枢纽的主要承载区，强化南沙对大珠三角、全国、全球的资源配置能力。

☞ 案例6.2 着力推进科技创新中心建设，打造珠三角创新发展的新引擎

南沙新区围绕国务院批复的《广州南沙新区发展规划》（下称《新区发展规划》）提出的"建设科技创新中心"目标，紧紧把握珠三角建设国家自主创新示范区的契机，大力实施创新驱动发展战略，加快高端创新资源要素集聚，不断增强国家级新区辐射带动功能，为产业转型发展和经济高速增长提供了源源不断的内生动力。

（一）主要做法及成效

1997年，科技部批准南沙资讯科技园为广州国家高新技术产业开发区"一区四园"重要组成部分。2011年，国家"十二五"规划纲要提出，将南沙新区打造成为服务内地、连接港澳的科技创新中心。2012年，《新区发展规划》提出将南沙新区打造成为广州—深圳—香港创新轴重要节点和华南科技创新中心新高地。2015年，国务院批复设立珠三角国家自主创新城市示范区，南沙新区成为其核心功能区。随着创新资源和

高端创新人才的快速集聚，近年来南沙新区已建成中国科学院"一院五所"〔广州中科院工业技术研究院、广州中科院软件应用技术研究所、广州中科院先进技术研究所、广州中科院沈阳自动化研究所分所、中科院网络中心广州分中心（广州华南物联网技术创新中心）、南海海洋研究所主体园区〕、教育部与广州市政府共建的广州现代产业技术研究院、香港科技大学内地核心科研转化平台霍英东研究院等一批高水平科技研发及成果转化公共创新服务平台。

一是着力推进研发机构集聚发展。南沙新区已建成国家和省、市认定工程中心、实验室65家，国家高新技术企业76家，广东省认定新型研发机构数量占广州市的25%，集聚科研机构（不含企业）研发人员1300余人，其中有12位"千人计划"入选者和2个广东省创新科研团队。香港科技大学霍英东研究院获科技部批复为"国际科技合作基地"，广州市政府与中国科学院合作共建的工业技术研究院、教育部与广州市政府合作共建的现代产业技术研究院先后获科技部批复为"国家技术转移示范机构"。

二是着力推进与港澳科技联合创新。充分对接港澳科技创新资源，加强与港澳高技术服务业合作，推进技术创新联盟、研究开发外包、技术集成、产业创新集群等科技开发模式创新。穗港合作共建的南沙资讯科技园已集聚科技人员2500余人，成功孵化出包括晶科电子在内的30多家企业。香港科技大学致力将霍英东研究院打造成为科研项目的孵化、转换平台，并授权其科技成果首先在南沙新区孵化。

三是着力推进创新、创业主体培育。强化企业在技术创新中的主体地位，通过设立产学研合作专项资金、扶持企业研发中心建设、落实企业研发经费后补助等途径，扶持培育了一批国内行业龙头企业，如被美国《快公司》中文版2014年、2015年连续两年被评为中国创新公司50强的芬尼克兹公司，珠三角规模最大的高亮度LED芯片生产企业晶科电子公司，全球仅有两家电子纸材料生产企业之一的奥翼电子公司等。

香港科技大学联合香港大学、香港中文大学等高校在南沙新区建设具有国际特色的创新创业平台——粤港澳（国际）青年创新工场项目，重点吸引港澳及内地青年学生等年轻创业群体在南沙集聚创新创业、开展科技成果孵化。

四是着力推进科技与金融、产业融合。推动科技与金融结合，成立了中国银行科技支行和科技金融综合服务中心，设立科技信贷风险补偿金，与建设银行、中国银行、平安银行三家银行机构开展合作，加大对科技型中小企业信贷支持力度，积极引导和支持区内科技型企业进入新三板挂牌融资。积极推动科技成果转化，加快建设粤港科技成果转化示范中心、教育部广州现代产业技术研究院等新一代孵化器，全区孵化面积已达38.6万平方米，在孵企业126家，申请专利1961件，实现高新技术产品产值1364.2亿元，占规模以上工业企业产值比重47.63%。启动建设"明珠计划"加速器，建立科技型中小企业创新联盟。借助国家超算中心南沙分中心和已有的香港科大与霍英东研究院（点对点）专线通道，积极打造穗港数据传输专用通道，实现粤港澳跨境数据互联互通和超算业务的重点突破。

（二）主要经验

南沙新区科技创新工作各项成效的取得主要得益于四个方面：

一是着力强化规划对科技创新发展的指引。国家"十二五"规划纲要提出了要将南沙新区打造成为服务内地、连接港澳科技创新中心的目标定位，《新区发展规划》进一步明确了南沙新区科技创新工作的方向和重点任务。广州市"十三五"规划纲要明确将南沙列为广州建设国家自主创新示范区的重要载体和国家创新中心城市建设的重大平台，为南沙新区科技创新中心建设找准了实施路径。

二是着力推进多层次科技创新平台建设。以市部共建提升科技创新层次,通过与中国科学院、教育部等国家级机构在南沙新区合作建设了一批高水平科技创新平台,推动南沙科技创新水平走在全国前沿。以对外开放整合境内外科技创新资源,与港澳业界、高校合作建设了一批科技园区和研发中心,着力打造一批孵化器、加速器和青年创新创业基地,为粤港澳科技成果的转移转化提供了平台支撑。

三是着力搭建支撑科技创新发展的政策体系。中央人才工作协调小组批准南沙新区为全国人才管理改革试验区暨粤港澳人才合作示范区,《广东省人民政府关于支持广州南沙新区加快开发建设的若干意见》明确提出"支持在南沙新区建设省部产学研结合示范区,设立面向港澳及海外的国家级科技成果孵化基地",《中共广州市委 广州市人民政府关于加快实施创新驱动发展战略的决定》明确要"加快建设南沙'粤港澳人才合作示范区'",南沙新区陆续出台了24项支持创新创业发展的扶持政策措施,完善的政策体系为南沙新区科技创新中心建设提供了强有力的政策支撑。

四是着力加强对科技创新的财政支持。2015年,南沙本级财政科技支出5.29亿元,是2010年的6.69倍;全社会研发经费投入占地区生产总值比重为2.1%,比2010年提高1.2个百分点。预计2016年南沙新区全社会研发经费投入占地区生产总值比例达到2.5%,到"十三五"期末该比例将提升至4.2%。财政投入的快速增长为南沙新区科技创新中心的建设提供了雄厚的财力保障。

(三)下一步建设思路

新形势下,南沙新区将进一步发挥科技创新在全面创新发展中的引领作用,充分利用自贸试验区和国家自主创新示范区"双自"联动机制优势,坚持市场导向,实施"互联网+"行动计划,营造科技创新生态环境,进一步加强科技创新载体建设,加快创新要素集聚,不断增强创新发展能力；进一步强化企业创新主体地位，推动科技金融深度融合，加快形成以创新为主要引领和支撑的经济体系和发展模式，力争在珠三角国家自主创新示范区建设中率先取得突破，为广州国家中心城市、珠三角乃至我国创新发展积累新经验、提供新示范。

案例6.3 以建设服务型政府为抓手，致力打造国际化市场化法治化营商环境

根据国务院批复的《广州南沙新区发展规划》关于"改革创新、先行先试"的精神，广州南沙新区坚持以制度创新为核心，围绕构建高标准投资贸易规则体系，扎实推进服务型政府建设，已初步构建了与新区开发建设相适应的国际化市场化法治化营商环境，取得了阶段性成效。

（一）主要做法及成效

南沙新区充分发挥国家级新区和自贸试验区的先行先试优势，积极探索建立与国际投资贸易通行规则相衔接的体制机制，形成了一批可复制推广的新经验。其中，"跨境电子商务监管模式"入选商务部8个"最佳实践案例"，25项创新成果纳入广东自贸试验区首批可在全省复制推广的27条改革创新经验，最新的29项创新成果形成了"56+8"改革创新经验并在广州市复制推广。随着向服务型政府转型的加速，高端要素资源的集聚能力不断增强，经济快速增长，其中，进出口总额1526亿元，同比增长18.2%，对广州外贸增长贡献率为82.4%；实现地区生产总值1133亿元，同比增长13.3%，增速连续八个季度全市第一。

一是行政管理体制改革进一步深化。围绕政府职能转变，完成开发区、自贸试验区和行政区机构设置改革，编制实施权责清单和监管清单，探索设立法定机构。深化行政审批制度改革，市场准入前置审批事项由

101 项压减为 12 项。承接省、市下放行政审批权限，实施行政审批动态调整和行政审批标准化操作。在全市率先推行"一口受理"新模式，实现工商、质监、国税、地税、公安、发改、投促、人社、统计、食药监、海关、检验检疫等 12 个部门的"十一证三章"联办，市场准入联办证件数量和速度全国领先。实施"一照一码"、全流程"电子税务局"、国地税"一窗通办"等标志性改革，企业办事便利化水平显著提升。截至 2015 年 12 月，在南沙新区新设立企业 7589 家，同比增加 320%；新增注册资本总额约 964.8 亿人民币，同比增长 255%。二是大通关体系建设取得重大进展。在全国率先启动"互联网+易通关"改革，率先建设检验检疫"智检口岸"，实施快速验放机制、国际转运货物自助通关、试点以政府采购形式支付查验服务费等改革，推进"粤港跨境货栈"项目，在全国率先建立首个进出口商品全程溯源管理的跨境电商商品质量溯源平台，完善国际贸易"单一窗口"和口岸监管"三互"机制建设。随着贸易便利化水平显著提高，南沙新区的新兴业态也得到了快速发展，2015 年，新增金融和类金融机构 533 家，同比增长 440%；全年落户融资租赁企业 108 家，企业数量和业务规模超过全市一半，实现广州飞机租赁零突破；迅速集聚了 709 家跨境电商企业，建立了跨境电商"南沙模式"。三是市场准入和监管制度不断完善。对外资和内资项目均实施负面清单管理，已有 229 家外资企业投资备案。健全事中事后监管体系，实施"一颗印章管审批"和"一支综合执法队伍管全部"，推进综合执法改革。对市场主体实施综合监管，率先建设统一的市场监管和企业信用信息公示平台，对全区商事主体实施了信用分类监管。推进物联网服务中心建设，提升对企业各环节溯源监管和风险防控水平。四是法治环境不断优化。推进依法行政，探索司法体制改革，普法工作广泛深入，依法治区水平不断提高。首聘港澳人士任人民陪审员，成立了全国第一家自贸试验区法院，正推进成立自贸试验区检察院。设立了南沙国际仲裁中心，实施《三大仲裁庭审模式流程指引》，在国内率先实现在同一

图 2.24 首家粤港合伙联营律师事务所领取营业执照

仲裁中心同时选用三大法系庭审模式的仲裁服务,组建了航运、金融、知识产权等领域的专业仲裁机构;成立了广州首家粤港合伙联营律师事务所,法律服务国际化水平明显提升。

(二)主要经验

一是以全力强化服务职能为工作目标。加快转变政府职能是打造服务型政府的核心要求。南沙一方面大力简政放权,减少政府不必要的行政审批事项,大幅压缩审批时间,减少政府对微观经济活动的干预;另一方面,加快整合行政资源,健全部门职责体系,完善"政务大厅",推行"一站式服务",建立了高效的政务服务体系,为经济发展和各类市场主体公平竞争营造了良好环境,激发企业创业创新的动力和活力。

二是以瞄准对接国际投资贸易通行规则为基本路径。南沙新区紧扣国家和省、市的战略定位要求，在改革方面对接中美双边投资谈判，广泛参与全球竞争，深入研究TPP、TTIP等国际投资贸易规则，形成更加公开透明的投资管理服务新模式，同时结合南沙新区的实际情况，明确各领域改革的具体路径与方法，确保相关改革创新工作能始终走在全国、全省前列。

三是以营造良好法治环境为建设保障。广东省、广州市陆续下放行政审批权限，制定出台广东自贸试验区条例、《广州市南沙新区条例》，赋予南沙充分的发展自主权，进一步从制度和法制上保障改革创新工作的顺利推进。例如，《广州市南沙新区条例》设免责条款鼓励创新，明确在南沙新区进行的创新活动，只要程序合规，个人和所在单位没有牟取私利，没与其他单位或者个人恶意串通的，即使未实现预期效果，免于追究相关人员责任并不作负面评价。

（三）下一步建设思路

围绕建立与国际接轨的投资贸易规则，通过业务创新推动政策创新和制度创新，进一步创新行政管理体制，实施"互联网＋政务服务"工程，加快大通关体系建设，建立宽进严管的市场准入和监管制度，优化法治环境，着力在投资准入、贸易、金融、事中事后监管、知识产权保护等领域，积极探索面向全球、与国际对接的高水平制度规则，形成可复制推广的创新型制度框架。

七、陕西西咸新区

☞ 案例7.1 陕西（西咸新区）人力资源服务产业园项目

（一）功能定位

基于西咸新区、陕西以及西部地区的经济特征、产业水平、人口结构和市场化程度等因素，主体功能初步确定为"一区、一基地、三平台、三载体"，亦称为"1133"功能框架："一区"，即服务于国家创新城市发展方式试验区的人才综合改革示范区；"一基地"，即区域性的人力资源服务机构集聚培育基地；"三平台"，即市场服务平台、公共服务平台和技术服务云平台；"三载体"，即"双创"孵化与创客空间载体、国际化人才交流合作载体和职业技能培训载体。

（二）建设内容及规模

项目总预算约8亿元，分为基础功能区和主体发展区。建设内容主要包括集人力资源公共服务功能、人力资源市场服务功能、社会保障服务功能和配套服务功能等为一体的主体功能园区，建立陕西（西咸新区）人力资源服务基础平台；从服务项目看，重点覆盖人力资源整体产业链，引入人才招聘、高端人才寻聘、人才档案托管、人才测评、人才派遣、人力资源外包、人才培训、人力资源管理咨询等服务业务，形成多种业态并存,满足不同层次人力资源服务需求的综合性、智能化专业园区。

(三)项目建设的重大意义

通过对人力资源产业园3—5年的建设运营,逐步将陕西(西咸新区)人力资源产业园建成陕西最大的人力资源公共服务窗口和西部人力资源服务产业集聚、培育、创新、示范基地,发挥产业园区在丝路起点上的国际化人才交流平台和西部地区人才集散地功能,从供给侧为区域经济的发展注入新动力。

(四)项目前期工作进展情况

一是成立了"西咸新区人力资源服务业发展领导小组",统筹产业园开发建设工作。二是明确了产业园起步区的选址及建设方案。三是启动了人力资源服务产业园区规划研究和编制工作。四是2015年2月15日省政府批复同意西咸新区建设省级人力资源产业园(省政函〔2016〕32号)。

☞ 案例7.2 西咸国际文化教育园项目

西咸国际文化教育园是西咸新区文化建设重点项目。项目东临沣河,西至沣渭大道,北至西宝高速新线,南至科技六路,园区规划面积约14平方公里,距西安市中心19公里,距咸阳市区8公里,距咸阳国际机场17公里,规划建设的地铁5号线和西咸新区现代有轨电车8号线将贯穿园区,交通便利。该项目已列入陕西省"十三五"规划。西咸国际文化教育园将重点发展大健康、国际教育产业,通过整合陕西丰富的教育、医疗资源,与国际知名教育、医疗养老机构合作,提供高端教育、医疗养老服务,辐射西北,服务"一带一路"沿线国家,促进中国教育、大健康产业发展，打造国际医疗合作先行区、丝绸之路文化教育新市镇。

（一）大健康方面

将与国际一流医疗机构合作，建设西咸国际医学城，集国际医学院、国际医院、养老院、疗养院和国际医学检验中心等为一体，建成集预防、诊疗、康复于一体的全方位健康管理中心，以及高水平医疗、康复、预防、人才培养、医学科技研发基地，打造国际医疗合作先行区，成为一流的国际医疗服务中心、国际健康服务聚集区、国际医学教育基地。

目前已与美国加州大学圣地亚哥分校（UCSD）达成合作，共建首家中外合作办学的国际医学院、国际医院及转化医学研究中心，提供世界级的国际医养平台，打造国内医学教育和医疗健康产业的新高地；已经组建了国际医院管理公司，聘请了普华永道、君合律所等国际一流顾问团队加快推进项目。与国际顶级医疗机构美国梅奥诊所（MAYO）就共建国际医学检验中心达成了初步合作意向，正在进行商务洽谈。与浙江绿城集团就打造高品质的养老院及颐养社区达成共识，将建成中国养老产业新典范。

（二）国际教育方面

将引进国际一流大学入驻园区联合办学，以集聚国际知名大学、职业教育和高端培训为核心，采取联合办学和"插线板模式"（吸引知名学校在西咸国际文教园设立独立学院）相结合的方式，通过城市与学校融合发展，建设没有围墙的大学，创建具有国际特色的丝绸之路文化教育新市镇，成为西安国际化大都市对外开放的窗口。目前计划建设一座涵盖幼儿园、小学、初中、高中、大学预科的国际教育学校，以及与美国加州大学圣地亚哥分校合作的国际医学院。

八、贵州贵安新区

☞ 案例8.1 生态化、智慧化、城市化——打造"海绵城市"试点,以低冲击开发模式构建生态文明示范区建设

贵安新区海绵城市试点建设区域面积为19.1平方公里,2020年规划人口为20万人,年径流总量目标控制率为80%,共有8大类67项工程,三年共计投资46.7亿元。2015年6月6日,财政部、住房城乡建设部、水利部正式批复《贵州贵安新区海绵城市试点建设三年实施计划(2015—2017)》(以下简称《计划》),贵安新区从机构设置、制度建设、规划编制、技术研讨、工程建设、产业扶植等方面切实推进试点区域内海绵城市建设。"海绵城市"建设的主要做法:

(一)成立领导机构,明确职能职责

2015年4月,成立贵安新区贵安生态新城(中心区)及海绵城市建设指挥部,7月组建贵安新区贵安生态新城(中心区)党工委管委会。新区各部门在海绵城市建设指挥部的统一领导下,按各自职责,共同推进贵安新区海绵城市试点建设。

（二）完善制度建设，规范运行机制

从规划管控、水环境保护、水资源利用、水安全管理、资金与投融资、考核评估等6个方面，编制完成《贵安新区直管区海绵城市建设项目规划建设管理暂行办法》、《贵安新区直管区生态环境负面清单制度》等16项管控制度。保障海绵城市建设理念在规划建设各环节的落实，建立完善的山水林田湖气保护机制，保障海绵城市建设资金专款专用。制定完成《贵安新区管理委员会关于推广政府与社会资本合作模式的指导意见》及《贵安新区海绵城市建设财政奖补办法》，推动民营资本参与海绵城市建设的积极性。

为推进贵安新区海绵城市试点建设，《贵安新区中心区海绵城市建设专项规划》对中心区进行管控分区，分解需要削减的量和污染负荷，将控制指标落实到相应的地块和道路，指导后续设计开发建设。新区其他相关规划也与海绵城市内容充分衔接。此外，新区根据自身特点编制了《贵安新区海绵城市规划设计导则》及《贵安新区海绵城市规划设计导则图集》，保障新区海绵设施建设标准化、规范化，指导整个新区的海绵设施建设。

（三）丰富项目总盘，加快基础建设

根据《计划》，贵安新区海绵城市提前启动了试点区域内多个项目。截至目前，建成项目3个，开工建设项目24个，建设区域面积合计为9.13平方公里，已完成投资11.84亿元。通过月亮湖公园、星月湖公园及车田河综合整治的打造，构建了行泄通道，消除了排涝隐患，有效扩容湖体库容，增加调蓄空间；沿湖、河两侧，严格按照海绵城市建设要求，保持生态岸线，形成了优美的自然景观；污水管网及污水处理设施建设，将流域范围内污水全部收集处理，并达标排放，避免了水质安全隐患。

（四）抓好产业引进，强化科技支撑

为了保障贵安新区海绵城市顺利建设，新区邀请了硅砂资源利用国家重点实验室在贵安新区设立了贵州研究院，同时通过招商引资，与北京仁创科技集团共同出资建设了贵仁生态砂西南产业总部基地，基地集研发、生产、销售于一体，第一条年最大产能 80 万平方米的硅砂透水砖砌块生产线已建成投产，第二条年产 100 万平方米的生产线预计 2016 年上半年安装并投入生产，两条生产线合计年砂基透水砖产能达到 180 万平方米，总产值约 20 亿元。

（五）创新融资模式，盘活存量资产

贵安新区城市基础设施及政府性投资项目均由贵安新区开发建设的运作层和载体——贵安新区开发投资有限公司负责投融资工作。在《计划》中确定采用政府与社会资本合营模式（PPP）的项目有 4 个，目前已完成项目识别、物有所值评价、财政可承受能力评价，拟采用 TOT 模式进行政府和社会资本的合作，同时还进入了财政部第二批 PPP 示范项目库。

（六）加强交流学习，提升干部素养

2015 年贵安新区先后邀请中国城市规划设计研究院、北京清控人居环境研究院、贵州省建筑设计研究院、北京泰宁科创雨水利用技术股份有限公司、武汉圣禹排水系统有限公司、天津大学、日本株式会社 RIA（立亚设计）等单位赴新区，组织开展海绵城市技术研讨会、技术讲座，共计约 400 人次专业技术人员参加学习交流。

案例8.2 创新安置机制 增加民生福祉

贵安新区自成立以来，新区党工委、管委会坚持"惠民第一，安置先行"的原则，抓好征收安置工作，实现了"征得了、拆得出、稳得住、安得好、发展快"的工作目标。近三年来，征收土地近10.52万亩，征收房屋276万平方米，没有发生一起群体性上访事件和不稳定事件，走出了一条"先安置后拆迁"的和谐征收之路，为全省其他地方征收安置工作提供了有益借鉴。

（一）强化顶层设计，确保"征得了"

一是科学定位合理规划。以《贵安新区直管区城乡一体建设发展规划》为引领，优化贵安绿色小镇空间布局，将直管区470平方公里范围内84个行政村、2个居委会，按照"三型五类"（三型：整体搬迁型、提升保留型、未来整合型村庄。五类：特色文化社区建设类、贵安小镇建设类、景区建设类、文化保护类、未来整合型村庄类）进行科学定位和合理规划，充分体现地域特色和文化特色。按照"产业带动安置区，安置区服务产业"的要求，将产业的服务功能配套纳入安置区统一规划建设，保障被征收群众的长远生计。二是制定出台惠民政策。出台了《贵安新区直管区土地房屋征收管理办法》、《贵安新区直管区被征收群众多途径安置惠民措施》等政策。采取"以奖代补"经营性用房安置等多途径安置办法，新区从土地房屋征收安置工作流程、征收服务等方面进行明确规定，实现了征收安置工作规范化、科学化。三是充分尊重群众意愿。新区在制定土地房屋征收补偿安置政策，规划特色绿色小镇安置房及户型设计、选房等都广泛多方征求被征收群众的意见和建议，为征收安置工作奠定了群众基础。

（二）创新工作机制，确保"拆得出"

一是领导高度重视。把征收安置工作作为新区开发建设的"一把手工程"来抓，提出了"两转六好"（即农民转为市民、划拨土地转为出让土地、风貌好、环境好、功能好、服务好、户型好、质量好）的工作思路和要求。管委会主要领导、分管领导坚持"一线工作法"，到现场听取群众意见、研究问题、解决困难，真正做到情况在一线掌握、决策在一线形成、问题在一线解决。二是强化组织保障。征收安置办公室成立后，做到定责任、定人员、定进度，包任务、包时间、包质量，实行"日督导、周报表、旬进度、月推进"工作机制。各乡镇也设立征收安置办公室，上下联动协同推进征收安置工作。三是创新"四小工作法"。新区通过发放宣传"小读本"、设置官网"小窗口"、召开小型座谈会、组织小型参观活动等"四小工作法"，让群众及时知晓土地房屋征收安置政策、小镇安置房规划设计等，做明白人。目前，新区已制作发放了9850份征收补偿安置方案、3.3万份《致新区直管区被征收群众的一封公开信》、2.2万份《致贵安新区被征地农民朋友的一封信》、1.2万册《贵安新区直管区建设项目土地房屋征收工作宣传手册》。四是抓好征后服务工作。各乡镇、村居分别设立征后服务办公室，建立被征收群众"征收一户、帮扶一户"的征后服务工作机制。通过制作被征收群众征收服务工作台账、表册等，对被征收群众就业、失业、生产生活等方面进行动态管理；通过公开公布征后服务人员手机号码和工作监督号码，明确专人进寨入户挨家挨户走访等多种形式，及时帮助被征收群众解决创业就业、生产生活等方面实际困难，打通了联系和服务群众的"最后一公里"。

（三）落实保障措施，确保"稳得住"

实行"六有"民生计划，切实解决被征收群众生活保障问题。一是实行"住有所居"。按照被征收群众意愿，选择新区统一规划建设且拥有全产权的贵安绿色小镇安置房进行安置。目前，新区规划并全面启动建设了12个永久性安置点，可容纳被征收群众约4.8万人。二是实行"居有所安"。积极推进安置小区向新型社区管理模式过渡，逐步建立和完善社区管理服务，加快推进社区学校、医院、社区便民服务中心等公共服务设施建设。三是实行"病有所医"。制定出台《贵安新区直管区土地房屋被征收群众参加城乡居民医疗保险缴费补贴实施细则》，为被征收群众代缴5年的医疗保险。四是实行"老有所养"。将被征地群众全部纳入社会养老保险或城乡居民养老保险。2015全年对新区年满80岁以上的2800人已发放高龄补贴共计133.89万元。五是实行"失地有保障"。为被征收群众和被征收村集体奖励配置商业用房，确保"失地农民不失利"。被征收土地的农民按被征收承包耕地计算，被征收房屋的农民按常住农业户口人数计算，被征收土地的村集体经济组织按该村被征收承包耕地计算。明确自签订征收协议并交地腾房搬迁次月起发放保底收益金15元/平方米·月，按月支付至移交商业用房，移交商业用房时一次性付清，移交商业用房后再给1年保底收益金。六是实行"学有所奖"。实施普通高中三年免费教育，针对直管区户籍学生考取全日制本专科院校的给予升学奖励。

（四）注重提升素质，确保"安得好"

一是成立贵安市民学校。市民学校采用三级教学模式开展教学活动，采用邀请专家、学者、技术能手、自主创业带头人授课等方式对被征收群众进行免费培训。二是加大宣传力度。制作《贵安市民日常行为规范手册》，免费发放给被征收群众，提高群众思想道德素质和文明素质。三是开展理财专项培训。针对被征收群众土地房屋被征后大量资金妥善处置的问题，及时开展理财培训，有序引导被征收群众理财，合理增加被征收群众收入。

（五）坚持授人以渔，确保"发展快"

一是出台优惠政策。支持被征收群众组建农民专业合作社、运输公司、劳务公司等，出台相关优惠政策，引导群众依法依规有组织参与新区开发建设。二是加强就业帮扶，免费为失地农民提供政策咨询、技能培训等，促进被征收群众转移就业。三是创新促就业联动协作机制。新区与入驻新区的企业建立起促进被征收群众就业的联动机制，积极与用地项目业主单位对接，要求业主单位优先安置符合用工条件的被征收群众就业，对被征收群众群体实行倾斜政策，促使被征收群众就近转移就业。目前，新区直管区已转移农村劳动力16436人。

九、青岛西海岸新区

☞ 案例9.1 创新军民融合体制机制的"古镇口样本"

建设军民融合创新示范区,探索我国军民融合发展新模式,是国务院批复的青岛西海岸新区的重要使命之一。青岛古镇口军民融合创新示范区(以下简称"示范区")于2013年规划建设,总规划面积约178平方公里,其中启动区20平方公里。"辽宁舰"驻泊以来,示范区以母港需求为牵引,以项目建设为主线,以创新示范为动力,着力创新军民融合体制机制,积极推进军地议事体制机制完善、军民科技协同融合、军地基础设施共建共享、军地人才联培联训、军港保障联供一体等方面融合发展,加快建设国内首个军民融合发展创新高地、军队社会化保障示范区、海陆统筹的特色海军城,为军民深度融合发展探索新路径。

(一)军地议事、军民融合:开发模式多轮驱动

依托航母母港的独特功能和区位优势打造特色海军城,这在全国尚属先例,没有可参考可借鉴的开发模式。为此,示范区从体制机制创新入手,率先探索创立"军地议事"工作机制。2014年5月,示范区与驻港口部队共同建立了军地双方共同参与、协商议事的联席会议制度,联席会议下设办公室,负责联席会议确定的重大事项、区域开发建设和部队服务保障工作。已成功召开第一次军地联席会议,就议事机制、示范

区设立等事项达成共识，协调军地互办实事 50 余项，军地重要事项研究推进初步实现常态化。与此同时，内部与属地街道、平台公司实施大联动，外部与国家、省、市三级国防科工单位建立起常态沟通渠道，初步形成了多方参与支持、多轮驱动开发建设的工作格局。目前，正在推动青岛市政府尽快与海军签订战略合作协议；推动国家发改委、总参谋部、省政府等单位建立部省际军政协调推进机制，争取政策支持和战略指导；整合区直部门政策资源，探索建立统一的军民融合政策保障体系。

（二）立足市场、面向战场：产业科技协同融合

随着海军远海防卫作战战略的确立和实施，特别是示范区母港驻军的加速部署，弥补装备技术保障能力"短板"问题日显紧迫。为此，示范区积极调整产业布局，创新发展思路，按照军地协同、产城融合的理念，着力突出海洋科技和军民融合"两大特色"，瞄准国内 11 大军工企业和大院大所，与国防科技工业企业管理协会对接，搭建起"六大百亿级创新平台"。积极布局"大高新"项目，吸引"军转民"、"民参军"产业和资源向示范区集聚。一是依托哈尔滨工程大学青岛研究院和船舶海工装备创新科技园，搭建国防科工研发平台。研究院计划年内整建制引进水下运载器技术、深海工程装备技术等 6 支国家重点科研团队；船舶海工装备创新科技园已确定入园企业 10 余家，舰船高科技研发集聚效应正在形成。依托哈工程青岛研究院，规划建设 5 平方公里的舰船技术科研孵化基地。二是依托中科院轻型动力研发基地，打造航空产业发展平台。研发基地年内部分主体完工，建设全球第四、国内唯一的轻型发动机研发试验平台。以此为引擎，正与北京岱宗航空科技等 10 余家相关企业洽谈合作，加快高端产业集聚，建设 20 平方公里的军工产业园。三是依托海洋科技孵化器，打造军民融合创客平台。争取引进中航工业赛维军民融合产业孵化基地，加快总投资 20 亿元的西海岸快尚网络城、

山海积分通等电商项目落地,放大"互联网+军民融合"效应,打造军民融合高端创客精准创业平台。四是依托蓝创智园,打造高新技术转化平台。以高科技企业发展为重点,加快推进贵和软件研发中心、明月海洋生物科技中心、北斗华信天线基地等18个项目建设。发展金融创投、商务服务等配套业态,建设高新技术成果转化基地。五是依托北大海洋研究院产业发展促进中心,打造海洋要素交易平台。挂牌运行北大海洋产业发展促进中心,促进海洋经济要素集聚和交易,打造国际知名的综合性涉海交易中心。六是依托东方时尚中心,打造时尚创意设计平台。以承接"一带一路"战略为切入点,定期举办国际时装展,建设东方时尚学院、中国传统文化服装博物馆和亚洲第一个海上T台,打造东方"丝绸之路"文化亮点。

(三)军地统筹、港城一体:基础设施共建共享

基础设施是建设一流军港城的重要"基础"。在涉军基础配套标准高、投资大、资金来源单一的情况下,示范区探索多条腿走路,形成多方共建模式。一是扩大财政投资保障范围。按照港区、产城一体的思路,着眼军港战略投送和作战机动需要,摒弃过去军地投资"分轨运行"的模式,将军港水、电、气、暖、垃圾处理、污染治理等基础设施配套一并纳入城市总体建设规划,腾出管线走廊为军港建设专用供水供气管线和专用电力线路,其中供水专用线总投资1.2亿元,供水民用线总投资7000万元。二是推进共建共享投资机制。顺应部队战备需求,军地联合投资3.9亿元共建高标准的进港道路三沙路,军地联合投资7800万元实施高标准的军港绿化和三沙路绿化工程,既实现了平战结合,又节省国防工程费用5000余万元。借鉴三沙路共建模式,目前正在争取军方及有关部门支持,规划建设进出军港西门的古镇口路。三是创新融资机制。广辟融资渠道,拓展融资方式。推进与山东高速、国开行战略合作,统筹

实施总投资12亿元的区域道路和管网建设工程。依托多元开发模式，陆续实施海岸线整理、河道综合整治和村居改造等工程。

（四）盘活资源、贯通梁道：军地人才联培联训

军民融合，核心是人才资源的军地兼通。示范区人才优势和科教集聚效应明显，但要最大限度释放优势，实现1+1>2的效果，亟须打通军地间、校军间的体制壁垒。为此，示范区重点在三个方面进行了探索，努力推进人才培养向特色化、贯通式、共用性发展。一是抓资源共享。青岛港湾学院拥有四大涉港涉海国家级实训培训基地，设有港口机械、轮机工程、航海技术等七大专业群32个专业。示范区牵线搭桥，促其与驻区部队建立长期合作关系，年均定向承训舰员500多人次，还根据舰船维保需要，开展关键课题联合攻关，合作成果不断深化。示范区依托哈尔滨工程大学青岛研究院在国内船舶海工领域的学科优势，整合职教中心、中远船员学院等教育资源，建设舰船装备技术人才培训保障中心，打造军民融合型职教品牌，争取工信部、国防科工局等授牌第一批"部队装备技术保障人才培训基地"。二是促体制衔接。探索船员、海员和军队士官学历与技术资格互认机制，努力打通人才智力资源在军地、培用等环节的衔接瓶颈。三是抓体系贯通。建成了海军希望小学，规划建设海军中学，预留充足空间用于涉军综合高校建设，并引进中国武警消防指挥学院等项目，努力形成纵向延伸、横向拓展的多元办学体系。

（五）社会运作、定向服务：军港保障联动一体

顺应海军使命职能拓展、保障模式转变的新要求，探索建立军地联供、联医、联防等一体化保障体系。一是技术保障专业化。协调青岛市黄岛区职教中心腾出1.1万平方米办公、食宿用房，改建成舰船装备技

术临时保障中心，正在依托哈工程青岛船舶科技园建设 17 万平方米的舰船装备技术保障中心，目前已有 701 所、703 所、704 所等 30 多家单位正式入驻，年内争取进驻舰船装备技术企业 50 家以上，形成示范效应突出、可在全国推广示范的军民融合舰船技术保障模式。二是饮食生活保障社会化。实施"菜篮子"、"阳光食品进军营"工程；按照"园区协调、军地参与、市场运作"的模式，与 20 多家生活保障企业联系对接，引进盛客隆、和福记等企业建设占地 200 亩的军港生活保障中心，尽快实现舰船食品保障本土化。三是医疗保障军民两用化。投入 300 多万元，建成平战结合、陆海一体的军地联合医疗救护站，配备新型高档应急救护车等设备，安排医疗专家常驻。四是营房保障建设集约化。将地方有线电视、邮政业务、公交线路延伸至军港。划拨共 301 亩土地用于建设海军官兵公寓，打造官兵安居乐业幸福家园。五是安全保降标准化。建立了军地联防联治的立体化安保工作机制，依法维护示范区母港"两区一范围"的安全。

通过重要领域和环节的探索先试，目前军民融合发展效应初步显现：一是成为承接军民融合国家战略的重要载体。目前，《关于设立青岛古镇口军民融合创新示范区有关问题的请示》已通过国家发展改革委和总参谋部上报国务院待批，示范区正在成为全国军民融合政策洼地、产业高地、保障要地和示范标地。二是成为助推部队战斗力生成的重要载体。把国防和军队建设搭载在地方经济建设之上，使军港获得了更加深厚的支撑。地方对航母基本饮食需求的社会化配送率目前已超过 60%。三是成为新区蓝色产业创新发展的强力引擎。通过打造国家级海洋科学城和军民融合发展创新高地，带动新区转方式、调结构，为新区发展注入新的活力和动力。四是成为新区城市品位提升的重要一极。海陆统筹、港城联动，建设特色海军城，推动新区产城一体化发展，成为青西新区城市组群的重要组成部分。五是成为提升区域影响力的重要抓手。作为全国首个申报的综合性军民融合创新示范区，通过先行先试、创新示范，提升新区知名度和影响力,吸引产业和要素流入,目前已累计集聚涉海涉军项目 67 个,总投资额超过 400 亿元。

☞ 案例9.2 新视野、新范例、新活力——特色小镇建设纪实

走中国特色新型城镇化道路是十八大作出的战略部署,创新城镇化发展机制是国家赋予青岛西海岸新区的重大使命。2014 年 7 月以来,新区按照"以国际化新城区带动特色城镇发展"的思路,率先全面推进 12 个特色小镇建设。打破传统路径依赖,以新视野新路径打造转型发展新动力、探索城镇化新范例、增强特色小镇新活力,融入发展大局、融入经济转型升级、融入城乡一体发展,努力建设美丽宜居幸福的新型小镇。

(一)谋划:小空间大视野

2014 年青岛西海岸新区获国务院批复以后,遵循城镇化规律,着力优化空间布局,科学确定开发边界,确立了 200 平方公里的核心区——

图 2.25 油画小镇张家楼

产城融合的特色组团—12个特色小镇的新型城镇化体系。青岛西海岸新区的特色小镇"即镇即区",12个镇平均面积近100平方公里,规划的小镇在行政镇驻地周边,空间面积平均10平方公里左右,是镇的"镇区"。新区在特色小镇建设中,以习近平总书记治国理政新理念新思想新战略为指导,将"五大发展理念"贯穿全过程,坚持问题导向,找差距、补短板,先谋而后动,将谋划立足点放在加快转型升级、增强创新发展动力上,放在加快城乡一体、协调发展上,放在加快脱贫攻坚、共享发展上,放在吸取国内外经验教训、创造城镇化新范例上,立足当前、着眼长远,谋在实处、力求实效。

一是谋转型发展新动力。立足适应和引领新常态,加快特色小镇结构性改革,用新产业催生新动力,推进传统工业和农产品生产加工向研发、生产、物流贸易全产业链转变,培育时尚文化旅游、电子商务、园艺农业等新产品新业态新模式,提供有效供给,扩大有效消费,做大做强小镇经济。用新空间孕育新动力,规划建设特色商业街和特色产业园,加快"三集中",即农村土地向规模经营集中、创新创业者向特色街和特色园区集中、农业转移人口向镇街驻地集中,促进经济集约发展。用新机制激发新动力,把特色小镇建设与改革创新结合起来,以农村产权制度改革、户籍制度改革等为主要内容,推进全国农村改革试验区建设和新型城镇化综合试点。

二是谋城乡一体发展新引擎。通过建设特色小镇,扩大城镇有效投资,重点提升镇区环境、完善配套功能、提高综合承载能力和吸引力;同时,创新村庄改造模式,变就地改造为异地改造,依托小镇完善的功能服务建设新型集聚型社区,改变农民生产生活方式,让他们享受与城市人一样的生活,最终将特色小镇建成面积10平方公里、人口10万人左右、宜居宜业宜游宜憩的特色小城市,探索一条在全面建成小康社会基础上,加快农业农村农民现代化的独特路子。

三是谋拓宽脱贫共享发展新渠道。新区将特色小镇建设和脱贫攻坚结合起来,稳步推进"三偏"村向镇驻地搬迁安置,并由新成立的区属国有农业公司对扶贫资金及村级资产资源统一整合、集中使用、集中经营,村集体和村民按股分红,腾出土地探索建设特色农庄,彻底解决偏远、偏小、偏弱的"三偏"村脱贫问题。

四是谋新型城镇化新范例。国内外城镇化进程中面临三大课题:如何防止农民被上楼,如何避免千镇一面,如何处理政府和市场关系。新区将特色小镇建设作为新型城镇化主战场,创新城镇化路径,针对"三大课题",坚持"三个突出、三个不搞",即突出以人为本、有机更新,打造宜居宜业新环境,不搞大拆大建;突出特色元素,彰显小镇本土优势,不搞人为造城;突出市场导向,充分发挥政府有形之手、市场无形之手、干部群众勤劳之手的作用,不搞大包大揽。

(二)内涵:小城镇大特色

新区坚持将特色贯穿始终,找准特色、彰显特色、放大特色,以特色孕育生命力,以特色提升竞争力,以特色增强吸引力,打造特色小镇群。

一是特在定位,做特做优。"做特"就是根据各镇历史传承、区位优势、资源禀赋,聘请具有甲级资质的设计院和一流专家,制定规划和设计方案,赋予每个小镇独特定位:海青茶艺小镇、张家楼意象小镇、大场电商小镇、泊里新港小镇、琅琊古韵小镇、藏南休闲小镇、王台智纺小镇、大村菇香小镇、铁山商务小镇、六汪景秀小镇、宝山田园小镇、胶河风情小镇。"做优"就是依托青岛品牌城市优势,打造特色小镇优质品牌,提升品牌价值,扩大知名度和影响力。

二是特在文化,做特做长。"做特"就是将文化作为小镇的"根"和"魂",把文化基因融入小镇建设,挖掘历史文化,传承文化精髓,每个小镇形成独特的文化标识。"做长"就是做好"文化+"文章,发挥发挥文化引领作用,以文化引领小镇发展、引领产业发展、引领人的发展，让小镇的"文化味"越来越浓、源远流长，保持长久的生命力。比如，张家楼镇拥有全国知名的达尼画家村，绿泽、九龙轩等10余家画院入驻；该镇放大油画优势，彰显油画文化，发展意象油画，投资8亿元建设了10万平方米的艺博城，由深圳著名文化企业上艺集团整体招商运营，搭建以油画为主体的国家级艺术品交易平台，可提供经营性商铺1000余家，交易额将达到20亿元。琅琊镇有2500多年的悠久历史，越国曾在此建都，秦汉在此设郡；该彰显琅琊文化、秦汉风格，挖掘徐福东渡等历史文化资源，已建成琅琊文化产业园、琅琊公园等一批重点项目，打造商务旅游、人文宜居小镇。

三是特在产业，做特做强。"做特"就是每个小镇主攻自身最有基础、最有优势、最有潜力的产业，细分领域、错位发展，以独特的产业衍生产品链、提升价值链。"做强"就是立足存量、优化增量，每个产业通过嫁接、裂变、融合三种模式，向高端转型、向新兴延伸、向智能发展，由特变强，培育产品名牌、企业品牌、行业冠军。比如，王台镇因纺机制造而兴，因纺机制造而强，喷水织机和梳理机占据全国市场半壁江山，2004年被命名为"中国纺织机械名镇"；该镇抓住"中国制造2025"机遇，推进纺机装备产业向智能化、信息化装备制造转型发展，利用旧厂房建设了"328"纺机创意广场，打造"纺机工业4.0大道"，培育纺织智能制造产业。大场镇因工业而发展、因农业而扬名，拥有全区最大的镇级现代工业园区，拥有10万亩林场、万亩优质果园；该镇借助"互联网+"发展机遇，改造提升工业园区，成立了全省首家农村电商互联网金融合作社，规划建设了1.5万平方米电子商务步行街、1.3万平方米商贸长廊、1.8万平方米文化广场，打造现代化、多业态、创新型特色小镇。泊里镇发挥毗邻亿吨国际大港董家口新港区的优势，助力港产城一体化发展，规划建设了董家口金融财富中心、港城创业创客中心、港口安置区，发展现代临港服务业，打造蓝色新港城。藏马镇依托31平方公里的藏马山旅游度假区和万亩水库、万亩蓝莓、万亩林场，重点开发蓝莓体验、国学教育、特色美食、健康养生等休闲度假产品。大村镇规划建设了食用菌研究院、产业园、批发市场、美食街，打造食用菌全产业链。铁山镇依托新区正在建设的青岛西客站商务区，打造综合性商业中心。

四是特在风格，做特做美。"做特"就是强化个性设计，全方位展示每个小镇的生态基底、建筑特色、艺术风韵，打造品牌、拓展市场、塑造形象，以独特的风格彰显独特的风味、风貌、风情。"做美"就是强化精品意识，加强精细管理，推行精治执法，实施护美、增美、治美，把小镇风貌保护好、生态环境建设好、环境瑕疵治理好，凸显每个小镇的空间形态之美、自然风光之美、多彩人文之美。海青镇是 20 世纪 60 年代最早承接落实省委省政府"南茶北引、南竹北移"战略的地区，山东省第一座茶厂在这里诞生，现有茶叶面积 3 万亩，占全镇耕地面积的 40%；该镇实施园林化布局，镇驻地改造、商业街建设均体现茶文化风格、竹文化风韵；建设 20 平方公里的茶叶生态示范区，茶博园是中国北方最大的茶产业综合体。六汪镇立足依山傍水、风景秀丽的环境优势，推进景观生态河、六汪公园等系列工程，发展花果林景观效益兼备的现代农业休闲旅游。宝山镇"四季有花、三季有果、田园风光"，着力建设风河源生态农业精品园等特色园区，重点打造风景优美、瓜果飘香的北方田园镇。胶河镇位于河岸秀美、水质清冽的胶河和鲁胶河交汇地，拥有古胶州八大景之一的"胶河澄月"，着力打造秀美胶河贯穿、特色园区引领、精品农业支撑、商贸经济繁荣的"老青岛风情"小镇。

（三）推进：小平台大创新

国家级新区是激情干事的大舞台，相比而言，小镇是创新创造的小平台。而这个小平台，正演绎着先行先试的大创新，创造可复制、可推广的新模式、新路径、新机制，打造特色小镇建设的新典范。

一是新的建设模式。实施新区主导、镇街主力、企业主体的"三主"

推进方式，采取"政府+市场"的运作模式，新区负责谋划、策划和规划，把关定向；各镇党委政府负责计划实施，高起点、高质量推进；7家综合实力较强的区属国企包1—2个小镇，负责投资融资和基础设施建设，撬动社会资本110多亿元，既破解了特色小城镇建设资金难题，又为企业注入了新的商机，推进了国有企业改革和发展。

二是新的建设路径。坚持以人的城镇化为核心、以强镇富民为目的，探索规划为先、设施为要、文化为魂、生态为基、产业为根、特色为本的"六为"路径。着力推进"四个一工程"，实施"一改"，即改造现有镇街驻地；建设"一街"，即新建和改造特色商业街；打造"一园"，即打造特色产业园；加快"一迁"，即农村社区向镇驻地异地搬迁。通过"一改、一街、一园"，推进产城融合，提高特色小城镇的综合承载能力；通过"一迁"改变农民的生产生活方式，加快农民向市民转变。

三是新的建设机制。通过政策创新、制度供给，调动国有资本、社会资本、各镇干部参与特色小城镇建设的积极性。重点实施了"五大政策机制"，即"租让结合、先租后让"的弹性供地政策，容积率指标奖励、绿化占补平衡的规划政策，政府建设项目红线内基础设施的延伸配套政策，专项资金引导的市场培育政策，"有作为给舞台、无作为靠边站"的干部激励约束机制。

（四）变化：小模块大功能

在新区空间布局中，核心区是主城区，功能区是大组团，小城镇是小模块。新区在特色小镇建设中，推进空间整合、产城融合、要素集合、人气聚合、功能复合，特色小镇由单一的生产生活功能向宜居宜业宜游宜憩的多功能转变，再生能力增强，发展活力增强，对周边乡村辐射带动能力增强。

一是生态宜居功能。12个特色小镇就像散落在新区版图上的颗颗

"珍珠",依托现有山水脉络等独特资源,通过打造清洁舒适、风景优美的生态宜居环境,让小镇融入自然、让自然走进生活,让居民望得见山、看得见水、记得住乡愁。一年多共完成基础设施项目110个、投资14亿元,完成镇驻地外立面改造、道路硬化改造、绿化等140多万平方米;新造林2.3万亩,占全区新造林面积的72%;建成居民休闲广场13处。结合特色小镇建设重点做好轨道交通、青连铁路、董家口港等重大工程村庄搬迁安置工作,完成村庄搬迁15个,向镇驻地集中居住的农户新增近4000户。

二是集聚辐射功能。人流、物流、资金流、技术流、信息流向小镇汇集,带动小镇经济蓬勃发展、转型升级。已建成特色产业园区30个、特色商街27条,安溪铁观音集团、中信证券资本、卓达集团、北京伟光汇通文化旅游等一批大企业参与投资建设。初步形成12个特色小镇互联互通的旅游链条,节假日人潮涌动,全年吸引游客300多万人次,海青镇获批国家3A级景区。引进电子商务平台项目17个,2015年电商平台交易额近亿元,网上销售农产品同比增长20多倍。特色小镇"孵化"或"联姻"的多是新产业、新业态,这些产业一"出生"就风华正茂,一"整合"就焕然一新,一"相逢"便活力四射,辐射带动周边乡村的发展,用于农业规模化经营或特色产业发展的农村土地流转新增约3.4万亩,农业新型经济主体达到500多家。

三是惠民富民功能。特色小镇改变了农民的就业生产方式,让当地居民有了稳定的收入来源,鼓起了腰间的"钱袋子"。一年多发放创业贷款贴息资金1000万元,实现政策性扶持创业4000多人,创业带动就业近万人,培育新型职业农民3000多人。破旧厂房等闲置资源实现再开发,土地出让价格、商业网点租金均实现翻倍增长。2015年,农村居民人均可支配收入达16800元,同比增长9.2%。在给予群众的同时教育引导群众,在改变农民生产方式的同时,也潜移默化改变着他们的生活方式,"富"起来的农民变"雅"了,一股崇尚文明和谐的新风尚涤荡着小镇。

☞ 案例9.3 推行混合用地规划管理模式提升土地综合利用水平

青岛西海岸新区按照率先发展的要求，应对新常态下产业转型升级对土地应用提出的多样性需求，积极推行城市建设综合用地规划和土地管理机制改革，在全国率先试行一地多用模式，将现行的一宗地只有一种用地性质的用地管理模式，变为以建筑功能使用需求为主体的复合性用地管理模式，摆脱过去单一用地带来的制约，较好地适应了城市功能提升，促进了产业转型升级。其主要做法是：

（一）变"单一用地"为"混合用地"，促进土地利用集约化

新区以市场需求为导向，改革现行宗地单一用地性质为主的用地规划管理模式，变为以建筑功能使用需求为主的复合性用地规划管理模式，提出以"一地多用"为特征的"混合用地"概念，即采用土地混合利用和建筑复合使用方式，使单一宗地上具有两类或两类以上使用性质。

一是划分主导功能区。新区按照区域建筑规模总量控制原则，结合区域现状及区域发展的总体设想，对新区及各大功能区控制性详细规划合理划定分区，合理确定混合用地类型，明确不同分区的主导功能和主导功能建筑的最低比例。比如，对于需体现主导功能的建设用地，要求主导功能的建筑规模占用地总建筑规模的不低于60%。对于有条件混合，在保障用地主导功能且混合后不会对区域功能和发展造成影响的前提下，对用地实行有条件混合，如公共管理与公共服务用地混合文化体育功能，公共管理与公共服务用地比例不低于70%；社会停车场用地与文化体育商业商务用地混合的，则必须满足规划的停车场建设需求；对

于城市 CBD 等重点功能片区，非主导功能的兼容用地建筑规模占比不高于 30%。以此强化城市设计引导，推进地块用途兼容，最大限度发挥土地利用效率。

二是分类实施、逐步推广。针对不同类型混合功能地块的规划控制提出不同要求，实行逐步推广。目前商业、住宅兼容的综合用地模式已普遍推广，正在推广停车设施用地兼容商业、商务、文化、办公设施用地，如在珠江路、黄河路公交场站用地运用了混合用地的方式，在出具规划条件中充分兼容了商业服务、市政设施等多种功能。同时，在青岛信息谷建设中，积极探索导入动漫、培训、居住、福利服务等多种混合功能和多种使用功能混合的新型建筑，着力打造以信息产业为主导的综合服务基地。

三是建立控规动态调整机制。对于实行两种或两种以上的功能混合的，综合考虑空间合理布局、产业融合、建筑兼容和交通环境等因素，实行控制性详细规划和土地管理的动态调控机制。按照综合用地的类型、比例，对各区域控制性详细规划进行定期动态调整，强化基础配套、公共服务、开放空间、停车设施等配套规划建设。在设计条件以外，项目单位做出更高标准的设计时，原则同意容积率调整，做到控规编制的合理性、灵活性。比如在古镇口功能区东方时尚中心项目的土地出让过程中，新区充分考虑项目业态需要，对其中的时尚展示、精品酒店、商业、大师工作室和会所等功能给出了明确的混合面积，全力服务于市场实际需求，为打造东方时尚航母奠定了良好的基础。

（二）变"一次性出让"为"弹性出让"，提升土地高效循环利用

为盘活存量用地，促进土地资源优化配置和合理利用，西海岸新区率先试行国有建设用地使用权"弹性出让"制度。

一是按照产业类别确定土地使用权出让期限。区分不同产业和产业生命周期，打破现有单一最高50年期出让模式，拓展为10年、20年、30年、40年和50年等多年限的弹性年期出让。比如重大产业项目、战略性新兴产业项目用地出让年限最高不超过50年；加油站、加气站以及科研用地、经营性公用设施和公共建筑用地等出让年限不超过20年。弹性出让最低期限不得低于5年，最高不超过法定的同类用途国有土地出让最高年期。

二是鼓励"租让结合，先租后让"供地模式。竞得人可以先行租赁土地进行建设，达产后对项目税收、就业、节能、环保等贡献度进行综合评估，通过综合验收的，符合约定使用条件的，再办理出让手续，以减轻企业资金压力，缩短投产时间，同时有效避免企业圈地囤地行为。比如青岛经济技术开发区的原中达化纤、泰富模具两个项目，其出让年限为20年。随着新区产业发展和转型升级，上述企业已不适宜在原区域布局生产，因此在其土地使用期限结束后，新区积极加以规划引导和政策扶持，协调推动企业迁到相应的产业规划区域，将原址收回并根据新的规划用途重新出让，促进了土地资源利用的良性循环。

三是实行土地使用权续期制度。用地使用权到期前，受让人可提出续期使用申请，符合土地利用总体规划、城乡规划和产业发展规划，满足节能和环境保护要求的，由区工信部门会同发改、环保、规划、国土和建设等部门进行综合考评，达标的可以采用协议出让方式取得续期建设用地使用权。"弹性出让"制度的建立，有利于加强用地出让全生命周期管理，建立用地退出机制，促进了土地资源优化配置。

（三）变"静态管理"为"动态管理"，提升土地产出效益

西海岸新区在推广"弹性出让"的基础上，探索实行动态用地管理模式。

一是实行"履约监管"。园区与工业用地竞得人签订《履约监管协议书》，对土地投资强度、达产时间、利用条件、土地产出、实缴税收等条款和指标进行约定，并将其作为宗地上房地产权登记前置条件，对不按约定履行开发责任和义务，存在囤地、炒地、闲置等行为的，通过协商、仲裁、司法裁决等途径收回用地。同时，该协议还规定工业、科研用地完成土地登记之日起5年内原则上不得转让，确需在5年内转让的，增值收益按增值收益额的100%比例上缴，有效制止以股权变动名义炒卖土地的行为。

二是开展土地利用绩效评估。建立了评估工业项目投资总额、投资强度、亩均产值、亩均税收四大指标控制体系，由区工信、发改、商务等产业主管部门会同各大功能区、各镇街组织实施，分别在项目综合验收阶段、达产阶段、出让年期到期前以及每3—5年等不同时期，进行定期监督评估。对评估不达标的企业，根据履约监管协议、出让合同约定，追究企业违约责任，引导闲置低效利用工业用地有序退出，以便保障新增建设项目用地需求。

三是建立联动配合机制。区工信局、发改局、商务局等产业主管部门会同各大功能区、各镇街负责制定和监督实施本区产业准入标准、产业用地标准以及土地利用绩效评估的指标、标准、方法、程序等。区招商引资领导小组负责研究项目供地方式及用地出让生命周期。规划部门结合控规确定的主导功能并根据招商项目和设计建设要求，确定用地或建筑物的功能和比例。土地管理部门根据以上部门要求和市场主体的项目需要安排供地计划。企业存在转型升级需求及时提出增加用地混合功能申请，这样就形成了供地计划跟着用地规划走，用地规划跟着产业规划走，产业规划跟着市场走，市场主体根据自身项目需求用地，最终形成了由市场决定土地资源配置的用地规划管理机制。

西海岸新区通过深化用地规划管理机制改革，有效促进了用地管理精细化，最大程度地高效集约利用土地资源；促进了城市功能优化和产业转型升级,对新区招商引资和重点项目建设也发挥了导向和基础保障作用,特别是放大了中德生态园、灵山湾影视文化产业区等重点功能区的特色优势,迅速建成了一批大项目、打造了一批新亮点、形成了一批新产业。

十、大连金普新区

☞ 案例10.1 加快新区产业转型升级步伐，构建参与国际竞争新优势

为加快产业转型升级步伐，构建参与国际竞争新优势，金普新区把做优存量、扩大增量、提升质量作为主攻方向，深入研究产业基础、比较优势和发展趋势，着力培育一批创新能力强、品牌价值高、市场前景好的优秀企业，夯实经济发展的微观基础。认真落实"中国制造2025"辽宁行动纲要和大连行动计划，明确高端化、智能化发展方向，实施产品智能化提升、工业软件振兴等重点工程，引导传统产业与信息化融合发展，加快向中高端升级，构建以智能制造为重点的新型制造业体系。金普新区光洋科技智能制造装备产业园项目、跨境电商综合实验区暨中韩贸易合作区项目就是这方面的典型代表，折射出新区加快产业转型升级的战略定位和发展趋势。

大连光洋科技集团是新区创新型领军企业，企业完全拥有可满足数控产业发展的基础技术、共性技术，开创了整机与系统相结合，加工工艺技术与控制技术相结合，数控机床技术与数控系统技术研发、产业化无缝对接的机床工业工程技术研究与产业化发展的新模式，这一发展经验被业界称为"光洋模式"。其投资建设的智能制造装备产业园项目，计划总投资24亿元，预计达产年产值93亿元，年利税26亿元。其地藏式恒温厂房规划建设面积25万平方米。该项目是目前国际数控机床及工业机器人研制领域内，技术链和产业链最完整的产业项目。在全球

装备制造业低迷的今天,光洋科技的订单供不应求,其核心就在于永远领先一步的科技创新。

金普新区跨境电商综合实验区暨中韩贸易合作区启动不到一年,已有 200 余家企业登记注册、70 余家企业进驻,开办 O2O 体验店 8 家。小窑湾金融业发展集聚效应日益凸显,14 个大宗商品及权益类交易中心、2 个银行、2 个基金管理公司、17 家资产管理公司等共计 80 多家金融及类金融企业确定进驻,注册资金总额超过 40 亿元,其中朗勤金融大厦已经奠基开工,东亚能源交易中心、乾元科技文化交易中心启动运行。

面向未来,新区将深入实施创新驱动战略,把握创新发展理念,提升自主创新能力,力争在基础科技领域做出大的创新,在关键核心领域取得大的突破,在科技与产业结合上实现新跨越。要抓高新技术产业培植,为现代产业发展提供示范引领;抓科技创新平台建设,提高现代产业创新能力;抓重大科技项目实施,为现代产业发展培植新的增长点;抓科技创新人才引进培养,为现代产业发展提供充足的智力支撑。要让创新创业在新区蔚然成风、开花结果、枝繁叶茂。

☞ 案例10.2　谋划大项目　力促大发展

大连金普新区紧紧抓住项目建设这个强力引擎,谋划、实施一批重大产业项目、重大基础设施项目、重大科技创新项目和重大民生项目,为金普新区"五大发展"夯实基础。

英特尔二期非易失性存储器项目是新区重大产业项目中的典型代表。历时近一年,经过 30 多轮艰苦谈判,终于促成项目落户新区。项目总投资 55 亿美元,是迄今为止全国单体投资最大的外资项目。英特尔大连公司现已成为东北地区最大的 IT 制造企业,中国综合技术水平最高的集成电路生产企业。计划生产新的存储器类集成电路及逻辑类集成电路,技术更为先进,用途更为广泛,市场需求更大。尤其令人鼓舞得是，它将极大地带动上下游产业发展，实现产业链条延伸，对新区集成电路产业发展具有不可替代的作用，必将促进大连电子信息软件产业实现质的飞跃。

大连湾跨海交通工程是新区重大基础设施项目中的重中之重。大连湾跨海交通工程，穿越大连湾，南隧北桥，双向六车道，全长24公里，其中海中段长15公里，总投资近300亿元，是大连建市以来投资最大的单体市政基础设施项目。跨海大桥联通金普新区和大连主城区，极大优化新区发展环境，对新区进一步提升城市功能、促进要素聚集、改善人民生活都将起到积极的促进作用。大连湾跨海交通工程已经完成钻探勘察，规划设计全面展开，今年将全面开工。

谋划大项目就是谋划新区未来。新区党工委管委会对于新区重大项目的谋划和推进，方向明确、思路明晰、科学决策、务实推进，确保项目谋得准、立得住、落得实。

一是强化领导、配强力量。大项目是大工程，也是系统工程，牵涉到方方面面，牵头抓总、协调各方尤为重要。金普新区成立了以党工委管委会主要领导为组长、各责任单位一把手为成员的"重点项目建设工作领导小组"，根据项目特点、部门职责、工作需要，建立科学高效的协调推进工作机制，通报情况、分析问题、研究对策、推动落实，快速解决项目推进过程中出现的规划、土地、动迁、征林征海等方面难点问题，为大项目推进保驾护航。在新区行政体制改革中，专设重点工程建设指挥部，抽调精干力量，对重大项目建设给予组织保障。

二是站高望远、把握方向。新区坚决落实《中共中央国务院关于全面振兴东北地区等老工业基地的若干意见》，以《意见》指导项目谋划，以项目促进《意见》落实。围绕新区"一地一极三区两中心"的战略定位，根据新区发展需要，现实性和前瞻性结合，谋划一批大项目，培育新产业、新业态、新技术、新模式，促进产业升级转型，实现新区科学发展创新发展加快发展。

三是改革创新、优化环境。大项目是金凤凰，只有种下梧桐，才能引来凤凰。新区加快行政审批制度改革，在全市率先建立了政府权力清单、责任清单、行政事业性收费项目清单等6张清单，确保清单之外无权力。新区各部委办局151个审批事项全部进驻行政服务大厅，实现"一个窗口受理、一个印章审批、一个流程办结"，确保大厅之外无审批。优化审批流程，建设项目实行并联审批，审批时限由149个工作日减至25个。改革商事制度，在全省率先实行新设立企业"四证一章"一日办结。全年新注册企业4800户，增长62%。推出企业联系人制度和减轻企业负担等政策措施，与企业携手并肩应对市场变化带来的不利影响，确保实体经济保持平稳运行。

图2.26　大连金普新区行政审批实行"四证一章"

十一、四川天府新区

☞ 案例11.1 天府新区龙泉驿片区完成"生命周期"——行政审批流程再造试点

天府新区龙泉驿片区探索建立以企业和公众为中心的"全生命周期"行政审批流程，以服务为核心开展政务服务生命周期整合。

一是以"全生命周期"为主线，全面梳理行政审批及服务事项流程。将公民和企业生命周期分别划分为婴幼儿、少年、青年、中年、老年和创业起步、行业准入、日常运营、发展融资、遇到困难五个阶段，对640项行政审批及服务事项分类打包，形成一级主题22个、二级主题52个和三级主题125个，延伸社会化服务160个、优惠政策216个和监管政策214个，打破同级部门、行政层级和公共企事业单位间的阻隔，促进政务服务向基层和非政府机构服务链延伸。

二是以"主题服务包"为导向，整合再造审批服务流程。明确主题服务边界，打破部门间的壁垒，将同类事项归并进入服务主题，整合关联性强的社会化服务、优惠政策、监管措施并纳入办理步骤，一次性预先告知服务概况，精准定位不同用户及需求。重塑服务话语体系，以政务服务名称和场景口语化、通俗化为原则，对服务名称和场景语言进行规划和统一，建立以公众日常用语习惯为基础的生命周期政务服务话语体系。

三是以"政务服务网"为平台，积极打造电子政务大厅。上线运行全生命服务周期行政审批流程再造系统，公众和企业所需全部政务服务事项在网上实现交互式展现，推动政务服务向大数据、云计算和移动互联网扩展，全面提升政务服务的易用性，大力提升政务服务效能。

☞ 案例11.2　天府新区成都管委会创新推行纳税服务——"三三制"管理模式

为充分发挥税收服务新区发展作用，天府新区成都管委会不断深化税务改革，提升税收征管水平，创新开展纳税服务"三三制"管理模式，构建全方位、集中式、多元化的纳税服务体系。

一是清理涉税事项，做好前后台链接。对照上海自贸区网上办税服务事项，对现有办理涉税事项逐一进行梳理比对分析，做好服务前台与管理后台的有效链接，逐步形成以"网上办税为主、实体办税为辅、自助办税为补"的"三位一体"服务格局。

二是集中服务事项，开展轮岗驻厅。以建立集约化纳税服务中心为目标，将原税务所负责的涉税事项前置到服务窗口，形成职能集中、职责清晰、运转高效的纳税服务工作机制。推动税务干部轮岗驻厅常态化，使管理环节资源向窗口服务岗位延伸，提升了窗口的服务能力和水平。

三是实施风险管理，创新责任机制。按照低、中、高三个风险级次确定不同的风险应对团队，按照风险管理识别、评定、应对、监督评价的工作流程，全面推进以"多点识别、统一评定、集中推送、分级应对、监督反馈"为特征的风险管理工作。

☞ 案例11.3　天府新区成都管委会扎实推进成都科学城新兴金融集聚区建设

一是明确功能定位，有序分步实施。围绕打造以股权投资基金为龙头的集互联网金融、对冲基金、资产管理、第三方支付、国际金融结算、金融要素交易市场等为一体的"天府新金融中心",按照分步实施思路加快新兴金融集聚区和起步区建设,集聚区重点发展信息安全、智能制造、科技服务、新兴金融等高端产业,着力建设国内一流创新创业高地;起步区专注聚集欧美及亚洲等国际国内知名股权投资基金、对冲基金、资产管理、金融咨询服务等机构,着力建设职住一体、"快金融、慢生活"的新兴金融群落。

二是抢抓战略机遇,加快载体建设。抢抓国家全面创新改革试验区建设机遇,在集聚区加快推进"天府金融 V.P. 邦"和"天府国际金融结算中心"等在建项目建设,力争分别于年底和明年 8 月交付使用;持续跟进"天府国际金融创新创业中心""天府新金融智慧中心"等在谈项目,争取尽快签约并于明年正式动工。同时在起步区加快集办公、商业配套、投融对接平台等功能的天府创客街区建设,确保今年年底前实现拎包入驻。

三是主动对接机构,借力招商引资。主动服务已引进的 297 家金融机构,在行政审批、项目推进、政策落实等方面提供高效快捷专业化服务;深化校地企合作,成立"天府新区新兴金融集聚区课题研究组",借力专业部门在新兴金融前沿知识、金融产业规划设计、专业金融产业链服务、丰富投资机构关系资源、财经媒体资源优势,促进新区金融产业集聚发展;对接意向落户新金融机构,精准招商、专题招商,成功引进电子科技大学、四川大学等知名院校研发中心两个,积极推进与西南财大在"天府国际金融创新中心"项目上的合作。

十二、湖南湘江新区

☞ 案例12.1 创新体制机制 推动绿色建筑成片发展

（一）创新政策引导机制，激发内在动力

强化源头把控，以土地出让为抓手形成"硬约束"。制定城区绿色建筑发展规划，分地块确定绿色建筑星级标准和生态指标，在出让地块规划设计条件和用地规划许可证中明确绿色建筑星级标准要求，作为后期项目建设和验收过程中各项行政审批的重要依据，从源头上加强绿色建筑管理。特别是对政府直接投资的医院、学校、办公楼以及其他文化体育设施等项目，进一步提高绿色建筑标准，着力打造一批二星级以上的绿色建筑，形成示范带动效应。

严格落实奖补，以资金支持为抓手形成"软引导"。出台绿色建筑发展专项奖补政策，设立绿色建筑专项奖补资金，分星级按建筑面积确定奖补标准。并将奖补资金列入年度财政预算，对取得绿色建筑评价标识项目的建设单位，严格按政策兑现资金奖补。

（二）创新过程管理机制，形成闭环控制

实施项目施工前绿色建筑专项审查。对照建设用地规划许可证或规划设计条件书中明确的项目星级标准，在项目立项申请、可行性研究报告、规划设计方案、施工图审查备案等前期行政审批过程，建立绿色建

筑内容专项审查制度，对未贯彻绿色建筑星级标注要求、明确绿色建筑实施内容的项目，不予办理相关审批和备案手续。尤其是政府直接投资项目，对其可行性研究报告进行审查时，突出绿色建筑专篇内容，分析项目拟达到的绿色建筑星级标准和拟采用的绿色建筑技术的可行性，对不符合或达不到星级标准要求的项目，明确提出修改意见，待修改到位后方办理相关审批和备案手续。

建立项目施工过程中绿色施工监督制度。项目取得施工许可证后，由质监部门督促施工单位及时编制绿色施工方案专篇，确定控制绿色施工的技术和方案，监理单位根据绿色施工方案制定绿色施工监理方案，相关方案备案后执行。同时，结合工程质量检查，质监部门要加强绿色施工日常巡查，监督绿色施工各项措施落实到位。

健全项目竣工和运营阶段验收备案机制。项目竣工验收时，结合建筑节能专项验收，同步开展绿色建筑专项验收，专项验收结果作为建筑竣工验收的重要依据，对未达到绿色建筑星级标准要求的项目，不予项目竣工验收。同时，对项目绿色运营管理实行审批备案制度，要求项目

图 2.27　绿色建筑展示（绿方中心）按照中国绿色建筑"三星级"标准建设，获享誉全球的英国绿色建筑标准最高级奖项"杰出级"认证，是中南地区首栋"零碳建筑"

物业管理单位根据《绿色建筑评价标准》（GB/T 50378）等绿色建筑标准和施工图设计文件制定《绿色运营手册》，确保绿色建筑运营管理要求落到实处。

（三）创新技术支撑体系，凸显两型特色

探索区域能源站建设和运营可行模式。将区域能源站规划纳入城区整体规划，科学选址，充分论证技术方案，重点探索能源站建设和运营可行模式，形成长效推广机制。近年来，湘江新区采取专项补贴与强制推行相结合的方式，探索PPP、特许经营等建设运营模式，大幅提升了建筑能源综合利用水平。

建立建筑产业现代化技术应用示范带动机制。逐步探索建立建筑产业现代化项目支持政策，带动社会投资项目推广应用。湘江新区以洋湖蓝天保障性住房和洋湖中学等政府项目为试点，率先打造了一批建筑产业现代化示范项目，并出台专项奖补政策，对建筑产业现代化商品房项目，给予房产购置方60元/平方米的资金奖励，形成强有效的政策推动力。

创新城市有机生活垃圾处理方式。针对传统堆肥处理方式易产生刺鼻的臭气污染、生产的有机肥肥效不高、经济效益不及包装运输成本等问题，着力探索了有机生活垃圾处理有效模式。湘江新区在3个小区试点有机生活垃圾微生物处理技术，处理后有机生活垃圾减量率达99%，远高于传统发酵处理方式。目前正在探索研究片区生活垃圾综合运营管理模式，通过社会资本对各小区、学校、商业、酒店等项目产生的固体垃圾进行统一收集、集中分类、定向处理，使城市生活垃圾处理实现规模化、标准化和统一化。

案例12.2 建立综合性生态补偿机制

湖南湘江新区重点推进"1+5+3+1+5",即:建立1套独具特色的生态文明指标体系、创新规划管理、环境治理、生态补偿、绿色建筑、生态资源产权化5项机制,推进低碳城区、绿色城区、海绵城区3大创建,依托生态文明建设和智慧管理平台,在组织领导、工作机制、多元投入、铁腕执法和严格考核等方面实施5大保障,着力探索建立生态资源产权化、多元化生态补偿、环境投入多元化、水环境管理、生态环境考核评价等新机制。

(一)基本做法

一是建章立制,明确工作思路。借鉴国内各地生态补偿试点先进做法,结合新区实际情况,印发《湘江新区生态补偿试点方案》(湘新管发〔2015〕9号文,以下简称"《方案》"),明确了补偿试点工作的原则、范围、周期、方式、资金来源等。二是加强领导,落实各方责任。由湘江新区管委会负统筹组织实施,高新区管委会、岳麓区政府、望城区政府为各自辖区生态补偿试点工作责任主体,负责建立生态保护责任机制,监督组织和下拨生态保护补偿资金的管理使用,并配合做好生态补偿试点环境监测工作。三是加大投入,提高区县积极性。高新区、岳麓区、望城区辖区内纳入生态补偿试点范围的涉农行政村的生态维持资金全部由湘江新区财政支出,列入湘江新区管委会年度财政预算。湘江新区管委会每年安排不少于3000万元生态补偿试点专项资金,实施周期为三年。四是精心组织,确保实施成效。优先在龙王港、靳江河、沩水河流域两厢行政村开展试点,将三益村等38个行政村纳入试点名单,对各试点行政村生态基础开展实地摸底,并根据摸底情况,划定各试点村生态基础等级。年底对各村生态情况进行考核，根据考核结果及时拨付了 2015 年扶持资金。

（二）主要特点

一是综合补偿，操作性强。针对目前范围内生态自然资源资产基础性资料不足的情况，补偿试点采用综合性生态补偿，覆盖流域、湿地、山体、农田等多方面内容，补偿主体为行政村，增加了可操作性。

二是双管齐下，积极性高。分生态维持补偿、生态治理补助两个层级，一方面分年度对生态环境质量保持较好的试点村进行维持补偿，另一方面鼓励试点村在现状基础上，主动实施生态修复及治理来提升生态环境质量，并给予治理补助，充分调动了各村工作的积极性。

三是有奖有罚，体现公平。补偿周期三年，每年度进行考核并划定等次，等次上升者可获得高等次补偿资金，反之等次下降者不能获得补偿资金。同时，补偿期间发现有严重破坏生态情况的，取消生态补偿资格。

四是全面考核，指标多样。虽然主要是对流域两厢村庄进行补偿，但对每个村的考核不单单是过境河流、水库的水质，还包括村内五小企业的排查、涉水（气）企业的环境状况、垃圾和秸秆焚烧情况、森林覆盖率、基本农田占用及农药化肥使用情况等。

☞ 案例12.3　抓统筹、强保障、兴产业——湖南湘江新区统筹融合助推招商引资见实效

湖南湘江新区紧紧围绕"三区一高地"的战略定位，紧扣"抓统筹，兴产业，提品质，强保障"的年度工作重点，全力推进招商引资工作，2016 年一季度新区共集中签约重大项目 140 个，总投资约 7400 亿元，其中 50 亿元以上重大项目 12 个，实现"十三五"发展良好开局。高端

产业项目快速落户，高端资源加速集聚，国家级新区的"含金量"正在变成项目招商和产业发展的"实物量"。

一是加强统筹融合。新区按照统筹重大项目、统筹重大活动、统筹产业政策、统筹产业布局、统筹招商宣传、统筹招商调度等6个统筹的原则，加强招商引资工作的统筹融合，同时，积极发挥各园区、区县的优势和积极性，形成国家级新区+的良好格局和招商工作的强大合力。国家级新区+长沙高新区，引进了中国通号；国家级新区+望城经开区，引进了中信戴卡；国家级新区+岳麓区，引进了中汽零……还有一批在谈的世界500强、央企、金融机构等，看中的正是"国家级新区+"的叠加优势和发展前景。在重大项目谈判过程中，新区与园区、区县紧密互动，共同推进，加快了重大项目的决策落户进程。

二是领导高度重视。新区党工委、管委会主要领导亲自抓招商，直接推动重大项目，促进了项目落户新区。各园区、区县也是一把手挂帅，促进了一批重大项目的签约落户。新区高规格成立了管委会主任任组长，各园区、区县主要负责人任副组长的招商引资协调领导小组，通过个案研究、专题对接、高位协调等方式推进重大项目落户，统筹调度重大项目布局，协调解决项目落户建设中的重大问题。

三是注重要素保障。省委深改组通过《关于支持湖南湘江新区加快改革发展的若干意见》，给予新区17条政策支持。研究设立湖南湘江新区产业发展基金，对重点发展产业给予支持。对新区范围内各单位的政策进行梳理整合提升，推出国家、省、市、新区，园区和区县5个层次叠加互补的产业扶持政策体系。积极争取省市有关部门的支持，试点土地1.5级开发、产业用地差别化基准地价等政策。通过改革创新，在全国形成政策洼地和改革高地，吸引产业资本的关注。

四是创新招商方式。创新产业集群招商、资本市场招商、开放政策招商等方式方法，紧盯世界500强、中国百强企业，促成一批引领性项目早日签约落户。加强产业研究，借用工信部、发改委、科技部等部位下属专业研究机构的外脑，把握世界产业发展前沿，发展一批引领产业发展的高技术项目。

五是扩大招商宣传。一季度，精心办好了4场集中签约活动，扩大了新区产业影响力。3月31日—4月1日，举办了移动互联网岳麓峰会，微软、谷歌、猪八戒网等业界精英超5000人与会，进一步扩大了新区产业影响力。正在筹备承办"湖南省—中央企业'十三五'战略合作对接会"，全面展开"走进中国500强企业"、"沪洽周"湘江新区专场等大型招商活动的准备工作。通过一系列高规格、有影响、精准化的重大招商活动，营造新区大招商、大发展的产业氛围。

十三、南京江北新区

案例13.1　南京国际健康服务社区建设扎实推进

（一）南京国际健康社区基本概况

南京国际健康服务社区在江北新区呈"一核多点"布局，其核心功能区位于江北新区中心区西北部，四至范围：东至丰子河路，南至七里河，西至沿山大道，北至定向河路，用地面积总计约5.3平方公里。南京国际健康服务社区正式运作以来，坚持以"高端化、国际化、特色化、市场化"为方向，以"医养护一体化"为规划的核心理念，构建"院前、院中、院后"全程健康服务体系，提供"医教研康养"健康服务全业态产品，努力建设具有国际化标准的人性化服务体验、医养护一体化、宜居宜养绿色的健康服务社区，着力打造长三角医疗服务核心基地、南京高端医疗养生服务社区和江北新区医疗健康产业集聚区。

（二）主要工作开展情况

社区各项工作始终围绕五大战略展开：一是坚持双核驱动战略，大力引进高端医院和医学院，作为社区发展的核心要素和关键引擎；二是坚持高端特色战略，发展"医养护"一体化产业；三是坚持要素先导战略，优先保障项目落地和企业发展的关键要素需求；四是坚持人才创新战略，积极争取政策导入，创建对高端医疗人才吸引的生态系统，夯实社区长远发展基础；五是坚持集约发展战略，以"系统化、集群化"为方向，高效利用社区土地资源，打造"智慧社区"和"智慧医疗"。具体工作包括：

1. 完善规划设计

选定柏盟公司为健康社区产业规划研究的编制单位，于 2015 年 7 月底完成产业规划最终成果及结题汇报，通过发展特色医疗、特色康复、特色养老等健康三产集群，带动江北新区健康一产和健康二产的发展，打造江北新区特色支柱产业，具有较强的战略性和指导性，为区域开发和企业参与指明了方向，得到评审专家组高度评价，同时也得到台医大等国际领先医疗机构的充分认可。

2. 推进征地拆迁

一是石佛寺农场搬迁，根据南京市政府会议纪要（2016 年第 7 号）明确石佛寺农场整体（3349 亩）搬迁，迁建的具体工作已按计划推进；二是浦口监狱搬迁，双方已就监狱迁建的用地规模、用地选址、建设费用、建设时序、组织落实等重要内容达成一致，确定了框架协议，近期将签约。三是居民及企业拆迁。涉及顶山街道 259 户农户和 8 家企业，已完成 253 户农户签约，签约率 98%。

3. 酝酿成立产业基金

积极推动健康社区公司健康产业股权投资基金的设立，已与复星集团星景资本签订《健康产业基金合作协议》，合作基金规模 30 亿元，期限 10 年，目前资方已审批同意投资，首笔资金 18 亿元近期将放款到位。

4. 扎实推进项目建设招引

医疗中心项目按照时序进度加快建设，该项目一期已于 2015 年 10 月底全面封顶，拟设床位 1000 张，已与鼓楼医院签订了合作框架协议，

图 2.28　建设中的南京鼓楼医院江北国际分院

南京鼓楼医院江北国际分院已挂牌；与英国国王学院合作的南京南丁格尔国际护理学院被列为市"十三五"规划教育类的重点工程，目前正式合作协议已经签署，争取上半年奠基；南京一中以整体搬迁模式进驻，争取3月份签订框架协议，今年启动建设；江苏凤凰（质子重离子）肿瘤医院列入省政府重点项目，现已取得了省卫计委正式批文，即将实质启动。在谈项目已有阶段性进展，其中剑桥南京科创教育中心项目、与安生合作民办国际化学校项目均已签署合作备忘录。储备项目的合作意向基本确定，如中德医疗健康示范园，台医大、南医大整体合作，中瑞（典）健康共生城等合作要点均已达成初步共识。

（三）主要体会

回顾总结工作，国际健康服务社区项目工作的快速推进，得益于以下措施的落实：

1. 大力抓项目

一是建立了矩阵式的立体管理架构，强化项目精细化管理意识；二是在招商组织上，按照项目推进全流程构建接力式的机制；三是坚持问题导向原则，迅速锁定解决问题；四是坚持要素先导，全力满足项目落地需求。

2. 努力抓规范

先后出台了十余项管理制度，以制度建设推进规范管理。坚持重大事项报告制度，规范项目运作程序，拆迁和工程建设的前期手续均严格按照规定办理。

3. 奋力抓难点

一是积极争取领导高位协调，抓好拆迁推进。二是强化沟通对接，针对护理学院项目，主动对接市教育局，积极向市领导汇报，最终促进了项目的落地。三是破解资金难题，广泛接洽各类金融机构，拓宽融资渠道。

4. 合力抓创新

一是创新区域发展模式，引入基于 5H 功能的 HOD 模型，促进产城融合。二是瞄准大健康全产业链，打造独特"医教研康养"生态体系。三是坚持节约优先战略，切实将项目集约节约保发展、保红线的要求落到实处。

☞ 案例13.2　借力法律服务外脑、推进法治新区建设——创新法律顾问机制创新

2015 年 6 月 27 日，国务院在同意设立南京江北新区的《批复》中明确，南京江北新区要贯彻"法治先行"的基本思路。自新区筹备以来，南京市江北新区管理委员会（筹）（下称江北新区管委会）在大力推进

新区经济建设的同时，高度重视新区法治建设工作，根据《南京市全面推进依法治市意见》及《南京市人民政府关于普遍建立法律顾问制度的意见》等文件要求，在较短时间内建立并施行了法律顾问制度，以此开展各相关工作并取得一定成效。

（一）法律顾问机制建设工作开展情况

一是公开透明招标选聘法律顾问机构。以竞争性磋商的方式向全社会公开招标两家法律顾问单位。最终确定江苏高的律师事务所（下称高的所）及江苏三法律师事务所（下称三法所）为管委会首批法律顾问机构，聘期为一年。

二是全流程规范管理法律顾问服务。为规范江北新区管委会内部法务需求和法律顾问服务工作的管理流程，结合新区建设开发的实际需求，江北新区管委会制定了《南京市江北新区管理委员会（筹）法律顾问服务管理暂行办法》（以下简称《管理办法》），借鉴兄弟单位经验，将管委会法律顾问服务区分为日常与专项两类，日常服务包括法律咨询、草拟、审查与修改合同和规范文件等；专项服务则根据管委会实际需要，为建筑工程与 PPP 项目、基础建设开发、投融资管理等需要律师团队长时间、大规模投入的专业项目另行收费提供专项性法律服务。

同时，对法律顾问团队的人员构成及服务质量提出明确要求。规定管委会法律顾问团队应由律所主任带队领衔，团队中应另包含至少 2 名资深合伙人、4 名专职律师（其中至少含 3 名具有 10 年以上执业经验的律师）及 3 名律师助理。平时除专职律师以即时通讯、书面方式或现场办公方式，及时响应管委会法务需求（要求法律咨询及其他法律事务一般在 6 小时内响应，紧急事务在 3 小时内响应）之外，还需指派一名法务秘书至管委会坐班，处理一般性法律事务，每周不少于四个工作日。至正式签约时，两家律所分别组成 16 人、14 人（含助理）的专项团队对口服务管委会。

江北新区管委会对所聘请的法律顾问团队开展监督管理，从工作效果、及时响应度、服务态度、职业道德和纪律等方面进行综合评价，实行动态管理，各业务需求部门按季度填写并反馈日常法律顾问评价考核表。顾问合同届满前1个月，参照季度考核结果对法律顾问团队进行年度综合考评，并根据考核结果选择续聘或重新选聘。

三是分领域全面推进法律顾问服务。认真履职，开展日常法律服务。自签约以来，管委会法律顾问团队负责草拟、审查、修改合同、招标文件等法律文本达20余份次，从法律角度提供书面审查、修改的意见或建议。在新区形象LOGO及推广语全球征集活动中，高的所对该活动招标公告等相关文件进行审核，并出具了活动中知识产权保护文件的英文译本。三法所则为该活动提供了专项法律服务，在国家工商总局商标库及省市版权中心著作权数据库中对入围作品的知识产权信息进行查询比对，并提交专业分析报告，有效避免了知识产权侵权风险的发生。积极参与配合新区招商引资、项目谈判。在上海复星集团与新区管委会联合投资成立200亿城市发展基金等重大项目中，高的所资深合伙人律师等全程跟进，多次参与、列席该项目重大会议及谈判现场，提出专业判断，并先后出具多份书面法律意见。最终促成2015年金秋洽谈会上复星集团与新区顺利签署首期20亿健康基金项目协议。协助管委会建章立制。起草规范文件，并参与江北新区管委会规范文件草案合法性论证。在专业律师团队的协助下，管委会先后出台了《新区管委会合同管理办法》等规范性文件，为新区各项工作规范推进提供了有力助力。根据市政府主要领导的批示，政研部召集律师团队，及时学习上位法规定，积极吸收外地相关规范文件经验，配合江北新区管委会国土规划部门多次召开江北土地储备管理座谈会，由专职律师草拟了《南京市江北新区土地储备管理办法》及立法说明，供新区职能部门参考。此外，管委会法律顾问团队还配合智慧新区建设，对政研部草拟的《南京市江北新区大数据管理中心暂行办法》多次提供了修改、审核意见。目前该办法正报送南京市法制办等有关部门征求意见。

（二）下一步工作展望

因管委会法律顾问团队介入新区各项建设工作较为及时周全，至今尚未发生涉管委会的民商事、行政等法律纠纷或群体性矛盾。今后江北新区管委会也将根据上级有关要求，继续探索完善法律服务。针对目前实践中暴露的若干问题，就以下工作展望如下：

一是进一步规范合同办理流程。加大对管委会各业务需求部门的培训与规范，进一步拓展法律顾问团队及早介入项目谈判及合同起草审核的深度与广度，确保律师介入项目谈判的全程性与同步性，防止出现项目谈判完毕、合同签约在即才提交合同文本草案、要求立审待批的弊端，进一步提高合同规范质量，防范潜在合同风险。

二是完善管委会专项法律服务制度。对基础建设工程、PPP 合作及投融资管理等重大项目建设，进一步培育各业务需求部门就此申请专项法律服务与专项预算的意识，以合理的专项服务收费对应于专业律师团队的长时间、大规模投入，提高新区各项重大建设的规范水平，有效降低建设风险。

三是探索设立新区公职律师制度。新区草创初期及今后相当长一段建设时期，除招商引资的经济建设外，相当一部分涉法工作任务在于依法规范行政与依法治理，迫切需求政府公职类法律人员就此领域提供专业服务。《南京市全面推进依法治市意见》及《南京市人民政府关于普遍建立法律顾问制度的意见》等文件中也明确要求尽快开展政府公职律师的选任与服务工作。对此，江北新区管委会将根据自身工作需要，按照"小政府、大社会"的思路，及时探索推进公职律师的公开聘请与介入服务工作。

十四、福州新区

☞ 案例14.1 注重多元融合，激发新区金融活力

保证保障新区重点项目顺利推进，福州新区进一步创新融资方式，拓宽多元融资渠道，有效解决建设资金问题。

（一）建立长效对接服务机制

针对以往项目融资模式中信息不对称的问题，从畅通信息沟通入手，积极构建常态化新区重大项目融资对接机制。一是定期收集汇总重点项目资金需求和各金融机构服务产品，分别提供给金融机构和项目业主，加强银企信息交流，实现多向选择。二是靠前服务，主动向金融机构通报新区建设进展和相关政策，增强金融机构对新区建设的了解。三是定期召开融资签约会，由市领导亲自见证部分新区项目融资签约，从而进一步扩大影响，激发金融机构积极性。

目前共召开了两场融资对接签约会，促成23家银行分别与36家业主单位达成了融资意向，总意向金额约300多亿元。近期，已完成第三、第四批新区重点项目融资需求的征集工作，共筛选49个项目，总投资2320.1亿元，总融资需求1537亿元，已有12家银行与31个项目的业主单位达成融资意向，意向金额463亿元。

（二）保障重点领域和重点区域建设

在全面创新推动新区重大项目融资服务工作中，重点针对新区开发建设初期的特点和要求，按照"基础设施先行，民生项目优先"的要求，通过重点推介、现场参观等方式，推动金融机构与业主高效对接，着力保障高速公路、港口、文体项目等关系新区发展和民生的基础设施和公共配套项目的资金筹措。目前，已有福州绕城高速公路东南段、琅岐海峡水厂等 40 多项基础设施或公共配套项目达成融资协议，占融资需求项目总数的 55.5%，达成融资意向约 130 亿元。

（三）探索多元化融资模式

为加快新区开发，积极拓宽融资渠道，努力推动由单一依靠银行贷款模式向多元化模式转变，探索采取债权融资、股权融资、融资租赁和发行企业债等多种融资方式推动新区建设。据不完全统计，新区建设项目中通过非银行贷款途径获得资本约 60 亿元。同时，大力扩展社会资本参与新区建设的途径，通过 PPP 等新创新投融资模式，加速推动社会资本参与福州新区基础设施与公共事业工程项目的建设，并努力拓展延伸至新区建设各领域。目前，海峡文化艺术中心 PPP 项目已实施，道庆洲过江通道等 PPP 项目正逐步推进；长平高速公路长乐古槐至松下段等项目已实行 BT 建设模式。

（四）探索建立多种类发展建设基金

在福州市委、市政府的主导下，进一步加强与各大金融机构的战略合作，并将投融资重点投向福州新区。目前已与中国民生银行、中国保利集团、中国人寿等金融机构签订 2200 亿元合作协议支持福州新区建设，市财政局正着手设立福州新区建设发展专项基金，为新区发展提供支撑。

（五）积极争取金融支持

目前，福州新区已与国家开发银行福建省分行、中国农业开发银行福建省分行、中国工商银行福建省分行、中国建设银行福建省分行、中国农业银行福建省分行、中国银行福建省分行、招商银行福州分行、交通银行福建省分行、兴业银行福州分行、海峡银行共 10 家银行初步达成合作意向，拟签订战略合作协议。

☞ 案例14.2　转变发展思路，推动产业转型升级

突出"抓龙头、铸链条、建集群"，围绕先进制造业、战新兴产业、高新技术产业，引导工业经济向新区南北两翼集聚。

（一）加大政策扶持力度

为发展高新技术产业和现代服务业，把福州新区建设成"产业新区"，撰写了《福州新区强化产业支撑推动产业优化再造行动方案》，并积极争取省切块资金设立福州新区专项、优先布局高端电子信息制造等重大产业项目、设立新区产业股权投资基金等多项支持政策，以实现新区建设与产业升级"双轮驱动"、协同推进。在"十三五"专项规划编制中，重点突出福州新区产业发展，着力实现发展动力向创新驱动转变，发展模式向内涵集约、质量效益型转变，产业结构向更加协调与优化转变，制造模式向智能化、网络化、服务化转变，资源利用方式向高效、清洁安全转变，产业核心竞争力和可持续发展能力进一步增强，打造中高端

的新区产业升级版。

（二）加强工业监测协调

为全力推动福州新区重点工业建设项目，督促各县（市）区强化目标责任，以稳增长为首要任务，针对当前工业复杂情况，抓好重点产业、重点行业预警分析，认真对照市委、市政府下达的全年目标寻找差距，倒排进度，寻找突破方法，确保按序时进度完成。深入挖掘存量企业增长潜力，做好生产要素保障，重点帮扶生产下滑、出现减停产的困难企业扭转困局。加强与统计、电力部门间配合，提高生产、用电、效益等各项数据匹配，提升数据质量。

（三）加快重点项目建设

加大力度重点破解项目建设过程中出现的用地、用林和用海等困难问题，加快推动中江石化、景丰科技等63项工业重点项目竣工投产，加快推动巴陵己内酰胺、山力化纤等101项工业重点项目动工建设，加快推动榕威纺织园、液化空气煤气化等18项工业重点项目前期工作；抓紧兑现今年技改专项资金，鼓励企业加大技改投入，推广应用智能装备、数控装备、工业机器人、智能服务，提升纺织、电子、机械、化工等传统优势产业装备数控化水平，全面提升产业技术链和价值链。

（四）深化市场供需对接

进一步完善福州市工业品推荐使用目录及名优地产品推荐使用目录，提升产品竞争力；持续开展"手拉手"活动，组织有意向的重点工业企业与配套中小企业进行产品供需信息对接；充分做好"互联网+"工作，打造一批产品网上专业市场，引导开拓网上市场，逐步向国内重点城市拓展，进一步提升消费品产品知名度和市场占有率。通过"一带一路"、自贸区通路和跨境电商等，积极拓展东盟、拉美和中东、非洲市场，扩大市场份额。

（五）提升园区管理水平

在符合园区产业发展布局规划的前提下，引进能形成上下游完整产业链的项目组织力量，充分利用"518"等招商平台，努力争取引进投资规模较大的龙头产业项目入驻工业园区，辐射带动吸引更多的相关企业、配套项目进入园区集聚发展。探索建设科技创新公共服务平台，支持企业技术创新和技术进步，为企业提供技术开发、工艺设计、信息咨询、教育培训等服务。

（六）突出抓好技术创新

以贯彻落实《福州市实施〈中国制造2025〉行动计划》、《福州市"互联网+工业"行动方案（2015—2020年）》和《福州市关于贯彻省政府加快发展智能制造九条措施》为契机，发挥产业龙头、高成长企业示范带动作用，鼓励企业挖潜改造，加大循环经济建设，加快两化融合和"数控一代"应用推广示范项目建设，推动企业创新商业模式，激发产业转型升级新活力。继续围绕战略性新兴产业，在重点领域、行业和产业集聚地，培育一批符合国家产业政策，创新意识强，研发投入大，在行业中起到引领带动作用的创新型企业，引导企业加强质量管理，增强品牌意识，提高企业管理水平和品牌价值。

（七）帮助缓解资金困难

针对部分企业资金紧张、融资困难的问题，目前市政府已研究修订完善了《福州市市级应急保障资金管理办法》，已在新区内的福清市、长乐市、连江县设立了相应应急转贷资金，其余县（市）区正抓紧出台相应政策帮助企业提供过桥资金。2015年，累计使用应急转贷资金次数57次，保障企业21家。

十五、云南滇中新区

☞ 案例15.1　大力推进关键领域体制机制创新

为深入贯彻落实《国务院关于印发 2015 年推进简政放权放管结合转变政府职能工作方案的通知》及省委省政府有关会议精神，围绕国家级新区建设，服务经济发展和产业转型，结合工作实际进一步深化行政制度改革，优化政务服务环境，滇中新区在全省率先成立行政审批局，相对集中行使行政审批权，探索实施"一颗印章管审批"，为新区持续、健康、跨越式发展提供保障。

图 2.29　云南滇中新区政务服务大厅

（一）深化审批制度改革，加快政府职能转变

1. 相对集中行政审批权，实行一颗印章管审批

在深化行政审批制度改革中，于 2015 年 6 月 15 日在全省成立了首个行政审批局，将新区内设工作部门的行政审批、管理服务事项划转到新区行政审批局，将省级派驻机构的内部行政审批职能归并整合，成立行政审批处（科），整建制进入新区政务服务大厅，实行集中审批和现场审批。其中，将涉及新区党群工作局、经贸局、财政局、规划局、建设管理局、社会事务管理局、农业农村工作局等 7 个新区工作部门实施的 70 个审批事项一次性集中划转至行政审批局，省级派驻机构同步进驻行政审批服务大厅 60 个事项。同时，废除原有的审批印章，正式启用行政审批专用章，实行"一颗印章管审批"，为行政审批提速创造了体制条件。

2. 继续抓好简政放权，建立审管分离联动机制

大力推进简政放权，尽可能地把审批权力下放到基层，减少和取消下级部门预审批环节，实现靠前审批。目前，已和建管局、水务局联合发文，对涉及交通（路政、运政、海事）和住建领域共 20 大项 29 小项行政审批及 13 项水行政审批及管理服务事项权限下放，实行属地化管理。创新建立审批与监管的联动机制，主动与行业主管部门建立联系机制，采取书面出函等方式及时通报已审批项目，确保审管分离下的审管到位。

3. 严格权责清单管理，加快转变政府管理方式

为当好改革的掘进机、开放的破冰船，行政审批局以权力清单和负面清单为突破口，敢闯敢试，在全面梳理、清理调整、审核确认、优

化流程的基础上，结合新区发布的云南首份《产业发展负面清单（2014年本）》和《负面清单管理暂行办法》，向社会公开 48 项限制和禁止项目。通过降低鼓励类产业的准入门槛、提高限制类准入门槛、淘汰落后过剩产能、促进产业结构优化调整和转型升级，吸引国内外产业转移和战略性新兴产业培育，为新区企业投资、产业发展及贸易的国际化、便利化提供条件。

4. 深化商事制度改革，充分激发市场内在活力

继 5 月 20 日发出全省首张"三证合一"营业执照后，又于 7 月 20 日率先颁发全省首张"一照一码"营业执照。通过深化商事制度改革、主动放权，进一步转变了政府职能、提高了行政效能，砍掉束缚发展的荆棘，落实创新驱动发展战略，扎实推进大众创业、万众创新，让市场活力迸发。

（二）健全完善体制机制，不断提高审批效率

1. 推行事项分类审批，限时办结提高效率

按照"一窗受理、限时办结、网上预审、并联审批、实时监督"、"一颗印章管审批"的要求和行政审批局内部规范进行审批，对全部行政审批事项按照复杂程度，由局长对各级分类授权后进行审结。分类之后，简单事项占到行政审批事项的 40%，在处室即可立即办结，极大地提高了效率。截至 2015 年 12 月底，审批项目 1643 件次，累计节省了审批时间约 470 个工作日，在公开承诺时限的基础上，再压缩了 50% 的审批时限。

2. 建章立制规范审批，加强内部工作管理

为保障审批工作顺利推进，行政审批局出台了《行政审批专用章管

理使用办法》、《行政审批现场踏勘管理办法》、《行政审批网上服务大厅工作规范》、《审批业务踏勘用车管理制度》等，明确人员职责、工作规范、工作要求，规范审批管理。制定了《滇中产业新区政务服务大厅管理办法》、《窗口工作人员行为规范》、《审批事务内部工作流程规范》、《审批业务办公会制度》四个规范行政审批工作的规章制度，理顺了审批内部流程、提高了审批效率，促进了审批工作规范有序，改进和加强了内部管理。

3. 准确把握政策法规，建立动态管理机制

积极采取"中心统筹、部门负责、先全后简、重点推进"的方式，全面梳理原聚集区（新区）管委会行政审批事项，并严格按照上级政策及法律法规变化情况，对行政审批事项目录实施动态管理，切实做到法无授权不可为、法定职责必须为，从而达到提高行政效能和服务水平的目的。

4. 加强网上审批管理，及时掌握工作进展

及时掌握大厅行政审批工作办理进度情况，查看咨询、建议处理情况，回复收到的投诉意见，做到当日受理，次日回复，对需转办的当天转办。并对各部门窗口工作进行量化排名，对审批工作进行简单数据分析评价。同时，行政审批服务大厅各窗口部门每天及时处理网上用户的网上审批报件和综合窗口分发的审批报件，对需要上级部门审批的办件，及时向上级转出，做到当日事当日毕。

☞ 案例15.2　加快促进产业转型升级

（一）以园区为例

作为滇中新区重要组成部分，嵩明杨林经济技术开发区在省委政府、

新区的领导下，以建设"产业聚集的载体、对外开放的窗口、体制改革的试验田、经济发展的增长极"为目标，始终坚持扩展总量与转型升级并举、发展速度与质量效益并重，锐意改革，开拓创新，奋力拼搏，逐步形成了以"1+4"产业为主导，产城高度融合发展的新型工业园区，转型升级取得了一定的成效。

转型思路：打造高效、集约、科技、绿色园区，按照产业规划，强化新能源汽车及零配件项目招商，以产业龙头项目带动，重点发展以汽车及零配件、机械制造、电力器材及民用电器为主先进装备制造业、新材料产业、食品饮料加工业；重点打造汽车制造产业、先进装备制造、新材料产业基地。力争园区"十三五"实现工业总产值 1000 亿元以上。

1. 产业集群初步形成

园区依托优越的区位优势、资源优势，依靠省、新区高位推动，借助优质高效的政务服务，确定了"1+4"的产业布局，即：以汽车制造及零部件配套产业为核心支柱，以高端装备制造、新材料、食品饮料产业以及信息技术研发基地等为引导，推进园区产业转型升级发展。目前，园区已建成国家级产业基地 2 个，省级产业基地 3 个，即"中国包装印刷产业基地"、"中国杨林森工林产品及家具加工基地"、"云南省装备制造（数控机床、汽车）新型工业化产业示范基地"、"云南省林产品加工基地"和"汽车及零部件生产基地"。建成国家级企业孵化器 1 个，即嵩明杨林经济技术开发区国际企业孵化园管理有限公司。杨林经开区成功申报为省级高新技术开发区。

2. 经济总量显著提升

园区按照预定目标，全面实施"十二五"发展规划，力图不断增强园区工业核心竞争力和可持续发展能力。伴随着重大项目、高新技术项目的入区，园区经济总量显著提升。2015 年，园区规模以上工业总产值完成108.48亿元，是2010年的1.69倍，年平均增27.36%；规模以上工业增加值完成24.32亿元，是2010年的1.63倍，年平均增25.43%；规模以上工业主营业务收入完成103.03亿元，是2010年的1.65倍，年平均增24.58%；规模以上工业利税总额完成5.98亿元，是2010年的1.35倍，年平均增32.94%；规模以上固定资产投资完成63.42亿元，年平均增28.6%。地方公共预算收入1.86亿元，年均增长33.37%。

3. 高标准规划引领园区建设

按照先规划后建设，科学规划有序建设，长远规划分期建设的原则，园区聘请国内知名专家编制、修订和完善开发区54.19平方公里的总体规划。2015年，园区建成区面积达8.7平方公里，投入近30亿元，建成道路20多条，总计超过35公里，建成日处理污水2万m^3的污水处理厂1座，中水回用收集池3个，容量1.5万m^3，建成自来水厂2座，日供水能力3万m^3，建成110kV、35kV变电站3座；建成排水管道超过20公里，中水回用管道20多公里。公租房投入使用1000多套，另有近1500套已封顶正在装修。另外，中信嘉丽泽项目、俊发空港城等生活性配套项目已经投入运营。园区中小企业服务中心正常运行，生产性配套项目逐渐增多，园区功能基本完善，承载能力显著提高。

4. 紧扣产业集群抓招商

园区坚持按产业规划、项目准入负面清单开展招商，以大项目支撑、集群化推进、园区化承载发展战略，内培外引，以大项目带动大发展，先后引进嘉士伯集团、中信集团、台湾康师傅食品、云天化集团、燕京啤酒、云南建工、伊利乳业等一批大企业、大集团入驻。2015年，园区入驻企业200多户，其中建成投产160多户，规模以上工业企业53户，近三年每年增加规上企业5户以上。当前，园区"1+4"特色产业体系已逐步形成，并不断延伸产业链，做强了机械装备制造、食品饮料产业，提升了新材料产业，规划了信息产业，为实现大集群发展目标奠定了坚实基础。

5. 环保优先抓生态建设

坚持贯彻"环保优先"战略，严格执行环境保护法律、法规，严把入园关，按照省市关于牛栏江流域水环境保护的相关要求，积极探索，稳步实施生态园区建设。一是加快推进杨林工业园区节水循环化工程建设，中水全部回用，实现园区废水区域"零排放"，积极打造国家级循环化改造示范园区。二是加强园区企业环保常态化和动态化管理，定期或不定期地对企业排污情况及污染治理设施运行情况进行检查；对不符合治污要求、治污设施运行不正常、环保手续不齐备等的企业，协同县环保局督促其整改。三是深入开展环保专项行动，加大对高污染物排放行业和重点企业的环境执法监管，严厉打击违法排污行为。推进节能减排、清洁生产工作，年均万元生产总值能耗下降3.9%，园区生态环境质量得到优化提升。四是园区全面开展ISO400环境管理认证体系工作，并获得国家验收，园区生态建设又迈上新的高度。

6. 持续提升服务能力

以优化园区软环境为契机，引入富滇银行嵩明支行、冠群驰骋投资管理（北京）有限公司、劳动就业和社会保障服务中心，云南省轻工业研究院等中介机构入驻为入园企业提供多元化服务。为提质增效，全力打造ISO9001质量管理体系认证工作，已获相关部门验收。同时，为进一步完善园区创新环境，打造以企业为主体、市场为导向、产学研相结合的技术创新体系，推动产业技术创新，园区已成功申报为省级高新技术产业开发区。

（二）以具体企业为例——云天化转型升级，由传统产业向与新兴产业结合转变

云天化集团作为全球优秀的磷肥、氮肥、共聚甲醛制造商，在基础肥生产技术、规模、资源、品牌等方面都领先于同行，是国内规模最大的化肥企业，亚洲第一、世界第二的磷复肥生产基地。通过全面深化改革，强化创新驱动，加快转型升级，积极推动技术创新及商业模式创新，不断将经济资源引入新兴产业，研发新产品，实现转型升级。经过几年的努力，目前非肥业务已经占到企业总营业收入的30%左右。

1. 新产品助力传统产业

为优化产品结构，促进产业升级。云天化的磷化工产业将从基础型产品为主向深加工、精细化转变；聚甲醛从中低端初级产品向高品质、差异化延伸；盐及盐化工将加大特种盐、功能盐、低钠盐等多样化产品开发和市场推广力度。2015年，云天化成立了云农科技公司，并与国内多个科研院所和企业达成战略协议，组成了设备制造、农化服务、土壤研究等多个专业合作团队，在相应领域展开积极探索，并与云南锦苑花卉股份公司、云南省农科院省农科院花卉研究所共同签署了三方战略合作协议，历时2年多研发生产的"全新花卉园艺肥"系列新品正式亮相。

2. 发力新材料产业

2015年，云天化在优化配置传统产业的同时，还在新材料产品开发方面取得佳绩：各类型高性能玻璃纤维、动力锂电池隔膜、柔性覆铜箔FCCL等新产品近几年逐步投放市场，并取得很好的市场反响。2011年，云天化以旗下玻纤板块核心业务平台重庆国际复合材料有限公司为主体，收购了全球最大的玻纤企业欧文斯科宁旗下的巴西卡皮瓦里

玻璃纤维有限公司100%股权，迈出了国际化的坚实步伐。经过几年的发展，目前，云天化的玻纤新材料企业分布在重庆、广东、江苏以及国外的巴林、巴西等地，玻纤产能达到60万吨/年，规模居全国第二、世界第四。

不仅如此，云天化还大力发展商贸物流产业，在国际化经营方面逐步构建起以市场为先导、以产业为后盾、以物流为支持、以金融为纽带的经营模式。目前，云天化的商贸物流业务遍布国内及中东、南亚、东南亚等地，年营业收入超过200亿元、年进出口额达12亿美元。

十六、哈尔滨新区

☞ 案例16.1　中俄合作项目取得显著进展

建设中俄全面合作重要承载区是国家赋予哈尔滨新区重要的发展定位之一。哈尔滨新区为落实"一带一路"、黑龙江东部陆海丝绸之路经济带和沿边开发开放战略，把哈尔滨市建设成为我国对俄合作中心城市，在国家火炬国际化联盟的支持下，作为"一带一路"和中俄科技合作的示范，2014年，由哈尔滨科谷投资管理有限公司在哈高新区投资建设了高新技术产品国际采购服务中心项目（简称国采中心项目），并于2015年注册了哈尔滨科谷国际采购服务中心有限公司。项目一期总建筑面积22000平方米，命名火炬欧亚大厦，形成电子商务、物联网、北斗产业、科技金融等火炬创新集群。

国采中心是国家火炬"一带一路"示范项目，是中国国内目前唯一的针对俄语系国家开展高新技术及产品国际采购的开放式服务平台。项目建设的预期目标是：利用三年时间，重点建设综合展览展示、国际化服务、网络及电子商务、金融结算、国际文化艺术交流五大中心；积极构建"5+1"的现代装备制造、新型节能建筑技术及寒地墙体材料、寒地LED及光电材料、环保节能及新能源和现代农业产业化平台；通过集聚合作的高新技术企业超万家，创造市场价值超千亿元人民币。

经过一年的建设发展，综合展览展示中心、国际化服务中心、国际文化艺术交流中心、欧亚联盟工作平台均已投入使用，目前已储备意向入驻企业150家，楼内具备实体入驻、注册入驻、云入驻、网络入驻等功能，可容纳上千家企业。

项目启动以来。已有万达酒店集团、辽地集团、毅腾集团、云天化工集团、光明集团等年销售上百亿的大型企业 53 家入驻；并招入中国风险投资委员会欧亚发展中心、潮汕商会投资委员会以及俄罗斯国家风险投资公司、哈尔滨工商银行融汇支行国际结算中心、哈尔滨银行对俄金融事业部等金融投资机构；已有俄罗斯盖玛企业协会、山东中小企业互助协会、广东半导体照明产业联合创新中心东北中心等行业协会进入；莫斯科地铁集团中国采购中心、哈尔滨西多卢克科技开发公司等一批俄罗斯独资企业和中韩合作森泰克公司也已先后入驻；中心携手 5000 余家中外企业参与欧亚市场合作。

哈尔滨科谷国际采购服务中心作为重要的平台服务平台，已先后承办了第五届哈科会高新技术产业欧亚市场合作论坛及招商对接会、欧亚市场技术及产品展示对接会、中俄高新区创新企业孵化器合作圆桌会议等国际会议，与俄罗斯国家杜马经济政策、企业创新和企业经营委员会、俄罗斯国家风险投资公司、上海合作组织商务代表机构等国外机构代表进行了广泛交流和洽谈。与俄罗斯国际商品交易所、俄罗斯独资的列夫进出口贸易有限公司签订了价值 5000 万美元的贸易合同，与俄罗斯国家杜马经济政策、创新和企业经营委员会认证专家工作组签订了开展国际认证合作的框架协议。举行了中乌科技商务对接会，与来自乌克兰的十余家有实力的代表性企业分别进行了项目推介。与中兴通讯公司签订了战略合作协议，为国际采购中心项目在互联网＋时代的发展开辟了新的前景。

目前正在实施二期建设网上服务平台和南方基地，计划于 2017 年完成并投入运营。并深度开发国际高新技术及产品市场，全面建立产品开发、技术及产业转移、认证、保险、物流、结算、融资、电商、外贸咨询、对外投资、供应链金融等开放式的综合配套服务体系，组建若干专业化服务集群，形成全球化、国际化的现代科技服务新业态，创建火炬服务新标准、新规范，创造高新技术产业新商机、新市场，推动高新技术产业在欧亚市场的快速发展。

👉 案例16.2　呼兰片区生物医药产业园大力促进产业转型升级

哈尔滨新区呼兰片区立足产业特色和比较优势，确立了打造"呼兰健康产业城、中国北方药谷"新的发展定位，推动生物医药产业转型升级。目前，园区一期10平方公里基本建成，集聚医药及配套企业91家，园区先后被批准为国家新型工业化（生物医药）产业示范基地、国家外贸转型升级（西药）专业示范基地、国家生物医药产业集群城市试点区。2015年实现医药销售收入180亿元，增长20%。

（一）以规划为引领，推动园区向专业化转型

以一流规划指导园区好发展，聘请国家生物技术发展中心权威团队，根据国内外医药产业发展趋势、方向和重点，高标准编制了生物医药园区总体规划；聘请市城市规划院，编制了园区概念规划、控详规划和产业布局规划，确保了规划的科学性和前瞻性，显现出大产业、大功能的良好格局。按照新的规划，园区总占地面积20平方公里突出产学研用专属园区特色，以生物医药、生物制造两大产业体系为核心，建设科技研发、生产加工、贸易物流、健康服务和综合配套5大功能区，按照国家新颁布的GMP标准，发展化药、生物药、中药、医疗器械和功能食品，打造全省唯一的国家级生物医药产业园、全国唯一的中俄合作健康产业园、中国北方药谷。

(二)以投入为支撑,推动配套向专属化转型

按照国际一流专属园区标准和每平方公里 3 亿元的投资强度,累计投资近 20 亿元建设园区。在新建沈阳大街、长沙路等"四横五纵"路网的基础上,新建园区蒸汽站、双回路供电线路、专用排污管线、医疗垃圾处理厂等医药园区专属设施,对污水处理厂进行改造升级,一期 10 平方公里基础设施和专属设施实现全配套,成为生物医药产业专属园区。

(三)以招商为牵动,推动产业向高端化、规模化转型

以招引联、上项目为突破口,采取领导招商、专业团队招商等形式,突出面向跨国医药企业 100 强、国内医药企业 50 强和省内知名医药企业开展择商选资。5 年间,生物医药企业由 36 家增至 91 家,形成了集科技研发、生产制造、包装印刷、物流营销和检验检测于一体的完整产业体系。目前,现有国家级高新技术企业 18 家,入区企业共生产 16 个剂型 841 个品种,执行国家火炬计划、"863"计划项目 10 个,地方级火炬计划项目 11 个;拥有自主知识产权项目 50 个,国家一、二、三类新药 20 个,亮甲、银贝止咳颗粒、无糖型强力枇杷露等高新技术产品 87 个,哈药、三精等国家和地方知名医药品牌 32 个。

(四)以平台为载体,推动园区向科技化转型

建设了集新药研发、成果孵化和检验检测于一体的公共平台,发挥其在科技创新、成果转化等方面的引领作用。生物医药研发中心投入使用,杨宝峰院士为首的 4 个科研团队 55 名博士硕士入驻院士工作站,从事药理学、药物化学等 11 个科研课题研究;试验动物研究中心已建成,

将成为东北三省最大的试验动物繁育基地；药物中试基地已建成，正在申报认证。哈药集团科研团队现已入驻药物研究院，集中开展创新药物研究。医药企业孵化器已被省科技厅批准为省级孵化器，与市科技局共建科技创新创业示范基地，12家企业入驻孵化，加速了科技成果孵化转化。新批准建立天宏药业等四个博士后科研工作站，为加速创新驱动提供高端人才保障。

（五）以对外合作为桥梁，推动产业向外向型转型

2015年，由哈尔滨医科大学校长、中国工程院院士杨宝峰主导，由哈尔滨医科大学与俄联邦伊·米·谢切诺夫莫斯科第一国立医科大学共同发起，由中俄两国92所高水平医科大学在利民生物医药研发中心院士工作站成立中俄医科大学联盟，为有效拓展医药园区对外合作交流创造了有利条件。

3 附 录

附 表

表 3.1 国家级新区基本情况表

序号	新区名称	批准文件	批复时间	规划面积（km²）	功能定位
1	上海浦东新区	中委〔1990〕100号 国函〔1992〕145号	1990年6月	1210	上海"四个中心"和体现社会主义现代化国际大都市风貌的核心功能区
2	天津滨海新区	国发〔2006〕20号	2006年5月	2270	我国北方对外开放的门户、高水平的现代制造业和研发转化基地、北方国际航运中心和国际物流中心，经济繁荣、社会和谐、环境优美的宜居生态型新城区
3	重庆两江新区	国函〔2010〕36号	2010年5月	1200	我国内陆重要的先进制造业和现代服务业基地，长江上游地区的金融中心和创新中心，内陆地区对外开放的重要门户，科学发展的示范窗口
4	浙江舟山群岛新区	国函〔2011〕77号	2011年6月	陆地1440 海域20800	我国大宗商品储运中转加工交易中心、东部地区重要的海上开放门户、海洋海岛综合保护开发示范区、重要的现代海洋产业基地、陆海统筹发展的先行区
5	兰州新区	国函〔2012〕104号	2012年8月	806	西北地区重要的经济增长极、国家重要的产业基地、向西开放的重要战略平台和承接产业转移示范区
6	广州南沙新区	国函〔2012〕128号	2012年9月	803	粤港澳优质生活圈、新型城市化典范、以生产性服务业为主导的现代产业新高地、具有世界先进水平的综合服务枢纽和社会管理服务创新试验区
7	陕西西咸新区	国函〔2014〕2号	2014年1月	882	我国向西开放的重要枢纽、西部大开发的新引擎和中国特色新型城镇化的范例
8	贵州贵安新区	国函〔2014〕3号	2014年1月	1795	经济繁荣、社会文明、环境优美的西部地区重要的经济增长极，内陆开放型经济新高地和生态文明示范区
9	青岛西海岸新区	国函〔2014〕71号	2014年6月	陆地2096 海域5000	海洋科技自主创新领航区、深远海开发战略保障基地、军民融合创新示范区、海洋经济国际合作先导区、陆海统筹发展试验区

续表 3.1

序号	新区名称	批准文件	批复时间	规划面积（km²）	功能定位
10	大连金普新区	国函〔2014〕76号	2014年6月	2299	我国面向东北亚区域开放合作的战略高地，引领东北地区全面振兴的重要增长极，老工业基地转变发展方式的先导区，体制机制创新与自主创新示范的先行区，新型城镇化和城乡统筹的先行区
11	四川天府新区	国函〔2014〕133号	2014年10月	1578	以现代制造业为主的国际化现代新区，内陆开放经济高地，宜业宜商宜居城市，现代高端产业集聚区，统筹城乡一体化发展示范区
12	湖南湘江新区	国函〔2015〕66号	2015年4月8	490	高端制造研发转化基地和创新创意产业集聚区，产城融合城乡一体的新型城镇化示范区，全国"两型"社会建设引领区，长江经济带内陆开放高地
13	南京江北新区	国函〔2015〕103号	2015年6月	788	自主创新先导区，新型城镇化示范区，长三角地区现代产业集聚区，长江经济带对外开放合作重要平台
14	福州新区	国函〔2015〕137号	2015年8月	800	两岸交流合作重要承载区，扩大对外开放重要门户，东南沿海重要现代产业基地，改革创新示范区和生态文明先行区
15	云南滇中新区	国函〔2015〕141号	2015年9月	482	我国面向南亚东南亚辐射中心的重要支点，云南桥头堡建设重要经济增长极，西部地区新型城镇化综合试验区和改革创新先行区
16	哈尔滨新区	国函〔2015〕217号	2015年12月	493	中俄全面合作重要承载区，东北地区新的经济增长极，老工业基地转型发展示范区，特色国际文化旅游集聚区
17	长春新区	国函〔2016〕31号	2016年2月	499	创新经济发展示范区，新一轮东北振兴的重要引擎，图们江区域合作开发的重要平台，体制机制改革先行区
18	江西赣江新区	国函〔2016〕96号	2016年6月	465	中部地区崛起推动长江经济带发展的重要支点，长江中游新型城镇化示范区，中部地区先进制造业基地，内陆地区重要开放高地，美丽中国"江西样板"先行区

注：各新区功能定位依据国务院相关文件或批复，其中上海浦东新区依据浦东新区"十三五"规划。

表3.2 2015年各新区经济发展的主要指标

序号	名称	截至2015年底人口（万人）	地区生产总值				固定资产投资			社会消费品零售总额			一般公共预算收入		
			总额（亿元）	占所在省（市）比重（%）	增速（%）	增速高于所在省（市）百分点	总额（亿元）	增速（%）		总额（亿元）	增速（%）		总额（亿元）	增速（%）	
1	上海浦东新区	547.5	7898	31.6	9.1	2.2	1773	0.4		1884	8.3		788	13.7	
2	天津滨海新区	297	9270	56.1	12.8	3.5	4205.8	5		1197.1	4.4		1183	15	
3	重庆两江新区	242.6	2020	13.0	13	2	1978	18.1		981	14.0		303	16.8	
4	浙江舟山群岛新区	97.4	1095	2.6	9.2	1.2	1135	18.1		416	10.3		113	11.6	
5	兰州新区	16.1	125.5	1.8	20.4	12.3	476.1	9.5		27.5	9		9.2	50.4	
6	广州南沙新区	77.8	1133	1.6	13.3	5.3	621	54		171	16.8		71	13.3	
7	陕西西咸新区	95.2	432	2.4	9.5	1.5	1504	33		—	—		21	—	
8	贵州贵安新区	77.3	170.6（直管区65）	1.6	20.2（直管区26.9）	9.5	615	22.7		40	55		6.6	18.5	
9	青岛西海岸新区	180	2594.7	4.1	12	4	1714.66	15.8		476.58	10.8		197.8	12.8	

续表 3.2

序号	名称	截至2015年底人口（万人）	地区生产总值				固定资产投资		社会消费品零售总额		一般公共预算收入	
			总额（亿元）	占所在省（市）比重（%）	增速（%）	增速高于所在省（市）百分点	总额（亿元）	增速（%）	总额（亿元）	增速（%）	总额（亿元）	增速（%）
10	大连金普新区	158	2416.8	8.4	—	—	1675.7	—	585	—	118	—
11	四川天府新区	250.3	1810.5	6	7.3	-0.6	1310	12.8	420	10.9	175	12.1
12	湖南湘江新区	134	1602.5	5.5	11.5	2.9	1762	—	487	—	156	—
13	南京江北新区	148.2	1465	2.1	10	1.5	1363.6	—	541.7	—	155.4	—
14	福州新区	155.3	1150.0	4.4	10.5	1.5	1130	—	322	—	183	—
15	云南滇中新区	76.1	522.0	4	6.5	-2.2	541	—	125	—	43	—
16	哈尔滨新区	36.3	720.1	4.8	—	—	602	—	139	—	87	—

资料来源：各国家级新区。

注：1. 2016年2月和6月，国务院先后批复设立长春新区、江西赣江新区，鉴于此表统计2015年数据，故未纳入统计范围。

2. 部分增速数据空缺，主要原因是一些新区新设立，没有前一年的对比数据；或是一些新区调整了统计口径、范围，与前一年不可比。

附 图

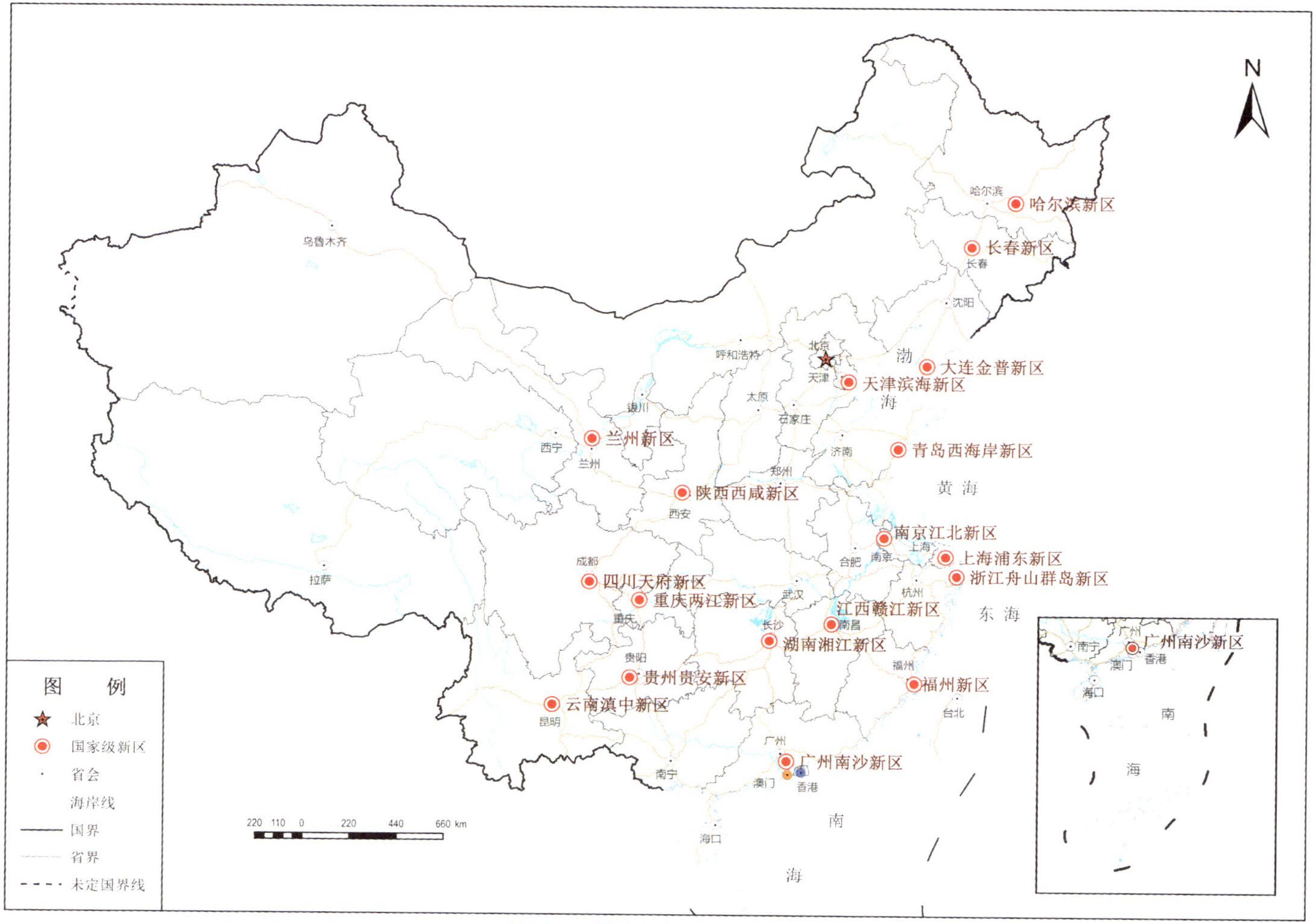

图 3.1 国家级新区区位图

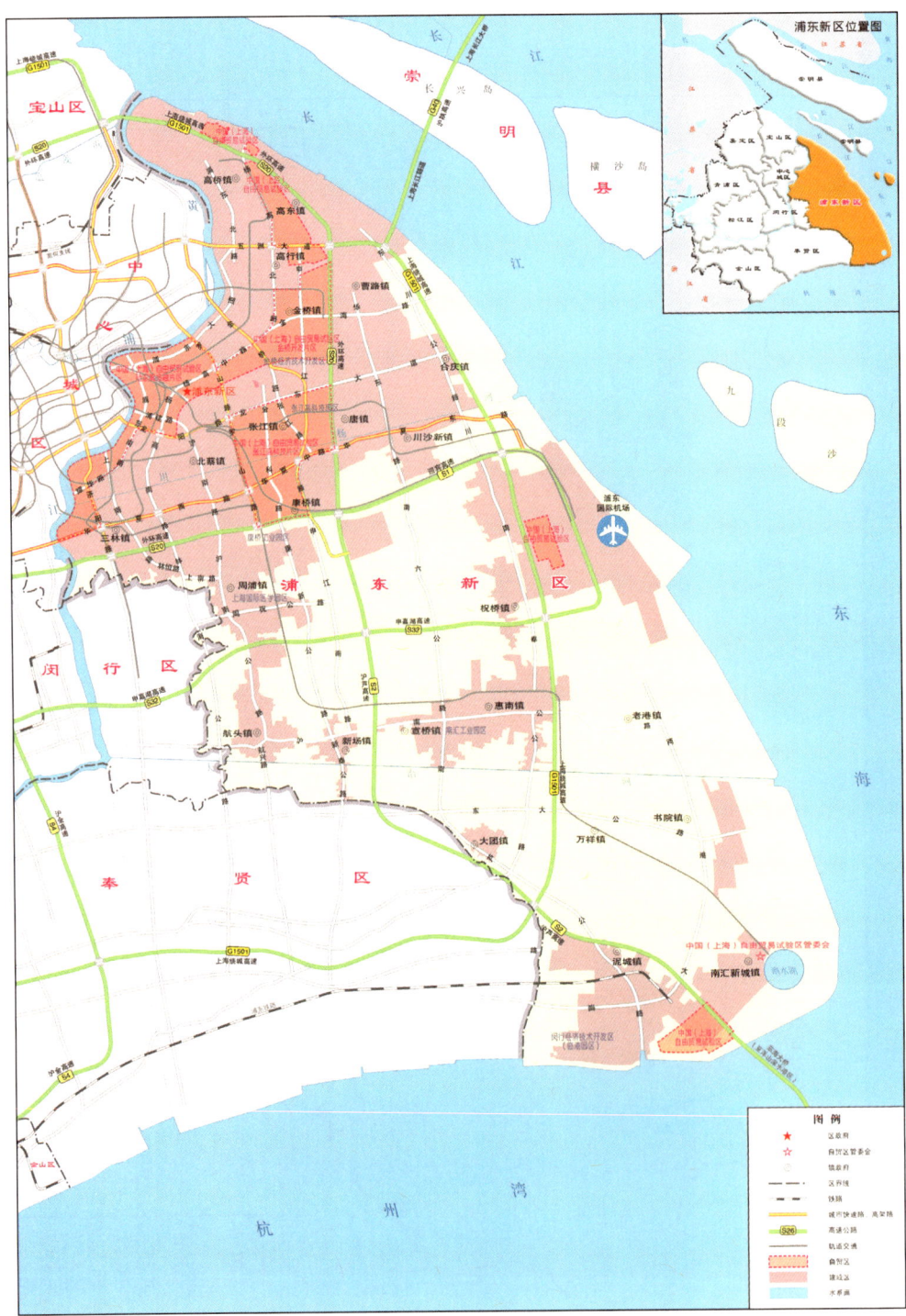

图 3.2 上海浦东新区

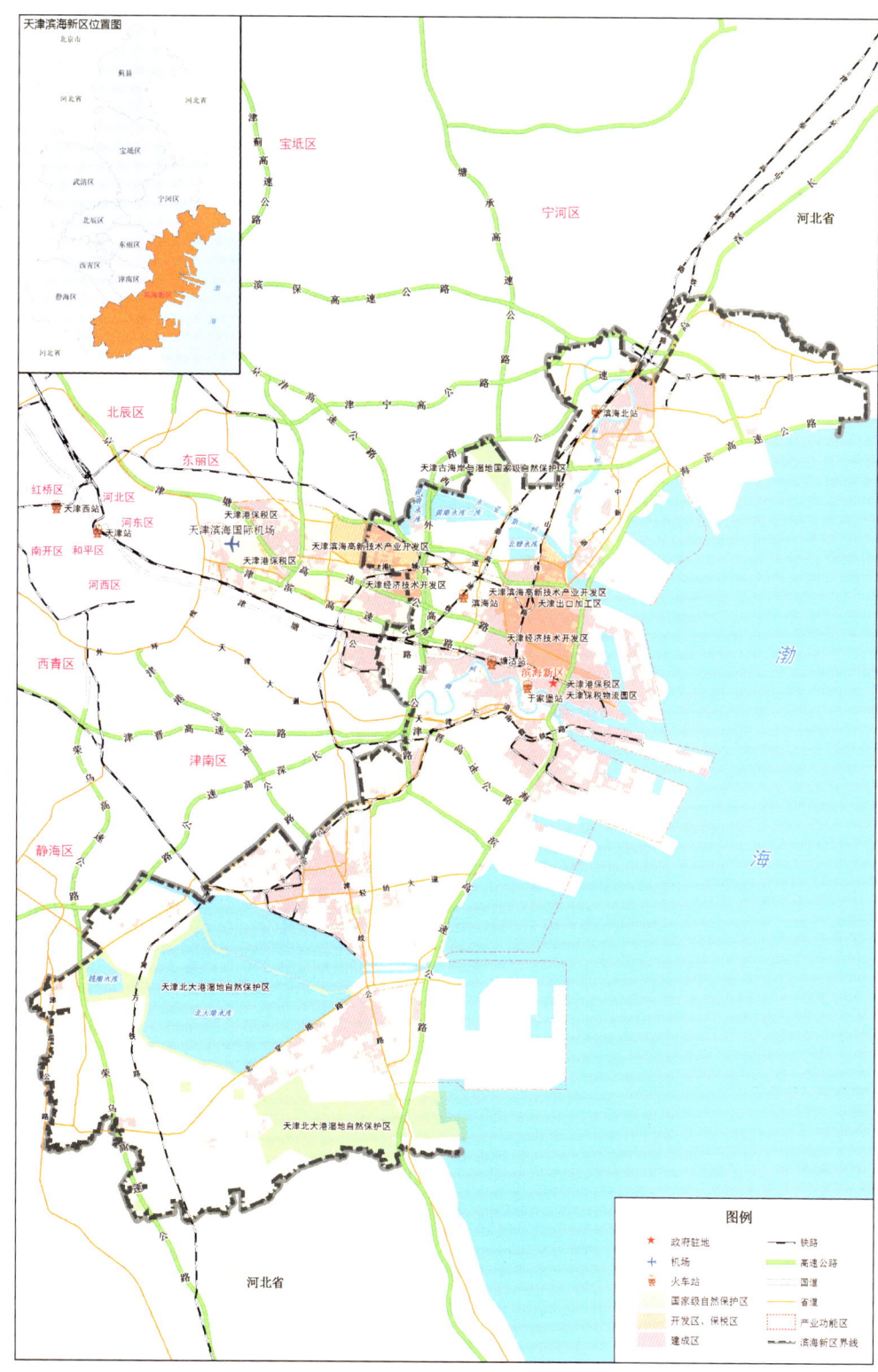

图 3.3 天津滨海新区

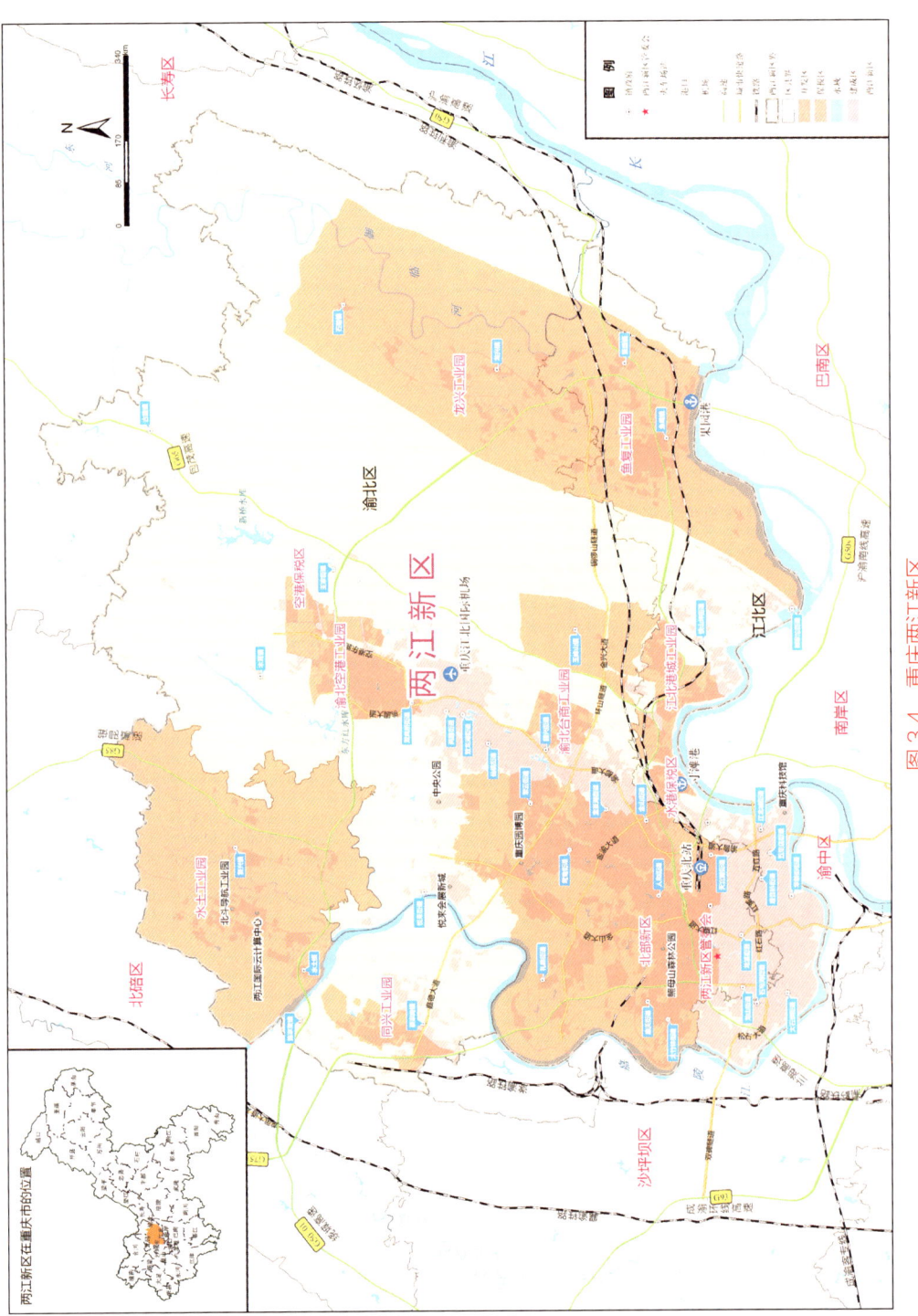

图 3.4 重庆两江新区

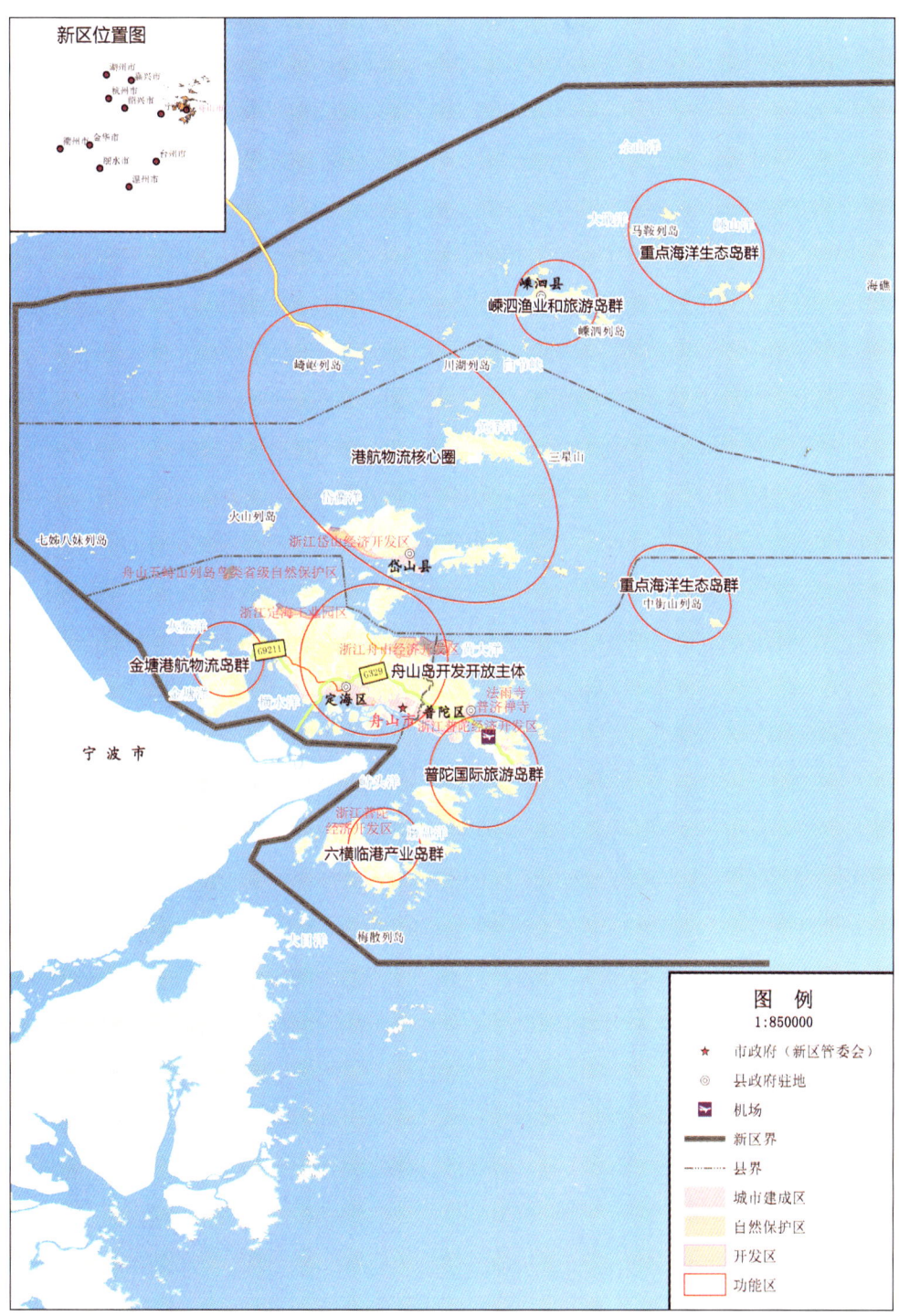

图 3.5 浙江舟山群岛新区

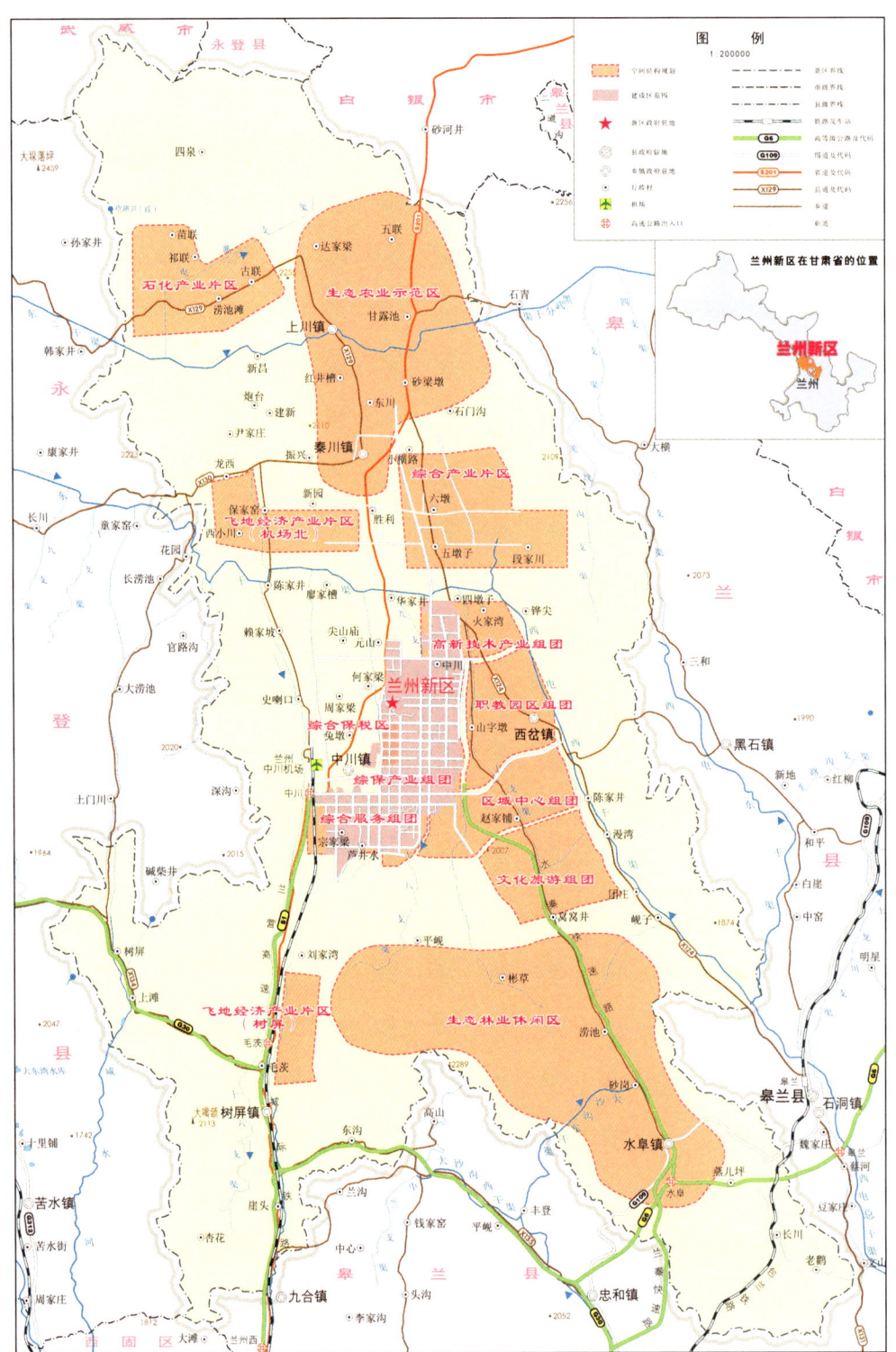

图 3.6 兰州新区

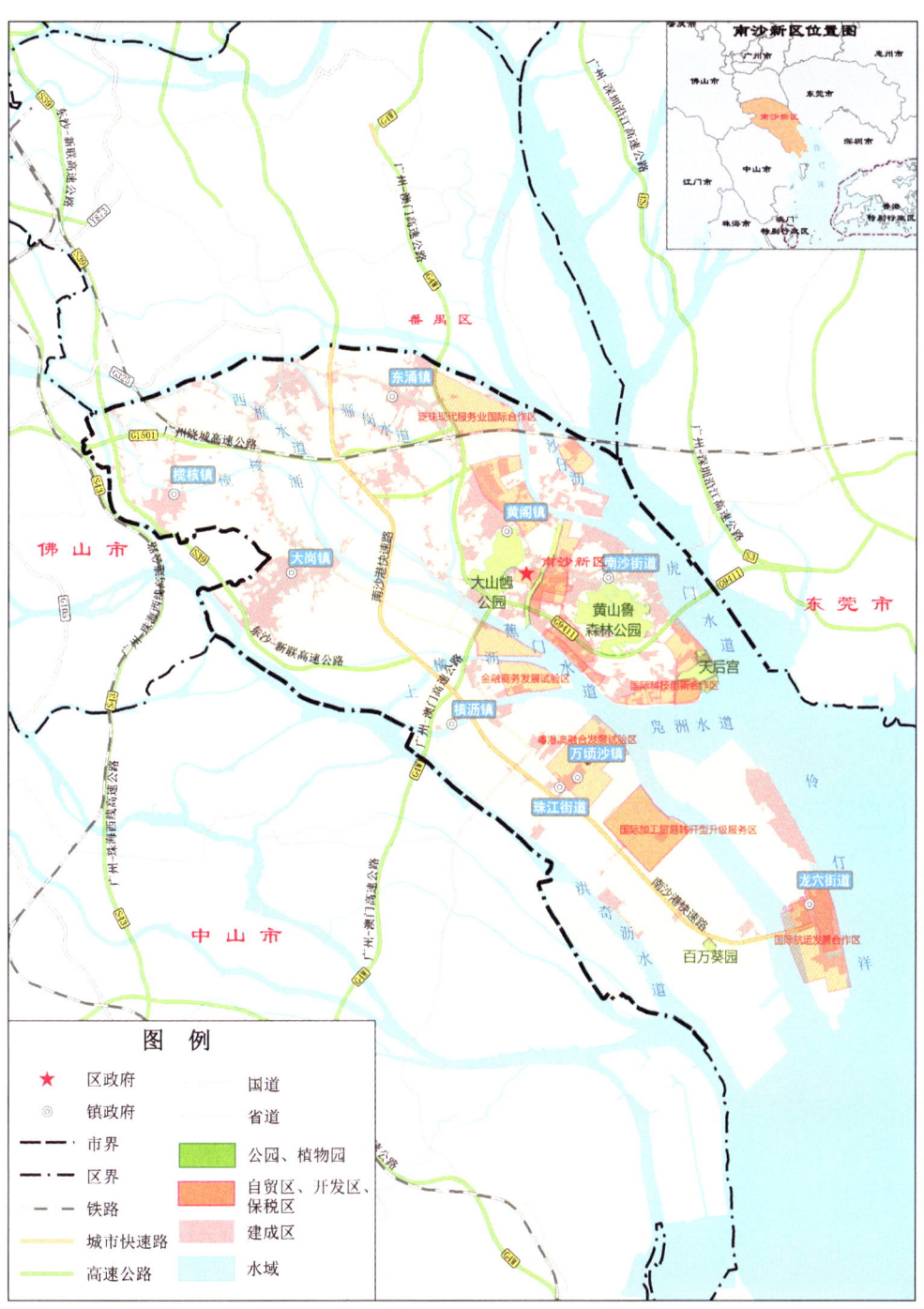

图 3.7　广州南沙新区

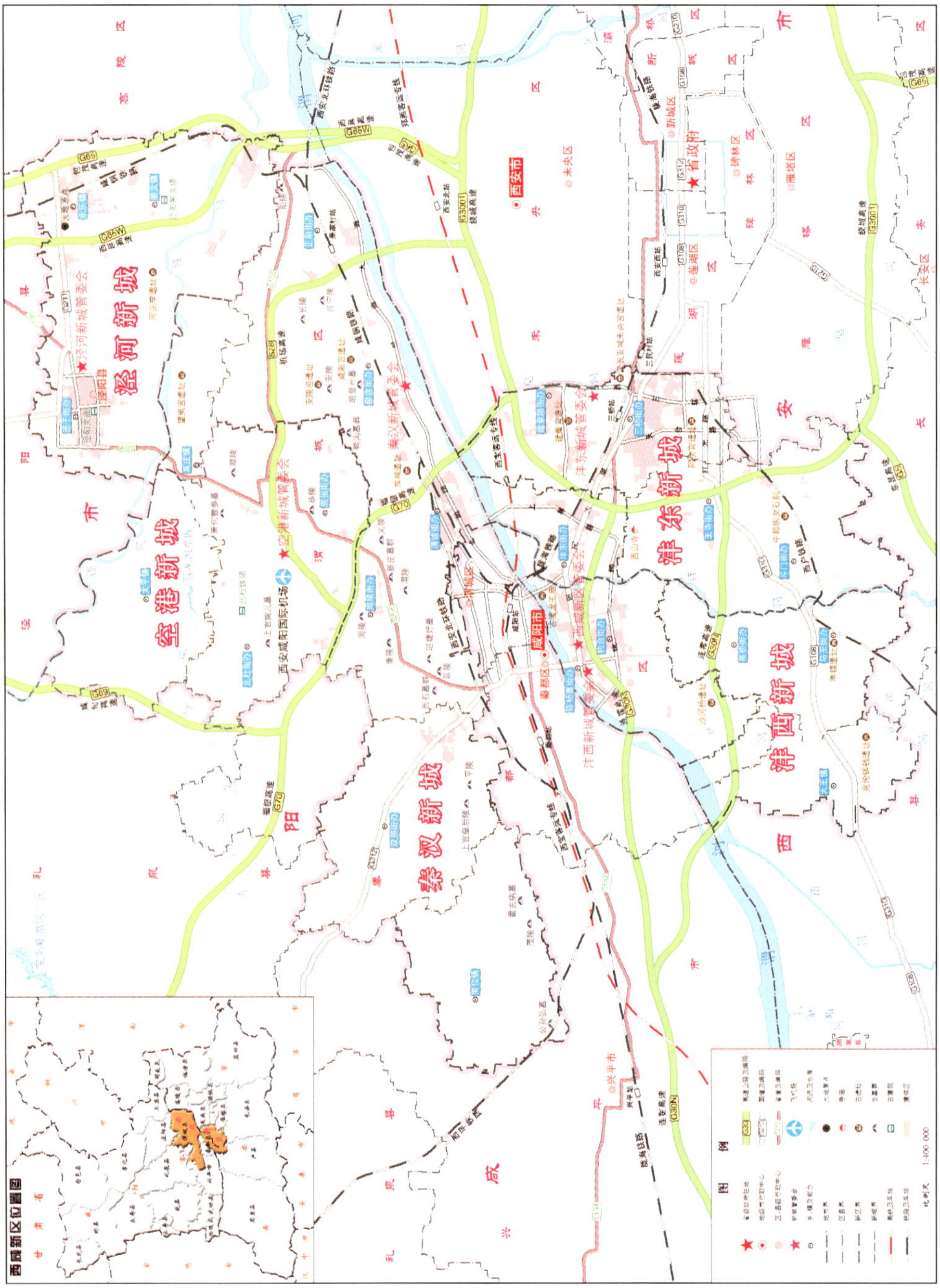

图 3.8 陕西西咸新区

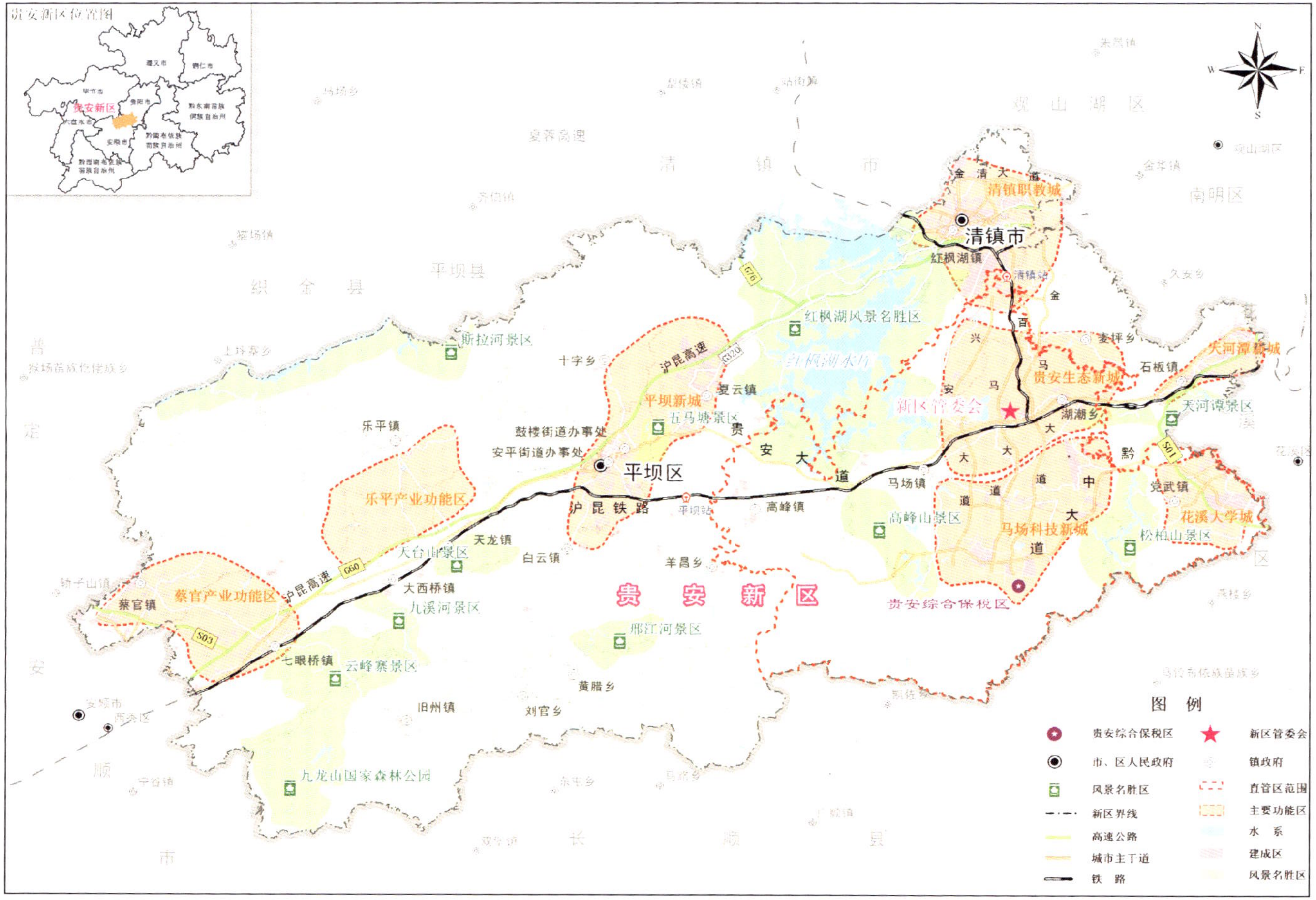
贵安新区位置图
清镇市
平坝区
贵安新区
清镇职教城
贵安生态新城
天河潭新城
花溪大学城
马场科技新城
平坝新城
乐平产业功能区
蔡官产业功能区
新区管委会
贵安综合保税区
红枫湖风景名胜区
红枫湖水库
斯拉河景区
五马塘景区
高峰山景区
松柏山景区
天河潭景区
大台山景区
九溪河景区
邢江河景区
云峰寨景区
九龙山国家森林公园
沪昆高速
沪昆铁路
贵安大道
黔中大道
马场镇
高峰镇
羊昌乡
白云镇
天龙镇
大西桥镇
七眼桥镇
蔡官镇
旧州镇
刘官乡
黄腊乡
乐平镇
十字乡
夏云镇
鼓楼街道办事处
安平街道办事处
湖潮乡
麦坪乡
石板镇
党武镇
红枫湖镇
平坝站
清镇站
南明区
观山湖区
清镇市
平坝县
织金县
图例
贵安综合保税区
新区管委会
市、区人民政府
镇政府
风景名胜区
直管区范围
新区界线
主要功能区
高速公路
水系
城市主干道
建成区
铁路
风景名胜区

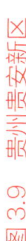

图 3.9　贵州贵安新区

图 3.10 青岛西海岸新区

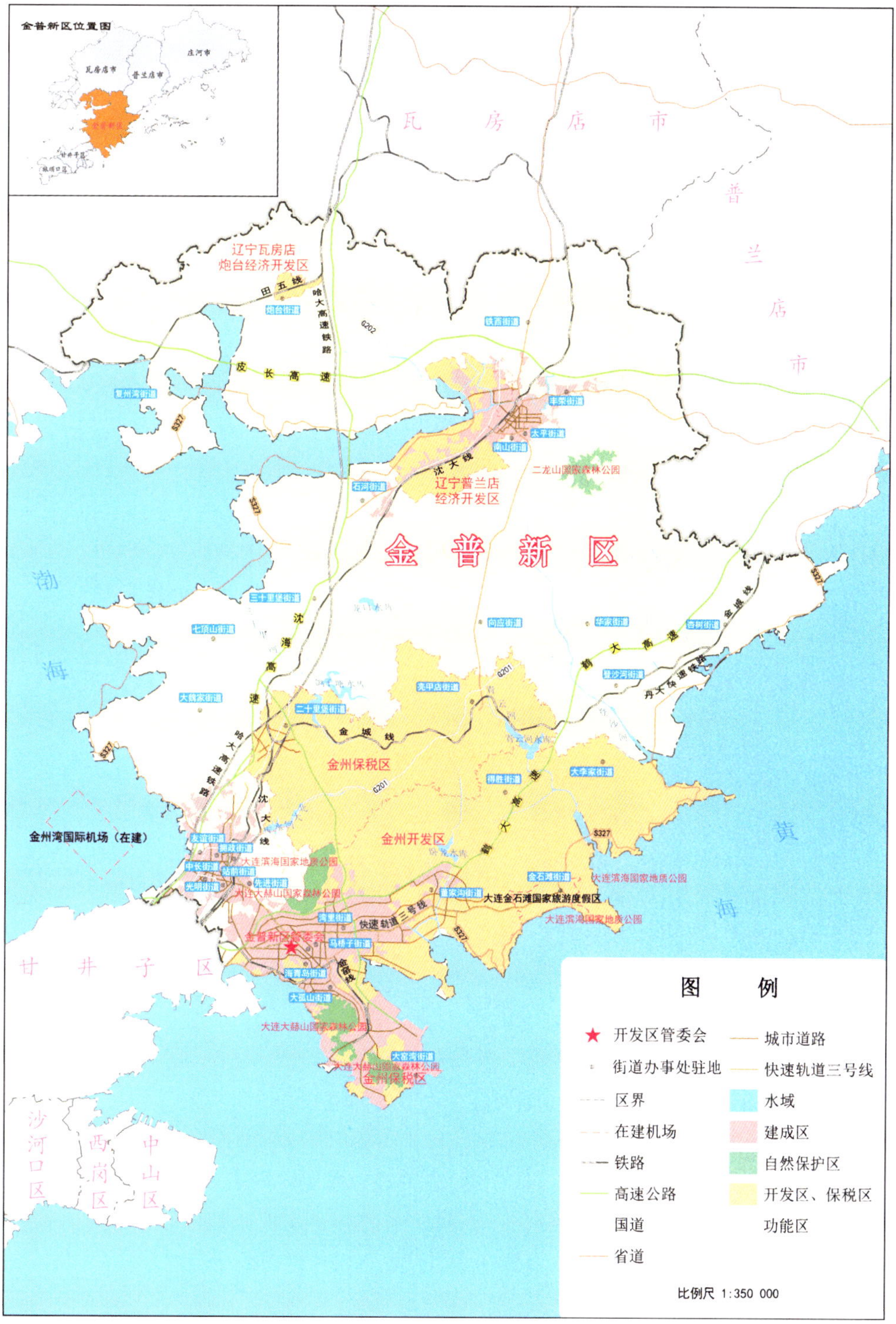
金普新区位置图
瓦房店市
普兰店市
庄河市
甘井子区
瓦 房 店 市
普 兰 店 市
辽宁瓦房店
炮台经济开发区
金 普 新 区
辽宁普兰店
经济开发区
二龙山国家森林公园
渤 海
黄 海
金州湾国际机场（在建）
金州保税区
金州开发区
大连金石滩国家旅游度假区
大连滨海国家地质公园
大连大赫山国家森林公园
金普新区管委会
甘 井 子 区
沙河口区
西岗区
中山区
图 例
开发区管委会
街道办事处驻地
区界
在建机场
铁路
高速公路
国道
省道
城市道路
快速轨道三号线
水域
建成区
自然保护区
开发区、保税区
功能区
比例尺 1:350 000

图 3.11 大连金普新区

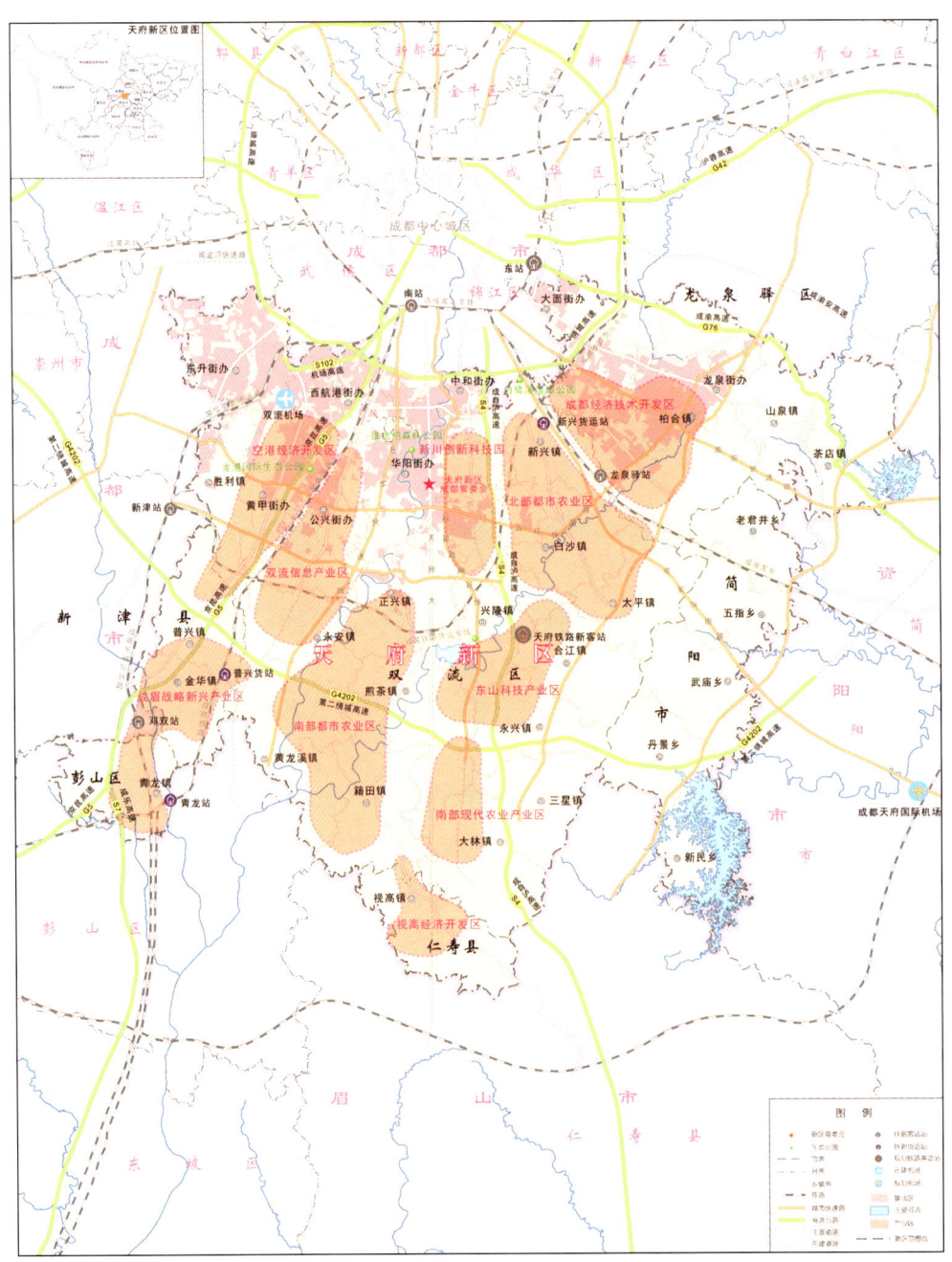

图 3.12　四川天府新区

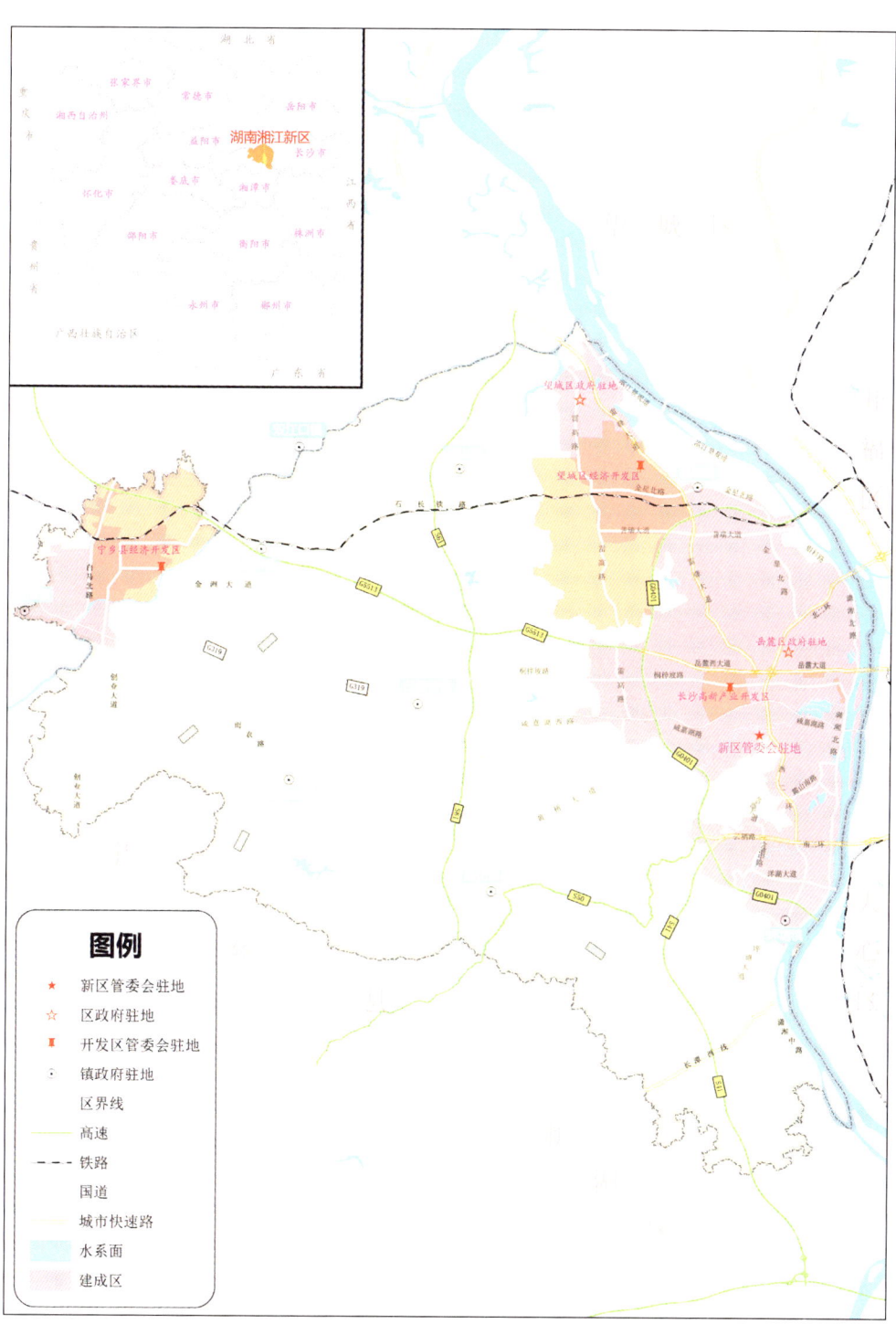

图 3.13　湖南湘江新区

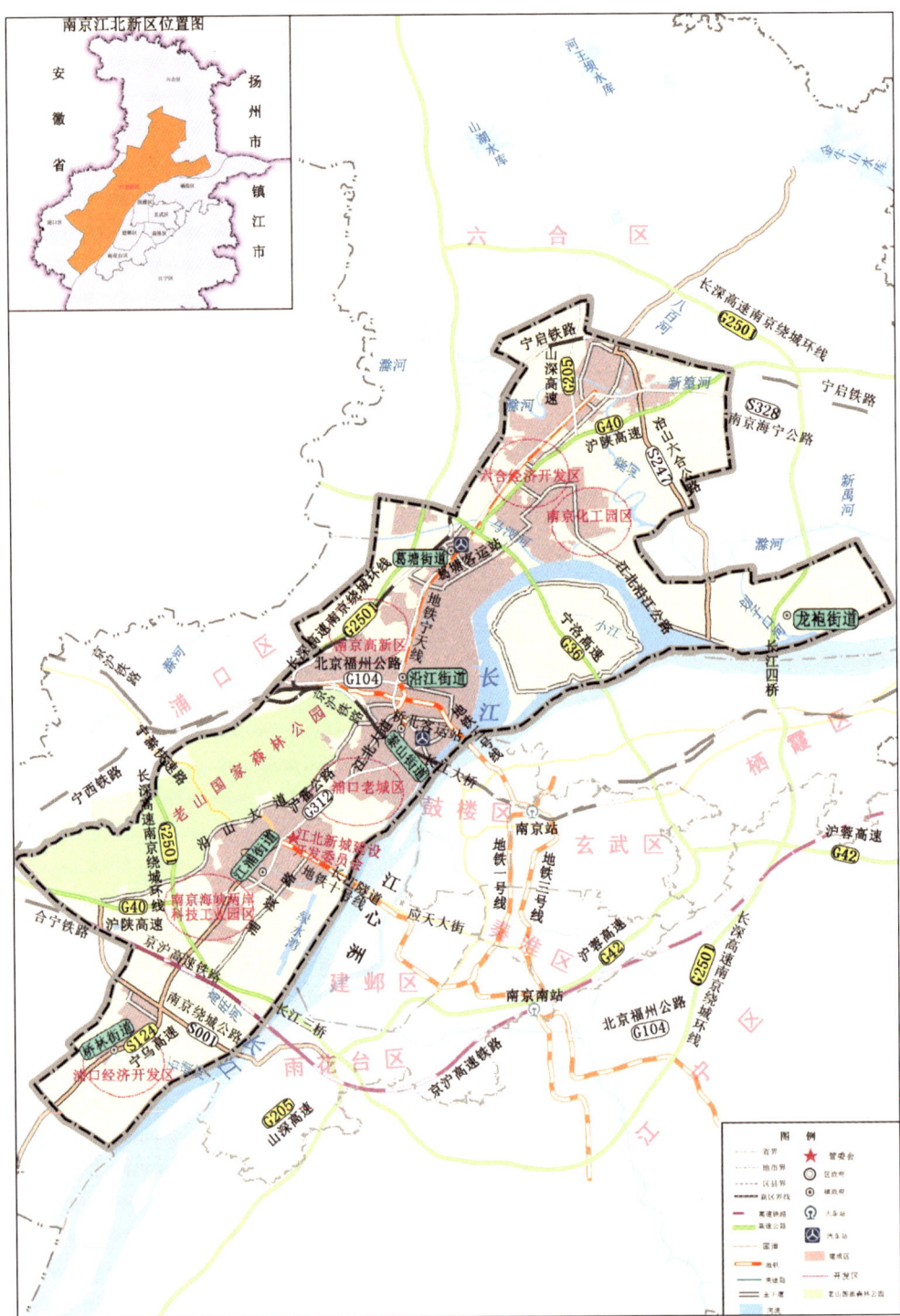

图 3.14 南京江北新区

附录 427

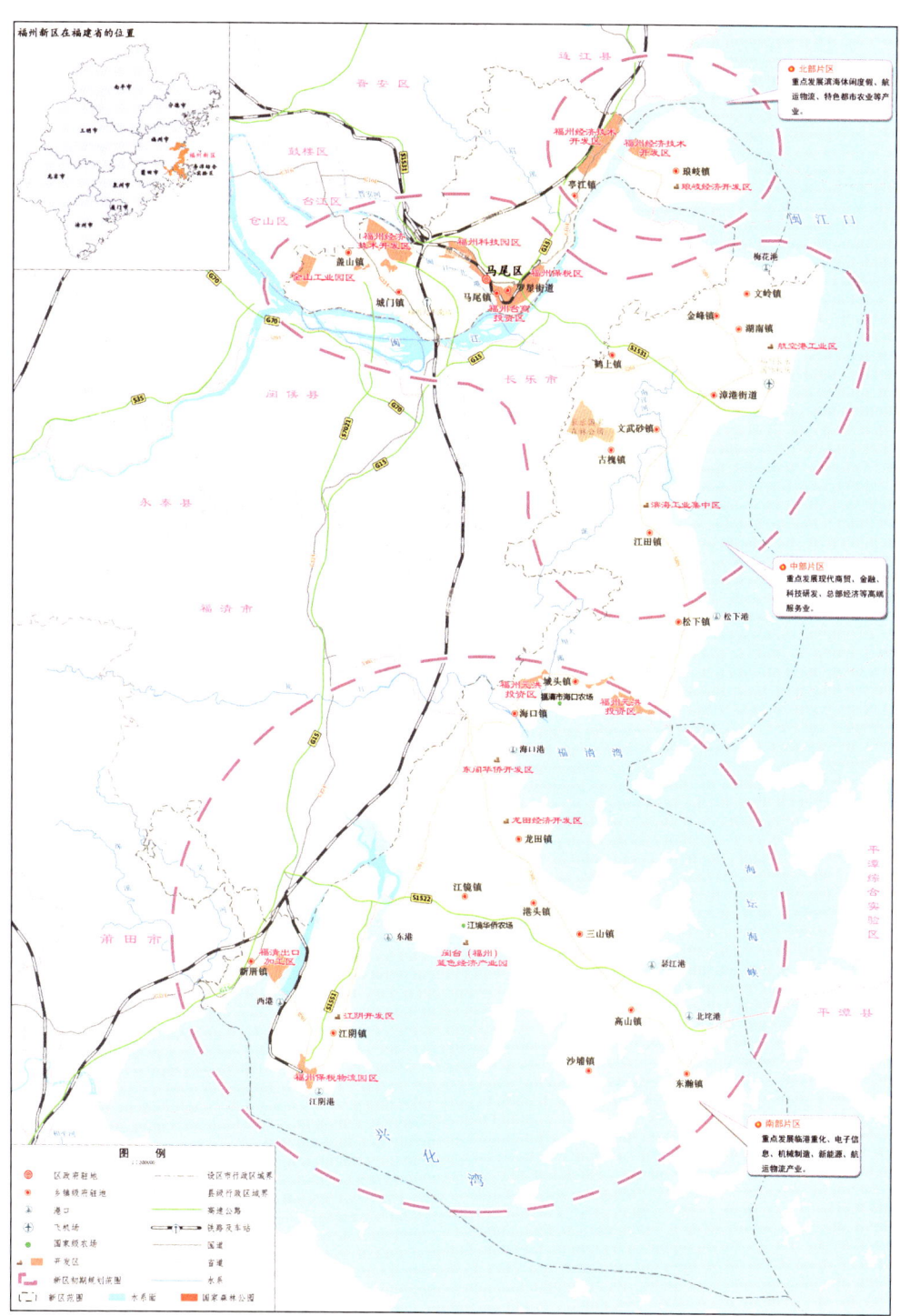

图 3.15 福州新区

428　国家级新区发展报告

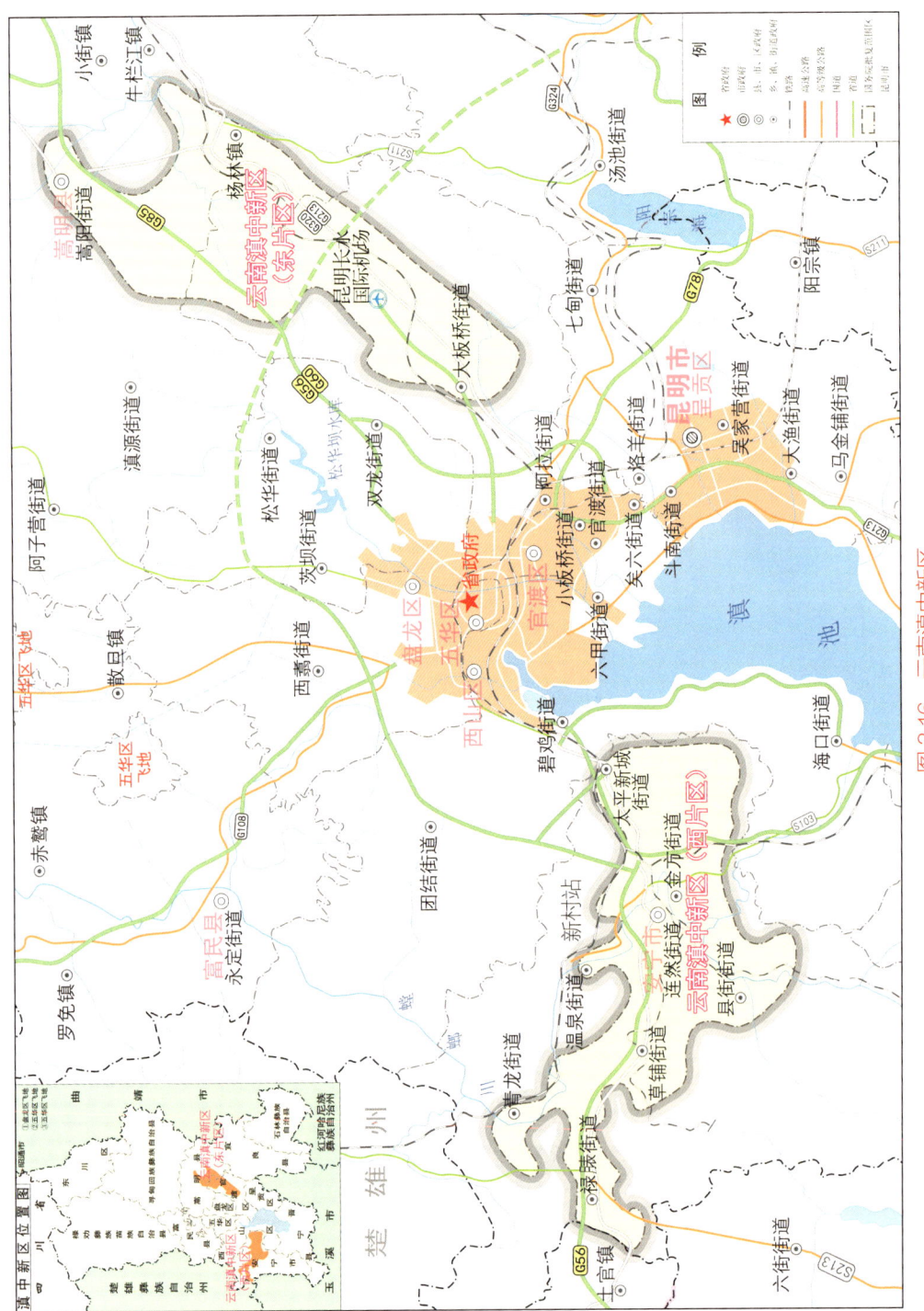

图3.16　云南滇中新区

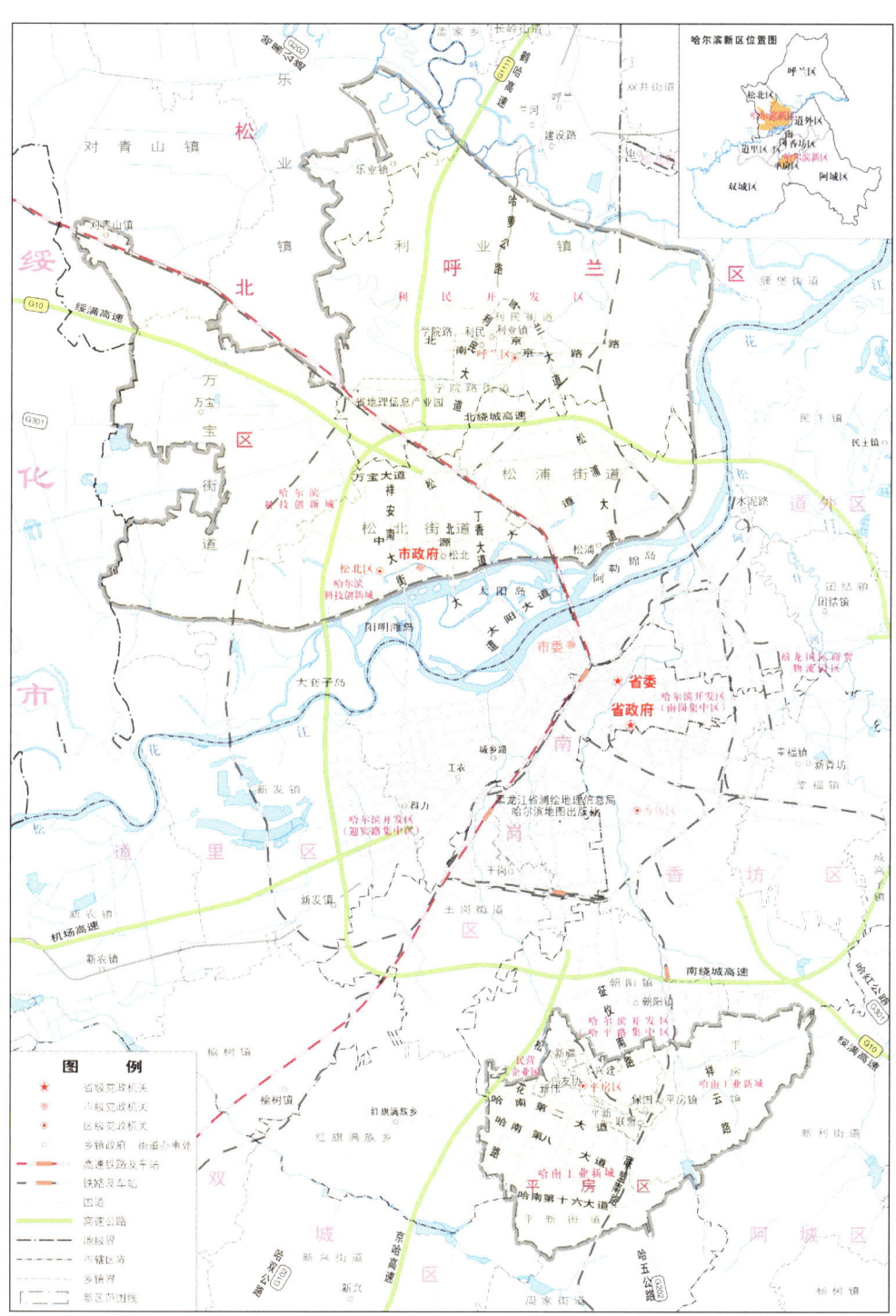

图 3.17 哈尔滨新区

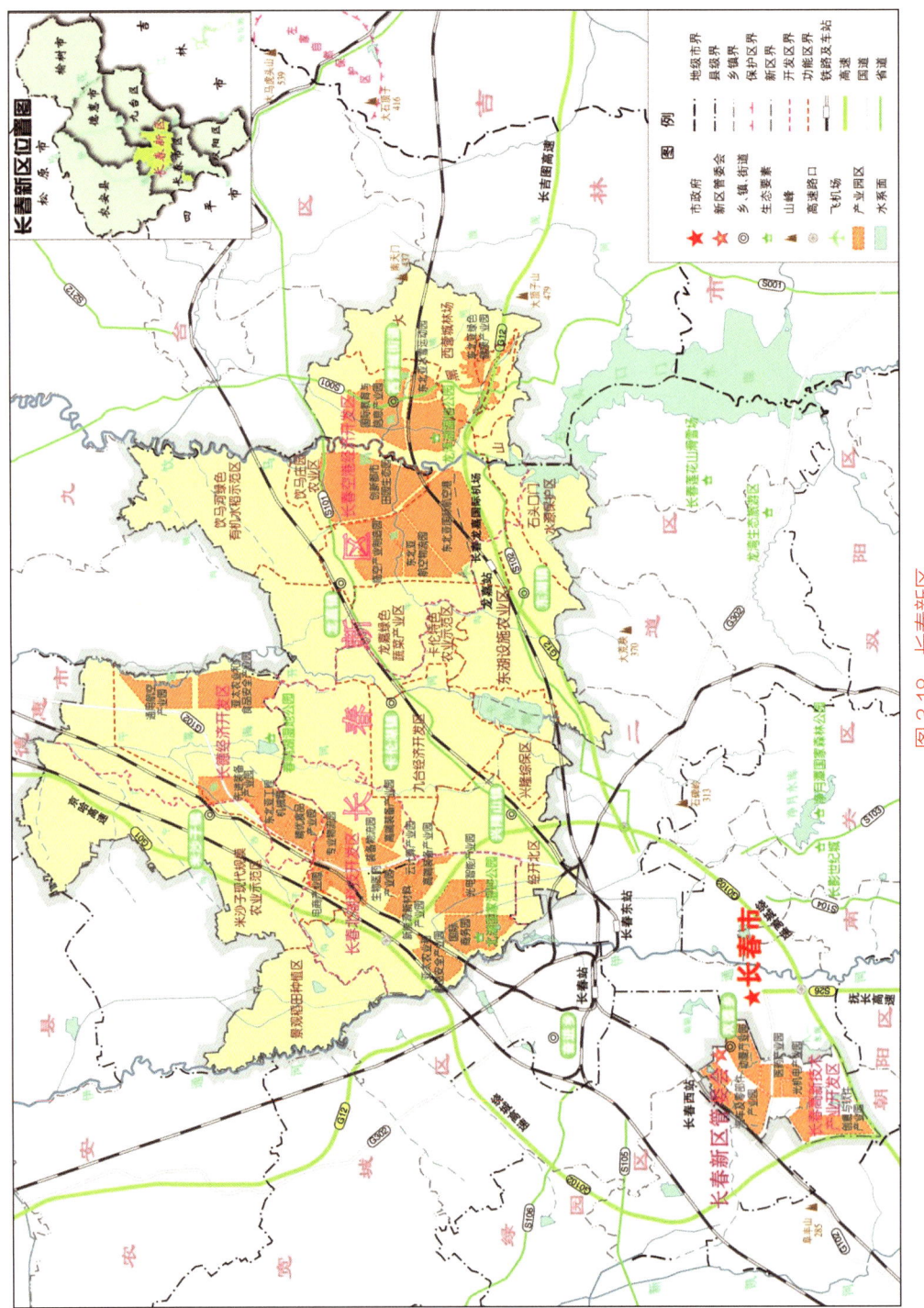

图 3.18 长春新区

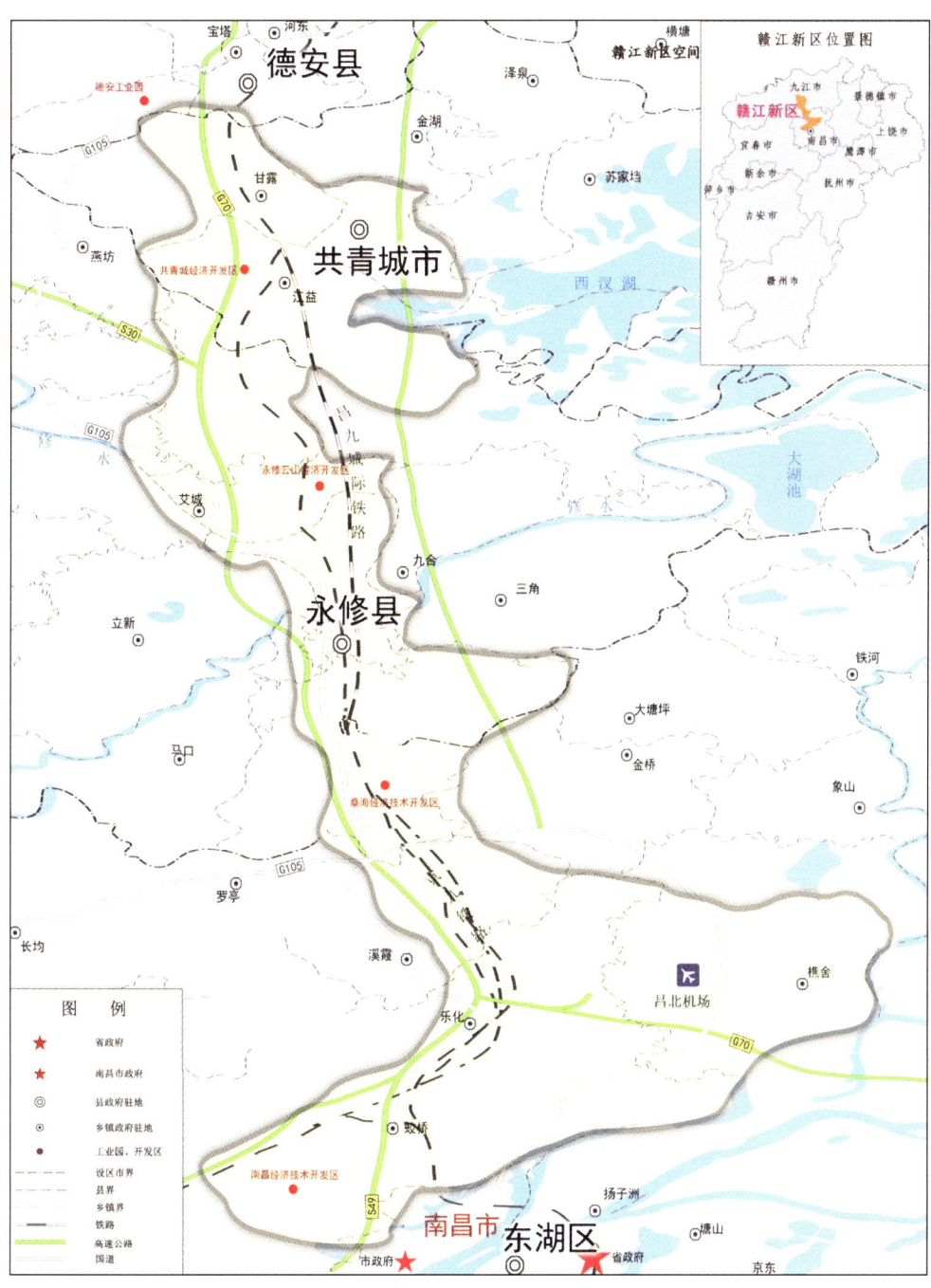

图 3.19 江西赣江新区

有关文件

国家发展改革委关于印发 2016 年国家级新区体制机制创新工作要点的通知

(发改地区〔2016〕1032 号)

为贯彻落实国家"十三五"规划纲要关于鼓励国家级新区深化体制机制和管理模式创新的部署，进一步发挥国家级新区在引领发展改革和创新体制机制等方面的试验示范和引领带动作用，经与有关方面沟通衔接，我委制定了《2016 年国家级新区体制机制创新工作要点》，现印发你们。

国家级新区要着眼于服务全国改革开放大局，立足自身基础和特点，按照确定的体制机制创新重点方向和主要任务，研究制定具体实施方案，切实抓好组织实施，认真总结工作成效，推动形成可复制可推广的经验，并及时将体制机制创新工作进展情况反馈我委，今年底前报送整体工作情况。有关省市发展改革委要加强工作指导，完善工作机制，切实加强对国家级新区体制机制创新的支持。

我委将会同有关部门对各国家级新区改革创新继续予以指导和支持，协调帮助解决面临的困难和问题，及时总结国家级新区体制机制创新经验并上报国务院。

附件：2016 年国家级新区体制机制创新工作要点

国家发展改革委

2016 年 5 月 12 日

附件

2016年国家级新区体制机制创新工作要点

为落实国家"十三五"规划纲要关于鼓励国家级新区体制机制和管理模式创新的部署,进一步发挥国家级新区(以下简称"新区")在引领发展改革和创新体制机制等方面的试验示范和引领带动作用,特制定本要点。

2016年,各新区要全面贯彻落实党的十八大和十八届三中、四中、五中全会精神,按照"五位一体"总体布局和"四个全面"战略布局,牢固树立新发展理念,主动引领经济发展新常态,坚持高起点谋划、大力度推进,围绕国家重大战略实施,率先全面推进简政放权、放管结合、优化服务和构建市场化营商环境等共性改革任务,同时继续结合各自发展阶段和比较优势,围绕1—2个重点方向开展体制机制先行探索,以创新发展新经济,以改革培育新动能,力争形成可复制、可推广经验,为其他地区提供引领示范。

一、上海浦东新区

进一步深化和有序推广自由贸易试验区制度创新,以政府服务、投资管理、贸易监管、金融制度等创新为重点,加快构建开放型经济新体制。

一是以"三个清单"为突破口,运用"互联网+"技术,深化"先照后证"等改革,大力提升政府服务效能。

二是深入推进以准入前国民待遇加负面清单管理为重点的投资管理制度创新。

三是以贸易便利化为重点，创新贸易监管、流通等制度框架，积极探索具有国际先进水平的贸易监管制度。

四是探索推进以资本项目可兑换和金融服务业开放为目标的金融制度创新，推动面向国际的金融市场建设。

五是依托张江高科技园区，大力推进上海全面创新改革试验区建设，在发展新经济、培育新动能方面创造经验。

二、天津滨海新区

务实深化京津协同创新体系建设，大力推进投资与服务贸易便利化改革创新，全方位推动港区协调联动探索，提升服务京津冀协同发展能力。

一是率先开展京津冀全面创新改革试验区建设探索，推进滨海—中关村科技园建设，构建重点领域对接合作机制，促进协同研发和技术扩散，推动建设"双创"示范基地，率先形成个性化定制、服务型制造等新模式。

二是深化自贸试验区制度创新，拓展金融业务新领域，发挥自主创新示范区和自贸试验区联动效应。

三是依托海空两港优势，提升融资租赁等高端服务业对临港临空产业的服务水平，创新海空联运通关便利化模式，探索促进海空、海铁联运业务发展新途径。

四是加强滨海新区与天津港行政管理体制改革、规划、产业等方面融合联动，探索多种形式合作的市场机制和港区一体的现代治理新机制。

五是深化"一份清单管边界"、"一颗印章管审批"、"一个部门管市场"和基层综合执法模式等创新，在简政放权、放管结合、优化服务等方面创造经验。

三、重庆两江新区

深化内陆通关和口岸监管模式等重点领域探索创新，发挥和提升丝绸之路经济带和长江经济带重要交汇点服务引领作用。

一是创新水陆空口岸联动开放机制，探索建立空域动态灵活使用机制，提高空域资源配置使用效率，改造升级口岸集疏运体系。

二是深化区域大通关协作探索，推进全域海关业务一体化改革。

三是创新口岸监管模式，探索建立区港一体联动的动态监管体系。

四、浙江舟山群岛新区

创新通关和口岸监管模式，推动江海联运中心建设取得新进展，探索重点产业转型升级新路径。

一是承接国际贸易"单一窗口"落地，探索推动舟山港综保区功能拓展。

二是推动宁波舟山港通关监管一体化，争取实现信息互换、监管互认、执法互助，强化江海联运信息化建设。

三是探索完善助推船舶工业转型升级新举措，深化远洋渔业发展创新。

五、兰州新区

探索建立促进产业集聚和科技创新的新机制，创新生态保护与经济发展统筹推进适宜模式，提升新区综合竞争力。

一是围绕兰白科技创新改革试验区建设，以产业孵化器、"双创"品牌活动等为载体，构建"创业苗圃＋孵化器＋加速器＋产业园"的孵化链条，加快集聚高端创新要素。

二是结合推进中央和省属在兰州市区企业"出城入园"到兰州新区发展、城区老工业区搬迁改造试点等,探索统筹优化新老城区布局、实现产业错位发展的有效途径。

三是加快生态保护赔偿制度改革,积极探索建立生态损害赔偿中心、生态损害赔偿基金和设立碳交易中心,为全面推开生态环境损害赔偿积累经验。

六、广州南沙新区

探索构建与国际投资贸易通行规则相衔接的基本制度框架,引领粤港澳合作模式创新。

一是加快大通关体系建设,深化口岸业务创新研究,力争在国际贸易、国际中转、检测维修、船舶登记管理、航运交易、航运保险、跨境支付结算等方面形成一批全国领先、可复制可推广的经验。

二是优化法治环境,组建一批专业仲裁机构,建立涉港澳案件会商协调机制。

三是创新与港澳深度合作模式,拓展专业领域合作和专项合作。

七、陕西西咸新区

深化城市发展方式创新和以文化促发展模式探索,进一步发挥在"一带一路"建设中的重要作用。

一是创新特色化的城市发展方式,推广城市发展集成创新,探索形成可复制可推广的优美小镇建设模式。

二是运用"互联网+文化产业"的方式,以产业平台建设为载体,推动形成智慧链、平台链、服务链、贸易链四大产业链条,打造新一代文化产业集群。

三是探索 21 世纪海上丝绸之路与丝绸之路经济带联动的合作机制，创新同其它国家级新区、丝路沿线国家园区合作路径，完善"一园多地"互补合作模式。

八、贵州贵安新区

深化以产业集聚促进新型城镇化发展等方面的探索，创新产城融合发展机制。

一是创新以特色支柱产业、优势新兴产业和高端产业引领产业转型发展模式，提升产业对城市发展的带动力和聚集力。

二是探索农业转移人口成本分担机制，创新有利于城镇化发展的人口、土地、投融资、住房、生态环保等体制。

三是以全面实施国家新型"海绵城市"建设试点为抓手，深化城市综合建设管理创新。

九、青岛西海岸新区

重点围绕促进军民融合发展和推动形成以海洋科技创新促进海洋产业发展的有效途径开展探索。

一是以装备技术保障、军地人才培养、军队社会化保障、军民科技产业发展 4 个军民融合中心建设为载体，积极探索军民产业融合发展、军民科技协同研发孵化、军地基础设施共建共享、军地人才培养使用等方面的新模式。

二是全面布局科技创新计划，推动海洋类等科研院所落地，积极推行"持股孵化"等新型孵化模式，创新科技金融合作模式，深化科技创新引领海洋产业发展探索。

三是积极促进海水淡化产业健康发展，在水资源费补偿、水价电价优惠、科研应用、检测标准等方面进行实践探索。

十、大连金普新区

着力创新管理体制，加快形成创新发展的内在动力，进一步深化面向东北亚区域开放合作。

一是加快建立务实高效的管理体制，进一步优化各功能区管理模式，形成同市场完全对接、充满生机活力的体制机制。

二是加强面向日韩合作，充分利用中韩自贸区机制安排，探索优势产业发展与边境贸易互动模式，创新大连东北亚国际航运中心建设模式，深化面向东北亚开放合作，培育开放型经济新优势。

三是积极开展科技体制改革和机制创新，以沈大自主创新示范区建设为契机，加快促进产业转型升级，打造新兴产业集群，提升拓展保税区功能，在新一轮东北振兴中发挥重要引领带动作用。

十一、四川天府新区

以深化土地管理制度改革为引领，着力构建有利于产业集聚发展和城乡一体化发展的体制机制。

一是依托成都科学城建设，培育集聚新技术、新产业、新业态，率先推进全面创新改革试验。

二是结合幸福美丽新村、特色小镇建设、社会事业发展和精准扶贫，有序推进土地管理制度改革探索。

三是制订产业用地投资强度、开发强度、产出效益指标体系，严格土地规划管控制度，深化集约节约用地探索。

十二、湖南湘江新区

创新投融资模式，深化生态文明建设体制机制改革，走绿色低碳循环发展道路。

一是推动设立城市发展和产业发展基金，拓展融资租赁和海外融资途径，多渠道吸引社会资本参与城市基础设施投资和运营，发挥开发性金融机构支持新区发展的主渠道作用，形成全链条融资新模式。

二是创新土地管理制度，推进土地"征转分离"和低丘缓坡开发利用等试点，完善地价形成机制和评估制度，建立统一的区片地价体系。

三是进一步完善生态文明发展的框架设计和绿色生态指标体系，试点"河长制"和环境质量绩效考核，构建多元化的生态建设投资和管理机制。

十三、南京江北新区

大力实施创新驱动发展战略，探索以自主创新引领产业转型升级有效路径。

一是突出生态优先、绿色发展，积极融入长江经济带发展战略，率先探索形成节约能源资源和保护生态环境的产业结构、增长方式和消费模式。

二是完善产学研协同机制，发挥高校和科研院所的创新源头作用，构建定位明晰、特色鲜明的新区智库体系。探索建设协同创新基地，开展创业创新人才管理改革试验，在集聚创新资源、推动成果转化、带动产业发展等方面先行先试。

三是完善创业创新机制，实施创新型企业培育行动，探索建设知识产权法庭。

十四、福州新区

探索完善科学规划体系,创新制造业转型升级方式,提升核心竞争力,加快两岸交流合作重要承载区建设。

一是通过规划立法,加快"多规合一"试点,推进统一规划平台建设,增强各类规划的统一性、连续性和实效性。

二是推动产业优化再造,实施龙头促进计划和技术改造专项计划,重点培育工业制造业龙头企业。开展生态文明体制机制改革的创新实验,率先形成绿色循环低碳的新区开发建设模式。

三是探索新形势下对外开放的新模式,引领我国 21 世纪海上丝绸之路核心区建设。加快推进福州新区与平潭综合实验区、自贸试验区福州片区融合发展,探索建立两地共建共享机制。

十五、云南滇中新区

重点围绕建设面向南亚东南亚辐射中心的重要支点和创新新型城镇化体制机制深化探索。

一是搭建开放平台,探索创新招商机制、招商方式和合作模式,加快培育现代特色产业体系。

二是加强与昆明市相关规划的衔接融合,创新人口城镇化发展机制和城乡建设管理制度,探索构建产城互动、城乡统筹、一体发展的体制机制。

十六、哈尔滨新区

创新面向东北亚开放合作机制,探索老工业基地转型发展新路径。

一是推动设立中以（色列）产业园，加快对俄合作载体建设，探索推动对俄贸易优化升级的有效途径。

二是探索建立精简高效的管理体制和运行机制，以负面清单为抓手，推动形成各类投资者平等准入、公平竞争的市场环境。

三是积极开展服务贸易管理体制、发展模式、便利化等方面的创新探索，依托冰雪、民俗等资源和比较优势，加快创新产业转型升级有效途径。

十七、长春新区

构建科技产业创新平台，着力创新面向图们江区域合作开发体制机制。

一是推动创新创业示范基地建设，搭建创新孵化载体，加强金融人才服务创新，探索以创新创业促转型的发展模式。

二是促进招商力量向产业园区服务力量转型，建立"招商、落位、投产"一条龙的项目落实机制。

三是以东北亚国际内陆港和长春机场建设为载体，探索提升参与图们江区域合作开发水平新路径。

国务院关于同意设立福州新区的批复

(国函〔2015〕137号)

福建省人民政府：

你省《关于申请设立福州新区的请示》(闽政文〔2014〕412号)收悉。现批复如下：

一、同意设立福州新区。福州新区位于福州市滨海地区，初期规划范围包括马尾区、仓山区、长乐市、福清市部分区域，规划面积800平方公里。福州新区区位条件优越，生态环境秀美，产业基础坚实，与台湾地区交流合作紧密，战略地位重要。要把建设好福州新区作为实施国家区域发展总体战略、贯彻落实国家支持福建省经济社会发展一系列重大政策的重要举措，实现在更高起点、更广范围、更宽领域推进海峡两岸交流合作，推动福建积极参与、全面融入"一带一路"战略实施，努力培育新的经济增长极、与平潭综合实验区实现一体化发展。

二、福州新区建设，要全面贯彻党的十八大和十八届二中、三中、四中全会精神，按照党中央、国务院决策部署，坚持生态优先、科学开发，以深化海峡两岸交流合作为主线，以开放合作、改革创新为动力，率先探索新型城镇化道路，推进城乡一体化发展，努力把福州新区建设成为两岸交流合作重要承载区、扩大对外开放重要门户、东南沿海重要现代产业基地、改革创新示范区和生态文明先行区。

三、福建省人民政府要切实加强组织领导，明确工作责任，完善工作机制，加大支持力度，积极探索与现行体制协调、联动、高效的管理方式，积极稳妥扎实推进福州新区建设发展。要认真做好福州新区发展总体规划编制工作，规划建设必须符合土地利用总体规划、城市总体规划、镇总体规划、环境保护规划、水资源综合规划等相关专项规划的要求。要推动新区探索"多规合一"，优化空间布局，节约集约利用土地、林地、水、滩涂、湿地等资源，严格保护耕地和基本农田。涉及的重要政策和重大建设项目要按规定程序报批。

四、国务院有关部门要按照职能分工，加强对福州新区建设发展的支持和指导，在有关规划编制、政策实施、项目安排、体制机制创新等方面给予积极支持，帮助解决福州新区发展过程中遇到的困难和问题，营造良好的政策环境。

建设好福州新区，对于深化两岸交流合作、推动福建省经济社会发展和生态文明先行示范区建设，具有重要意义。各有关方面要统一思想，密切合作，勇于创新，扎实工作，共同推动福州新区持续健康发展。

国务院
2015年8月30日

国务院关于同意设立云南滇中新区的批复

(国函〔2015〕141号)

云南省人民政府:

你省《关于设立云南滇中新区的请示》(云政报〔2014〕48号)收悉。现批复如下:

一、同意设立云南滇中新区。云南滇中新区位于昆明市主城区东西两侧,是滇中产业聚集区的核心区域,初期规划范围包括安宁市、嵩明县和官渡区部分区域,面积约482平方公里。云南滇中新区区位条件优越、科教创新实力较强、产业发展优势明显、区域综合承载能力较强、对外开放合作基础良好。要把建设云南滇中新区作为实施"一带一路"、长江经济带等国家重大战略和区域发展总体战略的重要举措,打造我国面向南亚东南亚辐射中心的重要支点、云南桥头堡建设重要经济增长极、西部地区新型城镇化综合试验区和改革创新先行区。

二、云南滇中新区建设,要全面贯彻党的十八大和十八届二中、三中、四中全会精神,按照党中央、国务院决策部署,突出西部地区新型城镇化综合试验主题,坚持高标准规划、高起点建设,注重科技创新和自主创新,注重经济社会和资源环境协调发展,以扩大对外开放、引进培育现代特色产业、推进新型城镇化为支撑,激发大众创业、万众创新热情,不断提高经济综合实力和竞争力。

三、云南省人民政府要切实加强组织领导,明确工作责任,完善工作机制,加大支持力度,积极探索与现行体制协调、联动、高效的管理方式以及与行政区融合发展的体制机制,积极稳妥扎实推进云南滇中新区建设发展。要认真做好云南滇中新区发展总体规划编制工作,规划建设必须符合土地利用总体规划、城市总体规划、镇总体规划、环境保护规划、水资源综合规划等相关专项规划的要求。要着力优化空间布局，节约集约利用土地，严格保护耕地和基本农田，切实保护和节约水资源。涉及的重要政策和重大建设项目要按规定程序报批。

四、国务院有关部门要按照职能分工，加强对云南滇中新区建设发展的支持和指导，在有关规划编制、政策实施、项目安排、体制机制创新等方面给予积极支持，帮助解决云南滇中新区发展过程中遇到的困难和问题，营造良好的政策环境。

建设好云南滇中新区，对于推进实施"一带一路"、长江经济带等国家重大战略，为西部地区新型城镇化建设提供试验示范，培育壮大区域经济增长极，具有重要意义。各有关方面要统一思想，密切合作，勇于创新，扎实工作，共同推动云南滇中新区持续健康发展。

国务院
2015 年 9 月 7 日

国务院关于同意设立哈尔滨新区的批复

(国函〔2015〕217号)

黑龙江省人民政府:

你省关于设立哈尔滨新区的请示收悉。现批复如下:

一、同意设立哈尔滨新区。哈尔滨新区包括哈尔滨市松北区、呼兰区、平房区的部分区域,规划面积493平方公里。哈尔滨新区区位条件优越、科技和产业基础比较雄厚、生态环境优良、对俄合作历史悠久、战略地位重要。要把建设好哈尔滨新区作为推进"一带一路"建设、加快新一轮东北地区等老工业基地振兴的重要举措,积极扩大面向东北亚开放合作,探索老工业基地转型发展的新路径,为促进黑龙江经济发展和东北地区全面振兴发挥重要支撑作用。

二、哈尔滨新区建设,要全面贯彻落实党的十八大和十八届二中、三中、四中、五中全会精神,按照党中央、国务院决策部署,牢固树立并切实贯彻创新、协调、绿色、开放、共享的发展理念,进一步释放改革红利,增强开放动力,激发创新活力,畅通对外贸易通道,搭建国际合作平台,构建外向型产业体系,努力把哈尔滨新区建设成为中俄全面合作重要承载区、东北地区新的经济增长极、老工业基地转型发展示范区和特色国际文化旅游聚集区。

三、黑龙江省人民政府要切实加强组织领导,明确工作分工,完善工作机制,加大支持力度,积极探索与现行体制协调、联动、高效的新区管理方式,扎实稳妥推进新区建设发展。要认真做好哈尔滨新区发展规划编制工作,规划建设必须符合土地利用总体规划、城市总体规划、镇总体规划、环境保护规划、水资源综合规划等相关专项规划的要求。

要推动新区探索"多规合一",着力优化空间布局。涉及的重要政策和重大建设项目要按规定程序报批。

四、国务院有关部门要按照职能分工,加强对哈尔滨新区建设发展的支持和指导,在有关规划编制、政策实施、项目安排、体制机制创新、开放合作等方面给予积极支持,帮助解决哈尔滨新区建设发展过程中遇到的困难和问题,营造良好的政策环境。

建设好哈尔滨新区,对于加快推进"一带一路"建设和新一轮东北地区等老工业基地振兴具有重要意义。各有关方面要统一思想,密切合作,勇于创新,扎实工作,共同推动哈尔滨新区持续健康发展。

国务院

2015 年 12 月 16 日

国务院关于同意设立长春新区的批复

（国函〔2016〕31号）

吉林省人民政府：

你省关于申请设立长春新区的请示收悉。现批复如下：

一、同意设立长春新区。长春新区范围包括长春市朝阳区、宽城区、二道区、九台区的部分区域，规划面积约499平方公里。长春新区区位优势明显、产业基础坚实、创新氛围浓厚、开放条件优越、承载能力较强。要把建设好长春新区作为推进"一带一路"建设、加快新一轮东北地区等老工业基地振兴的重要举措，为促进吉林省经济发展和东北地区全面振兴发挥重要支撑作用。

二、长春新区建设，要全面贯彻党的十八大和十八届二中、三中、四中、五中全会以及中央经济工作会议、中央城市工作会议、中央农村工作会议精神，根据党中央、国务院决策部署，按照"五位一体"总体布局和"四个全面"战略布局，牢固树立和贯彻落实创新、协调、绿色、开放、共享的发展理念，全面深化改革、扩大开放，坚决破除体制机制障碍，推进产业优化升级，形成特色新兴产业集群，加快构建现代产业体系，积极推动产城融合和新型城镇化建设，努力把长春新区建设成为创新经济发展示范区、新一轮东北振兴的重要引擎、图们江区域合作开发的重要平台、体制机制改革先行区。

三、吉林省人民政府要切实加强组织领导，明确工作分工，完善工作机制，加大支持力度，积极探索与现行体制协调、联动、高效的新区管理方式，扎实稳妥推进长春新区建设发展。要认真做好长春新区发展总体规划编制工作，规划建设必须符合土地利用总体规划、城市总体规划、镇总体规划、环境保护规划、水资源综合规划等相关专项规划的要求。要推动新区探索实施"多规合一",着力优化空间布局。涉及的重要政策和重大建设项目要按规定程序报批。

四、国务院有关部门要按照职能分工,加强对长春新区建设发展的指导,在有关规划编制、政策实施、项目安排、体制机制创新等方面给予积极支持,帮助解决长春新区建设发展过程中遇到的困难和问题,营造良好的政策环境。

建设好长春新区,对于加快推进"一带一路"建设和新一轮东北地区等老工业基地振兴,深化图们江区域合作开发,具有重要意义。各有关方面要统一思想,密切合作,勇于创新,扎实工作,共同推进长春新区持续健康发展。

国务院

2016年2月3日

国务院关于同意设立江西赣江新区的批复

(国函〔2016〕96号)

江西省人民政府：

你省关于申请设立江西赣江新区的请示收悉。现批复如下：

一、同意设立江西赣江新区。江西赣江新区范围包括南昌市青山湖区、新建区和共青城市、永修县的部分区域，规划面积465平方公里。江西赣江新区区位优势明显、交通条件优越、产业特色鲜明、创新能力较强、生态环境良好。要把建设好江西赣江新区作为实施国家区域发展总体战略、推动长江经济带发展的重要举措，为促进江西经济社会发展和中部地区崛起发挥更大的作用。

二、江西赣江新区建设，要全面贯彻落实党的十八大和十八届三中、四中、五中全会精神，根据党中央、国务院决策部署，按照"五位一体"总体布局和"四个全面"战略布局，牢固树立并贯彻落实创新、协调、绿色、开放、共享的新发展理念，以深化改革、扩大开放为动力，以科技创新、转型升级为引领，着力推动紧凑集约高效绿色发展，构建现代产业体系，推进生态文明建设，保障和改善民生，努力把江西赣江新区建设成为中部地区崛起和推动长江经济带发展的重要支点。

三、江西省人民政府要切实加强组织领导，完善工作机制，明确工作分工，创新发展方式，加大支持力度，积极探索与现行体制协调、联动、高效的新区管理方式，落实各项重点任务，扎实稳妥推进江西赣江新区建设发展。要认真做好江西赣江新区发展总体规划的编制工作，规划建设必须符合土地利用总体规划、城市总体规划、镇总体规划、环境保护规划、水资源综合规划等相关专项规划的要求。涉及的重要政策和重大建设项目要按规定程序报批。

四、国务院有关部门要按照职能分工，加强对江西赣江新区建设发展的指导，在规划编制、政策实施、项目布局、体制创新、对外开放等方面给予积极支持，帮助解决江西赣江新区发展过程中遇到的困难和问题，营造良好的政策环境。

建设好江西赣江新区，对于促进中部地区崛起、推动长江经济带发展、加快内陆地区开放具有重要意义。各有关方面要统一思想，密切合作，勇于创新，扎实工作，共同推进江西赣江新区持续健康发展。

国务院
2016 年 6 月 6 日